20세기
중국사

La Chine au XXᵉ siècle

20세기 중국사

제국의 몰락에서
강대국의 탄생까지

알랭 루 지음 | 정철웅 옮김

cum libro
책과함께

일러두기

1. 이 책은 *La Chine au xxᵉ siècle*, Armand Colin, 4ᵉ édition, 2007을 완역한 것이다.
2. 중국 인명은 1911년 신해혁명 이전 인물은 우리 한자음으로, 이후 인물은 중국어 발음으로 표기했으며, 중국 지명과 기타 외래어는 국립국어원의 외래어 표기법에 따라 표기했다.
3. 옮긴이 주는 각주로, 지은이 주는 후주로 처리했다.

과거와 비교하면 이제는 시중에 적지 않은 중국사 관련 번역서가 존재한다. 그럼에도 이 책을 번역하기로 선뜻 결정한 것은 다음 세 가지 이유 때문이다. 우선, 중국사 관련 개설서가 여전히 부족하다는 생각에서이다. 각 시대별 개설서는 물론이고, 특정 주제를 통사적 관점에서 일관되게 설명하고 있는 책은 여전히 그리 많지 않은 것이 현실이다. 또한 서양사 분야에는 유럽권 저자들의 연구서가 꽤 많이 번역되어 있는 반면, 유럽권 연구자들의 유용한 동양사 관련 연구서들은 아직도 번역을 기다리고 있다는 점 때문이었다. 학문 연구에서 굳이 특정 나라의 연구가 반드시 필요하다는 법은 없지만, 우리나라 중국사 연구자들에게 친숙한 중국과 타이완, 일본, 혹은 미국 학자들의 연구 외에, 유럽권 학자들의 연구 동향을 살펴보는 것도 유용한 일일 것이다.

무엇보다도 이 책을 번역하게 된 가장 큰 이유는 이 책이 중국의 현재 문제를 다루고 있기 때문이다. 역사란 결국 현재의 문제에서 출발한다는 평범한 사실을 항상 기억하고 있지만, 막상 현재 진행되고 있는 중국의 변화에는 큰 관심을 가지지 않는 탓에, 현재의 중국에 사실상 무지하다는 생각을 늘 갖고 있었다. 현재 문제에 대해 잘 알지 못하면서도 다른 한편으로는 현대사에 관심이 많기 때문에, 현대사 전공이 아니면서도 용감하게 이 책을 번역하게 되었다. 그리고 당연한 말이지만, 번역을 하면서 정말 많은 사실을 알게 되었다.

1840년 아편전쟁 이후부터 현재 후진타오 체제까지를 일목요연하게 정리하고 있는 이 책은 개설적인 내용을 다루고 있지만, 몇 가지 장점을 지니고 있다. 우선, 앞서 지적한 것처럼 현대 중국에서 일어나고 있는 일련의 변화와 중국의 미래를 역사가의 시각으로 냉정하게 분석하고 있는 점을 들 수 있다. 현대 중국에 대한 분석이 자칫 일반적인 관심사나 흥미 위주로 흐르는 것을 배제하고, 다양한 자료와 통계를 인용하여 근현대 중국이 직면했던 문제와 현재를 연결시킨 것이 이 책이 지닌 가장 큰 장점일 것이다.

이 책의 또 다른 장점이자 흥미로운 사실은 대다수 역사가들이 주로 이용하고 있는 문헌 자료 외에도, 중국에서 방영된 연속극, 영화, 중국 관련 외국 인터넷 자료, 사진, 전단지, 지하 간행물 등을 폭넓게 이용하고 있다는 점이다. 물론 현대사라는 주제의 특성상 이러한 종류의 자료 이용이 불가피한 측면도 있지만, 사료 이용의 폭을 확대했다는 점은 앞으로 우리의 역사 연구에도 많은 시사점을 던져줄 수 있다는 생각이 들었다.

마지막으로는 이 책이 20세기 중국사 개설서로서의 역할을 매우 충실하게 하고 있다는 점이다. 책 뒤의 부록은 그러한 사실을 잘 보여주고 있는데, 루산 회의에서 행한 마오쩌둥의 연설, 문화 혁명, 톈안먼 사건, 현대 중국에서 발생한 주요한 사회적 사건들에 대한 자료를 제시하면서, 자료가 지닌 의의를 축약해서 설명하는 것은 분명 독자들의 관심을 끌

수 있는 서술 방식이라고 하겠다. 아울러 연표, 주요 정치인들의 약력 역시 지난 세기 중국사를 일목요연하게 파악할 수 있는 계기를 제공해줄 것이다.

번역이란 늘 어려운 작업이라는 것을 요즘 새삼 느끼고 있다. 이미 언급한 것처럼 이 책은 전문적인 내용을 담지 않은 20세기 중국사 개설서이다. 그러나 바로 그 점 때문에 번역하는 데 오히려 어려움이 있었다. 개설서인 점을 감안해 저자가 상당량의 내용을 축약해서 서술했기 때문에 행간의 내용을 이해하기 어려운 때가 있었다. 무엇보다 외국어를 우리말로 옮길 때 생기는 의미의 차이를 적절하게 표현하기가 어려웠다.

번역 과정에서 적지 않은 사람의 도움을 받았다. 우선 항상 나에게 번역할 수 있는 힘을 주었던 학생들이다. 그들은 번역을 주저하는 나를 격려해주는 영원한 동반자인 셈이다. 그저 고마울 따름이다. 또한 중국어 표기와 여러 사건을 찾는 데 도움을 준 중국 학생 위둥샤오于東曉 군에게 고마움을 전한다. 역자의 서툰 문장을 다듬어준 책과함께 편집진에도 깊은 감사의 마음을 전하고 싶다. 당연히 역자가 감당해야 할 여러 독자들의 질타를 기대한다.

2010년 10월
남가좌동 연구실에서
정철웅

차례

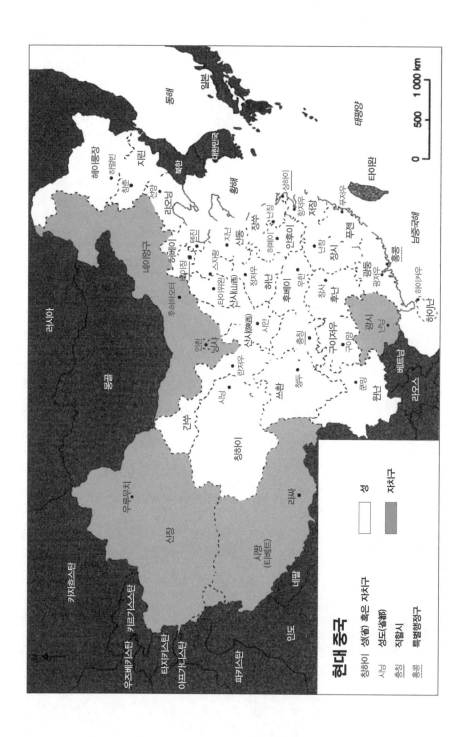

현대 중국

칭하이 성(省) 혹은 자치구
시닝 성도(省都)
충칭 직할시
홍콩 특별행정구

성
자치구

서론

중국의 역설

아편전쟁1840~1860 이후 19세기 말엽 만주 왕조는 분열 위기에 처했다. 중국을 분할 점령한 강대국들은 자신의 통치 영역을 방어할 수 없는 국가에 불평등조약이라는 굴욕을 강제했고, 가장 역동적인 국가들이 이룩한 발전 수준과 중국의 격차는 계속해서 벌어지고 있었다. 한때 모든 아시아 국가에 문명을 전파했던 중심 국가인 중화 제국은 산업혁명을 겪지 못했으며, 근대 세계의 변방에 불과했다.

그러나 20세기 말 중국은 다시 강대국이 되었다. 동아시아에 대한 중국의 영향력은 결정적으로 바뀌었다. 예전에 잃어버린 식민 지역홍콩과 마카오을 되찾았다. 완전한 독립을 주장할 수 없게 된 타이완은 자의와 달리 중국 대륙이라는 거대한 행성의 위성국가로 점차 전락하고 있다. 중국은 놀랄 만한 경제 발전을 이룩하고 있다. 이전 시기 중국 개혁가들의 목표는 부강富强, 즉 경제적 부와 군사적 강대함이었다. 이제 중국은 독자적으로 발전하고 엄청나게 뒤진 경제 상황을 따라잡는다는 목표를 거의 달성한 것처럼 보인다. 근대화 과정의 부족한 양상이 거의 다 채워졌다.

초기 근대화 과정

이 책의 목적은 대포의 굉음이나 귓전을 때리는 구호 속에서 발생한 혼돈, 전쟁과 수많은 혁명의 와중에 주도되었던 고통스럽고도 우여곡절 많은 근대화 과정의 대강을 설명하는 것이다.

'근대화'라는 말은 분명 혼란스러운 단어이다. 이 책에서 근대화의 개념은 산업혁명으로 등장한 부르주아 자본가들이 전 세계를 정복하기 위해 나선 이래, 동아시아에 출현한 강대국들과 맞닥뜨린 중국인들이 자신의 후진성을 종식시키기 위해 드러낸 의지를 담고 있다. 서구 열강의 침입 초기에 중국의 후진성은 단지 기술적인, 특히 군사적인 측면에 국한된 것처럼 생각되었다. 그러나 19세기 말엽 이후에는 정치적 측면의 후진성도 부각되었다. 당시 모든 문명국가들이 그렇게 생각하고 있었으며, 많은 중국 사상가들은 공자를 비난했다. 당시까지 중국이 염두에 두지 않았던 인간의 진보 대열에 합류하기 위해, 그리고 근대화를 이루는 데 부족한 면을 보완하기 위해, 일본식 혹은 서양식, 더 나아가 공산당 승리 이후에는 소련식 등의 다양한 방법이 제시되었다.

진보를 향한 중국의 여정

그러나 다양한 중국 지식인들은 서구화가 이루어지면 발생할지 모를 중국 문명의 본질과의 단절을 용인하지 않았다. 그들은 중국 문명의 본질을 유지하고 싶어했으며, 근대화가 반드시 서양의 패권과 동일시되어서는 안 된다고 생각했다. 대다수 정치사상가들은 그와 유사한 생각을 지니고 있었다. 이어 캉유웨이康有爲, 량치차오梁啓超, 쑨원孫文, 마오쩌둥毛澤東, 덩샤오핑鄧小平은 중국의 특수성, 즉 '중국적 색채를 가진' 중국 방식의 진보를 주장했다. 중국 이외의 세계에서만 반드시 근대화를 이룩할 수 있는 것은 아니었다. 중국은 강력한 문명을 가지고 있었기 때문에 외국의 여러 문물을 흡수하고 자신과 동화시켰으며 심지어는 자신의 것으로 만들었을 뿐만 아니라, 새로운 방법을 발견할 수 있을 만큼 창조적이었다. 이러한 과거의 경험에서 알 수 있듯 근대화는 예전에도 중국 역사에 자리 잡고 있었다.

공산당의 중국은 장밋빛인가, 백색인가 아니면 흑색인가?

그러한 근대화 과정은 세 번의 실패를 겪었다. 첫 번째 시기는 제국 말엽과 중화민국 초기1870~1920이며, 두 번째는 국민당 점령 시기1927~1949, 그리고 마지막은 마오쩌둥이 승리한 이후의 30년 동안1949~1978이다.

성공하지 못했던 근대화의 시도는 모두 위로부터 비롯되었으며, 그러한 시도에 동반된 방식도 성급했기 때문에 성공에 도움이 되지 못했다. 마오쩌둥은 1962년 1월의 논의*에서 역사 발전 단계의 가속화는 한낱 꿈에 불과하다고 피력했다. "거대하고도 강력한 자본주의 경제를 건설하는 데 서양은 400여 년이 걸렸다. 우리가 50년 안에 거대하고도 강력한 사회주의 경제 체제를 건설한다면, 그것은 대단한 일이 아니겠는가?"

1978년 덩샤오핑이 추진한 개혁개방 이래, 비로소 근대화 과정은 아래로부터 시작된 것처럼 보인다. 이제 근대화는 시간을 두고 추구되었다. 즉 '원시적인 사회주의 단계'에서 맨 마지막 단계로 옮겨가는 데 최소한

◆ 1962년 1월 11일부터 2월 7일까지 베이징에서 개최된 중앙공작회의에서 12년 동안 진행시켜온 대약진 운동을 총결산한 일을 말한다. 이 회의는 각 지역의 주요 책임자 7,000명이 참가했기 때문에 '7,000인대회(七千人大會)'라고도 부른다.

한 세기가 필요할 것이라는 생각이 그것이었다. 정치보다 경제가 우선시되었다. 이리하여 진정한 의미의 일종의 문화 혁명이 시작되었다. 그리고 마오쩌둥 시절 흘린 피를 대신하여 무엇이 등장할 것인지 명확히 알지도 못한 채, 문화 혁명은 중국의 색깔을 조금씩 바꾸어나갔다. 이제 중국은 사회주의적 시장경제 체제 옹호자들의 장밋빛인가, 자유분방한 자유주의자들의 백색인가, 그렇지 않으면 권력을 장악하고 있는 마피아와 같은 여러 집단의 흑색인가?

1장

중국사를 이해하기 위한 몇 가지 열쇠

모든 역사 연구는 그것이 비록 대단치 않을지라도 '기억의 궁전'을 건설하는 성격을 지닌다.
몇 가지 열쇠를 갖고 여러 관문을 통과해야 비로소 그 궁전에 들어갈 수 있다.

서양의 탐욕에 직면한 만주 왕조

만주족 왕조

1644년에 수립된 만주족 왕조는 중국 명칭으로 청清나라라 불렸다. 만주족은 장성 너머에서 온 침략자로서 오래전부터 북쪽 국경에서 압력을 행사했다. 프랑스에서는 그들을 타타르족Tartares*이라 불렀다. 북중국에서 발생한 강력한 농민반란을 제압할 수 없었던 명나라의 마지막 황제는 그들에게 도움을 요청했다. 농민반란군을 격파한 만주족은 베이징을 점령하고 그곳에 새로운 왕조를 건설했다. 정복은 장기간에 걸쳐 이루어졌으며, 중국인들의 기억에 오랫동안 각인된 여러 가지 잔혹한 상황으로 점철되었다. 그 정복 과정은 1683년 타이완 정복으로 일단락되었다.

어려웠던 초기 정복 시절이 지나가고, 중국은 18세기에 이르러 황금시대를 맞이했다. 그것은 장기간의 평화, 질서, 유교 관리들의 참여, 그리고 쌀이나 보리가 잘 자라지 않는 토양에서도 경작할 수 있는 신대륙 작물고구마, 감자, 옥수수, 땅콩 등의 도입에 힘입은 농업혁명의 효과 덕분이었다. 한화漢化된 위대한 황제들이 황위를 계승했으며, 건륭제乾隆帝, 1711~1799도 그중 한 사람이었다. 건륭제 때에 이르러 중국은 만주 지역, 몽골, 동투르키스탄과 티베트를 통제하는 가장 넓은 영토를 갖게 되었으며1,150만

◆ 타타르족은 본래 유럽 동부의 터키족을 가리키는 용어지만, 서양 사람들이 중국 몽골족을 가리킬 때도 이 단어를 사용한다.

서태후.

청나라 멸망 직후인 1912년 2월 섭정왕 재풍이 그의 아들
푸이, 푸제와 함께 찍은 사진. 오른쪽이 푸이다.

제곱킬로미터, 베트남, 조선, 버마, 라오스, 류큐琉球 왕국◆과 히말라야 부근
의 소왕국들을 조공국으로 삼았다.

　반면 19세기는 위기의 시대였다. 1853년부터 1864년까지 홍수전洪秀全
을 천왕天王으로 추대한 태평천국太平天國이 중국 중앙에서 청 제국과 맞
섰으며, 청 제국은 1840~60년에 일어난 외국과의 전쟁아편전쟁에서 패했
다. 그러한 비극이 발생한 시기는 가경嘉慶, 도광道光, 함풍咸豊 연간이었

◆　현재 일본의 오키나와를 가리키는 고대 왕국을 말한다. 1187년 처음 왕의 칭호를 가진 순천왕(舜天王)이 등장한
　　이후 약 700년 정도 왕국 체제를 유지했지만, 메이지(明治) 12년(1879) 일본에 의해 오키나와 현이 설치되면서
　　멸망했다.

다. 이러한 상황에서 만주족의 대응은 다시 한 번 실패로 끝났다.

뒤이은 부흥 운동동치제同治帝와 광서제光緖帝 당시은 제국이 스스로 개혁할 수 없음을 입증하는 것이었다. 서태후西太后는 1861년부터 1908년까지 사실상 행정부를 다스렸다. 예외 기간이 있었다면, 1898년 변법파가 권력을 장악했던 100일 동안이었다. 이 100일 동안 광서제는 메이지 유신을 단행한 일본의 메이지 천황睦仁과 같은 개혁을 단행하려 했지만, 결국 보수파에게 전권을 빼앗기고 말았다. 마지막 황제인 선통제宣統帝 푸이溥儀는 청조가 멸망한 1911년 당시 여전히 어린아이에 불과했다.

중국 주변의 야만족

중국을 하늘 아래 유일한 국가로 여겼기 때문에 중국인들은 스스로를 세계 문명의 중심으로 생각했다. 그 자비로운 영향을 사방四方으로 확산시키는 둥근 하늘이 천지를 형성했다. 그러한 사방세계는 하늘 아래 존재하는 것이 아니었다. 사방세계는 귀신으로 가득 차 있으며, 그곳에 사는 사람들이 바로 야만족이었다. 그러나 하늘의 아들인 황제가 지닌 중심 세계의 강력한 문화적 힘은 천상의 제국 끝까지 황제의 은덕을 전파했다. 그 천상의 제국에서 황제는 우주를 구성하는 음양의 대립 관계를 조화롭게 하였으며, 문명의 격차 때문에 그러한 시도는 더욱 필요하였다.

황제는 존경의 표시로 조공품을 들고 수도로 들어온 야만족 사신들에게 자신의 권한을 이용해 은전을 베풀어주었다. 반면 그들은 그에 상응하는 선물을 바쳤으며, 그것은 상업적 교환을 의미했다. 그리하여 야만족들은 장사를 하고 선진 문명의 일부를 얻을 수 있었다. 그러한 관계를 유지한 야만족들을 '숙만熟蠻'이라 했고, 중국 중심부에서 멀리 떨어져 있거나 조공의 예를 거부한 야만족들은 '생만生蠻'이라 불렸다. 따라서 중국은 여타 세계와 동등한 관계를 유지하지 않았다. 아시아 제국諸國과의 관계는 예부禮部 소관이었으며, 현재 외무부와 같은 기능을 하는 부서가 만들어진 것은 아편전쟁을 종식시킨 조약 체제가 등장한 이후였다. 그러한 중국 중심적 세계관 때문에 중국인들은 '야만인들에 대한 관심'이 많지 않았으며, 이것은 일본과 매우 다른 점이었다.

중국은 일본, 베트남, 조선에 유교, 대승불교, 한자, 과거제도 등을 전파함으로써 그들 나라의 문명화에 크게 공헌했다. 중국은 그러한 분야에서 매우 복합적인 우월성을 지니고 있었다.

아편

페르시아에서 전래된 이편은 중국에서 오랫동안 액제 형태의 치료제로 알려져 있었다. 가루 형태의 아편을 담배와 섞어 피우게 된 것은 17세기였으며, 18세기 초엽에 이르러서는 둥근 모양으로 만든 것을 미리 데운 후에 흡입했다. 19세기 말엽이 되자 아편은 알약코데인이나 주사모르핀 형태로 유럽에서 중국으로 흘러들어 갔다.

청 제국의 당국자들은 18세기 이후 양귀비 재배와 담배를 포함한 아편의 소비를 금지했다. 중국 당국자들은 아편이 건강에 위험하다는 사실을 유럽인들보다 더 잘 알고 있었다. 아편 밀매는 제국의 성실한 민간과 군사 관료들에게 해를 끼쳤다. 그들 관료들은 아편을 묵인하여 중국 상인들과 이익을 공유했으며, 그들 상인들은 여전히 실체가 분명하지 않은 비밀결사로서 만주족의 축출을 주장했던 삼합회三合會*와 종종 연계되기도 했다. 따라서 아편과 청 제국의 몰락은 깊은 연관성이 있다.

19세기 이래 아편은 중국 사회에 치명상을 입혔다. 사진은 연관(煙館)에서 아편을 흡입하는 모습.

결국 1820~30년대 이후 아편 밀무역이 보편화됨에 따라 중국의 수지 균형을 역전시켰다.

아편전쟁은 중국을 개항시키기 위해 영국이 주도한 것이었으며, 이후 제2차 아편전쟁에는 프랑스도 참전했다. 제1차 아편전쟁 종식 후 체결된 1842년 난징조약에는 아편이란 단어가 한 번도 등장하지 않는다. 그러나 중국의 개항과 외국 상인들에게 주어진 특권 덕분에 공식 무역량과, 영국 관할 하에 있었던 벵골 만에서 만들어진 아편의 밀매가 순식간에 두 배로 증가했다. 봄베이에서 건너온 스코틀랜드와 유대인 장로교도 출신이었던 아편 상인이 19세기에 새로운 상하이上海를 건설하게 되었다.

19세기 말엽, 청 제국은 아편 금지 정책을 다시 시행했지만, 그사이 중국의 양귀비 재배가 확대되었다. 사실상 아편은 당시 외국인들이 그것을 중국의 주요 특징 가운데 하나로 인식할 만큼 중국 문명에 강력하게 자리 잡고 있었다. 20세기 전반의 중국 사료에 의하면 아편의 소비는 주로

◆ 반청(反淸)을 기치로 조직된 비밀조직으로서 강희(康熙) 혹은 옹정(雍正) 연간에 처음 등장했다. 신해혁명에도 개입하는 등 반청 성향을 보여주는 정치적 이념을 가지고 있었지만, 이후 범죄집단으로 변절되었다.

세 가지 유형으로 이루어졌다. 남서 지역의 일부 소수민족들이 특정 시기에 행했던 '의례'에 사용된 경우, 연회에 초대된 손님들을 환대하기 위해 사용된 '잔치' 목적의 소비, 심각한 마약 중독자들의 소비 형태인 '중독'이 그것이다. 이 세 가지 소비 형태 외에 하루 종일 힘든 노동으로 기력이 떨어진 비참한 쿨리coolie들이 아편으로 현재의 고통을 잊고 심신의 피곤을 덜었던 경우도 생각할 수 있을 것이다.

불평등조약

불평등조약이란 아편전쟁을 비롯하여 중국이 19세기에 겪은 여러 전쟁이 끝난 후 체결된 조약에 중국인들이 붙인 이름이다.

이 불평등조약에는 심각한 영토 할양 조항이 들어 있다. 그 결과를 정리하면 다음과 같다.

— 중국은 러시아에 150만 제곱킬로미터를 할양했다.

— 타이완은 1895년 일본의 식민지가 되었다.

— 주룽九龍반도를 포함한 홍콩이 1842년부터 영국의 식민지가 되었다.

— 명 왕조가 포르투갈과 대포 몇 대와 맞바꾼 마카오 역시 식민지가 되었다.

— 러시아에 이어 1905년 일본에 양도된 랴오둥遼東반도의 경우와 마찬가지로, 식민지 초기보다 아홉 배가 넓어진 홍콩이 1997년까지 영국에 임차되었다.

— 중국은 또한 조공국이었던 류큐 왕국, 조선, 베트남, 버마 네 나라를 상실했다.

중국은 승전국에 엄청난 액수의 전쟁배상금을 지불해야 했으며, 주권 행사에 결정적인 타격을 받았다. 예를 들어 중국은 징세할 수 있었던 해관의 세금을 상품 가격에 따라 최대 5퍼센트 이내로 제한해야만 했다. 당시 산업화에 성공한 나라들은 강력한 무역 관세장벽을 통해 이제 막 생산되기 시작한 자국 제품을 보호했다(영국만 그러한 제도를 시행하지 않았다). 게다가 외국인 거주자들에게는 중국 법률을 적용하는 것이 불가능했으며, 자국의 영사 재판만 정당화되었다. 그러한 치외법권적 특권과 영사에게 주어진 예외적인 권한을 바탕으로, 외국인들은 중국의 일부 지역을 관할하게 되었다. 그것이 바로 조계租界이며, 가장 중요한 지역으로는 상하이, 톈진天津, 한커우漢口, 광저우廣州를 들 수 있다.

농업 위주 경제의
강점과 약점

농업의 후진성

중국은 세계 강대국의 변화와 비교하여 항상 뒤처졌던 나라는 아니다. 중국은 거대한 문명의 중심지였으며 거대한 발견을 이룩했던 나라이기도 하다. 예를 들어 종이, 나침반, 화약 무기, 인쇄술, 비단, 차, 방수벽 등 중요한 발명품들이 중국에서 만들어졌다. 두 번에 걸쳐 중국은 외래 품종을 이용한 농업 혁명을 진행시켰다. 1000년 무렵 중국은 현재의 북베트남에서 조생종 벼를 수입하였으며, 그 결과 곡물 생산이 50퍼센트 증가했다.

18세기 황금시대의 상당 부분은 마닐라로부터 옥수수, 고구마, 감자 등 신대륙 작물이 도입된 것에 힘입은 바가 컸다. 이제 중국은 식량이 더 풍부해졌으며, 단위 면적당 생산량 역시 유럽 대륙보다 높았다. 바로 이 사실에서 19세기에 확인할 수 있었던 역설적인 후진성의 원원을 볼 수 있지 않을까?

영국의 역사가 마크 엘빈Mark Elvin에 의하면, 그러한 고도의 발전이야 말로 함정이었다. 다시 말해 잘 먹어서 영양 상태가 좋은 사람들이 많았던 중국은 기계화가 필요하지 않았다. 일찍부터 남벌이 자행되었으며, 그것은 구릉의 개간으로 더욱 가속화되었기 때문에, 산업 초기에는 숯을 연료로 사용했던 근대 제련업의 발전을 방해했다. 기술의 문제에 흥미가 없었던 것은 중국이 후진적일 수밖에 없었던 가장 중요한 원인이었다. 그러나 중국이 그러한 쇠퇴를 겪을 때, 서구 유럽과 '정복적 성향을 지닌 부르주아들'은 상업과 식민지를 확대했다.

은

중국은 은본위제를 실시했었다. 그러나 1914년까지도 은전 대신 동전을 주조했다. 계산 단위는 냥兩, tael, 어원은 말레이어에서 유래이었는데, 그 무게는 지역에 따라 다양했으며, 대체로 순은 38.40그램 정도였다. 대규모 지불이 필요할 때는 은괴의 무게를 달아 계산했지만, 편의상 남미에서 수입한 고품질의 은화인 멕시코 페소peso나 대략 4분의 3냥에 해당하는 북미의 은화를 사용하는 것이 가장 보편적인 관행이었다. 1914년 위안스카이袁世凱가 중국 최초로 은전을 주조했으며, 이 중국 위안화의 가치는 1920년 0.72냥이었다. '냥'은 1935년 폐지되었으며, 이 당시 최초의 지폐가 발행되었다.

외국 은원의 진위를 검
사하는 관원들.

──20세기 중국사

중국 경제

20세기 중국 경제는 여전히 낙후된 것이었다. 다시 말해 18세기와 19세기에 농업, 상업, 그리고 산업 혁명을 겪지 못했던 나라에서 두루 발견할 수 있는 특징들을 중국은 여전히 지니고 있었다. 그러한 상황에서 예외적이었던 곳은 양쯔揚子 강 삼각주 지역과 주장珠江 강 유역의 일부 해안 지역 정도였다.

중국 국민총생산의 3분의 2는 농업에서 비롯되었다. 19세기 중엽 당시 4억 2,600만 명의 인구 가운데 91퍼센트가 농촌 주민이었다. 1933년 73퍼센트의 농민이 국민총생산의 65퍼센트를 생산했다. 농업 경작 방식은 조밀했으며, 경작 면적은 축소되었다. 1873년 농업 인구 지수를 100으로 잡을 경우, 1893년에는 108, 1913년에는 117, 1933년에는 131이었던 반면, 1893년부터 1933년까지의 토지 면적 지수는 101에 머물러 있었다.

18세기 말엽 3.75무mu, 15분의 1헥타르였던 농부 개인당 경작 면적은 19세기 말엽 1.98무가 되었다. 1870년부터 1910년 사이 평균 경작 면적은 북중국의 경우 1.37헥타르에서 1.06헥타르, 남중국의 경우 0.67헥타르에서 0.77헥타르가 되었다. 따라서 진정한 의미의 '토지 부족' 현상이 있었음을 알 수 있다.

수확량 역시 매우 적어서, 헥타르당 약 2,300킬로그램 정도였다. 이것은 18세기 이후에 달성한 수치이다. 농민들은 종종 전호佃戶의 신분이었다. 그들은 수확의 절반 정도를 지주에게 바쳤으며, 총생산량의 4분의 1쯤에 해당하는 몫을 정부에 헌납하거나 다양한 세금 명목으로 지불해야만 했다. 그들에게는 따로 저장할 수 있는 곡식이나, 다른 곳에 투자할 여력도 없었기 때문에, 결국 그러한 현상이 종종 부채나 재난으로 나타나곤 했다. 1877~78년 북중국에서 발생한 자연재해로 약 1,000만 명의 농부들이 죽거나 자신의 땅을 등져야만 했다.

6만 3,000여 개의 시장이 존재했다고 조사되었지만, 상업 활동의 4분의 3은 현縣 단위를 벗어나지 못했다. 아마도 아편을 제외한다면, 전통적인 수송 수단이 비쌌기 때문에 전국적인 규모의 시장은 사실상 존재하지 않았을 것이다. 1톤의 짐을 1킬로미터 수송할 경우, 사람이 지고 나를 때의 가격이 1930년 무렵 0.77위안이었으며, 외바퀴 수레로는 0.45위안, 두 바퀴 수레로는 0.28위안, 정크선으로는 0.23위안이었다. 이와 같은 전통 수송 수단을 이용하여 면포 한 묶음을 1,200킬로미터 운반할 경우, 106위안이 들었다. 그것을 철도로 수송한다면, 15위안 정도에 불과할 것이다. 그러나 1910년 무렵, 철로는 9,244킬로미터, 대규모 증기선이 오갈 수 있는 항로는 6,000킬로미터1908년 최초로 우한武漢과 충칭重慶 사이를 오가는 증기선이 취항했다, 소규모 증기선이 다닐 수 있는 하천 수송로가 2만 2,000킬로미터, 정크선이 오갈 수 있는 수송로가 3만 3,000킬로미터였다. 육로는 도로 사정이 매우 열악했기 때문에, 협로를 통과하기 위해서는 어쩔 수 없이 등으로 짐을 날라야 했다.

수공업은 국민총생산의 4~5퍼센트를 차지할 만큼 중요한 역할을 했으며, 중국의 전통 면사綿絲의 경우에서 알 수 있는 것처럼, 기계로 생산된 제품의 유입에 좀 더 잘 저항했다.

근대 산업은 외국인들이 '개항장'에서 기업을 경영할 수 있도록 했던 1895년 시모노세키조약 이후 등장했다. 그 성장은 비교적 빨라서, 시모노세키조약 체결 직전 국민총생산의 3.77퍼센트를 차지했던 광업, 공공

상하이 와이탄(外灘)의 모습. 중국통상은행, 회풍은행 등 은행들이 숲을 이루며 늘어서 있다.

산업, 근대적 수송업 분야는 1933년 10.5퍼센트로 증가했다. 그러나 비약적인 발전이 있었다고는 할 수 없으며, 상하이, 만주, 톈진, 한커우우한에 집중되어 있었다.

외국인들은 중요한 역할을 했다. 과연 당시 중국이 가난했던 주된 이유가 '제국주의의 착취' 때문일까? 아마도 외국인이 직접적인 원인은 아니었을 것이다. 외국 기입 덕분에 중국이 벌어들인 수익이 평균 5퍼센트 정도였으며, 예외적으로는 20퍼센트에 달한 경우도 있었다. 그러나 외국 기업들은 중국 기업과 비교하여 유리한 지위를 차지하고 있었는데, 그 이유는 해관의 세율이 낮았을 뿐 아니라, 내지 통관세가 면제되었기 때문이다. 더구나 외국인들의 투자는 전략적인 분야에 집중되었다. 즉 철도의 90퍼센트, 증기선 회사의 71퍼센트가 외국환거래의 90퍼센트 이상을 취급했던 외국계 은행의 직간접적인 영향 하에 놓여 있었다. 당시 홍콩상하이은행연합회HSBC는 상하이에서 매일 은냥과 외국 화폐 사이의 환율을 결정했다.

중국은 외국인에게 착취를 당한 것이 아니라, 오히려 외국인들보다 분명 우세한 위치에 있었지만, 점점 빈곤해졌다. 1900~11년 중국의 연간 대외무역 적자액은 1억 2,100만 냥이었다. 중국이 외국인들이 운용하는

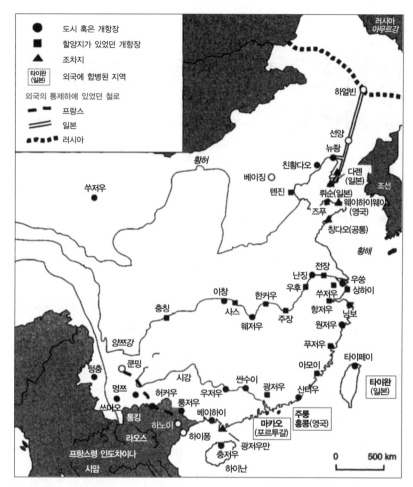

1905년 외국의 중국 진출.

거대 경제의 압박을 중국 빈곤의 원인으로 돌리는 것은 자연스러운 일일
것이다.

3 　　　　　　　　　　　　　国가와 사회

행정 조직

당시 청조의 18개 성省은 2만여 명의 민간 관료와 7,000명의 군사 관료
가 다스렸다. 지역사회 지식인들 가운데서 충원한 일군의 그룹이 그들
관료들을 도왔는데, 관료는 반드시 타향 출신을 임명했기 때문이었다.
관료가 다스렸던 가장 작은 행정단위는 현縣이었다. 당시 약 2,000여 개
의 현이 존재했기 때문에, 이론상 관료 한 명이 20만 명을 다스렸다. 따
라서 관료는 지역 유력자들의 도움을 받아 부세賦稅의 할당과 징수, 질서
유지, 학교 조직 등 자기 관할 지역의 일을 처리했다.

　이러한 체제의 가장 큰 결점은 관리들의 봉급이 지나치게 낮았기 때문
에 부정이 만연했다는 것이다. 시험의 내용이 대체로 유교 경전에 대한
지식을 묻는 것이었던 다양한 종류의 과거를 통해 모집된 관료들은 대체
로 전반적인 지식을 소유했으며, 체제 내의 이데올로기적 응집력을 보장
하는 존재였다. 그러나 중국으로서는 당대의 세계를 인식할 수 있는 전
문적인 고위 관리의 필요성이 증대되었기 때문에, 시대에 뒤진 과거제도
는 1901~05년에 폐지되었다. 이어 좀 더 근대적인 장치가 마련되었다.
동시에 중국 최초의 대학들이 건립되었으며, 대학을 졸업한 중국 학생들
이 외국으로 나가 공부하게 되었다.

특권층

1905년 과거가 폐지되었음에도 불구하고, 중국의 전통 엘리트들은 여전히 최고의 지위에 있었다. 1911년 신해혁명 전야에 과거科擧 학위 소지자는 91만 명 정도였으며, 외국에서 학위를 받은 사람이 수천 명_{일본에서} _{공부한 사람이 약 3만 명, 유럽과 미국에서 공부한 사람이 약 3,000~4,000명이었다} 있었다. 그들의 가족을 합하면 이들 신사紳士층은 전체 인구의 약 1.9퍼센트를 차지했다.

신사층보다 그 수가 많았던 농촌의 지주층은 인구의 약 3퍼센트를 차지했다. 그들은 대략 전체 토지의 4분의 1을 차지했다. 그들은 들에 나가 직접 일하지 않았고, 대신 그들의 토지를 전호들이 경작했지만, 경작 면적은 대체로 매우 좁아 4~5헥타르 정도였다. 또한 그들은 경제 외적인 다양한 생계 수단을 필요로 했다. 즉 그들이 자신들의 수익을 얻었던 곳은 행정, 종종 지역 공동체에 관련된 다양한 활동을 통해서였다. 한편, 그들은 잉여 농산물을 장악하고 있었기 때문에, 곡물을 파는 상인이기도 했으며, 술 제조업자이기도 했다. 그들은 전당포를 소유했으며, 경우에 따라 고리대금업을 하기도 했다. 그들의 장래는 불안정했다. 그들의 도시 거주율이 점점 증가했는데, 농지 경영을 대리인에게 위임했기 때문이다. 그들은 일반적인 의미에서 말하는 농촌귀족층을 형성하지는 못했다.

군 병력은 60만이었으며, 그 가운데 25만 명은 신군新軍에 편입되었다. 신군 7만 명의 관리 가운데, 800명은 외국인이었다. 관리 가운데 7,000명의 고위 관리가 중요한 역할을 했는데, 그들의 교육 수준은 상당했다. 특히 군사 기술 분야에서 일부 관리들은 새로운 생각을 받아들이고 있었다.

또한 외국인, 통역, 전문가, 저널리스트, 교수, 해관 관리 매판買辦 들과의 접촉으로 형성된 일부 관리들 덕분에, 그처럼 새로운 생각을 지닌 엘리트들의 등장이 증가했다. 그러한 사람의 수가 약 2~3만 명이었다.

1910~20년대 당시에는 기업가와 사업가, 그리고 자본가 그룹이 가장 많았다. 1911년 전야에 794개의 상업 단체가 있었으며, 그 구성원이 30만 명에 달했다. 그들의 가족을 합하면 이들 그룹은 약 150만 명으로, 전체 인구의

중국인 최초로 변호사 자격증을 취득한 우팅팡(伍廷芳).

약 0.5퍼센트를 차지했다. 당시 기업가들 대부분은 전통 엘리트 출신이었기 때문에, 그러한 기업가와 전통 엘리트를 구분하기는 어렵다. 그러나 특히 상하이와 같은 해안 지역에서 활동한 기업인들은 자신의 사회적 출신 배경을 의식하고 있었다.

그러한 기업가 계층에서 볼 수 있는 사회적 이동은 제한적이었지만, 실제로 발생하기도 했다.

농민 계층은 자신들의 운명이 점점 악화되어가는 것을 느꼈으며, 그러

한 상황 때문에 항세抗稅, 창미槍米 운동이 빈발했지만 가혹하게 진압되었다. 자연재해 때문에 내몰리거나 토지를 박탈당한 유랑민들이 비밀결사나 도적 떼에 가담했다. 자연재해나 가족의 어려움이 발생했을 때 등장했던 최소한의 인간적 배려가 존속했던 가장 부유한 지역의 전통적인 지주 전호 관계가 완전히 경제적 관계로 대체되었기 때문에, 전호는 계약상 지불해야 하는 소작료를 반드시 지불해야만 했다. 당시 농촌의 상황은 매우 다양했는데, 경우에 따라서 임금 노동자를 고용했던 부유 농민층이 전체의 약 7퍼센트였으며, 토지의 4분의 1쯤을 경작했던 중소 자영농은 22퍼센트, 그 밖에 소농층과 반半자영농, 반전호층과 전호층이 존재했다. 특히 남쪽 지역에서는 소농층과 반자영농, 그리고 전호층이 3분의 2를 차지했으며, 전체 경작 면적의 5분의 1을 차지했다. 루쉰魯迅의 유명한 소설 《아큐정전》에서 볼 수 있는 것처럼, 불행한 삶을 사는 빈민층이 확대되었다. 지배적인 종족만 그러한 권한을 지니고 있었기 때문에, 이 소설의 주인공은 자신의 이름조차 가질 권한이 없었다.

도시에서는 근대 시기에 등장한 프롤레타리아가 출현했는데, 공장 노동자 혹은 근대 수송업 종사자가 50~60만 명 정도 존재했다. 가장 명백한 변화는 분명 도시화였다고 할 수 있는데, 당시 몇몇 대도시가 출현했다. 상하이는 1910년 당시 중국인 거주 지역에 57만 명, 조계 지역에 49만 명이었던 인구가 1920년에는 각각 170만 명, 76만 명으로 증가했다. 같은 시기 톈진의 인구는 32만 명에서 83.7만 명으로, 베이징北京의 인구는 72만 명에서 87만 명으로 증가했다. 우창武昌, 한양漢陽, 한커우 세 도시가 같이 있는 우한의 인구는 100만 명을 상회했다.

4 유교적 질서

공자

성인聖人 공자는 기원전 551~479년에 살았던 인물이다. 그는 형이상학을 배제한 채, 인간을 둘러싸고 있는 세계와 사회적 관계에 대한 도덕철학을 제시했다. 9~12세기 송대에 신유학新儒學이 형성되었다. 신유학의 중심인물은 송대 이학理學의 완성자인 주희朱熹, 1130~1200이다. 그의 주장은 《논어》에 등장하는 다양한 언급을 재해석하여, 질서 유지를 위한 이론을 발전시킨 것이었다.

따라서 그는 "공자께서는 향당鄕黨, 종족宗族이 있는 곳에서는 신실信實한 면모로, 마치 말을 잘하지 못하는 사람과 같았다. 그러나 종묘나 조정에 계실 때에는 유창하게 말씀을 하셨지만, 매우 조심스러웠다. 조정에서 하대부下大夫와 말씀을 나눌 때에는 강직하게 하셨고, 상대부上大夫와는 온화하게 말씀하셨다. 공문公門에 들어가실 때에는 마치 (공문이 공자의 출입을) 막아 못 가게 하고 있는 것처럼 몸을 굽혀 들어가셨다. 문 가운데 서있지 않았으며, 드나들 때는 문지방을 밟지 않으셨다. 임금이 공자께 손님을 접대하도록 할 경우, 낯빛을 바꾸고 함부로 행동하지 않으셨다."「논어」「향당」라고 언급했다. 세상의 질서를 어지럽히고 싶지 않다면, 모든 사람들은 각자의 위치를 견지해야 했다.

지식인

과거 합격자 가운데 관리가 될 수 있는 사람이 일부였지만 과거 합격자로 구성된 전통 지식인들은 모든 종류의 권력을 가질 수 있는 존재였다. 과거가 폐지되고 근대적인 교육제도가 확산됨에 따라 그들 지식인 가운데 자신의 지적 능력으로 삶을 영위하는 계층변호사, 교수, 저널리스트, 기술자 등이 등장했다. 그들은 종종 국가에 고용되어 일하기도 했으며, 1910년 당시 그 수는 5만 명 정도였지만, 대도시에서 다른 사람을 가르치는 일을 하는 경우가 가장 많았다. 외국에서 공부했으며, 중국의 후진성을 깊이 자각하고 있었지만, 그 후진성에서 벗어날 수 있는 방법은 요원하다고 생각했던 그들은 루쉰이 잘 분석한 것처럼 상실감 때문에 괴로워했다. 또한 그들은 서양 지식인들을 기계적으로 모방하는 중국 지식인의 모습을 보여주기도 한다.

2장

청 제국의 몰락

1898~1911

이전 시기 동아시아 문명 전파의 중심지였던 중국은 18세기 말엽 이후 심각한 위기의 시기를 거쳐야 했으며, 19세기 말엽에는 분할의 위협에 처했다. 그러한 모순에 사로잡혀 있던 만주 제국은 다시 부흥하지 못했다. 1911년 청 제국은 마침내 붕괴되고 말았다.

19세기 말엽의 정치적 위기

황금시대의 종말

18세기 말엽 이후 청 제국에 나타나기 시작한 보이지 않는 위기는 19세기 말엽에 이르러 명백하고도 극적인 위기로 변했다. 그 위기는 무엇보다 청 제국 내부에서 기인한 것이며, 판에 판을 거듭한 조설근曹雪芹의 《홍루몽紅樓夢》이나 오경재吳敬梓의 《유림외사儒林外史》 같은 위대한 문학 작품에서 볼 수 있듯이 황금 시기 이후에 찾아왔다.

사실상 신대륙 작물의 도입 같은 농업 정책의 성공에 뒤이은 산업 분야에서의 기술적 혁신이 일어나지 않았다. 1802~34년 3억에서 4억으로 늘어날 만큼 지나치게 빨랐던 인구 증가는 실업자를 양산했으며 경작지의 부족을 초래했다.

같은 시기 도자기, 칠, 비단, 차 등 부가가치가 높은 수출품 덕분에 흑자였던 중국의 무역수지는 1820년 이후 적자로 돌아섰다. 이에 앞서 인도를 차지한 영국인들은 인도에 대규모로 아편 경작을 도입했으며, 중국에서는 금지된 아편이 영국 상인들에 의해 불법으로 중국에 대량 유입되었다. 치명적인 경제적 손실이 시작되었기 때문에, 중국은 이미 서양보다 뒤처진 산업화에 필요한 자금을 빼앗기는 결과가 되었다. 따라서 아편전쟁을 통해 강제로 문호를 개방하게 만든 영국인들의 군사 개입과 뒤이어 벌어진 강대국과의 연이은 전쟁이 중국 위기의 첫 번째 원인이라고는 할 수 없다.

하지만 이러한 전쟁에서의 패배로 중국의 사회경제적 위기는 가속화되었다. 청 제국이 양이洋夷와 맞서 중국을 방어할 수 있는 능력이 없다고 판명되자, 그러한 전쟁은 정치적 위기를 배가시켰다. 그러한 위기는 태평천국이라는 새로운 왕조를 세우기까지 했던 1853~77년의 대규모 민중 반란의 형태로 나타났다. 피비린내 나는 반란과 그 제압 과정에서 2,000만 명의 중국인이 희생되었다.

외국인의 경제 장악

이러한 상황에서 외국인들의 오만은 끝이 없었다. 서양 강대국들은 일정 지역을 할양하여 자신들의 영향권 아래 두었다. 불평등조약을 강제한 강대국들은 외국인 조차지와 프랑스 조차지가 있었던 상하이처럼 도시 전체를 자신들의 통제 아래 두었다. 홍콩과 마카오는 식민지로 전락했다. 중국이 우습게 생각했던 일본은—예를 들어 일본은 당唐 왕조의 문물을 수입했다—1895년 전쟁에서 손쉽게 승리한 후, 청 제국의 2년 예산을 집어삼켰던 전쟁배상금에 대한 일언반구도 없이, 중국으로부터 타이완

영국인 중국 해관 총세무사 로버트 하트(Robert Hart). 1863~1908년에 청 정부 총세무사에 임명되어 외국인에 의한 중국 해관 관리 제도를 제정하고 중국 재정 수입을 직접 통제하여 중국의 내정과 외교에 큰 영향을 끼쳤다.

과 군사 기지가 있는 뤼순旅順, 그리고 상업 항구가 있는 다롄大連이 속한 만주 남쪽의 랴오둥반도를 차지했다. 이전 시기 내내 세계 문명의 중심지였던 중국은 이제 뒤처진 하나의 지방에 불과했다.

만주 왕조에 대한 의문 제기

이러한 위기에 병행하여 중국인들은 중국이 수 세기 동안 주장했던 보편주의, 다시 말해 하늘 아래 유일한 국가인 중국이야말로 전체 문명국가를 재편성할 수 있다는 생각을 거부하고, 왕조의 정통성을 다시 문제 삼았다. 중국인들은 1644년 이래 만주 출신의 이민족 왕조가 중국을 다스리고 있다는 사실을 새삼스럽게 다시 인식했다. 백련교白蓮教*나 삼합회와 같은 비밀결사들이 비밀리에 명 왕조의 정통성을 주장하며 18세기 말부터 위험한 반란을 선동했다. 그들 비밀결사는 양이, 그리고 장성 너머 변방에서 온 만주족에 대한 거부를 통해 지지자들을 다시 결집시켰다. 이러한 상황에서 영국, 프랑스, 일본과의 전쟁에서 패배는 이제 중국이 아니라 이민족 왕조의 패배가 되었으며, 중국인들은 결국 명이 붕괴할 당시 만주족이 받았던 천명天命의 종말을 선언하기에 이르렀다. 이처럼 다시 등장한 반反만주적 민족주의는 비밀결사의 전통적 외국인 혐오와 구별하기가 모호하다. 한족의 지배적인 위치를 고양시킨 그들의 견해는 인종차별주의와 맥을 같이하는 것이다. 중국 민족에 대한 근대적 개념은 아직 탄생하지 않았다.

◆ 남송 시대에 만들어진 불교의 한 지파였으며, 미륵불을 숭상했다. 원, 명, 청 세 왕조 시기에 민간에 크게 유행했으며, 원 왕조는 이들의 반란을 계기로 무너졌다. 청 중엽에도 후베이(湖北), 쓰촨(四川), 산시(陝西)에서 백련교도의 반란이 발생하여 청 왕조에 커다란 타격을 주었다.

외관상의 서구화

위기감이 증대되자, 청 제국이 반응하기에 이르렀다. 청 제국은 서양의 침입에 대응하기 위해 특히 서양의 군사 기술을 도입하려 했다. 양쯔 강 중류와 하류 지역의 총독들은 태평천국군과 염군捻軍을 무찌르기 위한 군대를 조직하여 결국 그들을 진압했다. 그들은 지역 신사층의 지지를 받았으며, 무기 공장을 건설하고 근대적인 소총과 대포를 구입했을 뿐만 아니라, 양쯔 강, 주장 강과 화이허淮河에 대포가 장착된 증기 함대를 열병시켰다.

1860년대에 이르러서도 그러한 경향은 계속되었다. 외국어 학당을 열어 번역가를 양성했으며 전문가를 초빙했다. 1870년대에는 중국 학생을 미국에 보냈다. 이 유학생들은 미국적 생활 방식에 익숙하고 유창하게 영어를 구사할 수 있었지만, 만주 왕조에 대한 충성의 표시로 여전히 변발을 하고 있었다. 그들은 필요한 경우 워싱턴에서 천자天子를 대표하는 중국 대사의 면전에 머리를 조아리기 위해 당시 전통 지식인의 복장을 해야 했다.

이러한 운동의 주창자들은 서양에서는 그들의 기술만을 빌려올 뿐, 당연히 중국 문명의 본질은 그대로 유지해야 한다고 생각했다. 수학이나 역사 같은 일부 새로운 과목이 소개되긴 했지만, 여전히 유교 경전에 대한 완벽한 이해를 전제로 했던 과거제도를 통해 고위 관료를 충원했다. 따라서 외국에 대한 지식이 풍부한 중국인 전문가를 양성하는 양무운동 洋務運動의 경향은 거의 확산되지 못했다. 그러한 경향은 일부 외교관, 번역가, 저널리스트, 외국 기업에 종사하면서 수출입 업무를 담당했던 사업가買辦, 일부 기술자에 국한되었다. 상하이와 같은 개항장에 등장한 산

상하이 우쑹(吳淞) 강 북안에 위치한 독일, 미국 등의 영사관.

업 분야에서 역시 최초의 중국 기업인들은 관료들의 철저한 감시 하에
있었다. 관료들 자신이 사업가로 변신하는 경우도 있었다. 그들의 운영
자금은 종종 세관 수입을 유용한 것이었지만, 국방에 필요하다는 명목으
로 정당화되기도 했다. 그들은 경영을 무책임하게 했는데, 그 이유는 적
자가 생길 경우, 자금을 지원하며 보호 역할을 하는 관리들에게 달려갔
기 때문이다. 이러한 관료 자본주의는 오랫동안 중국의 특징적인 양상이
었다. 이러한 모든 상황 때문에 중국의 근대적 영역은 핵심적인 체제의
주변부에 머물러 있었다.

중국식 메이지 유신의 실패
1898년 젊은 광서제는 일본의 메이지 천황을 모방하려는 생각을 품었
다. 30년 전 메이지 천황은 메이지 유신 선포를 통해 일본의 바쿠후幕府
체제를 종식시키고 정치와 사회의 틀을 완전히 바꾸는 일련의 개혁을 발
표했다. 그러나 메이지 천황과 그의 개혁 관료들은 천황 권력을 찬탈한
쇼군將軍의 통치에 적대적이었던, 합법적인 정치 경향, 그리고 특히 고베
나 오사카의 '내해內海' 지역을 중심으로 이미 발달해 있던 상인 자본주

의적 경향, 두 세력의 지지를 받고 있었다. 그러나 광서제는 매우 상반된 상황에 처해 있었다. 다시 말해 청 왕조의 합법성에 의문이 제기되었으며, 중국 사회는 단지 혼란만 가중되고 있을 뿐이었다.

그러한 상황에도 불구하고 광서제는 1898년 6월 캉유웨이 등 여러 개혁가들을 자신의 주변으로 불러들였다. 캉유웨이는 청 왕조 당국자들에게 일본에 대한 저항을 건의하기 위해, 1895년 회시會試 응시자들을 동원하여 상서上書운동을 전개한 것으로 유명했다. 결국 유신 운동의 가장 중요한 인물*이 되었던 캉유웨이는 여러 개혁 정책을 발표했다. 광서제의 숙모였으며, 1861년 11월 정변으로 권력을 장악한 서태후는 위협감을 느꼈다. 그녀는 궁정에서 가장 보수파인 만주 귀족과 9월 이후 개혁파를 일소한 군인들의 지지를 받았으며, 개혁가들이 선포한 모든 개혁 법령을 폐지했다. 광서제를 보좌했던 개혁가 여섯 명은 처형되었다. 오래전부터 병을 앓아왔던 황제는 궁정 깊숙이 유폐되었으며, 사망할 때까지 그곳에서 나오지 못했다.

이렇게 중국식 메이지 유신이 실패한 것은 그것이 위에서 강제한 근대화였고, 당시 중국이 절실하게 필요로 했던 요구에 부응하지 못했기 때문이었다. 또한 그 실패는 당시 세력이 컸던 보수주의자들 때문이었다. 근대식 무기로 무장했으며 독일 교관들이 훈련시킨 최초의 군대를 장악하고 있었던 위안스카이는 그러한 궁정의 갈등과 일정한 거리를 유지한 반면, 개혁가들은 그에게 의지할 수 있을 것이라고 생각했다. 야심가인

◆ 원문에서 저자는 캉유웨이의 관작과 관련하여 'Premier ministre' 라는 용어를 사용했지만, 일반적으로 이는 말 그대로 '수상' 을 의미하는 것이다. 실제로 당시 캉유웨이의 관직은 매우 형식적인 것이어서 총리아문장경(總理衙門章京), 관보독판(官報督辦), 공부주사(工部主事) 등에 제수된 것이 고작이었다.

캉유웨이.

동시에 기회주의자였던 위안스카이는 개혁파와 보수파 사이의 역학관계를 저울질할 줄 알았던 것이다.

변화를 생각하다

일본으로 망명한 캉유웨이는 계속하여 입헌체제를 갖춘 근대적 만주 왕조의 길을 모색했다. 그는 거대한 저작인 《대동서大同書》의 집필을 시작했는데, 그 책에서 그는 민족, 국가, 성차별이 존재하지 않는 세상을 꿈꾸었다. 그러한 세상은 산상山上에 앉아 영감으로 세상과 교류하는 일군의 현인들이 관리하는 곳이었다. 정치가 구체적인 해결책을 제시하지 못한다면, 대동의 세계를 발전시켜야 한다고 그는 주장했다. 캉유웨이의 가장 훌륭한 제자이자 저널리스트인 량치차오는 서양과 서양 정치제도의 적절성에 의심을 품었다. 그는 재빨리 서양의 자유주의적 사고를 거부했으며, "제국주의와 중앙집권제도가 20세기 정치의 중요한 요소가 될 것"이라고

량치차오.

예언했다. 그는 분명 중국과 식민지 정복으로 위협을 받고 있는 나라들은 강력한 정부를 가져야만 한다고 생각했다.

여러 온건 사상가들 가운데, 특히 옌푸嚴復, 1853~1921는 1897~1900년 애덤 스미스Adam Smith의 《국부론The Wealth of Nations》과 토머스 헉슬리Thomas Huxley의 《진화와 윤리Evolution *and Ethics*》, 그리고 허버트 스펜서Herbert Spencer의 《사회학 연구*A Study of Sociology*》 같은 서양 고전을 중국어로 번역하여, 지식인들 사이에 사회진화론이라는 사상을 유행시켰다. 사회진화론은 사회조직을 생물학적 의미로 생각했으며, 사회 조직에 있어 에너지와 생명력을 강조했다. 모든 동물과 마찬가지로 국가 역시 생존을 위해 투쟁하며, 그러한 투쟁에서 환경에 가장 잘 적응하는 국가만이 살아남는다는 것이다. 19세기가 끝나가던 그때, 중국이야말로 공룡이 아니었을까?

그릇된 대응

의화단 운동(1900)

최초의 개혁 시도에 대해 의심의 눈초리를 지니고 있었던 지식인과 베이징의 정치 그룹과는 달리, 북중국의 광활한 대지에 살고 있었던 농민들의 세계는 당시까지 중국이 겪었던 재난 속에서 몇 가지 분명한 요소를 보여주었다. 그것은 중국의 불행이 외국인, 기독교로 개종한 중국인, 그리고 외국 상품에 지나치게 열광하는 배신자에 기인한다는 것이었다.

나무가 없어 해마다 가뭄과 황허의 홍수로부터 위협을 받았던 북중국 평원의 촌락들은 건조한 땅에 축조된 만리장성으로 둘러싸여 있으며, 집은 볏짚과 갈대로 뒤덮인 지붕과 함께 진흙으로 만든 것이 대부분이었다. 지주라 해도, 농민들에게 경작지가 턱없이 부족했다. 북중국 농민들은 밭농사를 통해 보리, 기장, 옥수수를 경작했다. 18세기 농업 혁명 이래 수확량은 변함이 없었지만, 18세기 이후 이 지역의 인구 밀도는 제곱킬로미터당 250여 명에 달했다. 극히 일부 집안만 풍족한 생활을 영위할 수 있었다. 북중국은 오래전부터 무술을 가르치는 사람과 도교나 미륵불교의 영향을 받은 이단적 예언가들의 무대가 되었다. 그들은 농촌의 젊은 실업자, 유랑 병사, 톈진과 상하이를 오가는 증기선의 등장으로 사실상 사용되지 않았던 대운하 연변의 수부水夫들을 자신의 무술과 교리의 신봉자들로 만들었다.

전통적으로 만주 왕조를 적대시했 던 그러한 움직임이 19세기 말엽에 이르러 확산되었으며, 아마도 당시 교묘한 정책을 폈던 산둥山東 순무巡撫 탓에 그들은 자신의 활동 방향을 변화시켰다. 농촌의 젊은이들이 중심이 된 조직이 결성되었다. 그들은 농촌을 사방으로 돌아다니며, 기독교로 개종한 중국인들의 집에 불을 지르고, 그들 가운데 일부를 살해하고, 교회와 학교

의화단원들.

를 공격했다. 그들은 외국 상품, 즉 중국 근대화 노력의 첫 번째 결실을 혐오했다. 그들은 원시적인 방법으로 무술을 익혔으며, '사부'를 중심으로 조직되어 있었던 반면, 의식 행사에서는 각본에 따라 움직이는 일군의 청년들이 사부들의 설교를 통해 열광적인 분위기를 고조시켰다. 그들은 총에 맞지 않는다고 믿었다. 그들은 자신들의 무술을 '의화권義和拳'이라 불렀다. 그들의 구호는 '부청멸양扶淸滅洋', 즉 청을 도와 외국인을 없애는 것이었다. 그러나 청 왕조는 그들의 반란 가능성을 경계했으며, 그들을 진압했다.

자신의 고향에서 추방당한 의화단원들은 1900년 봄부터 톈진으로 향했다. 그들은 이내 톈진과 베이징 일대를 장악했다. 철도와 전신국을 파괴하고, 또한 베이징의 영국 공사관을 보호하기 위해 베이징으로 가다가 의화단의 공격으로 되돌아갈 수밖에 없었던 2,000여 명의 취약한 외국 연합군을 괴롭히기도 했다. 그들은 모두 200여 명의 외국인 선교사

자금성에 진입하는 8개국 연합군.

와 3만 2,000명의 기독교로 개종한 중국인을 살해했다.

6월 18일 의화단의 공격을 더 이상 참지 못한 외국 열강들은 톈진을 점령했다. 6월 13일 이후 의화단 대다수는 베이징에 집결했으며, 청 왕조는 그들이 베이징에서 마음대로 행동할 수 있도록 방치했다. 그들은 비로소 의화단원이라 불리게 되었는데, 그러한 명칭은 그들의 활동에 거의 공식적인 성격을 부여했다는 것을 의미한다. 6월 21일 보수파인 단군왕端郡王의 지지를 얻어 서태후는 외국 열강이 광서제를 다시 황위에 앉히려는 음모를 꾸민다는 구실로 열강에 선전포고를 했다. 그녀 스스로 그 힘을 과대평가했던 민중운동을 등에 업은 채, 청 왕조는 후퇴와 굴욕의 반세기를 되돌릴 수 있다고 생각했다.

하지만 정반대의 결과가 빚어졌다. 외국 공사와 긴밀한 관계에 있었던 남쪽과 양쯔 강 유역 다섯 명의 독무督撫들은 전쟁 선포를 무효로 간주했다. 즉 그 전쟁 포고는 거짓이라는 것이었다. 따라서 그들은 열강과의 전쟁에 참여하지 않았으며, 그 결과 의화단 운동의 범위는 북중국에 국한되었다. 베이징에서는 473명의 민간 외국인, 공사관 지역의 군인 451명

베이징의정서 체결식 장면. 왼쪽은 11개국 공사, 앉아 있는 사람들 가운데 오른쪽에서 첫 번째는 공친왕(恭親王) 혁흔(奕訢), 두 번째는 이홍장(李鴻章).

의 보호를 받았던 3,000여 명의 중국인 기독교도, 북당 성당의 병사 43명의 보호를 받던 수천 명의 중국인 기독교도에 대한 포위가 두 달 동안 지속되었다. 이 사건은 의화단 단독으로 행해진 것이었지만, 의화단원들은 당시 녹영병을 관장하고 있었던 군기대신 영록榮祿의 애매한 태도 때문에 무기를 빼앗긴 상황이었던 반면, 크루프Krupp 사의 대포를 가지고 있던 영록의 군사들은 무장이라곤 단지 소총밖에 없었던 취약한 외국인 주둔지를 초토화시킬 수 있었던 상황이었다. 수차례의 식량 보급을 허용한 것 역시 그의 중국 군대였다. 8개국영국, 러시아, 일본, 프랑스, 미국, 이탈리아, 독일, 오스트리아으로 구성된 1만 6,000여 명의 연합군이 8월 14일 베이징에 도착했다. 이미 베이징은 약탈이 자행되어 광란의 도가니였으며, 북중국 일대 여러 곳에서도 그러한 상황이 발생하였다. 이리하여 외국 군대가 야만인이 된 중국인 곁에 장기간 주둔하게 되었다.

1901년 1월 16일, 달아났던 중국 정치 지도자들이 항복했다. 1901년 9월 7일에 체결된 협약은 재앙이었다. 중국은 의화단원에게 동조한 관원들을 징벌하기로 했다. 주둔군이 갇혀 있었던 베이징 공사 지역에 대한 중국인의 출입이 금지되었다. 39년 상환 조건으로 4억 5,000만 냥의 금을 전쟁배상금으로 지불해야 했으며, 이 배상금에 대한 보증으로 세관 수입과 염세를 지불해야 했다. 이 액수는 중국 국민 한 사람당 1냥씩 내야 하는 양에 해당했으며, 연간 조세 수입의 네 배에 해당하는 것이었다. 매년 상환하는 액수는 중국 예산의 5분의 1에 해당했다.

개혁

의화단 사건의 교훈이 나름의 결실을 맺었다. 서태후는 1901년 1월 29일 이래 자신이 피신해 있던 시안西安에서 칙령을 공포하여 캉유웨이와 개혁가들을 '배신자'와 '반역자'로 규정함과 동시에, '기본적인 도덕적 원칙은 불변한다'는 사실을 환기시키면서, '중국의 힘을 되찾기' 위한 중요한 개혁의 길을 열게 되었다. 강력한 보수주의 경향의 저항이 있었기 때문에, 다음의 주요한 세 가지 개혁 정책이 다소 빠르게 진행되었다.

1901년 8월과 1905년 9월 사이에 관리를 선발하는 전통적인 과거제도가 폐지되었다. 1906년 5월 학부學部가 신설되었다. 근대식 학교가 문을 여는 한편, 독일의 대학에서 철학을 공부한 차이위안페이蔡元培가 1902년 새로 문을 연 베이징 대학의 총장이 되었다. 1907~12년, 3만 5,787곳의 근대식 학교는 9만 7,272곳으로, 100만 6,743명이던 학생은 293만 3,387명으로 각각 증가했다. 여성들을 위한 학교도 문을 열었다. 이들 학교 가운데 후난湖南제일사범학교처럼 몇몇 대학들은 매우 훌륭했다. 그러나 대다수 학교의 수준은 평범했으며, 4억이 넘는 인구를 가진 나라

경사대학당 학생들의 단체 사진.

라는 것을 감안하면, 교원의 수가 지나치게 적었다. 그럼에도 불구하고, 개혁에 동조하는 소규모 그룹들이 그러한 젊은 학생들 사이에서 확산되었다. 학생들은 드넓은 세상, 다양한 사상에 대한 논쟁, 헌법, 인민의 권리 등을 그들에게 전달해주는 출판물과 잡지들을 열심히 읽었다. 그러한 교육기관을 관리하기 위해 마련된 권학소勸學所는 주로 지역 신사들의 손에 있었으며, 그 결과 신사들의 권한 상승이 가능해졌다. 한편 유학을 떠나는 중국 학생들이 증가했다. 예를 들어 당시 중국 학생들이 선호했던 일본으로 유학을 떠난 학생의 수가 1902년 271명에서 1907년 1만 5,000명으로 증가했다.

1901년, 이제 무력해진 만주 팔기군八旗軍이 폐지되고, 무비학당武備學堂이 신설되었다. 베이양北洋 군벌의 우두머리였던 위안스카이는 1906년 당시 독일식 무장을 하고 훈련을 받은 6개 예하 부대의 1만 2,500명의 군인을 보유하고 있었다. 이는 당시 45만의 병사에 36개 부대로 구성된 신군의 핵심적인 부대였다. 신군은 정치적 세력의 균형을 이루는 데서 점차 그 힘을 발휘하게 되었다. 특히 베이양 군은 이후에 형성된 군벌을 배출한 주요 장소가 되었다.

행정과 정치 개혁은 다소 늦게 이루어졌다. 그러한 개혁은 이틀 동안 광서제와 서태후가 차례로 사망한 1908년부터 시작되었다. 사망한 광서제의 동생이자, 나이 어린 선통제 푸이의 아버지였던 순친왕醇親王 재풍載灃이 감국섭정왕監國攝政王이 되었다. 그는 가장 완강한 보수파의 거두로서, 이제 막 시작된 변화에 제동을 걸고자 했다. 따라서 잠시 후퇴했던 권위적인 체제가 다시 등장했지만, 그것은 대담한 개혁을 주장하는 개혁가들을 만족시킬 수 없을 정도로 미약한 정권이었기 때문에, 이내 와해될 수 있는 체제였다.

1908년 2~6월 자의국諮議局이 설립되었으며, 자의국 의원들 가운데 일부를 뽑아 자정원資政院 의원이 될 수 있도록 했다. 따라서 수백 년 동안의 전제주의에서 벗어날 수 있는 기회가 온 것처럼 보였다. 그러나 선거인단은 전체 인구의 0.42퍼센트에 불과했던 부유한 지주나 외교관으로 구성되었으며, 그나마 모두 남자였다. 게다가 새롭게 만들어진 의회의 권한은 제한적인 것이었다. 장차 구성될 국회의원의 절반은 이미 지명된 상태였기 때문에, 진정한 의회 구성과 책임 내각을 요구한 1910년의 여러 차례의 청원에도 불구하고 새롭게 구성된 내각은 의회에 대한 책임을 지지 않았다.

이 문제를 포함한 지방의 재정 문제를 두고 자의국 의원들 사이에 벌어진 시끌벅적한 논의는 대부분 신문의 1면을 차지했으며, 한편으로는 청 왕조가 입헌주의를 택한다면 청 왕조를 허용할 수 있다는 캉유웨이식의 사고를 하는 새로운 인물들이 등장하기도 했다. 그들의 이야기를

베이양 신군의 훈련 장면.

귀담아듣지 않았던 당시 체제는 그들에게 약간의 권력만 양보한다면, 굳이 그들에게 권력을 넘겨주지 않아도 된다고 생각했다.

혁명을 야기한
무장 폭동

중도적인 입장의 유력자들이 대접을 받고 있었지만, 혁명론자들은 여전히 소수였으며 정치 과정에 커다란 영향을 미치지 못했다.

혁명가들

빈번하게 발생했던 한편 용이하게 진압되기도 했던 민중 반란은 비밀결사에 의해 자발적으로 일어났으며, 또 조직되었다. 민중 반란은 심각하고도 지속적인 정치적 함의를 갖지 못했다. 그것은 종종 반反징세 투쟁을 위한 것이었다. 하지만 사방에서 이민족 왕조를 몰아내고 공화국을 선포하기를 원하는 혁명분자들이 등장했다. 그들은 종종 외국인 조차지에 숨어서 자신의 견해를 표명했는데, 그 이유는 조차지에서의 탄압이 비교적 덜했기 때문이었다. 그들의 또 다른 적인 외국인이 만주족으로부터 그들을 보호하고 있었다는 점에서, 그들 민족주의자들의 행태는 대단히 역설적이었다. 다른 한편 그들은 중국 사회에 뿌리 깊은 유일한 반항 세력이자 복고주의자이며 외국인에 대해 혐오감을 갖고 있던 비밀결사와 협력하지 않을 수 없었는데, 바로 그러한 사실이 혁명분자들의 최초 혁명 시도의 성격을 규정하기도 했다.

쑨원孫文의 최초 혁명 활동이 그러한 사실을 반영하고 있다.

1866년 광저우 부근 향산香山의 가난한 농가에서 태어난 쑨원은 1879

년 꽤 넓은 사탕수수 농장을 경영하는 형이 있는 호놀룰루로 이주했다. 기독교로 개종한 그는 영어를 배웠으며 홍콩에서 서양 의학을 전공했다. 그런 점에서 그는 서양 문화에 젖은 인물이었다.

그는 1892년 정치에 입문했다. 여러 가지 모색을 하던 끝에 그는 1894년 흥중회興中會를 조직하여 남중국에서 여러 차례 군사 폭동을 시도했다. 당시 그는 자신과 비밀결사의 관계를 거의 의심치 않았던 모험가 중의 모험가였다. 1896년 런던에서 그는 청 대사관의 비밀 요원에게 납치되어, 영국 주재 청국공사관에 감금되었다. 자신이 위험에 처했다는 사실을 전달받은 영국인 친구들이 전개한 언론 활동 덕분에 풀려난 그는 《런던피난기倫敦被難記》라는 책을 써서 큰 반향을 일으켰다. 이후 쑨원은 악명 높은 서태후와 더불어 서방 세계에 알려진 유일한 중국인이 되었다.

쑨원은 자신이 '삼민주의三民主義'라고 부른 정치 계획을 만들었다. 그는 남성이 참여하는 보통선거로 선출된 대통령을 두는 공화국과, 자신이 설정한 오원제五院制와 연계된 꽤 복잡한 의회 체제를 제안했다. 그가 말한 오원제는 몽테스키외 Montesquieu가 이미 제시한 바 있는 전통적인 삼권에, 고시원考試院과 감찰원監察院을 두는 중국적 요소를 가미한 것이다. 그는 또한 자신이 '평균지권平均地權'이라 부른 온건한 농업 정책을 제시했는데, 그것은

동맹회 총리를 맡았을 당시의 쑨원.

중국 최초의 여성운동가라 불리는 추진. 추진은 1907년 7월 13일 체포되어 15일 새벽 처형되었다.

지주들의 토지를 몰수하지 않는다는 것이었다. 그는 이러한 이념을 바탕으로 1905년 도쿄에서 '중국혁명동맹회'를 창립했으며,《민보民報》를 창간했다. 하지만 그의 영향력은 재일본 중국 유학생과 자신이 혁명 자금의 모금을 위해 빈번하게 돌아다니며 만난 해외 동포의 범위 이상을 넘지 못했다. 그의 동조자 가운데 한 사람인 황싱黃興은 신군 장교들을 대상으로 혁명 가담자를 모집하기 시작했다. 그러나 동맹회가 1907~10년에 시도한 여섯 차례의 반란은 모두 수포로 돌아갔다.

러시아의 허무주의의 영향을 받았던 테러리스트적 경향은 쑨원이 추구했던 거의 불가능한 혁명보다는 당시 체제에 더 많은 관심을 기울였다. 1907년 중국 최초의 여성운동가 가운데 한 사람인 추진秋瑾이 만주족 고위 관리 암살 계획에 연루되어 처형되자 실질적인 여론의 반향이 생겼다. 테러 기도에 참여한 죄목으로 1910년 기소된 왕징웨이汪精衛의 재판은 그러한 새로운 경향을 확인시켜주는 계기가 되었다. 그는 결국 석방되었는데, 그의 행위가 그를 유명하게 만들어주었기 때문이었다. 무정부주의 이론은《민보》에 그 기본적인 이론의 일부가 소개되었으며 무정부주의 이론보다는 중국에 늦게 들어온 마르크시즘에 비해 좀 더 매혹적이었다. 그러한 무정부주의는 도덕적이며 철학적인 참여가 그 기본적인 성격이었다. 다시 말해 무정부주의는 술과 담배, 육식, 하인 두기와 매음, 그리고 정치적 영향력의 행사 금지를 표방했다. 시간이 흘러 국가가 없는 사회의 출현을 가능하게 하는 교육의 발전에 그들은 모든 것을 걸었다. 프랑스혁명과 (베르틀로에서 파스퇴르에 이르는) 프랑스 과학에 매혹된 친프랑스적 인물 리스쩡李石曾과 우즈후이吳稚暉는 먼 장래를 준비하기 위해 동맹회에 가입한 무정부주의자들이었다. 그러나 누구도 예상하지 못한 신해혁명은 돌발적으로 일어났다.

제국을 무너뜨린 거사

1910년 봄, 베이징에서 임시국회가 열렸다. 조정은 반동주의자들이 지배하고 있었으며, 그들은 개혁에 박차를 가하는 것에 반대했다. 심지어 일부 만주족이 정부의 주요 자리를 다시 차지하는 일이 벌어졌다. 즉 만주족이 새로 발표된 내각의 절반을 차지했던 것이다. 그렇다 해도 당시 대표성은 거의 없었지만, 각 성의 대표자들은 보신을 위한 일종의 자기 변장을 통해 자신들의 이름이 올라 있는 진정한 국회에서 나름의 역할을 하기를 기대했으며, 결국 중요한 결정에 자신들이 참여해야 한다고 선언했다.

당시 중국은 철도 부설권 문제로 혼란스러웠다. 의화단 사건 이후 지역 신사층은 외국인 투자가들이 투자한 광산과 철도 부설권을 되사려 했으며, 외국인 투자가들은 다른 무엇보다 영토의 통합을 위협하는 존재였다. 신사층의 노력은 종종 그들의 역량을 넘어서는 것이었다. 따라서 청 왕조는 철도 국유화를 계획했다. 하지만 국유화에 필요한 자본이 부족했던 청 왕조는 외국 은행들로부터 얻을 수 있는 차관에 눈을 돌렸다. 따라서 1911년 쓰촨-한커우, 광둥廣東-한커우 철도 노선의 국유화 선언은 일반 대중들에게 이중의 사기처럼 들렸다. 즉 국가는 각 성의 신사들이 모금을 시작한 공적 기부금으로 철도를 되사려는 회사를 장악했으며, 그 자금을 외국계 은행에 저당잡혔던 것이다. 해당 지방의 의회는 당연히 저항했다. 사방이 산으로 둘러싸인 지방인 쓰촨 성의 분노가 특히 심했다. 1911년 여름, 지방 신사들에 뒤이어 자정원, 상인 조직, 다양한 비밀 결사와 동맹회 소그룹들이 중앙정부에서 거의 일탈해 있었다. 만주 정부는 우한 지역 주둔군을 장악하기 위한 군대를 파견했다.

이런 상황 하에서 동맹회와 여러 비밀결사들은 광둥에서의 군사 기도 실패 이후 군사 주둔 지역 장교들 가운데 다수의 동조자가 있었던 세 지역우창, 한양, 한커우에서의 무장 봉기를 준비했다. 하지만 뜻하지 않은 폭발 사고로 거사 음모가 경찰에 발각되었다. 따라서 아직 충분한 준비가 이루어지지 않았음에도 불구하고 거사를 계획한 사람들은 서둘러 봉기를 일으켜야 했으며, 경찰은 그들을 체포하기 시작했다. 그러므로 1911년 10월 10일에 발생한 봉기는 민중들이 가담하지 않은 채, 핵심적인 몇몇 부대가 일으킨 무장 반란 형태였다. 지방 행정 담당자들은 공포에 사로잡혀 거의 반항하지 않고 도주했다. 무장 봉기 주도자들은 재빨리 후베이 성 자정원의 권력을 다시 장악했으며, 후베이 성 주둔군의 2인자이자 무장 봉기 참여를 거부했던 리위안훙黎元洪을 군정부도독軍政府都督에 임명했다.

따라서 다음의 네 가지 사실로 인하여 성급하게 촉발된 군사 쿠데타가 혁명으로 전환될 수 있었다.

1911년 10월 11일 혁명파는 우창에서 중화민국정부를 선포했다. 군정부 문 앞에 두 개의 18성 깃발이 세워져 있다.

첫째, 우한 사건이 알려지자, 1911년 10월과 11월 사이 중부와 남부의 여러 성들이 독립을 선언했다. 지방 신사들은 왕조 체제를 포기하고 그것을 실현하기 위해 자정원이라는 새로운 정치적 장場을 이용했다. 1904년부터 허용되었던 상인 단체와 그들이 만든 민병대를 이용하여 중국 부르주아들이 지방 권력 장악에서 중요한 역할을 했던 곳은 상하이뿐이었다. 이 경우에 한해서 우리는 부르주아 혁명이라고 말할 수 있을 것이다. 다른 곳의 경우 각 성의 이탈 움직임은 19세기의 대규모 반란과 의화단 운동에서 비롯된 위기에 뒤이어 등장한 각 성 신사들의 부상을 구체적으로 드러낸다. 혁명 이상으로 그것은 신사층의 분열과 관련되어 있었다.

둘째, 그럼에도 불구하고 혁명 발발 과정에서 거의 모습을 드러내지 않았던 동맹회는 황싱의 열성 덕분에 다시 결집되기 시작했다. 반만주적 성향을 지녔지만, 여전히 보수적인 신사층이 지배적이었던 우한의 반란 그룹에 직면한 동맹회는 양쯔 강 하류 지역 출신의 공화파 대표들을 난 징南京에 모이도록 했다. 이 두 중심 그룹은 서로 논쟁을 벌였으며, 미약한 힘을 서로 합치는 데 실패했다.

셋째, 따라서 청 왕조는 혁명에 대한 반격을 시도했다. 10월 27일 자정원 의원들은 대담하게도 네 가지 요구 사항을 제시했으며, 청 정부는 그요구를 단호하게 거절하지 못했다. 요구 사항은 내각의 폐지, 입헌 선언, 정치범 석방, 그리고 국회 소집이었다. 한편 당시 섭정이었던 순친왕은 1909년 이후 축출되었던 위안스카이를 총사령관으로 임명했다. 베이양군의 총수 위안스카이는 10월 27일 한커우 탈환에 이어 한양도 점령했지만, 우창으로 진격하지 않은 채 12월 1일 휴전을 제의했다. 그는 서구열강들이 만주 왕조를 포기했음을 알아차렸던 것이다. 그는 자신이 입헌군주 체제에서 강력한 권한을 가질 수 있다고 판단했다. 그러나 12월 14일 난징에 모인 의원들은 당시 분열되어 있었던 우한 지역 사람들을 압박하여 임시 공화국 정부를 선포했다. 모든 사람들의 의견은 쑨원에게 공화국 대통령직을 맡아달라고 요구해야 한다는 것이었다. 위안스카이는 재빨리 움직일 수밖에 없었다.

넷째, 신문을 통해 혁명이 발발했다는 소식을 미국에서 알게 된 쑨원은 서둘러 귀국하지 않았다. 그가 상하이에 도착한 날은 1911년 12월 25일이었다. 그는 1912년 1월 1일 난징에서 공화국 임시 총통으로 선출되었다. 그러나 위안스카이가 강제할 수 있는 상황들은 무시할 수 없는 것이었다. 일단 그는 군사적 실권을 장악하고 있었으며, 분열된 혁명 세력을 일소할 수 있었다. 다른 한편으로 그는 청 왕조의 명운이 자신에게 달려 있다는 사실도 알고 있었다. 그는 또한 쑨원이 임시 총통 자리에서 물러서는 대신, 어린 선통제溥儀를 폐위할 것을 제안했다. 선통제의 폐위는 1912년 2월 12일에 이루어졌다. 쑨원은 즉시 임시 총통의 자리를 위안 스카이에게 양보했다.

군사 쿠데타는 모순투성이 혁명을 유발했다. 혁명가들이 혁명 초기에 거의 등장하지 않았다는 점에서, 혁명가가 없었던 이 이상한 혁명은 마침내 이렇게 종결되었다.

3장

유구한 전통 중국의 질식 시대

1912~1927

공화국 선포에 뒤이은 혼란의 시기는 모든 시기에 등장하는 불화를 보여준다. 위안스카이는 제멋대로 제제帝制의 부활을 시도했지만 그의 시도는 실패했다. 그러한 실패에 뒤이은 군사주의의 부상은 이제 막 태동하기 시작한 근대적 맹아를 질식시키는 한편, 군건한 정치·사회 구조와 국가 형태를 빼앗긴 중국을 재앙으로 몰고 갔다.

1 황제 제도 부활의 실패

1912년 임시약법

1912년 3월의 임시약법臨時約法 덕분에, 전체 남성의 약 6퍼센트에 불과했지만, 선거인단이 약간 증가했다. 국회는 중의원과 참의원이 있었으며, 선출된 총통만이 권력 행사를 할 수 있었다. 량치차오의 영향을 받은 진보파와 8월 동맹회를 계승한 국민당파가 공존하는 명백한 미국식 모델이었다. 쑨원은 철로 총감독에 임명되었으며, 특별 열차를 타고 돌아다니며 미래 중국의 발전을 구상하는 동시에 자신의 유토피아 사상에 동

중화민국 제1회 국회 개막식 장면.

조하는 사람들에게 자유 강연을 했다. 예일 대학의 옛 동창들이 주도했던 최초 내각에는 동맹회의 열렬한 지지자들이 있었다. 그들은 모두 정치적 근대성을 갖춘 새로운 중국이 선언될 것이라고 기대했다.

위안스카이의 지배

그러나 현실은 이미 전혀 다른 방향으로 선회하고 있었다. 대다수의 성은 위안스카이 휘하의 베이양 군벌 출신의 군벌이 장악했다. 세 개 성만 국민당 출신의 군벌이 장악했다. 1913년 6월 위안스카이는 국민당 출신의 군벌 대신 자신의 사람을 앉혔다. 그러한 군벌 체제에서는 병사들과 관리들에게 지불할 돈이 부족했다. 당시 월 2,200만 냥을 지출해야 했지만, 국고는 800만 냥에 불과했다. 1913년 4월 27일 위안스카이는 당시 중국 정부 1년 예산에 해당하는 2,500만 파운드라는 거액을 외국 은행단으로부터 빌릴 방도를 모색했다. 바로 이날, 한 달 전 발생한 변호사이자 국민당의 거두 쑹자오런宋敎仁의 암살 사건에 위안스카이가 직접 개입했다는 여러 증거들이 신문을 통해 드러나자 혼란이 일어났다. 외국 은행들은 자신의 확고한 의지를 실현시킬 수 있는 강력한 인물을 선택했다.

분노한 국민당은 제2차 혁명을 호소했으며, 1913년 6월 9일~7월 12일 양쯔 강 하류와 중류 지역 일대에서 전투가 일어났다. 반란 세력에 대한 진압이 신속하게 이루어졌다. 중국의 부르주아 역시 실권 없는 민주 세력보다는 강력한 인물을 더 선호했는데, 쑨원과 황싱의 군사들은 돈이 없었다. 9월 2일 여전히 변발을 하고 있던 병사들이 난징을 포위하고 약탈을 자행했다. 쑨원은 8월 8일 도쿄로 피신하여, 그곳에서 다시 혁명당

쑹자오런.

을 만들었다. 그러한 위기 동안 실업가들은 위안스카이를 지지했다. 중국 자산가들은 질서를 선호했으며, 중국 최초의 근대적 동전을 주조하여 상공회의 발전에 기여한 위안스카이에게 고마움을 표시했다. 민중들의 유일한 반항은 북서 지역 군도群盜의 수장이었던 바이랑白狼의 주도로 이루어졌는데, 그는 5,000명의 병사들을 진두지휘하다 1914년 8월 7일 전투에서 전사했다. 그는 처음에는 청나라의 이름으로, 후에는 공화국의 이름으로 부유층, 전신電信, 근대 학교, 교회와 위안스카이의 군대에 저항한 인물이었다. 의화단 운동도 다시 일어났다. 따라서 평등과 복고에 대한 염원은 농민들의 상상 속에서만 명맥을 유지했다.

천명天命의 단절

1913년 10월 10일, 위안스카이는 공식적으로 총통이 되었다. 11월에 이제 막 개원한 국회를 해산했으며, 1914년 2월에는 국회 기능을 정지시켰기 때문에, 그는 새로운 선거를 치를 필요가 없었다. 2월에는 내각을 해산시켰다. 3월에 그는 새로운 헌법을 공포했다. 9월에는 공자 숭배를 수

1913년 10월 10일 베이징에서 정식 대총통에 취임한 후 각국 사절들과 단체 사진을 찍는 위안스카이.

립시켰다. 바로 그날 그는 방탄차를 타고 역사적 회귀의 성격을 지닌 이 상한 의식을 주재하러 나섰다. 1914년 12월 13일, 잘 마련된 사전 각본 에 따라 국회의원들이 그에게 황제 취임을 제안했다. 청을 대신한 새로 운 왕조의 수립을 위해 모든 것이 움직이는 것처럼 보였다. 이제 천명이 이전될 차례였다. 이 의미는 중국어의 '혁명'천명과의 단절을 뜻하는 것이 다. 중국인들은 이 단어를 일본 저자들의 저서에서 다시 발견할 수 있었 는데, 일본 저자들은 이 혁명이란 단어를 유교주의와는 다른 유럽식의 정치적 개념으로 번역하려 했다. 역사상의 아이러니로 말미암아, 중국에 서는 이 새로운 개념이 고대적인 것을 환기하는 것처럼 보인다. 그러나 그것은 사실과 다르다.

분노의 폭발

1915년 1월 18일 일본은 21개 조항의 요구를 중국 측에 전달했으며, 최 후통첩 기간은 5월 7일까지였다. 중국 내에 일종의 보호령을 두려 했던

위안스카이에게 21개조를 요구한 일본 주중국 공사 히오키마스(日置益).

일본은 위안스카이에게 심각한 굴욕을 안겨주었다.

위안스카이는 일본이 내건 조약의 일부를 받아들일 수밖에 없었으며, 그가 난관에서 벗어나기 위한 유일한 방법은 일본의 요구를 신문에 공표함으로써, 미국의 항의와 더불어 일본 측의 잠정적인 후퇴를 이끌어내는 것뿐이었다. 이러한 위기 형국에서 차이어蔡鍔를 중심으로 한 남동 지역의 여러 군벌, 방관자의 입장을 취하고 있었던 일부 정치인과 쑨원의 혁명당원들이 서로 규합했다. 그들은 위안스카이의 지나친 권력 남용과 무능력을 고발했다. 차이어의 군대가 중국 중부 지역으로 침투해 들어가자 위안스카이의 군대는 패주하여 흩어졌으며, 그는 결국 1916년 6월 6일 급사했다.

2 　 군벌시대

위안스카이의 행보에 장애가 되었던 유일한 세력은 군대였다. 그의 사망 후, 세력이 더욱 커진 각 지역의 군사 실권자들은 여러 성 혹은 자신의 통제 하에 있는 성의 일부 지역에 대한 영향력을 강화시켰으며, 그러한 상황이 '군벌'의 탄생을 가져왔다.

사병私兵의 지배

장악한 병력의 규모는 각각 매우 다양했지만, 그러한 군사력을 통해 군벌은 마음대로 일정 지역을 장악하여 주민들을 착취했으며, 군사적으로 패배했을 경우 다른 지역을 점령하기도 했다. 병사들은 주로 가난한 농민 출신들로 구성되었다. 경우에 따라서는 도적들도 가담했으며, 다른 한편으로는 전투에서 패배한 후, 패잔병들이 다시 도적의 무리가 되기도 했다. 그러한 병력 수효는 상당했는데, 1916~28년 병사의 수가 약 50만에서 약 200만 명으로 증가했다. 그러한 정규 병력 외에 그 구분이 불분명한 지역 의용군과 자위대가 존재했다. 1932년 쓰촨 성의 경우, 전체 주민의 3퍼센트가 군대에 편입되어 있었다. 결국 중국 사회의 군사화 현상을 지적할 수 있을 것이다. 예를 들어 1911~28년 서로 반목하고 있었던 약 1,300여 명의 군벌들 사이에 130여 차례의 전투가 발생했다.

병사들에게 봉급을 지불하고 그들을 무장시키기 위해, 세금과 부가 세금, 그리고 특별 세금과 같은 다양한 명목의 세금을 과다하게 징수했다. 농민들은 수익이 높은 아편 밀매를 하기 위해 어쩔 수 없이 양귀비를 심어야 했으며, 이어 아편을 몰수하기 위한 투쟁의 명목으로 농민들에게 세금이 부과되었다. 무엇보다 베이징의 함락으로 군벌들은 당시 열강 세력이 유일하게 인지할 수 있었던, 공식적인 당국자들에게 가야 할 세관의 잉여 자금을 독차지할 수 있었다. 연합을 통해 재편성된 군벌들 사이에 베이징을 차지하려는 일종의 경주가 벌어졌으며, 그러한 경주에서 승리자와 패배자가 번갈아 등장했다.

1세대 군벌과 2세대 군벌

1세대 군벌은 위안스카이의 아류에서 기원했다. 군벌 형성 초기에 그들은 돤치루이段祺瑞, 1865~1936나 차오쿤曹錕, 1862~1935의 예처럼 청 왕조의 군인이었다. 그들은 베이양 군벌에 몸담고 있었으며, 종종 즈리直隷 군벌과 연합했다. 위 두 사람보다 젊은 쑨촨팡孫傳芳, 1884~1935 역시 이 부류에 속한다.

2세대 군벌은 1세대와 커다란 차이가 있다. 그들 가운데 관료 경력을 가진 사람은 매우 드물다.

펑위샹馮玉祥, 1882~1948은 베이양 군벌 출신으로, 홀로 세력을 키운 인물이었다. 이후 북서 지역의 실력자가 된 그는 국민군에 편입했다. 개신교로 개종한 그는 자신을 고결한 수장의 이미지를 가진 인물로 부각시켰다. 창녀들에게 세례를 주었으며 병사들에게 엄격하고 절제된 행동을 요구했다.

장쭝창張宗昌, 1881~1931은 순회극단의 나팔수와 무녀巫女 사이에 태어난 아들이었다. 그는 도박장을 드나드는 불한당이었다. 1911년 그는 만주 지역 도적의 수장이 되었으며, 군대에 들어가 군 지휘관이 되었다. 그는 러시아 출신 기병의 호위를 받으며 여가수들과 러시아 여인으로 그득한 자신만의 궁전을 가지고 있었던 난폭한 군인이었다. 그는 '구육狗肉 장군'이라는 그리 명예롭지 못한 별명을 얻었다.

장쭤린張作霖, 1873~1928 역시 만주 펑톈奉天 지역 도적 무리의 수장이었다. 다른 사람들과 마찬가지로, 그는 1911년 혁명을 기회 삼아 중국 군대 내에서 자신의 입지를 공고히 했다.

반면, 우페이푸吳佩孚, 1876~1939는 청조 군인 출신이었다. 부정행위를 저질러 군에서 쫓겨난 그는 다시 베이양 군벌에 가담했다. 자신이 교양인임을 뽐냈던 그는 공자를 인용하기도 했으며, 영국식 멋스러움을 지닌 것처럼 행동했다. 그는 즈리 군벌의 우두머리였다.

천중밍陳炯明, 1878~1923은 약간 특수한 경우에 해당하는 인물이다. 광둥성 하이펑海豊 현에서 태어난 그는 고전 교육과 근대적 교육을 동시에 받았으며, 1911년 전쟁의 수장이 되기에 앞서, 동맹회에 가입하면서 당시의 무정부 상태에 한때 깊은 관심을 가졌다. 1917년 7월 쑨원이 광저우에 임시 군사 정부를 세웠지만, 1918년 5월 광시廣西 군벌에 의해 축출되었다. 1920년 10월 말, 쑨원이 다시 활동할 수 있었던 것은 천중밍 덕분이었지만, 이

우페이푸.

두 사람의 세력은 1922년 6월 서로 갈라서서 광둥 일대를 각각 장악하려 했다. 흥미롭게도 쑨원은 다른 군벌들의 행태를 모방하여, 자신이 총통으로 취임했다.

파괴된 국가, 국가의 분열과 질식

1924년, 여러 군벌들 사이의 크고 작은 전쟁 발발이 가장 극심한 지점에 이르렀다. 국가는 거의 파괴 상태였다. 1916년에서 1928년 사이 열 명의 국가수반과 스물다섯 명의 관료들은 단지 군벌이 장악하고 있던 지역을 통치하는 것에 불과했다. 외국 열강들은 특정 군벌을 지지했다. 예를 들어 우페이푸는 영국의 지지를, 장쭤린은 일본, 펑위샹은 러시아의 지원을 받았다. 영토 분할이 가속화되었다. 티베트가 독립했고, 몽골은 소련의 위성국가가 되었으며, 신장新疆은 국가의 통제를 벗어나 있었다. 이런 상황의 중압감 때문에 중국은 질식 상태였으며, 중국 역사에서 전통적으로 등장하는 여러 재앙들이 최고조에 달했다.

장쭤린.

3

재앙의 시기

아편

19세기 말, 중국은 경작지에 양귀비를 재배하기 시작했다. 1906년에서 1919년 사이 중국과 만주 관료들, 그리고 공화국 관리들이 다시 아편의 판매와 생산을 금지했다. 그러한 금령은 여러 국제회의에서 논의된 법을 엄격하게 적용한 것이었으며, 1912년 프랑스 라에La Haye에서 열린 회의도 그런 회의 가운데 하나였다. 따라서 그러한 국제회의에서 결정된 아편의 생산과 판매 금지를 단행하기 위한 시간 계획이 마련되었다. 예를 들어 사송Sasson과 같은 외국인 사회의 저명한 구성원들이 포함된 상하이연합아편수입상 등의 밀매업자들은 당시까지 단지 공급책을 맡고 있던 중국 판매망을 이용하여 불법적인 활동을 위한 채비를 갖추기 시작했다. 실제로 각 지역에서의 아편 생산은 거대한 시장 공급을 위한 필수적인 요소였다. 다른 밀매업에서 이미 활발하게 활동하고 있던 비밀결사가 매우 중요한 판매망이었다. 특히 푸둥浦東 출신의 지역 깡패였던 두웨성杜月笙, 1888~1951이 우두머리였던 상하이의 청방青幫은 여러 방법으로 산터우汕頭로부터 아편을 운반했으며, 상하이의 여러 아편굴을 보호했다.

문제는 아편 소비자층이 거대했다는 것이다. 골수 아편 흡연자의 수는 1,800만 명이었으며, 그들은 1년에 평균 2.7킬로그램의 아편을 소비했다. 1928년 무렵 그들은 아편 흡연으로 약 10억 위안1930년 1달러의 가치는 약 3.6 위안이었다을 소비했는데, 국내에서 8억 위안 상당을 구입했으며, 나머지는 수입한 액수였다. 국내 생산의 4분의 3은 남동 지역윈난雲南, 구이저우貴州, 쓰촨에서 이루어졌는데 중국 전체 경작 면적 가운데 양귀비 재배 지역 비율이 2퍼센트였던 반면, 이 지역은 전체 경작 지역의 7~25퍼센트에서 양귀비를 재배했다. 중국 시장으로 팔렸던 아편의 판로는 광시성을 경유하여 홍콩과 상하이로, 혹은 양쯔 강을 경유하여 우한에서 상하이로 가는 길이었다.

따라서 군벌들은 이처럼 거대하고도 이익이 큰 아편 시장에 두 단계로 참여했다. 우선 생산 측면에서 그들은 자신이 통제하는 지역에서의 양귀비 재배를 권장했다. 또한 운송로를 보호하기 위해 종종 병사들이 호송을 담당하도록 했다. 생산과 운반을 통해 상하이에 도착하면 긴장감이 한층 더 고조되었는데, 아편의 판매 때문이었다. 아편 판매를 장악한 중국의 여러 실력자들이 상하이에서 거둬들인 이익금은 1억 위안가량이었으며, 그 가운데 20~30퍼센트는 아편의 판매와 수송을 보호해주는 군벌에게로 흘러들어 갔다.

1919~25년 되풀이되었던 내전은 마치 새로운 형태의 아편전쟁이라고도 할 수 있다. 그들이 싸웠던 이유는 1924~25년 겨울 동안 윈난 군벌과 광시 군벌 사이의 전쟁이나 혹은 중국 행정 하에 있었던 상하이 지역의 점령에서 볼 수 있는 것처럼, 아편의 생산과 운송을 장악하기 위한 것이었다. 그러한 대결 가운데 매우 격렬했던 것은 1924년 즈리 군벌우페이푸과 펑톈 군벌장쭤린의 대립이었는데, 이 전투로 펑톈 군벌 소속이었던 장쭝창은 즈리 군벌인 쑨촨팡을 축출하는 데 성공했다.

따라서 아편 밀매자들과 그 폭력 조직의 기세가 등등했다. 상하이의 청방은 자신들의 본거지를 프랑스 조계에 두었다. 그곳에서 그들은 국제 조계의 아편굴을 폐쇄한 영국의 아편 금지 단체와 중국 지역을 장악한 군벌들의 직접적인 공격을 피할 수 있었다. 반면, 프랑스는 총독 폴 두메르Paul Doumer의 감독 하에 1902년 아편 기업을 인도차이나 식민지에 설립했다. 이 아편은 가게에서 자유롭게 팔 수 있었지만 과세가 무거웠으며, 그 세금으로 식민지 경영 예산의 4분의 1을 충당했다.

프랑스 조계 당국자들은 상하이의 프랑스 조계에 그와 유사한 체제를 구축하려 했다. 국제 조계 당국자들의 반발로 그들은 1925년 5월 프랑스 영사 대리인과 두웨성 사이에 '악마와의 협약'이라 불렸던 비밀조약을 체결했다. 청방이 세운 삼흠공사三鑫公司만이 프랑스 조계에 있는 아편굴에 아편을 팔 수 있는 특권을 갖게 되었다. 프랑스 경찰들은 경쟁 관계에 있는 다른 아편굴에서 아편을 몰수했으며 그 대가로 상당량의 금품을 수수했다. 영사와 영사관 직원들은 아편 소매에도 적극적이었다.

이리하여 3만여 개의 소매상과 상하이 일대 10만여 명의 깡패들을 이용할 수 있었던 청방은 프랑스 조계는 물론 그 외 지역에까지 막강한 영향을 행사하는 무시할 수 없는 세력이 되었다. 1925년 이래 청방은 국민당과 관련을 맺고 있었는데, 그들은 상하이를 드나드는 국민당 첩자를 보호했으며, 동시에 펑톈 군벌과도 최상의 관계를 유지하고 있었다. 이런 상황을 이용하여 그들은 수많은 금품 강탈을 자행했으며, 부유층과 그 딸들을 납치했을 뿐 아니라, 도박장과 유곽을 운영했다. 당시 상하이에는 거리의 여자부터 명성이 자자한 고급 기생에 이르기까지 약 5만여 명의 정규 창녀가 존재했다. 프랑스 조계 지역은 수익성이 좋은 매춘업의 중심지이기도 했다. 매춘이 프랑스 조계에서만 성행했던 것은 아니다. 매춘업은 국제 조계 지역인 화혼Fuahon 가街에서 특히 번창했다.

아편 관련 사업 범위가 넓었던 깡패 집단 외에도, 군벌 역시 아편 판매에 가담했기 때문에, 그들이 짓누르고 있었던 한 나라의 취약한 근대화 과정에 장애물이 되었다. 그러나 농촌의 상황은 더 나빴다.

약탈이 자행된 농촌

1930년 무렵 중국에는 약 2,000만 명의 도둑 떼가 있었으며, 이 수치는 당시 남성 인구의 10퍼센트에 해당하는 것이다. 당시 중국은 '도둑들의 천국'이라 불렸다. 만연된 군사주의로 인한 농민들의 불행은 전통적인 사회 집단 유형의 하나인, '녹림綠林'의 무리들을 만연하게 만들었는데, 그들은 사회적 불평등의 희생자, 잘못을 바로잡으려는 정의의 사도, 무술 사범들이었다. '중국 사람들 대부분의 정신 속에 등장하는 유가주의자, 도가, 그리고 불한당들은 권력을 위해 투쟁했다'고 말할 수 있지 않을까? 16세기의 유명한 영웅소설인 《수호전》과 산둥 성 양산박梁山泊이라는 은신처에 모인 108명의 호협들이 사악한 관료들을 골탕 먹이고 그들의 수령인 송강宋江을 따라 덕 있는 황제 휘하에서 싸우다 죽는 것을 상기할 수 있을 것이다. 복잡하게 구성되어 있는 이 장편소설은 연극, 일반 대중들의 상상력, 그리고 속담에 자주 등장한다. 소설에 등장하는 영웅들은 자주 상상력을 자극했다.

그러나 1920년대의 경우, 말을 타고 돌아다니며 약탈하는 행위가 예외적으로 증가하여 거의 재앙의 형태를 띠었다. 그것은 국제적 위기에서 비롯된 것이기도 했다. 1923년 5월 6일 약 1,000명에 달하는 도둑들이 전설적인 수호전의 무대였던 산둥성 양산박 부근에 자리 잡고 있는 임청

臨淸에서 열차를 탈선시켰다. 이 호화로운 열차는 상하이와 베이징을 오 갔다. 유럽과 북미인 26명을 포함한 100명 이상의 승객들이 인질로 잡혔 다. 2개월의 협상 끝에 인질들이 석방되었는데, 인질들에 대한 몸값 지 불과 함께 그들 도둑들을 자치적으로 운용하는 의용군에 편입시킨다는 것이 석방 조건이었다. 외국인 인질들은 자기 나라의 군대가 주요 철도 노선에 주둔해야 한다고 요구했으며, 이 요구에 중국인들은 거세게 반발 하는 동시에 단호한 거부 의사를 표명했다. 이상한 점은 그들 도적들이 모두 병사가 되기를 원했다는 것이다. 병사들은 도둑을 진압하는 세력이 었다.

1923~24년 무렵, 도둑들은 도처에 출몰했다. 드넓은 북중국 평원에 서 그들은 말을 타고 돌아다니며 농한기에 약탈을 자행하는 계절적인 활 동을 전개했다. 도둑들이 농민 출신이었기 때문이다. 겨울 넉 달 동안 그 들은 자신의 고향에서 먼 곳으로 이동하여 활동했다. 밤이 길었고, 배를 타지 않고도 걸어서 냇물을 건널 수 있었으며, 얼어붙은 땅 위를 전속력 으로 도망칠 수 있었다. 또한 농민들은 겨울이 되면 돈이 절실하게 필요 했다. 음력 정월 초하루는 지주들에게 소작료를 지불하고 밀린 빚을 청 산하는 시기였기 때문이었다. 농민 출신 도둑들은 7월에 다시 활동했는 데, 그때는 수수가 다 자라는 시기여서 말을 탄 채 그 속에 매복할 수 있 기 때문이었다.

평범한 농민들이 수입을 보충하는 수단으로 계절에 따라 약탈을 하는 것 말고도, 당시 군벌들은 1년 내내 병사들을 이용해 사방해서 노략질을 해댔다. 따라서 가난한 지역이었던 허난河南 성에서는 1925년 무렵 20만 명의 농민들이 자신이 든 무기의 종류에 따라 노략질을 하거나 민병대

혹은 병사가 되었다. 허난 성은 당시 노략질의 피해가 사실상 가장 컸던 지역이다. 가장 발달한 지역의 변경에 위치한 곳에서는 근대적 교통수단의 등장으로 몰락한 도시 주변에 도둑들이 몰려 있는 촌락이 존재했으며, 그런 곳에서 노략질이 자행되었다. 남쪽 해안 지방에서는 고정적인 활동 근거지를 만든 해적들이 그러한 노략질을 자행했는데, 해적들은 인질을 잡았으며 노획품을 산터우 부근의 홍하이紅海 만으로 날랐다.

일부 해적들은 한때 대단한 명성을 날리기도 했다. 바이랑은 여러 달 동안 위안스카이 군대에 저항했다. '라오와이老外'라 불렸던 그는 1922년 패잔병 속에서 뽑힌 인물이었다. 즈리와 펑톈 군벌 사이의 전쟁이 끝난 뒤 그는 군대에 편입되었으며, 이어 1923년 다시 도적이 되어 휘하에 2만 명을 거느리고 허난 지역의 여러 도시를 노략질하다가, 1924년 1월 자신의 부하에게 살해되었다.

그러한 노략 집단의 수장들 가운데는 집단 복수를 당한 사람, 소송에서 패한 사람, 혹은 독단적인 관리들 때문에 피해를 입은 부유한 농민 가정 출신들이 있었다. 수장의 3분의 1 이상은 군인이거나, 한때 군인이었던 사람들이었다. 도적들에게 납치되어 강제로 편입된 인물도 일부 있었다. 그들은 독특한 모양의 외국산 옷과 안경을 쓰는 등 유난스런 호사 취향을 가지고 있었다. 대다수는 장발 혹은 변발을 했다. 그들은 자신들끼리만 통하는 언어를 구사했으며 비밀결사에서 차용한 독특한 제스처를 사용했다.

현의 우두머리나 민병대에 대한 투쟁에서 그들의 효력은 대단했다. 군인들이 그들에게 무기를 파는 것이 일상적이었다. 심지어 밤에 소총을 빌려주는 경우도 있었다. 반면, 펑위샹 병사들과 도둑 집단의 부당한 요구에 화가 난 농민들 사이에 자위 조직이 확대되었던 1926년 무렵에는 그들이 곤경을 겪기도 했는데, 농민들의 그러한 자위 조직은 군벌이나 도적 집단을 진압했던 의화단과 홍창회紅槍會 등으로부터 힌트를 얻어 만든 것이었다.

때문에 그러한 도적 집단을 부유층과 권세가들의 적이자, 그들이 노획 품 일부를 나누어주었던 약자와 빈자들의 수호자인 의적義賊으로 보는 것은 잘못된 일일 것이다. 그들은 부유층이나 부유층의 자식들을 유괴했 으며, 그 인질들을 '고기를 살 수 있는 표票'라고 부르며 몸값을 요구했 다. 그들은 농민들이 싫어하는 폭군 같은 존재였던 마을의 수장을 살해 했다. 또한 외국인을 공격했는데, 그것은 아마 환영받는 일이었을 것이 다. 분명 그들은 녹림의 무리가 행했던 전설과 전통을 연출해냈다. 그러 나 지방 당국자나 근접한 도시의 유력자들과 적절히 타협할 줄 아는 수 장만이 장기간 살아남았다. 그리고 자신이 거주하는 지역에 대한 약탈은 자제했던 반면, 멀리 떨어져 있는 지역은 한층 더 잔인하게 약탈했다.

기근의 땅

1920~30년 각 현의 수장들은 자신의 관할 구역이 자연재해로 피해를 입을 경우, 보고서를 통해 종종 세 종류의 재앙을 언급하곤 했다. 이리저 리 유랑하는 병사들, 산에서 내려온 도둑들, 그리고 기근으로 고향을 등 진 굶주린 농민들의 행렬이 그것이었다. 이 끔찍한 시대에 중국은 사실 상 '기근의 땅'으로 불렸다.

그러나 중국 고유의 기근 유형을 따로 규정하는 것을 불가능하다. 1877~78년 북중국의 대기근으로 900만 명 이상이 사망했는데 이는 과거 유럽의 사망률과 매우 흡사하다. 그러나 중국은 기후 때문에 그러한 종류의 재앙에 특히 민감한 나라이다. 재앙이 가장 빈번하게 발생한 북중국의 거대한 평원은 끊임없이 가뭄의 위협을 받았다. 강우는 사실상 계절풍의 영향을 받았는데, 그 계절풍마저도 3년 중 2년은 남쪽의 산맥을 넘어 북쪽에 도달하는 경우가 드물었다. 이 지역의 강우량은 연 350~550밀리미터 정도이다. 그러나 보리와 기타 건조 작물을 제대로 수확하기 위해서는 적어도 연 강우량이 380밀리미터 정도는 되어야 한다. 또한 티베트에서 연원하는 황허는 겨울이 되면 거의 말라붙어버리며, 한여름 빙하가 녹아내리면 고지대에서 물이 흘러내린다. 종종 황허의 수량은 초당 6만 세제곱미터에 달했으며, 이 지역에서 그러한 수량을 견디기 위해서는 제방이 수량보다 두 배 정도 강하게 만들어져야 했지만, 대개는 그렇지 않았기 때문에 곧잘 무너지곤 했다. 따라서 몇 개월 사이로 동일한 지역이 가뭄과 홍수를 동시에 겪었다.

그러므로 기근은 고대부터 늘 존재해왔기 때문에 매우 익숙한 현상이었다. 중국 농민들은 일종의 기근 문화를 정교하게 형성시켰다. 예를 들어 그들은 정상적인 경우라면 버리거나 이용이 불가능한 나무껍질, 식물뿌리, 곡물의 이삭, 게다가 '관음토觀音土', 즉 배고픔을 잊게 하는 (혹은 복막염으로 죽을지도 모르는) 찰흙 등을 먹었다. 그러한 상황에 자주 직면한 당국자들은 18세기에 이르러 재난 구제에 꽤 효력이 있는 체제를 수립하는 데 성공했다. 재해 구제를 위한 행정의 시행은 운하와 항해 가능한 수로 연변에 있는 상평창에 의존한 것이었다. 그러나 20세기 초반에 이르러서는 당시의 무질서 때문에 상평창곡이 한 톨도 남아 있지 않았다.

군사주의와 여유 곡물의 부족이라는 두 요인 때문에 빚어진 1921~23

년과 1928~30년의 재해에서 알 수 있는 것처럼, 일상적인 규모의 재해와 대규모 재해는 모두 인위적인 요인 때문에 발생했다.

군사주의로 말미암아 북중국의 운송로가 제 기능을 하지 못했으며, 운송로는 이후 철로로 바뀌었다. 1921년 적십자의 후원으로, 여러 나라에서 다양한 구조 활동을 벌인 덕분에 곡물이 공급되어 철로를 이용해 분배할 수 있었다. 따라서 그 특징과 범위에서 1877년의 재해와 매우 흡사했던 1921년의 기근은 지나치게 가혹하지는 않았기 때문에 수천 명의 농민이 사망하는 데 그쳤다. 반면 1928년의 기근은 장제스蔣介石와 북쪽 지역의 군벌들이 치열한 전투를 전개했던 내전의 절정 시기에 발생했다. 다리가 파괴되거나 혹은 군사적으로 이용되었기 때문에 열차 운행이 중단되었다. 이 재해로 한 지역에서 200만 명이 죽었으며, 다른 지역에서는 수백만 명이 도시로 이주했다.

사태를 더욱 악화시킨 두 번째 요인은 농가의 여유 식량의 구조적 부족이었다. 세금에 짓눌리고 노략질로부터 위협당했으며, 수확의 반을 지주에게 내는 토지제도의 압력을 받았던 농민들은 곳간에 식량을 전혀 혹은 거의 비축해놓지 못했다. 게다가 곡물 재배 역시 상업 작물면화, 담배과 양귀비 재배 때문에 20세기 말엽부터 그 생산 면적이 축소되었다. 재앙이 발생하자, 농민들은 원조를 요청하기 위해 도시로 몰려들었다. 그들은 소요를 일으킬 수 있는 존재들이었다. 실제로 그들은 곡물이 쌓여 있는 부자들의 거주지를 공격했으며, 낮은 가격에 곡물을 팔 것을 요구했다. 요구에 응하지 않을 경우에는 곡물을 강탈했다.

그런 현장에서 농민들은 종자를 먹어 치우기도 했다. 서둘러 모든 것을 팔아버리거나, 전장포에 저당 잡혔는데, 그 가운데는 쟁기나 농기구도 있었다. 대들보는 태워 연료로 사용했다. 오랜 기간 동안 농민들은 빚에 허덕였으며, 농사에 필요한 물건들을 저당 잡히거나 부숴버렸기 때문에 종종 다음 해의 일거리를 찾지 못하는 경우도 있었다. 당시 신문에서는 이런 상황에서 길거리를 헤매다 팔려 간 젊은 여성들에 관한 기사를 읽을 수 있는데, 1928년 기근이 휩쓴 산시陝西 성에서 인신매매단에 붙잡힌 여성들이었다. 그들은 가정의 노비나 창녀가 되었다. 사람을 잡아먹은 사례도 확인할 수 있다.

재앙의 중첩

그러한 재앙은 상호 작용의 결과를 가져왔다. 약탈과 기근의 일상화 뒤에는 군벌이 자리 잡고 있었다. 군벌들은 또한 아편 밀매에 가담했다. 서서히 형성된 이러한 양상이 바로 수 세기 전부터 끊임없이 되풀이된 중압감에 짓눌린 중국의 모습이었다357쪽 자료 참조. 무력한 공화국은 이제 희화된 부동不動의 제국으로 변모했다. 우리가 그 현실을 묘사한 최초의 중국 근대화, 그리고 우리가 처음으로 전율했던 사회적 동요로부터 우리는 무엇을 생각할 수 있을까?

4장

중국 해안 지방의 발전

1912~1927

자신의 나라를 위협하는 재앙을 의식한 중국인들은 수십 년 동안 일종의 강박관념에 사로잡혀
있었다. 그것은 곧 유럽식 모델을 따라야 하며 그들의 이념과 정치제도를 채택해야 한다는 것이
었다. 그러한 움직임은 초기에는 도시를 중심으로 비조직적으로 일어났지만, 1927년 비극적인
단절이 있기 전까지 공산당과 국민당의 연합 전선에 의해 가속화되었다.

1   중국의 재탄생

신문화 운동

수많은 우여곡절이 있었지만, 의화단 운동의 치명적 결과는 이제 모든 변화에 대한 거부가 불가능하다는 사실을 보여주었다. 또한 모든 장애에도 불구하고 진정한 신문화 운동이 탄생했다. 이 운동은 중국의 개항과 직접적인 관련이 있었다. 따라서 양쯔 강 하류 해안 지역에서 특히 활발하게 전개되었다. 이 운동의 핵심은 과거와의 진정하고도 확실한 단절을 요구하는 것이었다. 당시 중국인들은 근대화 실패의 책임을 사실상 전통문화, 다시 말해 유교주의로의 회귀 탓으로 돌렸다.

그러한 경향은 교육 단체와 같은 다양한 곳에 영향을 미쳤지만, 그러한 교육 단체는 지역 신사층이나 영향력 있는 상업 출판사들이 조직한 것이었다.《상하이신보上海新報》와 같은 일부 신문들은 삽화가 들어 있는 증보판을 통해 극도로 근대적인 양상을 보여주었다. 1903년 이래, 여러 잡지들은 읽기 어려운 중국 고대어 대신, 백화白話라 불린 구어체를 사용했다.

청춘과 근대성에 대한 옹호

이처럼 다양한 경향을 구체화시켰던 결정적인 사건은 1915년 12월《청년》이 잡지는 1917년 이후 구어체로 발간되었다이라는 잡지의 발간이었는데, 서문은 당시 베이징 대학 문과대 학장이었던 천두슈陳獨秀, 1879~1942가 썼다. 그는 자신의 도발적인 사설350쪽 〈청년들에게 고함〉 참조에서 청년, 갱신이 가능한 청년들의 능력, 세계를 향한 개방성, 과거에 대한 거부, 독립적이고 과학적인 정신을 고양시켰다.

이어 수년 동안 신문화 운동의 목표는 명확해졌다. 그것은 유교주의, 그리고 그 유교주의와 결부된 전통 도덕의 근간, 즉 가족, 중매결혼과 같은 '구악舊惡'을 공격하는 것이었다. 후난湖南 성의 한 학교에서 교사를 지내고 있었던 마오쩌둥毛澤東은 그러한 운동을 통해, 자신이 전혀 알지 못하는 남자와의 결혼에 항의하기 위해 결혼 가마 안에서 자살한 젊은 여인의 이야기가 알려지자 분노를 표했다. 루쉰은 《광인일기狂人日記》를 출간하여 스스로의 과거에 지나치게 우쭐해 있는 중국을 '식인 문명'이라고 지칭했다. 우상 파괴를 극단까지 몰고 간 천두슈는 심지어 다음과 같은 파격적인 질문을 제기하기도 했다. '궁극적으로 우리는 애국자가 되어야만 하는가?' 다른 논문에서 그는 이 질문에 다음과 같이 대답했

천두슈.

루쉰.

후스.

다. "중국이 생존에 적응하기가 불가능하기 때문에, 우리 중국 민족의 완전한 소멸보다는 국가의 정체성을 파괴하는 쪽을 택할 것이다."

사회진화론의 영향을 감지할 수 있었다. 19세기 중국 사람들은 중국 문명의 본질을 완전하게 보존하면서 서양의 기술을 차용하는 것으로도 중국을 근대화시킬 수 있다고 믿었다. 이제 그러한 경향과는 반대로, 서양보다 뒤져 멸망의 위협을 받는 중국을 근대화시키기 위해서는 경직되고 적응력 없는 중국 문화를 파괴해야 한다고 했다. 분명 그것은 '문화 혁명'이었다. 서양에 깊이 매료되었지만 중국 전통문화에 덜 부정적이었던 또 한 사람의 작가 후스胡適는 자신이 열렬히 찬양한 앵글로색슨적 실용주의의 중국적 선구자를 그 운동에서 찾으려 했다. 각 학교의 젊은 이들은 당연히 그것들에 열광했으며, 그것들은 수없이 복제되고 또 언급되었다. 그러나 신문화 운동에 대한 열정은 수적으로 매우 제한적이었다는 사실을 염두에 두어야 할 것이다. 1920년 당시 고등학생은 670만 명이었으며, 2,228명의 베이징 대학생을 포함한 대학생은 약 5만 명유학생 포함이었다.

베이징 대학의 중심적인 역할

1898년 개교한 베이징 대학중국인들은 베이다北大로 약칭해서 부른다은 그리 오래되지 않은 대학이었다. 1916년 차이위안페이가 총장으로 부임하면서 중국 부흥을 위한 역동적인 활동 중심지가 되었다. 과거 학교 제도에서 그러했던 것처럼 중국 왕조의 관료를 배양하는 대신, 베이징 대학은 지성인을 양성했다. 가장 유명한 교수였던 천두슈와 후스는 철학을 가르쳤으며, 그들은 미국에서 학위를 받은 최초의 중국인이라는 명예를 가지고

1917년 1월 4일 차이위안페이는 베이징 대학 교장에 정식 취임했다. 사진은 1월 27일 차이위안페이(맨 앞줄 왼쪽에서 세 번째)가 베이징 대학 교원들과 함께 찍은 것이다. 두 번째 줄 오른쪽에서 두 번째가 루쉰.

있었다. 도서관 사서였던 리다자오李大釗는 운동에 뒤늦게 동참했지만, 이후 확고한 신념을 가진 인물이 되었다. 그는 1918년 이후 러시아의 1917년 10월 혁명에 깊은 관심을 가졌다.

그러나 자유주의 사상에 집착한 차이위안페이는 신문화 운동에 반대했던 량수밍梁漱溟, 류스페이劉師培 같은 유명 교수들에게 중국 고유의 전통 수호를 호소하기도 했다.

차이위안페이(1868~1940)

저장(浙江)의 상인 가정에서 태어난 그는 위대한 전통 학자(그는 1890년 진사 시험에 뛰어난 성적으로 합격했다)이면서 1913년 라이프치히(Leipzig) 대학에서 철학 교육을 받고, 이후 1915년 파리에서 중불학생회 창립에 참여한 근대 지식인이기도 했다. 그는 1916~26년 베이징 대학의 총장을 지냈으며, 1928년 이후에는 자신도 창립 멤버였던 중국사회과학원 원장을 역임했다. 무엇보다 개인의 자유를 신봉한 자유주의자로서 그는 공산당에 반대하여 장제스를 지지했지만, 이후 점점 권위적인 색채를 띠어간 국민당 체제에 등을 돌렸으며, 중국 인권위원회를 옹호했다.

共產黨宣言
馬格斯 安格爾斯 合著
陳望道 譯

馬 格 斯

천왕타오(陳望道)가 번역한《공산당 선언》. 중국 어로 전문이 번역된 최초의 판본이다.

신문화

이러한 문화 부흥의 지적인 열광은 대학의 울타리를 넘어서게 되었다. 여러 다른 잡지를 중심으로 소모임이 결성되었다. 서양에서 들어온 모든 사상들이 관심을 불러일으켰다. 마르크스주의는 아직 본격적인 관심을 끌지는 못했으며, 또한 일시적인 것이었다. 1911년 이전 동맹회 관련 신문 등에《공산당 선언》과《자본론》의 일부가 번역되어 등장했다. 그러나 그 영향력은 거의 없었다. 리스쩡이나 전설시대 중국을 계급과 신분의 차별이 없는 사회로 이상화했던 좀 더 복잡한 사상을 지닌 무정부주의자들이 좀 더 과학적이고 철학적이었기 때문에 아직은 그들의 영향력이 더 컸다.

'신문화'라고 불렸던 서구적인 성향의 우상 파괴는 중국의 새로운 세력, 즉 당시 황금시대를 맞이하고 있었던 취약하지만 상당히 성숙한 중국 부르주아지의 출현으로 지속될 수 있었다.

2

부르주아지의 황금시대

1917년에서 1922년 사이, 중국은 마침내 산업혁명 시대에 진입하는 것처럼 보였다. 해안 지역 도시에서 경제적 붐이 일어나는 것을 목격할 수 있었다. 도시의 경관이 변했다. 상하이에서는 일찍부터 주요 도심 지역에서 전기 조명, 전차, 영화, 광고판과 자동차 등을 볼 수 있었다.

중국식 산업혁명의 발생 원인

약 5년 동안 그러한 황금시대가 등장할 수 있었던 원인은 구조적인 것이라기보다는 당시의 일시적인 상황 덕분이었다.

우선 초기에는 제1차 세계대전의 효과가 있었다. 전쟁 이전 중국 시장을 지배했던 유럽 강대국들의 역할이 축소되었다. 영국으로의 면사 수출은 1917~19년 약 50퍼센트 감소했다. 그러나 1919~22년에 이르러서야 비로소 중국이 경제적 기적을 이루었다고 말할 수 있는데, 그 이유는 이 시기에 중국의 산업시설이 마련되었으며, 미국과 특히 일본을 제외한 열강들이 포기한 국내 시장을 차지할 수 있었기 때문이었다.

시설 설비에 대한 그러한 노력은 1913년 멕시코 혁명이라는 당시의 구조적인 상황 때문에 한층 더 유리했는데, 멕시코 혁명으로 은광이 폐쇄되었기 때문이었다. 따라서 은의 가치가 1911~19년 두 배로 상승했다. 그러나 당시 중국은 은본위제를 택하고 있었다. 따라서 중국의 은 보유

액이 그만큼 재평가되었으며, 결국 그러한 상황 덕분에 중국의 상품이 더 비싸게 수출되었다. 그러나 제1차 세계대전이 시작되자, 모든 사람들이 생필품을 사재기하게 되었으며, 그 결과 1913년 당시 심각했던 중국의 대외 무역 적자가 1919년에 이르러 거의 균형을 이루게 되었다. 특히 중국 화폐의 구매력이 높아졌으며, 설비 시설의 구매에 유리했다. 따라서 중국 근대 산업이 급격히 성장할 수 있었다.

경제 기적의 한계

경제 기적의 효과는 매우 제한적이었다. 당시의 일시적인 상황 덕분에 이루어진 것이라 이내 성과가 사라질 수 있었기 때문이다.

은행업 분야가 취약했는데, 은행들이 외국계 대형 은행에 의지한 데다, 경제 전망이 좋을 것이라는 투기 심리에 근거하고 있었기 때문이다. 합리적인 투자가 불가능했던 중국의 가족 경영 형태를 한 소규모 은행망에 의존하던 것이 원인이었다. 일시적인 번영만큼이나 빠르게, 위기 또한 급격히 전개될 수 있는 상황이었다.

기업 관리 역시 체계적이지 않았다. 공장에는 충분한 여유 자금이 없었는데, 10~20퍼센트에 달하는 배당금을 매년 지불해야 했기 때문이다. 종종 기업은 부지, 가옥, 기계를 소유하지 못한 경우도 있었다. 기업은 그 모든 것을 빌렸으며, 사원들의 봉급을 매주 은행에서 차입했다. 경제 상황이 다시 악화될 경우 걷잡을 수 없는 파산으로 이어졌다.

새로운 부르주아지의 비약적 성장

이러한 상황과는 달리 일부 기업가들은 유력 상인들의 전통적인 세계를 탈피했다.

포목 상인의 아들이자 고전에 정통했던 무어우추穆藕初는 영어로 치르는 해관사 시험에 합격했다. 그는 이내 그 자리를 박차고 나와, 9년 동안 텍사스에서 직조 기술을 배웠다. 1920년 그는 상하이에 면포 거래소를 창립했다.

젠자오난簡照南과 젠위제簡玉階 형제는 화교 출신 중국인으로서, 다양한 '중국 생산품'을 고베와 무역하여 부자가 되었다. 처음에 그들은 홍콩에 연초 공장을 세웠으며, 이어 난양南陽, 우한, 상하이에도 공장을 세워, 당시 가장 강력한 미국 담배 회사인 BAT British American Tabbaco와 경쟁했다.

녜윈타이聶雲臺는 태평천국 군대와의 전투에서 승리한 유명한 증국번曾國藩의 후예이다. 개인 교사 덕분에 그는 영어를 완벽하게 말하고 쓸 수 있었다. 상하이 항풍사창恒豊紗廠의 주인이었던 그는 화상사창연합회華商紗廠聯合會를 설립하여 면사 제조의 개선에 전념했다.

우시無錫 출신의 유력 가문이었던 룽씨榮氏 일가는 이전에 해관 업무로 부를 쌓았으며, 우시와 상하이에 여러 개의 제분 공장과 10여 개의 면사 공장을 갖고 있던 한편, 거의 1만여 명에 달하는 고용인을 거느렸다.

그러나 이처럼 일가를 이룬 부르주아지는 많지 않았다. 이러한 10여 개 정도의 가문들은 국가 전체를 대상으로 하기보다는 일부 지방에 국한하여 투자했으며, 정치권력 앞에서는 머뭇거리는 전통 중국 상인의 모습도 여전히 간직하고 있었다. 자신들과 비슷한 위치에 있는 서양 상인들을 모방하여 각 공장의 소유자들이 권리 주장을 선언하는 경우도 있었지만, 그 계층은 여전히 두텁지 않았으며 중국 해안 지역에 국한되었을 뿐이다. 따라서 이들 부르주아지는 자신이 가진 수단 이상의 것을 생각하고 말하는 경우가 있었다. 그러나 그들은 사회 전반에 걸쳐 영향을 미쳤으며, 근대화를 향한 혼란스러운 열망에 물질적인 토대를 제공한 계층이기도 하다.

1919년
5 · 4운동

3

중국의 베르사유 조약 거부

1919년 5월 초, 유럽에서 건너온 일련의 소식에 신문화 운동에 적극적으로 참여했던 베이징과 대도시 지식인들이 분노하게 되었다.

중국은 1917년 연합군 측에 가담하여 참전했으며, 평화 조건을 협의하게 된 베르사유 회의에 전승국으로 참여했다. 중국 국민들은 이 회의를 통해 19세기 말엽 이후 독일이 점령하고 있던 산둥반도가 반환되기를 염원했다. 그러나 이 회의에서 내려진 결정은 독일이 점령했던 산둥반도 지역을 일본에 넘겨준다는 것이었다. 일본이 중국 당국자들에게 약속한 상당량의 차관을 대가로 중국 당국자들이 미리 그러한 결정에 동의했기 때문에, 1915년 21개 조항에 대한 굴욕감을 중국인들은 다시 한 번 절감했다.

베르사유 회의 모습.

1919년 6월 3일 베이징 학생 강연단이 길거리에서 비분에 찬 모습으로 시민들에게 강연을 하고 있다.

구국운동

그 소식이 전해진 첫 번째 일요일인 1919년 5월 4일, 검은 옷을 입은 3,000여 명의 학생들이 베이징에서 가두 행진을 벌였으며, "조국을 구해야 한다"고 외치며 군중들에게 연설했다. 참여 학생 대부분은 베이징 대학 학생들이었다. 장차 중국의 고위 지도자가 될 그들은 세상의 질서와 부합하지 않는 정치적 결정에 대해 지식인들이 일종의 질책을 하는 과거의 전통을 되살렸던 것이다. 공사관 지역으로 들어가려 했던 그들은 친일파의 저택을 약탈했으며 또 다른 친일파를 공격했다. 경찰이 개입하여 학생 한 명이 곤봉에 맞아 죽었으며, 32명의 학생들이 체포되었다.

분노의 고조

시대는 변했다. 상당수 교수들의 지지를 받은 베이징 지역의 학생들은 5월 19일 수업 거부를 단행함과 동시에, 다른 학생들을 규합하기 위해 각 성과 도쿄에 대표단을 파견했으며, 중국 언론의 지지를 얻었다. 상하이의 수천 명 학생들 역시 수업을 거부하기에 이르렀다. 파업 주동자들은 일본 상품을 약탈했다.

일본 상품 배척 운동을 벌이는 상하이 시민들. 일본 상품 간판을 떼어내고 있다.

1,000여 명에 달하는 베이징 지역 학생들이 체포되자, 분노가 한층 더 고조되었다. 천두슈 역시 체포되었다. 상하이의 노동자 단체와 상인 연합체는 파과罷課, 파공罷工, 파시罷市라는 세 종류의 파업을 호소했으며, 그러한 호소에 대다수가 동참했다. 역사상 최초로 근대적 의미의 중국 사회 계층, 다시 말해 지식인, 노동자와 기업인이 서로 손을 잡고 과거의 무능한 중국에 대항하기 위해 동원되었다.

새로운 민족주의의 승리

이제 행동 강령이 새로운 이념의 성숙으로 전환되었다. "평화 조약을 거부하라", "산둥을 중국에 반환하라", "일본의 요구를 반대한다"라는 정치적 요구 외에도, "유교와 그 신봉자들을 물리쳐라", "모든 구악을 일소하라", "새로운 가치를 창출하라"와 같은 예기치 않은 구호가 등장했으며, 이러한 구호들은 외국인 혐오를 외쳤던 의화단원들에 대해 등을 돌리게 만들었던 것들이었다. 반反유교적 문화 혁명과 구국救國을 연결해 주는 근대적 의미의 민족주의가 제창되었다.

이러한 근대적 의미의 민족주의 성향을 가진 젊은 세력 덕분에 당시 친일 성향의 군벌이 장악하고 있었던 행정 당국이 물러설 수밖에 없었다. 1919년 6월 10일 정부는 세 명의 친일 각료를 사임시키고, 투옥자들을 석방했으며, 6월 28일에는 베르사유에 중국 대표단을 파견하여 독일과의 평화 협정을 거부하도록 했다. 근대 시기 최초의 이러한 운동이 마침내 성공을 거두었다.

근대적 성향의 지식인 세계는 그러한 일련의 사태로 고무되었으며, 그들을 지지하는 사람들이 늘어났다. 잡지 《청년》은 노동자, 여성 문제와 같은 당시 사회의 가장 예민한 문제를 다루었으며, 무정부주의자, 공산주의자, 자유주의 개혁가들 사이의 논쟁을 게재했다. 대체로 무정부주의적인 성향을 띤 반국가주의가 전반적인 주조를 이루고 있었다. 당시 학생들 사이에 유행했던 이념은 협동, 공동체 생활, 그리고 육체노동자와 정신노동자들의 문화적 차이를 해소하기 위한 노동자와 학생 연합 등이었다. 표트르 크로폿킨Pyotr Kropotkin, 엘리제 르클뤼Elisée Reclus, 장 그라브Jean Grave뿐 아니라, 존 듀이John Dewey, 버트런드 러셀Bertrand Russel, 사회진화론 등의 영향력을 감지할 수 있었다.

운동의 한계
그러나 이러한 운동이 미친 실질적 영향에 대해 생각할 경우 두 가지 사실을 주목할 필요가 있다.

첫째, 쑨원과 그의 사상을 완전히 사라지게 했다는 점이다. 그의 정치적 계획은 사실상 강력한 국가의 재탄생을 염두에 둔 것이었다. 따라서 중국이 군벌의 손에 있었기 때문에, 쑨원은 당시 유행했던 사상에 반대하는 입장에 서 있었다. 그러나 쑨원이 국가와 관련된 문제를 다뤘다는 사실을 염두에 둔다면, 당시 중국이 직면했던 매우 중요한 문제 역시 제기한 것은 아닐까?

둘째, 전통에 대한 통렬한 비판이 이미 이 운동의 중심부에 암암리에 자리 잡게 되었다는 점이다. '동맹회'의 열렬한 옹호자였던 류스페이1884~1919는 이미 중국 전설시대 황제黃帝의 평등과 공동체 전통 속에서 자신이 주장하는 무정부주의의 정당성을 찾을 수 있다고 믿었다. 량수밍은 자신의 신유교주의를 발전시켜 공동체 생활을 하는 촌락을 이상화했다. 아무런 준비 없이 제창된 이러한 몽상은 결국 실패로 끝났다.

정치로의 회귀
(1920~24)

몇 달 동안의 이데올로기적 열정에 뒤이어 환멸감이 팽배해지자, 중국의 오랜 위기에 대한 구체적 해결책을 제시해야 한다는 필요성 때문에, 서양의 역사에서와 마찬가지로 다양한 사람들이 정당정치를 제안하기에 이르렀다. 정당과 국회 등에서 보여준 위안스카이의 기만극과 관련된 모든 것을 불신하게 된 계기를 만든 1919년 5월 4일의 운동을 잠시 제쳐둔 채, 이제 다시 정치 문제가 전면에 부상했다.

국민당 재건(1920년 7월)

1918년 광둥의 쑨원은 무력 수단이 없는 군벌에 불과했다. 환멸감을 느낀 그는 1920년 7월 8일 국민당 재건을 통해 상황을 개선하려 했다. 지지자들의 수는 고작 수천 명에 지나지 않았지만, 국민당은 당의 헌장과 구체적인 정치 계획을 갖고 있었는데, 바로 삼민주의와 오원제였다.

한편 쑨원은 1920년 《건국방략建國方略》을 출간했다. 그가 품은 꿈을 서술한 책이었다. 예를 들어 기존의 철도망을 열 배로 늘려 베이징과 희망봉을 연결하고, 양쯔 강을 운하로 만들며, 상하이를 거대한 항구로 만들고, 지하수를 개발하여 중국을 온통 공장으로 만든다는 내용이었다.

그러한 계획을 실현하기 위해서는 재원이 필요했다. 그는 미국이 전쟁 비용의 4분의 1을 매우 좋은 조건으로 중국에 빌려줄 것이라고 생각했

삼민주의

삼민주의는 동맹회가 창립된 1905년 이래 구상되었으며, 일련의 회의를 통해 1924년 그 개념이 분명해졌다.

민족(民族)주의 ─

민족주의 원칙은 그 기원이 황제(黃帝)까지 거슬러 올라가는 한족(漢族)을 기반으로 중국을 건설한다는 것이다. 한족과 민족국가인 중국은 기억도 할 수 없는 태곳적부터 동일한 것이다. 중국에 존재하는 다른 네 민족(몽골족, 티베트족, 만주족, 이슬람으로 개종한 중국인과 투르크족) 역시 한족과 동일한 존재이다. 소수민족인 그들은 문화적으로 한족에 동화될 수밖에 없을 것이다. 따라서 중국 민족은 순수한 혈통으로 완벽하게 환원되는 존재는 아니지만, 한족이 문명의 중심을 형성하고 있는 것이다.

민권(民權)주의 ─

민권주의는 매우 오래전부터 지나치게 많은 자유를 누려온 중국인이 '모래알'처럼 흩어져 있다는 생각에 기반을 둔 것이다. "우리가 외국의 압제에서 벗어나려면, 개인의 자유를 위해 맹렬히 싸워야만 할 것이다. 단단한 돌을 만들기 위해 흩어진 모래에 시멘트를 바르는 것처럼, 매우 강력한 조직을 만들어야 할 것이다." 그러므로 지나친 개인주의로 위협받고 있는 국가를 강화해야만 한다. 이런 의미에서 국민들을 훈련시키고 이후 민주주의의 기반을 확고히 하기 위해, 군사독재 시기(軍政期)에 뒤이은 국민당의 일당독재가 필요하다. 이후 도래할 민주주의는 남성들의 보통선거로 선출된 대통령이 행정원(行政院)의 수반이 되는 미국식의 공화국 형태가 될 것이다. 다른 네 곳의 권력기관으로는 입법원(立法院)과 사법원(司法院) 외에 쑨원이 덧붙인 고시원(考試院, 관리의 충원)과 중국의 전통적인 유산을 본뜬 감찰원(監察院, 관리의 탄핵과 감사)을 둔다.

민생(民生)주의 ─

이것은 흔히 거론되던 원칙이다. 민생주의는 사회주의 혹은 공산주의와 동일한 개념으로 1924년 쑨원이 제창했다. 그 이전 시기 민생주의란 특히 온건한 농지 개혁을 의미했던바, 지주의 토지를 몰수하지 않는 대신 지주들에게 누진세를 적용하는 '평균지권(平均地權)'을 말하는 것이었다.

다. 다른 한편 강력한 국가가 필요했다. 따라서 쑨원은 국민당을 다시 활성화시키려고 했다. 그는 또한 당시의 국제 분위기를 적극적으로 활용했다. 태평양 지역에 관심을 가지고 있었던 강대국들이 1921년 11월 워싱

턴에 모였다. 1922년 2월 폐회된 그 회담*에서, 강대국들은 전함을 제한하며, 일본은 산둥 성을 중국에 돌려줘야 한다고 결정했다. 쑨원은 자신의 주도 하에 전 중국을 다시 통일할 수 있으리라 기대했다. 그와 동시에 자신의 유토피아적인 이상 덕분에 그는 일말의 카리스마를 가질 수 있게 되었다.

중국공산당 창립(1921년 7월)

쑨원이 활동했던 다른 한편에서는, 1919년 5·4운동에 활력을 불어넣었던 사람들 가운데 가장 급진적인 인물들, 특히 리다자오와 천두슈 등이 1920년 봄부터 국제공산당 요원과 접촉하고 있었다. 국제공산당의 여러 대표들은 베이징, 상하이, 그리고 대다수 중국 대도시에 형성되어 있는 소규모 마르크시즘 연구회 구성원들을 재조직하여 중국공산당을 결성할 것을 제안했다.

이 배 위에서 중국공산당이 창립되었다.

중국공산당 창립에 참여한 12인. 맨 위 왼쪽부터 마오쩌둥, 둥비우(董必武), 리다(李達), 바오후이썽(包惠僧), 장궈타오(張國燾), 류런징(劉仁靜), 천탄추(陳潭秋), 마린(馬林), 덩언밍(鄧恩銘), 왕진메이(王燼美), 리한쥔(李漢俊), 천공보(陳公博).

그들 젊은 지성인들에게 러시아혁명은 매우 매력적인 사건이었다. 첫째, 1919년 7월 카라한Karakhan 선언을 통해 소비에트 신생국은 과거 차르 치하 러시아 정부가 지금까지 중국에서 획득한 여러 특권을 포기한다고 했기 때문이다. 둘째, 온전히 서양에서 온 마르크시즘을 공유하는 것이었기 때문이다. 무엇보다 마르크시즘은 마르크시즘이 최후의 위기를

◆ 워싱턴 해군회의(Washington Naval Conference).

예언한 바 있는 자본주의와 제국주의에 대한 비평을 제시했다.

1921년 7월 상하이에서 중국공산당이 창립되었다. 하지만 천두슈가 지휘했던 당시 중국공산당원은 50여 명에 불과했다. 공산당은 중국노동조합서기부中國勞動組合書記部를 창설했으며, 이 기구는 학생들이 주도하는 급진적 노동운동에 참여했다. 그러나 철도 노동자 조합 세력을 등에 업고 정저우鄭州의 우페이푸 군벌에 대항하려 했던 1923년 2월 7일 공산당의 시도는 완전한 패배로 끝났다. '붉은' 노동자 조합에 대한 가혹한 탄압으로 공산당은 무력한 상태가 되었다.

국공國共합작

국제공산당이 중국에 파견한 마링Maring, 중국명 마린馬林은 제2차 국제공산당 회의에서 결정한 노선을 중국에 적용하려 했다. 1920년 7월에 결정된 그

국민당 제1차 전국대표대회 장면.

황푸군관학교의 모습. 이 학
교는 1924년 6월 16일에 정
식 개교했다.

노선은 식민국가 혹은 반半식민국가가 제국주의와 대항하기 위해 그 나라의 부르주아 세력과 연합할 것을 요구했다. 1921년 그는 쑨원과 접촉하여 1923년 1월에 합의를 이끌어냈는데쑨원과 요페Alex Joffé 선언, 그것은 소련과 쑨원의 광둥 체제 사이의 협력 기반을 규정한 것이었다. 이 선언을 토대로, 장차 쑨원은 무기와 소련의 군사 고문관을 지원받을 수 있게 되었으며, 1923년 9월 중국에 온 보로딘Mikhail Borodin은 그러한 고문관의 한 사람이었다. 중국공산당원들은 체념한 채 국제공산당의 결정에 따를 수밖에 없었다. 개인 자격으로 국민당에 입당하기 위해 공산당원과 국민당 사이에 협상이 체결되었다.

매우 불평등한당시 공산당원은 323명, 국민당원은 5만여 명이었다 이 연합전선 덕분에 1924년 1월 20~30일 광저우에서 국민당 재조직을 위한 국민당 제1차 전국대표대회가 열렸다. 채택된 강령은 반군벌, 반제국주의를 목표로 광저우의 혁명 거점을 강화하는 것이었다. 따라서 제일 중요한 것은 쑨원에 대한 소련의 지지였다. 소련은 쑨원이 국민당을 볼셰비키 유형에 입각하여 훈련시킬 수 있도록 해주었으며, 또한 1924년 5월 황푸黃埔 강 유

쑨원의 분향소. 오른쪽이 부인 쑹칭링, 가운데가 아들 쑨커.

역에 군관학교를 세울 수 있도록 했다. 이 황푸군관학교는 블뤼허Blücher 장군을 포함한 소련 장교들의 도움으로 2년 만에 6,400여 명의 장교를 길러냈다. 군관학교의 교장에는 정치가이자 장군인 장제스가 임명되었는데, 군사 원조를 얻기 위해 소련까지 가기에는 이미 병세가 심했던 쑨원을 대신하여 그가 1923년 8월 소련으로 갔다. 당시 장제스는 공산당원이었던 저우언라이周恩來를 대동했다. 이 협상에서 약속한 원조를 통해, 그는 광둥 정부에서 18만 6,000달러, 소련에서 2,700만 달러를 군관학교 운영 자금으로 받았다.

입지를 강화한 쑨원은 북쪽 군벌들과의 협상을 통해 중국을 통일하기 위해 1924년 12월 베이징으로 출발했다. 1925년 3월 12일 쑨원은 베이징에서 암으로 사망했다.

5

1925년
5·30운동

점차 급진적인 방향으로 옮겨 간 동시에, 좀 더 고전적인 정책으로 선회한 것을 후회했다는 점에서 쑨원의 유산은 모호한 것이었다. 그가 정력적으로 추진했던 연합 전선 덕분에 일반 대중들의 동원이 유리해졌으며, 바로 그러한 사실이 한편으로는 연합 전선을 공고히 했지만, 다른 한편으로는 두 당 사이의 균열을 가속시켜 연합 전선을 취약하게 만들었다.

상하이 파업

1925년 2~5월, 상하이의 일본인 면사綿絲 공장에서 파업이 전개되었다. 연합 전선으로 이전보다 대담해진 골수 공산당원들은 파업에 적극적으로 가담했다. 5월 15일 공장에서의 충돌로 공산당 소속 노동조합원 한 명이 사망했다. 이 사건을 계기로 파업이 확대되자, 사실상 영국이 관리하고 있었던 국제 조계 지역의 상하이공공조계공부국上海公共租界工部局에서 이 사건에 대한 해결 방안이 논의되었지만, 마치 그 지역은 단순한 식민지인 양 중국 당국자들의 의견은 전혀 고려되지 않았다.

따라서 중국공산당은 5월 4일 일본과 영국의 제국주의에 저항할 것을 다시 한 번 호소했다. 사회 위기와 민족적 불행이 합쳐지자 적극적인 대중 동원이 가능해졌다. 즉 노동자들 외에 학생들 또한 가담하게 되었으며, 그들의 행동 지침은 결국 모든 사람들에게 행동을 요구하는

파업한 상하이 노동자들이 시위
를 벌이고 있다.

것이었다. "불평등조약 폐기!", "조계지를 중국에 반환하라". 1925년 5
월 30일 수천 명의 젊은이들이 상하이 국제 조계의 중심가인 난징로를
행진하면서 이러한 구호를 외치며 시위를 벌였다. 경찰은 수십 명의 학
생을 체포했다. 이날 오후 시위대는 체포한 사람들을 석방시키기 위해
경찰 초소를 습격했다. 당황한 영국 경찰이 발포하여 10여 명의 사망자
가 발생했다.

　그러자 곧 노동자, 학생, 상인 연합은 반제국주의를 위한 총파업을 부
르짖었다. 영국과 일본 공장에서 일하는 약 20만 명의 노동자가 파업에
가담했다. 6월 내내 긴장감이 고조되었으며, 이후 개별 협약봉급 인상, 노동조
합의 인정 등을 통해 점차 작업을 재개했다. 몇 달 후 세 명이후 다섯 명이 되었다
의 중국인 참관인이 상하이공공조계공부국의 회의에 참석하게 되었다.
공산당이 주도하는 상하이총공회上海總工會는 노동자 세계에서 상당한
권위를 지니게 되었다.

　한편, 상하이와 광저우 등 소규모 조계의 영국과 프랑스 병사들은 6월
23일 광둥 정부의 후원으로 상하이의 파업자와 동조 시위대를 향해 발
포하여 52명이 사망했다.

공산주의의 확산

이 학살에 대한 대응으로, 10만 명의 노동자가 파업하여 1925년 6월부터 1926년 10월까지 홍콩이 마비되었으며, 광저우에서는 홍콩파업위원회가 조직되어 홍콩 봉쇄를 단행했다. 시위가 중국 전역의 대도시에서 전개되었다. 이후 중국공산당원은 1만여 명에 달하게 되었으며, 노동조합 가입자 수는 100만 명을 넘어섰다.

1924년 7월 3일 광저우에서 국민당이 조직한 농민운동강습소農民運動講習所를 토대로, 중국공산당원들은 농촌에 들어가기 시작했는데, 그 가운데는 1923년 공산당에 가입한 펑파이彭湃도 있었다. 그는 1926년 이후이 조직의 여섯 번째 자리를 차지하고 있던 마오쩌둥과 활동을 같이 했다. 펑파이는 그 조직을 통해 농업 개혁을 준비했으며, 무엇보다 광둥 성중앙 지역에서의 대폭적인 소작률 감소를 추진했다.

정치적 분열

이처럼 공산당이 대중 속으로 파고들어 가자 국민당 지도부 내에서는 서로 대립적인 입장을 가진 다양한 사람들 사이에 암투가 발생했다.

왕징웨이 1883~1944를 중심으로 한 국민당 좌파는 당시 쑨원의 의도를 지지했던 반면, 다이지타오戴季陶, 1891~1949와 후한민胡漢民, 1886~1936을 중심으로 한 우파는 온건하면서도 아직은 설익은 중도적인 입장을 견지했는데, 그것은 제국주의에 대한 투쟁을 위해 온 나라가 일치해야 한다는 미명 하에 계급투쟁을 벌이는 것을 거부하는 입장이었다.

1926년 1월 개최된 국민당 제2차 전국대표대회에서 승리를 거둔 측은 좌파였다. 그러나 장제스는 양측의 갈등을 이용하여 자신이 중재자로

1926년 3월 발생한 중산함 사건 당시의 중산함. 장제스는 이 사건을 통해 공산당과 국민당 좌파에 대한 공격을 시작했다.

나섰다. 그는 1926년 3월 20일, 자신을 체포하려는 매우 의심스러운 시도가 있었다는 것을 구실로, 공산당과 광둥의 소련 고문단을 체포했으며, 왕징웨이를 추방하고 국민당 내에서의 공산당 활동을 억제했다. 더 나아가 그는 1926년 7월 자신을 총사령관으로 하는 북벌의 단행을 결정했다. 사람들은 장제스의 이러한 강압적 태도가 오해에서 비롯된 것이라고 생각했음이 분명하다. 그러나 위안스카이 이후, 군사력이 없으면 당시 중국에서 어떤 정치 행위도 할 수 없다는 사실을 장제스는 상기시켜주었다.

이러한 정치 상황을 염려한 소련은 펑위샹에게 쏟은 노력에도 불구하고 별다른 정치적 대안을 갖고 있지 못했다. 마침내 1926년 3월 18일 베이징에서 제국주의의 오만에 대항하여 시위를 벌인 학생들을 펑위샹의 부하들이 진압하는 과정에서 유혈 사태가 일어났다. 이 사건을 주도한 리다자오를 포함한 여러 명의 공상당원들은 소련 영사관에 피신해야 했다. 이러한 상황에서 펑위샹은 여타 군벌과 다름없이 처신했다. 따라서 소련은 물론 중국공산당원들 역시 신념보다는 자신들이 받아온 훈련에 따라 사실상 그들이 주도하기 어려운 군사작전을 마지못해 지지하는 것

장제스(1887~1975)

저장(浙江) 성이 고향인 장제스의 아버지는 그리 규모가 크지 않은 소금 상인이었다. 중국 고전을 공부한 이후, 그는 바오딩(保定)에 있는 군사학교에 입학했으며, 이후 일본 군사학교에 오랫동안 머물며 군사 지식을 한층 더 심화시켰다. 도쿄에서 그는 상하이 동맹회의 주요 책임자이자 청방의 일원이기도 했던 천치메이(陳其美)를 만나게 된다.

동맹회 일원으로서 그는 1911년 혁명 당시 저장 성에서 군사행동에 참여했다. 제2차 혁명 실패 이후 일본으로 망명하면서 쑨원을 따르게 되었다. 1916년 자신의 후원자였던 천치메이가 살해되자 그는 삶의 방향을 상실했다. 이후 그는 상하이 증권거래소에서 환전을 하기도 했으며, 청방의 일원으로서 반은 정치적이고 반은 파렴치한 여러 번의 살인에 가담하기도 했다.

1922년 6월 그는 천중밍에 의해 광동에서 쫓겨난 쑨원과 다시 결합했다. 그를 고맙게 여기고 있었던 쑨원은 1923년 광동으로 돌아와 그를 자신의 참모로 기용했다. 장제스 최초의

1923년 6월 광저우에서 찍은 사진.

진정한 정치적 임무는 1923년 9월부터 11월까지 모스크바에 머물렀던 것이다. 원한과 야망을 동시에 가지고 있던 장제스는 이미 전략가라기보다는 정치가였으며, 뤼시앵 비앙코(Lucien Bianco)의 말을 빌리면, 그의 적보다 그의 정치적 경쟁자에게 더 두려운 존재였다.

말고는 달리 방법이 없었다.

6

국민당의 승리
(1926~27)

북벌이 시작된 1926년 7월과 눈부신 전과를 거두고 잠시 휴식을 취하고 있었던 1927년 7월 사이에, 도시 혁명에서의 승리라는 환상이 '중국 혁명에 대한 비극'으로 변환되는 것H. Isaacs을 목격할 수 있었다.

북벌은 단기간에 군사적 승리를 보여주었다. 7월 말 이후, 창사가 함락되었으며, 10월 10일 우한이 굴복했다. 그곳에는 국민당 정권이 수립되었다. 1927년 1월에는 민중의 압력으로 한커우의 영국 조계를 되찾았다. 이것은 아편전쟁 이후 처음으로 서구 열강이 후퇴한 사건이다.

그러나 국민당의 여러 고위 당원들과 함께 난창南昌에 정치 기구를 두었던 장제스는 상하이를 호시탐탐 노렸다. 채 준비가 되지 않은 채 발발한 상하이의 1926년 10월 24일 반란은 완전한 실패로 끝났으며, 노동자들의 파업이 수반된 이러한 종류의 반란이 1927년 2월 20일부터 27일까지 되풀이되었지만 매번 실패했다. 장제스와 장제스 측에 가담한 각 지역의 국민당은 그러한 불운한 반란을 지지하지 않았다. 장제스는 혁명이 없는 국가의 재통일을 원했지만, 공산당은 그 반대 입장을 취했다.

북벌의 군사적 성공으로 중국 중부 지역에서 수많은 인민들의 동원이 가능해졌다. 노동자와 농민들은 군사들이 쟁취한 승리를 돕기 위해 몰려들었다. 1926년 겨울 동안 후난과 후베이에서 농민연합 수가 증가하여 900만 명에 달했으며, 남쪽에서 출발한 북벌군이 통과했던 지역이나 그

1926년 7월 9일 단상에 올라 북벌을 선언하는 장제스.

인근 마을에 특히 그 수가 많았다. 그러나 다른 지역의 농민 운동은 미약했다. 후난 성에서조차도 이 운동은 예전부터 도로가 있었고 광저우–창사–우한을 잇는 미완성 철도가 지나는 샹장湘江 계곡 일대의 범위를 넘지 못했다.

상하이 공산당의 붕괴

그러나 상하이에서는 장제스 군대가 도착하기 이전에 공산당이 다시 도시를 점령하려고 시도했다. 1927년 3월 21~23일, 도시 전체를 마비시키는 대규모 노동자 파업을 시작했으며, 그것은 반란으로 이어졌다. 이 반란에서 성공을 거둔 공산당은 임시정부의 수립을 선포하고, 상하이 부르주아지와 유력자들이 임시정부 내에서 다수를 차지할 수 있도록 만들었다. 그러나 3월 26일 현장에 도착한 장제스는 그 기구를 인정하지 않았으며, 중국 기업가와 접촉하는 동시에, 자신의 의도를 외국 열강들에

1927년 상하이 3차 무장봉기에서 승리한 후, 노동자 규찰대가 가두행진을 벌이며 승리를 자축하고 있다.

장제스가 벌인 4 · 12정변으로 많은 공산당원이 처형되었다. 사진은 공산당원이 상하이의 한 거리에서 처형당하는 모습.

게 확인시켰다. 그들 공산낭원의 제거에 필요한 인력을 모집하기 위해, 두웨성과 청방은 중국 유력자들이 제공한 도움을 받았다. 1927년 4월 12일 드디어 그러한 의도가 분명하게 드러났다. 연속된 백색 테러로 약 5,000여 명의 희생자가 발생했다. 국민당과 유지했던 협력이 어려워진 양쯔 강 남쪽의 모든 지역 공산당원들은 붕괴되었다.

농민 단체의 제거

농촌의 상황은 달랐다. 농민들이 연합체를 구성하고 있었던 농촌에서는 농민들이 도시 노동자의 온건 노선을 따르지 않은 채, 토지 몰수, 농촌 유력자들의 권한 타파, 농민 고유의 권위 수립, 소작료의 3분의 1 축소, 부채 탕감 등을 주장하면서 진정한 혁명을 시작했다. 이런 활동을 통해 농민들은 지주 계층 출신이었던 남부 군대의 대다수 관리들의 이권을 침해했으며, 패배한 북쪽 군인들은 대대적으로 장제스 측에 가담했기 때문에 보수주의적인 색채가 더욱 강화되었다. 1927년 5월 21일 이후 남부 군대의 선택은 분명했다. 다시 말해 혁명적 성향의 농민들을 진정시키는 한편, 아직은 분위기가 무르익지 않은 혁명을 잠시 미루기 위해 공산당은 처절한 노력을 기울였지만, 남부 군대는 후난과 후베이 농민 연합회 구성원들을 대량으로 학살했다. 농촌의 공산당 당국자들은 그 수가 몇 명밖에 안 될 만큼 사실상 무력화되어, 거대한 농민 계층 속으로 숨어버렸으며 명백한 정치 노선도 없었다.

따라서 스탈린은 중국공산당에 공산당 고유의 군대를 만들도록 뒤늦게 요구했다. 이러한 사태를 예견한 왕징웨이는 7월 14일 중국공산당과 단절했으며, 며칠 후 보로딘을 추방했다. 그 후 몇 주에 걸쳐 국민당과의 재결합을 위한 접촉이 진행되었다.

도시 혁명의 환상

공산당의 이러한 패주는 도시 혁명에 대한 환상에서 기인한 것이었다. 공산당의 패배 원인의 일부가 국제공산당과 중국공산당의 전략적 실수에서 기인했다 하더라도, 패배의 근본적인 원인은 혁명 세력의 취약성 때문이었다. 요약하자면, 그러한 혁명을 이끌어갈 수 있는 사회 세력이 존재하지 않았음에도 불구하고 공산당은 혁명을 원했던 것이다. 중국은 사회보다 정치가 더 빨리 진행되는 곳이었다.

그러나 동일한 의미에서 외국인, 지방 유력자, 깡패 집단의 도움으로 권력을 장악한 장제스는 중국 근대화를 외면했다. 그는 중국의 과거를 갈망했으며, 그러한 사실이 그가 마련한 새로운 체제를 무겁게 짓누르고 있었다. 그는 과거 어떤 군벌보다 강력한 군벌이 되었으며, 새로운 중국을 다시 통일할 수 있는 인물은 아니었다.

5장

유산된 혁명

1927~1937

1927년 장제스가 수립한 체제는 내란이 절정에 달한 시기와 제2차 세계대전이 확산되었던 시기 사이에 존재했다. 난징 정부 10년(1927~37)은 중국 통일을 완수하기 위한 일종의 휴식기에 불과했다. 난징 체제는 보수 쪽으로 기울어 근대화를 중단시켰을 뿐 아니라, 중국을 조금씩 약화시킨 불화를 한층 더 깊게 만들었다. 일본의 침략으로 와해되기 이전에 이미 국민 혁명은 유산되었다.

강력한국가의
취약성

허망한 승리

몇 개월에 걸친 혼란 이후, 장제스는 산시山西 군벌 옌시산閻錫山과 펑위
샹의 도움을 받아 1928년 2월 북벌을 재개했다.

동맹군은 북쪽 군대와의 최후의 전투에서 마침내 승리했다. 상징적인
날인 10월 10일 장제스는 북벌의 종식을 공식적으로 선언했다. 베이징
의 명칭을 베이핑北平으로 바꿨으며, 명 왕조 초기에 그랬던 것처럼 난징
에 수도를 두었다.

붉은 바탕에 청색 사각형이 들어 있고, 그 사각형 안에는 은빛 태양이
빛나는 국민당의 깃발이 중국 전역에
나부꼈지만, 중국의 재통일이라는 쑨원
의 꿈은 단지 겉으로만 이루어진 것에
불과했다. 대다수 군벌들은 자신들이
계속해서 소작료를 징수하고 주인으로
군림할 수 있는 지역 기반을 확보한 이
후에야 비로소 국민당 체제에 편입했
다. 중국은 거의 자치적인 지역 정치 단
위로 분할되었다. 그러한 자치 체제는
우한, 광저우, 카이펑開封, 타이위안太原

1928년 12월 말 장쉐량은 동북3성의 역치(易
幟)를 선언하고 난징 국민정부로 돌아갔다.
이로써 난징 국민정부는 외견상 중국을 하나
로 통일했다. 사진은 당시의 장쉐량.

이나, 자신이 석방시키려 했던 일본인들에 의해 1928년 6월 4일 살해된 장쭤린의 아들 장쉐량張學良이 있었던 선양瀋陽 등에 존재했다. 쓰촨은 통제 밖에 있었다. 신장은 성스차이盛世才가 장악하고 있었는데, 얼마 동안 소련의 위성국이 되었다. 몽골 지역은 상실했으며, 티베트는 독립 상태로 있었다. 장제스는 사실상 양쯔 강 하류 지역만을 장악했을 뿐이다.

다시 시작된 내전

당시 추정으로 약 200만 정규군의 일부를 고향으로 돌려보내기로 결정한 1929년 봄, 군대 해산을 논의하기 위한 회의가 결렬되자 다양한 구실로 내전이 다시 시작된 것은 그리 놀랄 일이 아니었다. 1929년 4월 이후, 장제스와 장제스에게 우한을 빼앗긴 광시 군벌 사이에 교전이 벌어졌다. 여름이 되자 다시 펑위샹과의 전투가 벌어졌다. 1920년이 되면서 그러한 상황은 한층 더 심각해졌다. 펑위샹은 옌시산과 광시 군벌과 연합했다. 5월에 이르러, 광저우는 쑨원의 아들인 쑨커孫科, 국민당의 노련한 정치가 후

1929년 5월 16일 펑위샹은 장제스에 반대하며 전쟁을 일으켰다. 사진은 장제스 토벌을 준비하는 펑위샹 군대의 모습.

1931년 입법원장이었던 후한민과 장제스 사이에 마찰이 발생, 후한민은 장제스에 의해 감금당했다. 사진은 후한민.

한민, 그리고 왕징웨이 세력으로 분열되었다. 장제스는 어려움에 처했지만, 1931년 9월 18일 만주 지역에 대한 일본의 군사적 개입으로, 이들이 급히 타협할 수밖에 없는 상황이었기 때문에 겨우 난국을 헤쳐나갈 수 있었다.

1932년 5월부터 6월까지 '상하이 전투'가 발발했는데, 이 전쟁으로 1931년의 타협이 연장되었다. 그러나 1933년 11월부터 1934년 1월까지 상하이 전투에서 두각을 나타낸 광둥 군벌들이 자신들의 군대를 후퇴시켰던 푸젠福建에서 반란을 일으켰다. 결국 1936년 6월과 9월 사이에 광둥 성은 다시 분열되었다.

적어도 외견상으로는 1932년부터 35년까지 장제스가 왕징웨이와 권력을 공유해야만 했던 중부 지역의 경우, 장제스는 자신에게 여전히 충성하는 중부 지역 군 병력과 비밀리에 활동한 다양한 정치경찰 덕분에 개인적으로 장악이 가능했던 양쯔 강 하류 지역만을 통치했을 뿐이다. 상황이 그러했기 때문에 장제스는 공산당이 가담한 내전의 확산과 일본군의 침략에 동시에 대처해야 했다.

공산당의 저항

1927년 8월 1일 이후, 공산당이 전개한 내전은 그 후 여러 차례 중단되었지만, 1949년 최후의 승리를 거둘 때까지 지속되었다. 사실상 트로츠키와 한창 권력투쟁을 벌이던 스탈린은 트로츠키의 과오를 입증하기 위해 중국의 상황이 여전히 혁명 상태에 놓여 있으며, 1927년 4~7월의 실패는 천두슈의 '기회주의' 탓이었다는 사실을 입증할 필요가 있었다.

따라서 취추바이瞿秋白를 중심으로 한 새로운 지침이 마련되었다. 공산당은 8월 1일 난창 봉기를 단행했지만, 이내 실패하여 반란 주동자들은 산터우까지 도망쳐야 했으며, 그곳에서 결국 섬멸되었다. 주더朱德 장군을 중심으로 한 핵심 생존자들이 바로 미래 홍군紅軍의 기원이 되었다. 후난 성에서 추수 봉기를 단행했지만, 역시 실패한 잔류 인원들이 9월에 이르러 주더 세력과 결합했다. 그들 가운데 바로 마오쩌둥이 있었다. 이들은 장시江西 성 징강산井岡山으로 피신하여 그곳에서 산적의 무리들과 같이 생활했다. 1927년 12월 11~13일, 공산당은 광둥을 장악하여 임시 소비에트 정부 수립을 선언했지만 대다수가 학살되었다.

1927년 11월부터 1928년 2월에 걸쳐, 펑파이는 하이펑海豊과 루펑陸豊

광둥 기의가 실패한 후, 혁명에 가담한 자들이 대거 학살당했다.

에 테러 활동을 주로 하는 매우 평등한 소비에트를 수립하여 농민운동을 주도했지만 그 결과는 파멸적이었다. 1928년 모스크바에서 열린 중국공산당 제6차 전국대표대회는 그러한 일련의 반란을 '맹목적 모험주의'에서 비롯된 오류로 단정했다. 그러나 이 대회는 볼셰비키 모델에 입각한 도시 프롤레타리아 반란 준비를 구상하는 정책을 끝까지 견지했다. 내전이 발발함에 따라, 장제스는 난징 정부 10년 동안 자신의 군대를 이용하여 여러 공산당 근거지를 무력화하기 위해 노력했다.

국민당의 분열과 축소

이러한 혼란의 와중에, 국민당은 쑨원의 계획에 따라 근대적인 국가를 건립하려는 과정에서 몇 가지 어려움에 봉착했다. 1928년 8월, 장제스는 군정기軍政期에 교육받은 시민들을 입헌정부라는 최고 단계로 이끌어 갈 수 있는 훈정기訓政期로의 전환을 결정했다.

훈정기가 되면 정당은 스스로의 권위를 확립할 수 있으며, 군사 권력을 대신하는 행정 요원을 둘 수 있도록 정당이 도울 수 있다는 것이었다. 그러나 국민당은 그러한 새로운 도전에 대응할 수 없다는 사실이 이내 판명되었다. 공산당원들의 숙청에 뒤이은 국민당 정풍 운동의 효력은 엄중했다. 1926년 36만 2,590명에 달했던 국민당원의 수는 1929년 26만 6,000명으로 감소했다. 5만 8,000명의 대다수 공산당원과 국민당 좌파가 출당되었다. 북벌의 열광 속에서 당에 참여했던 수천 명의 지원자들이 실망과 함께 환상에서 깨어나 국민당을 떠났다. 이처럼 축소된 국민당은 이제 공무원, 경찰, 군사 들만 존재하는 정당이 되어버렸다. 1929년 국민당의 병사 수는 28만 명에 달했는데, 이는 당시 국민당 요원의 51

퍼센트에 해당하는 수치이다. 민간 요원 가운데 21퍼센트가 공무원이었으며, 30퍼센트는 학생, 교수, 그리고 자신의 개인적 경력에만 관심을 둔 지식인들이었다. 기업 종사자들은 약 10퍼센트였는데, 이는 노동조합원과 기업주가 포함된 수치이다. 농민은 10퍼센에 불과했다. 거의 남성으로만 구성된 이 새로운 정당은 도시에 기반을 두고 있었다. 국민당원의 4분의 1은 상하이, 우한, 톈진, 광저우, 난징에 살았다.

여러 당파

국민당은 다소 비밀스러운 여러 파당으로 나뉘어 있었으며, 그러한 파당들 사이에서는 끊임없는 암투가 벌어졌다.

정치과학파가 국민당의 주요한 파벌로 자리 잡고 있었다. 그것은 《대공보大公報》를 통해 당시 국민당 권력과 일정한 거리를 둔, 대도시의 유력자, 정치가, 군인, 기업가, 은행가 들의 모임이었다.

반면에 일부 다른 파벌은 무조건적으로 장제스를 추종하는 사람들로 구성되어 있었다.

황푸파는 장제스 자신이 교장으로 있었던 황푸군관학교 출신 8,000여 명의 장교로 구성된 군인 집단이었다. 그들 가운데 일부는 비밀조직인 남의사藍衣社 요원들이었다. 그들은 무솔리니와 파시즘에 열광한 과도한 민족주의자였으며, 매우 엄격한 훈련을 받아야만 했다. 다이리戴笠가 총책임자였던 군사 비밀경찰과 연계된 그들은 살해와 투옥 위협에 굴하지 않았다. 그들의 수는 약 1만 4,000명 이었다.

그에 못지않았던 것이 천리푸陳立夫와 천궈푸陳果夫 형제의 CC단이었다CC단이란 이 두 형제의 영어 이름이 모두 C로 시작되기 때문에 붙여진 명칭이다. 그들은 고위 행정부의 핵심을 이루고 있었으며, 1930년 무렵 경찰, 당 기구, 관료 조합원들 속에 거의 1만여 명이나 존재했다. 그들은 또 다른 비밀경찰로서 특히 공장과 사람들이 많이 몰리는 지역에서 활동했던 중통中統과 연계되어 있었다.

뼈대만 남은 당

국민당의 이러한 군사화와 관료화를 장제스는 잘 인식하고 있었다. 1937년 장제스는 비장한 어조로 다음과 같이 말했다. "우리 당은 사실상 모든 실질적 수단이 없는 텅 빈 뼈대에 불과하다. 당의 형태는 존재하지만, 당의 정신은 거의 사라져버렸다." 3년 전부터 추진해온 신생활新生活 운동 당시, 그는 그렇게 현실에 대해 각성했다. 장제스는 자신이 규정한 중국의 결점엄격성의 부재, 이기주의, 더러움, 자유분방함과 게으름을 공격함과 동시에, "중국인의 고질적인 병폐를 개선하기" 위해 유교의 네 가지 덕목을 고양시켜, 부패로 타락하고 무기력증으로 마비된 국민당에 활력을 불어넣어야 한다고 제안했다. 이 운동은 이내 흐지부

1934년 2월 장제스가 부인 쑹메이링(宋美齡)과 함께 신생활 운동을 벌이고 있다.

지되었으며, 땅에 침 뱉는 사람들을 비난하는 것이라는 조롱을 받았다. 이는 국민당이 대중을 동원하는 능력이 없다는 것을 보여주었다.

통치 행위를 할 수 없는 행정부

그러한 상황에서 국민당 정부는 자신의 권위를 결코 확고히 할 수 없었다. 실질적인 권력은 장제스의 소규모 동료 그룹이 장악했다. 장제스는 비밀스럽고 마치 마피아 같은 주변 그룹의 지지 덕분에 겨우 자신의 정적들을 압도할 수 있었다2는 1938년에야 당 총재가 되었다. 게다가 행정부의 동원 수단이 매우 취약했다. 국가 수입은 지출 예산의 80퍼센트 정도에 불과했으며, 예산의 40퍼센트는 군사비에, 25퍼센트는 부채 상환에 충당되었다. 어렵게 세금 징수가 이루어졌다. 세수의 거의 절반 정도가 해관 수입에서, 20퍼센트는 차관으로, 그리고 30퍼센트는 여러 잡세에서 나왔다. 따라서 두웨성과 청방의 도움으로 가능했던 사실상의 아편 독점이 상당한 이득을 가져다주었다.

중국의 지도자를 자임한 국민당 정부는 스스로의 야망을 이룰 수 있는 수단을 갖지 못했으며, 이용 가능한 자본의 70퍼센트를 생산 분야에서 전용하여 발행한 국고 채권의 도움으로 근근이 유지되었다.

경제 위기와
국가 자격의 퇴출

뒤늦게 나타난 경제 위기

북미 시장의 와해로 1929년부터 타격을 받기 시작한 사직업絲織業을 제외하면, 중국은 1931년까지 세계적 경제 위기로부터 큰 영향을 받지 않았다. 1929년부터 31년까지 귀금속 시세의 불안정으로 중국 은냥의 구매력이 50퍼센트 이상 하락하는 바람에, 일시적인 경제 호황기도 있었다. 이전 시기 경제적 붐이 일었을 때, 설비를 잘 갖춘 중국의 신생 기업들은 귀금속의 비싼 수입가 덕분에 보호받을 수 있었으며, 사실상 중국 은의 가치가 하락하여 귀금속이 잘 팔렸다.

1932년에 시작된 경제 위기는 36년까지 지속되었다. 1931년 영국 파운드화의 평가절하에 뒤이은 34년 미국 달러의 평가절하로 중국 상품의 수출이 활발하지 못했다. 공화당의 표밭인 로키 산 광산에서 생산된 은가를 높게 책정할 수 있도록 만든 은 매입법Sherman Silver Purchase Act*이 1934년 미국 의회에서 통과되어, 중국 시장에서 은을 사려는 미국인이 쇄도하게 되었다. 그 결과 은 가격이 300퍼센트 이상 올랐다. 1931년에서 35년 사이, 은 수출은 공식적으로 다섯 배 증가했다. 이처럼 은이 등귀하자 디플레가 발생했으며, 이 디플레로 중국의 은 수출이 감소했다.

◆ 은 가격을 높이기 위해 은 생산자의 압력으로 미국 재무부가 은을 매입할 수 있도록 했던 법안.

1931년에서 37년 사이 은 수출은 234만 2,000냥에서 98만 9,000냥으로 하락했다. 달리 방법이 없었던 정부는 손을 놓고 있었다. 지나치게 손해를 입은 은행들은 18~20퍼센트에 달하는 선이자를 떼였다. 산업, 광업, 운송을 발전시키기 위한 1936년 경제개발 5개년 계획을 겨냥하여 군사위원회 소속 국가자산위원회가 만들어진 1935년 당시, 국가는 행정부에 필요한 2억 7,000만 위안 가운데 겨우 3,000만 위안을 거두는 데 그쳤다.

재개된 기업 활동의 취약성

중국 당국은 1934년 마침내 은본위제를 포기했다. 은냥을 없애고 금본위제를 채택했는데, 그것은 이내 지폐法幣의 발행으로 이어졌다. 18개월이 지나자, 총 통화량이 세 배로 증가하여 장래 걱정거리가 되었지만, 단기적으로는 적당한 정도의 인플레 덕분에 경제가 다시 활성화되었다.

1927년에서 37년 사이 산업 현황은 평균 약 6퍼센트가 성장했는데, 이 시기 전기 생산량은 9.4퍼센트, 면직물 생산은 16.5퍼센트, 은행 저축은 15.9퍼센트가 증가했다. 1921년에서 37년 사이 철도는 5,000킬로미터에서 1만 3,000킬로미터로, 어렵게 건설된 도로는 1,000킬로미터에서 12만 킬로미터로 증가했다.

이처럼 경제 발전 효과가 두드러진 이유는, 시작 당시 관련 수치가 지나치게 낮았기 때문이었으며, 그 덕분에 급속한 증가가 가능했다. 근대 기업, 광산, 수송 분야는 1933년 당시 국민총생산의 3.4퍼센트에 불과했던 반면, 전통 산업 분야를 포함한 2차 산업이 국민총생산에서 차지하는 비율은 10퍼센트였다. 다시 말해 근대화를 진척시킬 필요가 있었다. 당시로서는 톈진과 상하이 조계 지역이 몰려 있던 해안을 중심으로 근대화가 진행되었을 뿐이다. 그러한 지역은 외견상 거의 근대화가 되었지만, 근대화를 이룰 수 있는 대다수 요인이 아직은 용이하게 작동하지 않았다.

전체적으로는 그리 괄목할 만한 결과는 아니지만 그렇다고 절망스러운 것도 아닌 이러한 대조적인 경제 상황은 도시 사회 세력 일부에서 비롯된 응집력이나 적대감보다는 그들의 기회주의적인 태도에서 기인했다고 설명할 수 있을 것이다.

기대했던 강력한 국가에 대한 실망감

1923~27년 경제 위기로 중국 부르주아지는 자신을 보호해줄 수 있는 강력한 국가의 필요성을 절감했다. 그런 이유 때문에 그들은 1927년 장제스를 강력히 지지했다. 그러나 승리를 거둔 장제스는 당시 기업인들에게 가혹한 시련을 강요했다. 그는 금전 차입을 강요했으며, 기업인들을 비밀경찰이나 깡패 집단 휘하에 두었다. 더구나 1932~35년의 위기 당시, 국가는 기업을 거의 돕지 않았다. 여러 역사가들코블M. Coble, 베르제르 M.C. Bergère, 소련 학자 멜리케초프Meliketsov 역시 중국 부르주아지가 당시 국민당의 주요한 구성 요소였다는 기존의 설명에 이의를 제기한 바 있다. 그들에 따르면, 국민당은 안정적인 계층의 지지를 받지 못한 채 정치경찰이 상부 구조를 이루고 있던 정당이었다. 국민당 초기 국민당과 부르주아지 사이에 형성된 좋은 관계는 이내 실망감으로 바뀌었으며, 그런 실망감에도 불구하고 그들 사이가 적대적인 관계로 돌아서지는 않았다.

1936년 양자는 단지 애정이 식은 관계로 남아 있었다.

적어도 우한과 상하이 노동자들이 지지한 급진적인 공산당원들과 단절되어 있었던 노동자들은 1925~27년 노동조합에 근거한 행동 방식을 다시 채택했으며, 1927년 후반백색 테러가 한창이었던 시기부터 1931년 사이에 형성되었던 일시적인 경제 호황기를 이용하여 투쟁을 주도했다. 그리고 그들은 투쟁에서 종종 승리했다. 상하이에서는 여러 개의 공식적인 노동조합이 마침내 자리를 잡았다. 분명 1932년 이후부터는 노동자와 국민당 사이에 형성된 신뢰 관계가 서서히 무너졌던 반면, 깡패 집단과 마피아 같은 부류들이 정치경찰과 CC단 출신의 조합원들의 도움을 받아 그러한 노동조합을 통제했다. 그러나 노동자들은 국민당을 더 이상 지지하지 않더라도 그러한 상황에 순응해야만 했다.

도시에서의 국민당은 비밀결사 조직, 지역의 유력자, 각 단체, 동업자 조합, 그리고 각 지역의 여러 친목 단체와 점점 더 밀착되어갔다. 그러한 현상이야말로 개혁 계획의 약화와 과거와 전통으로의 회귀를 뜻했다. 농촌의 상황은 더욱 나빴다.

농업 위기의 악화

중국인의 대다수는 여전히 농민이었다. 중국인의 5분의 4가 농촌에서 살았지만, 그들의 생산량은 국가 수입의 65퍼센트에 불과했다. 농민 수입의 절반은 농업에서 나왔으며, 그 나머지 수입은 농촌 수공업, 행상, 도시에서의 계절 노동 수입에서 비롯되었다.

18세기 말엽 이후 농촌 세계는 위기에 처해 있었다. 영국의 경제학자 토니R. H. Tawney는 중국 농민을 망망대해에서 잔물결만 일어도 어쩔 줄

몰라 하며 빠져 죽을 수도 있는 사람으로 비유한 바 있다. 태평천국의 난으로 발생한 대규모 학살에 뒤이은 인구의 재증가와 좀 더 늦은 시기 만주 지역에 대한 개발이 완료된 이후, 토지에 대한 집착은 사실상 일상적인 것이 되었다. 소규모 경작지남쪽의 경우 평균 1 헥타르, 북쪽 지역은 2 헥타르가 전통적인 방식으로 경작되었다. 집약적인 노동에도 불구하고 생산성은 낮았다. 무엇보다 농민들은 입에 풀칠하기도 어려웠으며, 농촌의 사망률은 30퍼센트에 달했다. 중국은 1930~35년 200만 톤의 곡물을 수입했다. 농업 위기는 더 악화되었다. 농업 위기는 1931~36년 최고조에 달했다.

　1930년대 농촌의 상황은 그러한 위기와 분명 관계가 있었다. 광물이 미국으로 유출되었기 때문에, 은 가격이 등귀하여 고리대가 약 40퍼센트월 3퍼센트 로 상승했다. 동시에 농산품의 시장 가격 역시 농업 위기에서 기인한 디플레로 하락했다. 뤼시앵 비앙코가 지적한 것처럼, 당시 사람들은 '경작지와 화폐 사이에서 비극적인 투쟁을 벌여야 했으며, 그러한 투쟁은 (1929년과 1934년의) 가뭄, 그리고 (1931년과 1935년의) 양쯔 강과 (1935년의) 황허의 끔찍한 홍수 때문에 더욱 격화되었다. 자연재해는 더 이상 여유 곡물이 남아 있지 않은 여러 마을에서 그대로 기근으로 이어졌다.

불평등과 불의의 중압감

그처럼 여유 곡물이 없었다는 사실은 당시 농촌 세계의 구조를 통해 설명될 수 있다. 토지 소유는 매우 불평등했다. 11퍼센트의 농촌 가구가 49.40퍼센트의 토지를 소유한 반면, 주민의 89퍼센트가 그 나머지 땅을 소유하고 있었다. 부자라고 해도 엄청난 부를 소유했던 것은 아니지만대체로 그들은 4헥타르 내지 5헥타르를 소유했다. 그들은 총 수확량의 평균 44퍼센트를 현금이나 현물로 미리 받았다. 그들은 자신의 잉여 농산물을 시장에 팔았으며, 경제 외적인 권력을 남용하기도 했다. 그들은 마오쩌둥이 자신의 유명한 《후난농민운동시찰보고서湖南農民運動視察報告書》에서 비판한 토호열신土豪劣紳이었다. 그들은 관청과의 중개인 역할과 지역 공동체의 수호자 역할이라는 자신들의 권한을 남용했다.

그러나 농민들을 참을 수 없게 만들었던 것은 조세제도였다. 완전히 자의적이었던 조세제도에는 지세地稅, 과다하지 않은 경우 수입의 5~10퍼센트 외에도 여러 비용, 부가세, 그리고 부역이 있었다. 전체적으로 조세 부담은 농민 수입의 4분의 1 내지 3분의 1을 차지했다. 가혹하게 제압당하긴 했지만 산발적인 반란이 일어난 것은 그러한 이유 때문이었으며, 허난 성의 홍창회나 양쯔 강 주변 지역의 가로회哥老會 같은 비밀결사와 연계된 지역 의용군이 종종 그러한 반란을 제압했다.

국가의 무능력

권력을 장악한 말기 이후, 국민당은 팔짱을 낀 채 그러한 상황을 방관했다. 1930년 국민당은 소작료를 수확의 37.5퍼센트로 제한하는 농지법을 통과시켰다. 이 수치는 현실적인 것이었다. 왜냐하면 당시 관행이었던 평균 소작료보다 10퍼센트 내지 15퍼센트 낮았기 때문이다. 그러나 그 법은 실행되지 못했다. 무엇보다 농촌에 뿌리내리지 못했기 때문인데, 농촌에서 국민당을 지지한 촌장들은 극히 일부에 지나지 않았다. 장제스는 사실상 사회문제는 잠시 제쳐두었다. 최우선 과제는 중국의 통일이었다. 그는 농촌의 구조를 변화시키지 않은 채, 농촌 유력자들에게 거대한

모범 농촌 딩현

딩현은 허베이 성 평원의 바오딩과 스자좡(石家莊) 철로 연변에 위치해 있다. 1893년 기독교 가정에서 태어난 옌양추는 YMCA 서기가 되었다. 예일 대학에서 학위를 받은 그는 제1차 세계대전 당시 프랑스에 주둔했던 영국군 부대 노동자로 차출된 중국인들에게 행한 교수법으로 유명해졌다. 실제로 그는 천자문 교수법에 관한 책을 썼다. 이후 그는 농촌으로 눈을 돌려, 그곳에서 무지, 가난, 질병 그리고 사회 통합을 위해 노력했다. 그의 농촌 개혁 계획은 1929년 딩현에서 실행되었다. 현장을 둘러보기 위한 시찰단이 1930년대부터 몰려들기 시작했으며, 장제스는 딩현의 모든 계획이 삼민주의와 정확히 일치한다는 사실을 분명히 했다. 1930~33년 사람들은 딩현에서 다양한 토론회를 개최했는데, 주제는 주로 농촌 재건에서 교회의 역할에 관한 것이었다. 한편 이러한 활동은 국민당이 1934년 이후 장시성 공산당 섬멸 작전의 일환으로 이것과 유사한 매우 작은 규모의 활동을 전개함에 따라 그 위험성이 드러나기도 했다.

농촌 세계를 맡겨놓은 셈이었다.

그럼으로써 국민당은 거대한 사회적 공간을 공백으로 방치했다. 국민당은 실질적 효과가 없는 몇몇 전시 행정을 내놓는 데 그쳤다. 따라서 1934년 공산당을 섬멸한 후 장시 성 농촌 재건 문제를 다룰 당시 여러 의견이 개진되었다. 장시 성에서는 YMCA의 열렬한 옹호자들이 매우 활발하게 활동했지만, 사실상 YMCA 옹호자들의 토지는 공산당이 그 토지를 몰수했던 대토지 소유자들에게 되돌아갔다. 장제스는 역시 산둥 성의 두 개 현에서 량수밍이 펼친 노력과 허베이 성 딩현定縣에서의 옌양추晏陽初의 노력을 따랐다. 그들의 노력이란 거대한 농촌에서 삶의 방향을 잃은 수천 명과 관련된 것이었다. 다른 한편, 농산물 가격의 상승과 양호한 기후 조건으로 생산량이 다시 증가하여 1936년 상황이 호전되자, 농업 위기는 자연적으로 해소될 수 있다는 잘못된 생각이 자리 잡게 되었다.

3

공산당의 오류

공산당의 명백한 파멸

소련에 의해 중국공산당의 우두머리에 임명된 리리싼李立三은 도시 혁명을 다시 시도할 수 있다고 생각했다. 그는 그러한 생각을 구체화하기 위해 1930년 7월 창사에서 반란을 일으켰지만 실패했다. 이처럼 또다시 실패를 겪은 이유 가운데 하나는 '국제공산당주의자'라고 불렸던 왕밍王明, 천사오위陳紹禹의 무력한 정통 공산주의 노선 때문이었으며, 그러한 좌절 이후 상하이의 공산당 근거지는 무력화되었다. 마오쩌둥은 그들 왕밍 세력을 '28인의 볼셰비키'라고 비꼬아 불렀다.

1929년 11월 15일 천두슈가 탈당한 이래, 당원들의 탈당과 축출이 증가했다. 자멸적인 공산당 노선을 거부한 채, 독립적 형태의 당을 조직하려 한 상하이의 '홍군' 노동자 연합과 연계된 지도자들을 1931년 2월 7일 난징 정부가 처형한 것과 같은 여러 극적인 사건이 빈번히 발생했다. 중국공산당중앙위원회는 1933년 1월 더 이상 유지하기 어려웠던 상하이를 포기하고 장시 소비에트로 향했다. 이로써 노동자들의 기반 지역이 상실되었다.

재점령 기지: 장시 소비에트

1927년 여름부터 시도해온 공산당 주도의 여러 반란으로 소규모 혁명

기지의 수립이 가능해졌으며, 그러한 혁명 기지가 1931년 11월 7일 중국 장시 성 중화소비에트공화국으로 재편되었다. 마오쩌둥이 소비에트의 우두머리였다.

그러한 기지 가운데 가장 중요한 곳이 장시 성이었다. 두 번째는 허베이, 허난, 안후이安徽 교계交界의 산악 지역인 어위완鄂豫皖, 후베이, 허난, 안후이 지역으로서, 중국공산당 창립자 가운데 한 사람인 장궈타오가 지휘했다. 이러한 공산당 소비에트에 형성된 홍군에는 20만 명의 병사와 15만 명의 공산당원이 있었다. 소비에트 지역에서 중국공산당은 처음에는 급진적인 농업 개혁을 진행했지만, 농민들이 종종 그러한 정책에 대해 경계심을 품었기 때문에 나중에는 좀 더 온건한 정책을 시행했다.

1930년 겨울과 1933년 3월 사이에 국민당 군이 전개한 네 번의 소비에트 무력화 시도는 실패했다. 마오쩌둥은 국민당 군을 무찌르는 데 성공했다. 역시 완벽할 정도로 경험이 많았던 린뱌오林彪 장군과 더불어 근대

1933년 국민당의 4차 공산당 토벌작전이 벌어지던 중의 중국공산당 지도부. 왼쪽부터 예젠잉(葉劍英), 양상쿤(楊尚昆), 펑더화이, 류보청, 장춘칭(張純靑), 리커농(李克農), 저우언라이, 덩다이위안(滕代遠), 위안궈핑(袁國平).

게릴라전의 이론가이자 실천가인 마오쩌둥은 유동적이며, 결연하게 행동하는 군대를 창설하여 졸지에 적을 공격하거나, 군사력이 우세한 적들과 대항하기 위해 일정 지역을 포기하기도 했다. 그러한 전략은 중무장한 국민당 군과 맞서는 데 놀랄 만한 효과가 있었다. 그 덕분에 몇몇 중요 지역에 홍군 기지를 설립할 수 있었으며, 소비에트 지역의 인구도 200만에서 500만 명으로 증가했다.

그러나 그러한 기반 지역은 군사적 보호가 필요했다. 농민들은 자신들이 적의 반격에 드러나지 않도록 해달라고 요구했다. '지역에 기반을 둔 소비에트 지구'를 '유동적인 소비에트'로 대체해야 했다. 1932년 8월에 개최된 닝두寧都 회의에서 마오쩌둥은 저우언라이, 국제공산당파, 그리고 펑더화이彭德懷와 류보청劉伯承에게 굴복했다.

대장정

이후 전선을 형성한 홍군은 소규모로 저항했지만, 더 이상은 불가능했다. 70만 병력과 비행기를 동원한 1934년 국민당 군의 다섯 번째 토벌작전으로 소비에트 지역은 초토화되었다. 국민당

대장정의 여정

홍군의 여정은 현재 근대화된 지역을 대표하는 해안 지역인 톈진, 상하이, 광저우를 잇는 선과 정반대되는 활 모양으로 중국 내륙을 지나는 것이었다. 프랑스의 중국학자 이브 셰브리에(Y. Chevrier)의 표현에 따르면, 그리하여 대장정은 '중국공산당의 농촌 이동'을 구상했던 것이다. 공산당은 중국의 오지이자, 중국의 전형적인 생활 방식을 유지하고 있었던 전통적인 중국 속으로 파고들었다. 장정을 통해 공산당은 전투원들이 이룩한 혁혁한 무공이 만들어낸 전설을 갖게 되었다. 포화 속에서 끊어진 루딩차오(瀘定橋)를 건넜으며, 해발 4,000미터가 넘는 설산(雪山)의 협로를 통과하고, 칭하이(靑海)의 위험한 습지대를 며칠에 걸쳐 통과했다. 생존자들은 장차 닥칠 정치투쟁에서 결정적인 역할을 할 마오쩌둥을 중심으로 똘똘 뭉치게 되었다. 도시에 은닉하거나 모스크바로 망명한 왕밍과 국제공산당파는 그러한 영웅적인 모습의 월계관을 쓸 수 없었다.

1935년 1월 15일 쭌이 회의가 열렸던 장소. 이 회의를 계기로 마오쩌둥이 공산당 지도자로 급부상한다.

군의 공격으로 공산당은 그해 가을 장시 지역을 포기할 수밖에 없었다. 무엇보다 대장정은 도주이자 궤멸이었으며, 결국 비극으로 끝나고 말았다. 출발 당시 10만 명이었던 병력은 12만 킬로미터를 걸어 1년 후 북중국 소비에트에 도착했을 당시, 겨우 7,000여 명에 불과했다.

한편 대장정은 중요한 정치적 전환점이기도 했다. 대장정의 여정이 반쯤 지났을 때인 1935년 1월 구이저우 성 쭌이遵義에서 드디어 마오쩌둥은 중국공산당의 1인자가 되었다. 그는 장시 성의 패배가 전적으로 자신의 책임이라고 생각했기 때문에 승리할 수 있었다. 무엇보다 그가 창안한 기동성을 위주로 하는 공산주의는 부득이 새로운 거론 대상이 되었다.

어위완 지구에서 출발한 또 다른 홍군이 몇 달 뒤인 1935년 여름 마오얼가이毛兒蓋에서 마오쩌둥 부대와 합세했다. 이 장궈타오 군대는 마오쩌둥이 이끈 부대보다 어려움을 훨씬 적게 겪었으며, 병력도 네 배가 더 많았다. 이처럼 불투명한 상황에서 공산당은 분열했다. 소수는 마오쩌둥

1935년 5월 25일 다두허 변에 도착한 홍군은 29일 루딩차오를 탈환하는 데 성공했다. 사진은 다두허 상의 루딩차오 철교.

을 따라 1935년 10월 산시陝西 성 북부에 도착했다. 장궈타오는 대다수 병력을 이끌고 다소 의외의 행군로를 택해 티베트 변방 지역으로 이동했다. 그곳에서 장궈타오 병력은 살아남기 어려웠기 때문에, 분명 소련과 가까운 지역으로 가기 위에 다시 북서 방향으로 행군로를 바꿨다. 결국 그는 그곳에서 크나큰 불운을 만났다. 그의 군대는 간쑤甘肅 성 골짜기에서 당시 무슬림 군벌이었던 마부팡馬步芳의 기병에게 패배했다. 장궈타오는 패배자가 되어 옌안延安에 도착했다. 이제 마오쩌둥에게는 정치적 경쟁자가 없었다.

공산당 수뇌가 된 마오쩌둥

중국공산당은 당 지도자, 당 기구, 그리고 당의 군대를 유지하게 되었으며, 대장정의 모험 덕분에 그 효과가 대단했던 전설을 얻었다. 향후 1~2년 동안, 비록 왕밍이 공산당은 여전히 자신의 휘하에 있다고 주장했지만, 모든 상황을 미루어볼 때 지도자는

《중국의 붉은 별》의 저자 에드가 스노가 찍은 마오쩌둥의 사진.

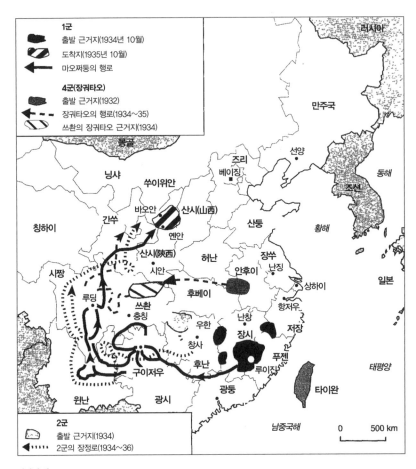

대장정 행로.

당연히 마오쩌둥이었다. 이제 마오쩌둥은 자신이 마오쩌둥주의자*임을
분명히 했으며, 자신의 경험을 이론화하기 시작했다. 그는 노동조합 운
동에 가담하고 있는 노동자와 거의 정치화되지 않은 노동자들의 세계를
무시할 수 없으며, 반면 농민 계층은 상당한 혁명 잠재력을 숨기고 있다

◆ 도시 대신 농촌 위주의 혁명 전략을 중시하고, 유격전을 중요한 군사 전략으로 삼는 것.

는 사실을 알게 되었다. 강력한 무장을 통해 농민들에게 신뢰를 줄 수 있는 홍군을 소유하는 것이 매우 중요한 일이라는 점도 알게 되었다. 무엇보다 그는 장차 미래가 없을지도 모를 자신의 모험주의에 국민적 정통성을 부여하기 위해, 옌안과 매우 가까운 쑤이위안綏遠까지 쳐들어온 일본군과의 투쟁에 나서기로 했다.

일본의 침략

뤼순에 주둔해 있던 1만 900여 명의 강력한 관동군은 오래전부터 중국의 통일을 방해하기 위해 고심하고 있었다.

팽창주의자의 계획: 만주 정복

1930~31년 일본을 강타한 경제 위기로 실업자가 증가하자, 일본은 1931년 12월 엔화를 40퍼센트 절하할 수밖에 없었다. 이러한 상황 때문에 일본에서는 자국의 산업 발전에 도움을 줄 수 있는 광산물과 농산물이 풍부한 만주 지역을 식민지로 삼아야 한다는 생각이 다시 등장했다. 무엇보다 전시 정책은 기꺼이 입대 준비가 되어 있었던 농민들을 기쁘게 했

으며, 곤경에 빠져 있던 철강 업계에 탈출구를 제공해주었다.

이와 같은 상황이 현실적으로 일본을 팽창주의로 몰고 갔다. 이제 9만 4,000명으로 늘어난 관동군은 이후 일본 정부와 천황 히로히토의 지지를

1934년 3월 1일 푸이는 만주국 황제가 되었다. 사진은 만주국 황제 복을 입은 푸이의 모습.

받았다. 1931년 9월 18일 일본은 무계획적인 도발로 만주 지역에 개입할 수 있게 되었다. 일본은 큰 어려움 없이 만주 지역을 점령했으며, 1934년 3월 1일 만주국이 세워져 정통성이 없는 푸이가 만주국 황제가 되었다. 이에 앞서 일본 해군은 1932년 1월 28일 상하이를 공격했으며, 중국은 5월 5일 격렬하게 저항했지만 후퇴할 수밖에 없었다. 이후 일본은 다양한 구실로 북중국을 조금씩 침탈했다.

중국 정부의 수동적 자세

중국 당국은 일본군에게 전혀 대항하지 않았다. 장제스는 자신의 군대로는 일본군에게 심각한 타격을 줄 수 없다는 것을 알고 있었다. 그는 당시 전시 상황에 대한 믿음이 있었다. 공상당의 대장정을 이용해 오히려 군대를 여러 성의 홍군 배후 지역에 배치할 수 있지 않을까? 1989년에는 3개 성에 불과했지만 현재는 18개 성을 관할하고 있지 않은가?

한편 장제스의 전략은 공산당을 일소하여 "먼저 중국 내부를 안정시키고", "이후 일본군에 저항하는 것"이었다. 따라서 1933년 5월 탕구塘沽 정전협정을 통해 베이징과 톈진 사이 허베이 성의 드넓은 지역에 대한 무장해제를 단행했다. 일본은 그 지역에 마약 밀매망을 만들고, 동중국 자치를 위한 여러 운동을 지원했다. 몽골 지역에서도 동일한 상황을 확인할 수 있는데, 그곳에서 일본은 자칭 칭기즈 칸의 후예라는 덕왕공德王公을 조종했다.

항일을 위한 두 번째 국공합작

정부의 이러한 수동적 자세에 중국인들의 여론이 들끓었다. 반일 보이콧이 연이어 발생했다. 1935년 12월 9일과 16일, 수천 명의 학생들이 베이징 지역에서의 일본의 침탈에 저항하는 시위를 벌였다. 그러한 학생들의 움직임은 상하이와 난징에 커다란 반향을 불러일으켰다. 상하이에서는 일곱 명의 지식인이 일치단결한다는 내용을 급작스럽게 발표했다. 곧 체포되었지만 그들은 '칠군자七君子'라는 명칭으로 유명해졌고, 구국운동이 여러 곳에서 확산되었다.

한편 공산당은 당시까지 일단 장제스를 무너뜨리고 난 뒤 일본에 저항해야 한다고 생각했기 때문에 국민당의 정책과 완전히 일치하는 정책을 따랐지만, 1935년 제7차 국제공산당회의의 영향을 받아 노선을 변경했다. 세계 여러 나라의 공산당은 각 나라의 '부르주아' 정당과 연합하여 모든 형태의 파시즘과 싸워야 한다는 것이 제7차 국제공산당회의의 결정이었다. 중국의 경우 이 결정은 국민당과의 연합을 의미하는 것이었다. 양당의 첫 번째 만남은 소득 없이 끝났다. 사실상 장제스는 수 개월 내에 대장정에서 살아남은 무리들을 없앨 수 있다고 확신했다. 바로 그런 이유 때문에 1936년 12월 4일 비행기로 시안에 도착한 장제스는 당시 만주에서 쫓겨나 자신의 병력과 함께 시안에 머물고 있던 장쉐량에게 6차 공

1936년 12월 7일 장제스(왼쪽)와 장쉐량. 이로부터 얼마 뒤인 12일에 장쉐량은 시안 사변을 일으켜 장제스를 체포한다.

——20세기 중국사

산당 토벌 계획에 참여하여 그 일대 공산당을 공격해줄 것을 요청했다.

그러나 1936년 12월 12일 장제스를 조국의 배반자로 생각한 젊은 장교들이 그를 체포했다. 2주 동안의 혼란스러운 협상이 지속되었으며, 그 사이 스탈린은 중국공산당에 압력을 가했다. 소련 당국은 중국 혁명에 전혀 관심이 없었지만, 일본을 경계하기 위한 꽤 강력한 존재로서 중국을 파악하고 있었으며, 그러한 역할에 장제스가 가장 적임자라고 판단했다. 1936년 12월 24일 석방된 장제스는 자신이 저지른 일을 후회하는 장쉐량을 대동하고 난징으로 돌아와 그를 투옥시켰다. 장제스는 수많은 군중으로부터 대대적인 환영을 받았다. 장제스의 석방을 환영하기 위한 여러 집회가 개최되었다. 공산당에 대한 군사 작전은 중단되었는데, 그것은 시안사건의 중재 결과였다.

항일전을 위한 양당의 두 번째 합작을 이루기 위한 조심스럽고도 구체적인 협력이 마련되었다. 하지만 그것은 1924~27년 시기로의 회귀를 뜻하지는 않았다. 이제 공산당은 병력은 물론 관할 지역을 갖고 있었기 때문이었다.

일본의 오만함은 중국의 저항에 직면하게 되었다. 1937년 7월 7일 베이징 부근 루거우차오蘆溝橋에서 작전 중인 중국군과 일본군 사이에 무력 충돌이 일어났다. 7월 28일 전투는 북중국 전체로 확산되었다. 8월 9일에는 상하이가 화염에 휩싸였다. 8월 15에는 난징이 폭격을 당했다. 9월 5일 일본 해군은 중국 해안을 봉쇄했다. 중일전쟁이 시작된 것이다.

6장

무력 항쟁

1937~1949

1937년부터 49년까지, 중국 전역에서 거의 지속적으로 전투가 전개되었다. 그러한 전투는 일본군의 침략 때문이기도 했으며, 다른 한편으로는 일본의 위협이 절정에 달했을 때는 일시적으로 중단되었지만 1942년 이후부터는 산발적으로 다시 전개된 내전 때문에 일어나기도 했는데, 1946년 이후 공산당 정권에 의한 군사적 정복이 이루어진 1949년까지는 전면전의 양상을 띠었다. 공산당이 그처럼 승리할 수 있었던 데는 일본군의 침략이 도화선이 되었다. 외국의 침략에 중국이 짓밟힌 만큼, 전쟁을 통해 1936~37년 장제스가 구축한 국민당의 권위는 땅에 떨어졌으며, 공산당은 국민당의 경쟁자, 뒤이어 국민당에 대한 승리자가 되었다.

국민당의 실패한 전쟁
(1937~45)

기동전(1937~38)

일본군은 수적으로 결코 우세하지 않았다. 일본군은 25개 사단과 25개의 독립 여단 규모에 병력은 최대 80만여 명이었던 반면, 중국은 360개 사단에 200~300만의 병력을 갖고 있었다. 그러나 일본군은 경장갑차를 지닌 기동화 부대였으며, 전술적 측면을 포함한 지휘 체계가 잘 갖춰져 있었을 뿐 아니라, 미쓰비시에서 만든 전투기와 폭격기를 보유했기 때문에 제공권에서 월등했다. 중국 병사들의 전투 정신에도 불구하고, 장비를 제대로 갖추지 못한 거대한 보병부대 운용 능력 부족으로 중국군은 신속한 이동이 가능했던 북중국 평원에서 급속히 무너져버렸다.

베이징을 함락한 이후, 1937년 7월 29일부터 일본군은 철로를 따라 진격했다. 10월 16일 바오터우包頭가 함락되어 베이징과 쑤이위안을 잇는 방어선을 일본에 내주었으며, 중국 쪽 몽골 지방에 군사력이 들어오기 시작했다. 그러나 중요한 결과는 다른 곳에서 발생했다. 일본군 희생자보다 여섯 배나 많은 27만 명전투에 참여한 전체 병력의 약 60퍼센트의 생명을 앗아간 어려운 전투 이후, 8월 13일 공격을 받은 상하이가 함락되었다. 일본군은 중국 방어선을 우회하기 위해 두 차례에 걸쳐 상륙작전을 전개했다. 생존자들은 지리멸렬하게 후퇴했다.

1937년 12월 13일 난징이 함락되었다. 그곳에서 일본군은 약 6주 동안

1937년 11월 12일 상하이에 입성하는 일본군.

강간2만여 명과 살육10만에서 12만 명 정도였으며, 그 가운데 3만여 명은 민간인이었다을 자행했다. 일본군은 징병 대상에 해당되는 나이의 모든 남자들을 체포하여 계획적으로 살해했다. 오늘날까지 중일 관계에 부담으로 작용하고 있는 이 끔찍한 전쟁 범죄는 이 전쟁이 지닌 잔인한 이미지를 보여 준다. 당시 난징에서는 무차별 폭격, 방화, 비무장 민간인 살해가 일상적이었다.

텐진과 난징을 축으로 하는 전선에서는 위 지역보다 일본군에 대한 저항이 잘 이루어져, 1938년 2월에는 국민당 군이 타이얼좡台兒莊에서 승리를 거두기

전략적 의도로 만들어낸 홍수?

1938년 6월 9일 국민당 군의 비행기가 카이펑 부근 황허 제방을 폭격하여 허난 동부와 장쑤 북부 일대의 520만 헥타르가 물에 잠겼다. 400만 명의 농민이 피신해야 했으며, 89만 3,300명이 익사했다. 이 홍수로 생존자들은 재난 때마다 볼 수 있는 기근을 겪어야만 했다. 일본군의 무한 진격이 몇 달 늦춰졌지만, 그 때문에 치른 인민들의 희생은 끔찍한 것이었다. 1944년 공산당이 재난 지역을 그들의 가장 견고한 근거지 가운데 하나로 만들었음을 주목해야 할 것이다.

도 했지만, 그 승리를 적절하게 이용하지 못해 상하이-난징 전투의 악몽에서 벗어나는 데는 효과가 없었다.

더 이상 물러설 곳이 없었던 중국군은 1938년 황허 제방을 폭파했다. 이후 황허는 남쪽으로 흐르게 되어 새롭게 수도가 된 우한을 방어할 수 있었지만, 10월 21일 광저우의 장악과 우한에 대한 일본군의 집요한 공격 때문에 10월 28일 중국군은 우한에서 철수해야 했다. 국민당은 수차례에 걸친 공중 폭격1939년 5월부터 1945년 6월 사이 268회의 공습이 있었다이 있은 뒤, 곧 쓰촨의 충칭으로 옮겨 가 전선은 교착 상태에 들어갔다.

전쟁의 결과

국민당 군은 정예부대와 잘 훈련된 젊은 장교의 5분의 2를 잃었다. 노동자와 기술자들이 상하이 공장의 일부 시설을 충칭까지 직접 운반한 놀랄 만한 후퇴작전에도 불구하고, 잠재력을 지닌 대부분의 산업 시설이 일본인들에게 넘어갔다. 자발적인 의용군대가 일본군 전선 배후에서 창설되었다. 북동 지역, 중국 북부와 상하이의 대학생 수천 명이 침략자를 피해 쿤밍昆明에 안착했다. 애국주의와 중국인들의 단호한 결심은 침략자를 놀라게 했다. 이후 일본은 중국인 협력 단체를 만들고자 했으며, 그러한 단체는 일본인의 지령에 따라 움직였지만, 단순한 앞잡이 노릇을 하지는 않았다. 한편 공산당은 산시山西 성을 가로지르며 부수적인 공격만을 지원하고 있었는데, 그러한 전투에서 린뱌오는 여단 규모의 병력으로 핑싱관平型關에서 승리를 거두었다. 1937년 9월에 거둔 이 소규모 승리가 중국군 최초의 승리였다. 널리 선전된 이 승리 덕분에 수많은 재앙에 충격을 받은 애국 국민들은 공산당에 관심을 갖게 되었다. 다시 말해 일본은 결코 무적이 아니라는 것이었다.

세 지역으로 구분된 1938년의 중국

1938년 말엽, 중국은 세 지역으로 나뉘었다. 즉 일본군 점령 지역, 국민당 지역, 그리고 공산당 지역이다.

이전 안푸安福 군벌의 우두머리들은 북벌에 저항하기 위해 1937년 12월 북중국에 친일 정권을 세웠다. 장제스에게 적대적이었으며 쑨원이 귀중하게 생각했던 범아시아주의를 추종한 국민당 일탈자들이 1938년 3월 난징에 또 하나의 친일 정권을 수립했지만, 그 영향력은 양쯔 강 하류 지역을 벗어나지 못했다. 그들은 스스로를 '순수' 국민당이라 불렀으며 지도자는 왕징웨이였다.

장제스와 국민당원들은 충칭으로 피신했으며, 그 영향 범위를 서부 중국으로 확대했다153쪽 지도 참조.

제2차 국공합작 이후, 옌안 지역은 '변방'이 되었다. 국민당 군은 홍군을 팔로군八路軍이라 불렀으며, 안후이와 양쯔 강 하류 지역에서 살아남은 여러 게릴라 집단을 통칭하여 신사군新四軍이라 불렀다.

중국공산당 신사군의 모습.

국민당 지역의 어리석은 전쟁(1939~44)

장제스가 충칭으로 후퇴하자 국민당의 보수주의가 또다시 강화되었다. 몇 개의 면방직 공장이 들어서 있던 쓰촨은 특히 외부와 단절된 지역이었다. 증기선의 보급이 확대되었지만, 양쯔 강의 협곡은 여전히 위험했으며, 철도가 없었다.

이 지역은 다른 지역보다 좀 더 오랫동안 군벌이 장악하고 있었다. 이 지역 부의 근원 가운데 하나였던 양귀비 재배는 가로회도 포함된 이 지역 비밀결사와 유착 관계를 유지한, 전통적 성향이 매우 강한 지역 유력자들이 독차지했다. 이러한 봉건주의와 더불어 부정부패가 모든 발전을 가로막았다.

부정부패 요소 가운데 하나는 화폐 상황이었다. 사실상 지폐는 지폐를 보증해주는 귀금속 보유 한도를 훨씬 초과하여 발행되었다. 1936~37년부터 시작된 인플레 초기에는 경제를 다시 활성화시켰다. 그러나 1939~40년부터 상황이 반전되었다. 즉 화폐가 지나치게 많아지자, 거의 발달하지 못한 경제가 질식했던 것이다. 반면 미국 달러와 위안화 사이의 환율은 지나치게 평가절하된 달러를 용이하게 공급받을 수 있는 사람들에게 최고의 투기 대상이었다오른쪽 표 참조. 그러한 사람들은 특히 쿵샹시孔祥熙, 쑹쯔원宋子文, 쑹메이링 같은 은행가들이었다.

이 은밀한 권력 조직 주변에는 항상 음모의 기운이 감돌았다. 쓰촨 성의 생활은 어려웠다. 1937년 말부터 1943년 말까지 물가는 138배가 오른 반면, 봉급은 겨우 31배가 올랐을 뿐이었다. 상당 수 사람들이 생계를 유지하기 위해 두세 개의 직업을 가졌다. 오랫동안 농민들의 상황은 그리 어렵지 않았지만, 1943년부터 급격히 나빠지기 시작했다.

달러 투기 기준율		
연도	물가지수	교환율: 1달러 = (위안)
1937	100	3
1938	176	6.5
1939	323	16
1940	724	20
1941	1,980	30
1942	6,620	50
1943	22,800	98
1944	75,500	680
1945	249,100	3,250

　비점령 지역으로 피신한 원이둬閩―多, 궈모뤄郭沫若, 량수밍 같은 몇몇 지식인들은 이러한 엄청난 음모와 부정부패를 고발했으며, 그것을 계기로 민주당을 창당했다.

　농민들은 조세에 짓눌려 있었으며, 젊은이들은 징병에 시달렸다. 조세는 '정상적인 경우' 수확량의 8퍼센트 정도만을 거둬들였지만, 실제로는 다양한 종류의 부가세그중 3분의 1은 마을 수장의 주머니로 들어갔다, 의무적인 현물 납세, 해당 현물의 자가 수송비 등을 포함함 다양한 종류의 착취로 수확의 3분의 1 내지 2분의 1을 세금으로 냈다. 여기에 더하여 돈을 지불하지 않는 부역이 있었다. 예를 들어 1944년 버마로 통하는 도로 건설에 10만 명의 농민이 징용되었으며, 1943년 광시의 미군 비행장 건설에 50만 명이 동원되었다.

중국 군대의 취약성

중국 군대의 인명 손실은 엄청났다. 약 400만 명의 인명 손실이 있었으며, 그 가운데 132만 명이 전사했다(일본군 전사자는 48만 3,000명이었다). 나머지는 병사했다(군의관은 2,000명에 불과했다). 탈주병의 수도 기록적이었다. 800만 명의 병사들이 행군 도중 사라져버렸다. 수적으로 거대한 중국 군인들의 수준은 높지 않았으며, 장제스는 그 사실을 잘 알고 있었다. 전쟁 기간 동안 1400만에서 1600만 명이 갑작스럽게 징병되었다. 미국의 위드마이어(Wedemeyer) 장군은 장제스에게 보낸 편지에 당시 주민들의 공통적인 생각을 다음과 같이 적었다. "중국 농민들에게 징병이란 1년에 두 차례 정기적으로 행해진다는 점을 빼면 가뭄이나 홍수에 비견할 만한 재앙이자, 그 피해도 더 큰 것이지요."

1942~43년 허난에 심각한 가뭄이 들었을 때, 충칭에서 보낸 구호물자를 일선에 있는 국민당 장군들이 착복했다. 이 가뭄으로 당시 200만에서 300만 명의 농민이 사망했다. 이듬해, 가뭄에서 살아남은 농민들은 패주하는 국민당 병사들을 학살했으며, 승리한 일본군이 몇 주 동안 환영을 받았다. 농민들의 애국주의가 항상 무조건적인 것은 아니었다.

충칭과 난징의 관계는 그리 명확하지 않았다. 서로 적대적이었던 두 정부의 접촉은 비밀경찰 사이에서만 이루어졌다. 1941년 12월 6일과 7일, 진주만 기습을 본 장제스는 일본은 결코 전쟁에서 승리할 수 없을 것이라 생각했으며, 그 전쟁에서 자신의 병력 상실을 크게 걱정하지 않았다. 반대로 그는 자신의 정예부대 40만을 이용하여 공산당 지역을 봉쇄했는데, 어려운 시기에 공산당이 일본군과 대적해주기를 원했던 미국은 이에 대해 크게 분노했다. 이미 1941년 1월 국민당 군대는 자신의 지역을 벗어나 모험적인 전투를 전개한 신사군을 궤멸시켰다. 이 '안후이 사건'*은 수많은 중국인들에게 쓰디쓴 승리로 여겨졌다.

일호-號 작전이라고 불린, 1944년 5월과 11월 사이 일본군의 대대적

1943년 11월 23일 장제스는 미국, 영국, 중국 3자 회담에 참석했다. 왼쪽부터 장제스, 루스벨트, 처칠, 쑹메이링.

인 공격은 대체로 성공적이었다. 이 작전으로 장제스는 75만의 정예부대를 잃었으며, 일본군의 작전 중단으로 전투는 겨우 끝났다. 이 전쟁으로 일본은 선양과 하노이를 다시 이을 수 있게 되었으며 일본 본토의 폭격 기지로 이용된 중국 내 미국 기지를 파괴했다. 한편 일본은 전면적인 철수 준비를 하면서, 현상을 유지하는 식민지 정책으로 되돌아가는 것에 반대했던 여러 행정 기구를 그곳에 설치했다. 따라서 장제스 군의 완전 섬멸이 일본군의 목적은 아니었다.

처칠과 루스벨트가 참석한 1943년 카이로 회담을 통해 장차 유엔에서 중국이 세계 4대 강국이 될 수 있다는 것을 보장받은 장제스는 제2차 세계대전의 승리자의 한 사람으로 등장했다. 미국 비행기로 수송된 장제스 휘하의 병사들은 중국 해안 지역 대도시에 등장하여, 1945년 8월 15일부터 일본군의 항복을 받아냈다.

◆ 이른바 환남사변(晥南事變)을 말하는 것으로, 이 전투의 패배를 계기로 적어도 이론적으로는 중국 내전이 종식되고, 항일을 위해 공산당과 국민당이 연합하게 되었다.

공산당의 정치적 전쟁
(1935~45)

공산당은 자신들의 적인 일본군이 직접적인 공격을 할 수 없다는 사실을 재빨리 알아차렸다. 펑더화이가 원하여 전개된 1940년 가을의 바이퇀百團 전투는 공격 시간이 길지 않았음에도 공산당의 희생이 너무 컸다. 그러나 이 전투는 공산당원들이 일반 대중에게 그들의 확연한 애국심을 확인시켜주는 계기가 되었다. 국민당 군에 의한 공산당 지역의 봉쇄와 장제스가 주도한 공산당에 대한 잠재적 전쟁 때문에 공산당은 그들의 근거지를 강화해야만 했다.

마오쩌둥의 부상浮上

정풍整風 운동이 전개되었을 당시, 당의 체제 강화는 마오쩌둥 사상을 중심으로 이루어졌다.

사실상 제2차 국공합작은 공산당 내부에서 마오쩌둥 반대자들이 마오쩌둥을 공격할 수 있었던 최후의 기회였다. 전투에서 패배한 채 1936년 12월 2일 옌안에 도착한 장궈타오는 급격하게 국민당 쪽으로 기울어 결국 1938년 4월 4일 국민당에 합류했으며, 이 때문에 그는 '군벌 세력이자 유구流寇의 무리인 반당反黨 분자'로 낙인찍혔다. 왕밍과 국제공산주의파들은 1938년 우한 전투 당시 자신들의 세력 회복을 위한 최후의 시도를 했다. 그들은 변방 지역을 국민당 지역에 합병시킨다면, 그 반대급

옌안 정풍 운동 당시의 마오쩌둥. 중국공산당 고위 간부들과 정풍 운동 문제에 대해 이야기를 나누고 있다.

부로서 장제스가 공산당에 노동자 근거지를 다시 설립할 수 있게 해줄 것이라는 희망으로 국민연합 전선을 제안했다. 이미 대세가 된 마오쩌둥의 부상에 반대하는 이러한 최후의 시도는 우한의 함락으로 종지부를 찍었는데, 당시 마오쩌둥은 서슴없이 왕밍을 '변절자'라고 단언했으며, 그것은 류사오치劉少奇가 왕밍을 '멘셰비키파'라고 불렀던 것과 다름없는 것이었다.

1942년부터 44년까지 공산당 내부에서는 여러 종류의 회의, 자아비판, 연구 소모임뿐 아니라, 은밀하게 이루어진 체포, 부지불식간의 심문, 그리고 처형이라는 냉혹한 투쟁을 통해 마오쩌둥과 류사오치, 그리고 다른 소수의 저작예를 들어 류사오치의《공산당원의 수양에 관하여論共産黨員的修養》을 중심으로 공산주의 사상이 통일되었다.

마오쩌둥은 서양 사상을 추구하는 지식인들을 진흙을 이겨 벽에 바른 말라붙은 갈대로 비유하면서 맹렬하게 비판했다. 류사오치의 도움을 받아 마오쩌둥은 프롤레타리아 혁명 대신 농민 혁명을 우선하는 중국적 마르크스주의의 '천재적인' 창안자로 등장하게 되었다. 사람들이 요구한 '대중 노선'은 바로 인민 자체에서 나온 요구를 보편화한 것으로 간주되었다. 황제를 신성하게 여기는 데에 익숙한 농민들을 중심으로 마오쩌둥 숭배가 급속히 확산되었다. 이러한 사태는 사상의 순수성과 자유를 찾아 옌안에 몰려든 지식인들에게는 불행한 일이었다. 이러한 사태를 두고 공산당과 불화가 있었지만, 딩링丁玲과 같은 경우는 할 수 없이 체념했으며, 왕스웨이王實味처럼 결국 처형된 사람도 있었다.

공산당의 영역 확대

1940~42년 위협에 직면했던 공산당 근거지는 1943~44년에 이르러 공

중국공산당 제7차 전국대표대회 모습.

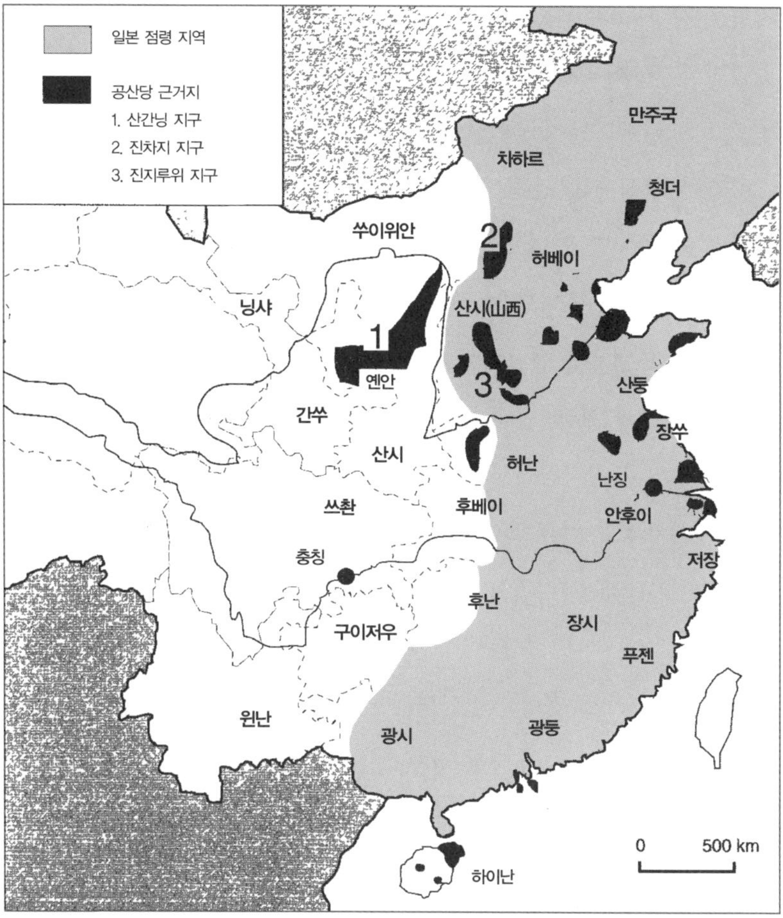
일본 점령 지역
공산당 근거지
1. 산간닝 지구
2. 진차지 지구
3. 진지루위 지구
만주국
차하르
청더
쑤이위안
허베이
닝샤
산시(山西)
1
2
3
옌안
간쑤
산둥
장쑤
산시
허난
난징
쓰촨
후베이
안후이
충칭
저장
후난
장시
구이저우
푸젠
윈난
광시
광둥
0
500 km
하이난

1944년 중국 공산당 근거지.

고해지고 확대되었다. 1944년 국민당 정예군을 격파하고 해안 지역으로 후퇴한 일본군 덕택에 가능했던 세력 확장이지만, 일본군이 공산당의 세력 확대를 원했던 것은 결코 아니었다. 이제 공산당 근거지는 양쯔 강 쪽으로 형성된 일부 거점과 함께 북중국 지역에서는 열도와 같은 모습으로 형성되어 있었다. 가장 중요한 근거지는 당시 공산당의 수도 옌안이 위치한 산간닝陝甘寧, 각각 산시陝西, 간쑤, 닝샤후 지구, 덩샤오핑이 정치위원으로 있었던 진차지晉察冀, 각각 산시山西, 차하르, 허베이 지구, 그리고 진지루위晉冀魯豫, 각각 산시, 허베이, 산둥, 허난 지구였다.

1945년 당시 공산당 해방구의 면적은 95만 제곱킬로미터였으며, 그 지역에는 9,600만 명의 주민이 거주했다. 91만 명의 병사와 함께, 간단한 무장을 한 자위 지역에는 230만 명의 민병대와 1,000만 명의 농민이 있었다. 1945년 4월 옌안에서 제7차 전국대표대회가 열릴 당시, 중국공산당원의 수는 120만 명에 달했고, 바로 이 제7차 전국대표대회에서 마오쩌둥 사상이 중국공산당의 기본적인 이론 가운데 하나로 받아들여졌으며, 마오쩌둥은 마르크스, 엥겔스, 레닌, 스탈린과 같은 중요한 마르크스주의자 가운데 한 사람으로 인정받았다.

국민당의 대안으로 부상한 공산당

마침내 마오쩌둥과 그의 당은 장제스를 대신할 수 있는 강력한 대안으로 부상했다. 마오쩌둥을 중심으로 한 중국공산당은 19세기 내내 강력한 무장을 하고 있던 농촌 사회에 전통시대 유력자들을 대신하는 공산당 간부를 배치하기 위해 농민들의 자발적인 민족주의를 교묘하게 이용했다. 그들은 농지 개혁을 단행했는데, 국민당 정권은 그러한 개혁을 할 줄 몰랐을 뿐 아니라 원하지도 않았다. 충칭 정부 관리들과 농촌 유력자들이 방치한 궁핍한 농민들이 조직을 결성해서 생계를 유지할 수 있도록 도왔으며, 자신들의 세력을 과시함으로써 농민들의 그러한 행위에 대해 살해 위협을 포함한 반발 위협이 있을 경우 목숨을 보장해줄 수 있다는 사실도 보여주었다.

이전 시기 도시에 형성된 지도층이 주요한 역할을 했던 이러한 끈질긴 노력이 결코 단순하게 진행된 것은 아니었다. 물론 공산당의 그러한 행위는 단순한 이론에 의지하여 이루어진 것도 아니었다. 마오쩌둥의 정적을 연속적으로 처단하는 데 있어서 우연한 기회가 중요한 역할을 했으며, 일본군의 의도와는 달리 일본군이 바로 중국공산당의 도래를 알리는 전조가 되었다. 당연히 민주적인 절차도 존재하지 않았다. 대중 노선은 당의 조종으로 형성된 것이었으며, 이미 여러 사건을 통해 당의 이데올로기 담당 경찰은 단지 타락한 경찰에 불과하다는 사실을 보여주었다.

3

내전

(1946~49)

중재자 역할의 미국

1945년 8월 14일 일본이 항복했다. 항복 직후 중국에 주둔해 있던 일본 제국 군대의 무장 해제를 위해 국민당 군과 공산당 군 사이에 경쟁이 벌어졌다. 5만여 명의 미군이 교두보를 마련하고 있던 중국 해안 지역에 50만 명의 국민당 군을 비행기로 공수한 맥아더 장군의 도움으로 국민당 군이 경쟁에서 승리했다. 소련의 붉은 군대가 일본군을 격퇴한 전과를 물려받은 15만의 린뱌오 군대가 만주 지역에서 국민당 군에 우위를 지켰을 뿐이다.

공산당이 참여하는 연합 정부를 세우기 위한 장제스와 마오쩌둥 사이의 논의가 1945년 8월 말 충칭에서 시작되었다. 10월 11일 회의가 결렬되자, 양자 간 합의 사안에 큰 진전이 없었다. 사실상 아무것도 합의에 이르지 못했다. 장제스는 미국 30여 개 사단의 도움을 받아 공산당을 섬멸할 수 있을 것이라 생각했으며, 마오쩌둥은 어떤 양보를 하기에는 자신의 세력이 막강하다고 생각했다.

마셜Marshall 장군에게 부여된 임무1945년 12월~1947년 1월◆를 여전히 교전 가능성이 있는 양측에 강제하는 것은 불가능했다. 중재자 역할에 나선

◆ 미 행정부가 조지 C. 마셜 장군에게 공산당과 국민당을 화해시키기 위해 부여한 임무.

156　　　　　　　　　　　　　　　　　　　　　　　　　　——20세기 중국사

충칭에서 역사적 만남을 가진 마오쩌
둥과 장제스.

미국은 사실상 장제스 쪽으로 기울어 있었지만, 미국이 장제스를 좋아한
것은 결코 아니었다. 미국 국무장관 딘 애치슨Dean Acheson의 명령은 분
명했다. "양측의 타협에 의해 내전을 피하고, 국민당이 가능한 한 넓은
영역에 그들의 정부를 세울 수 있도록 도와야 한다는 것"이었다. 유엔의
도움으로, 유엔구제부흥사업국UNRRA, United Nations Releif and Rehabilitation
Administration은 미국의 지원을 받아 중국 경제의 부흥을 위한 재정을 지
원했다. 그러나 유엔구제부흥사업국은 1945~46년 겨울 허난에서 발생
하여, 당시 보고서에 의하면 57만 7,500명의 농민의 목숨을 앗아간 끔찍
한 기근에 적절하게 대처하지 못했다.

내전의 발발

만주에서의 내전 발발은 불가피한 일이었다. 미국 군사 고문단의 의견
을 무시한 채, 장제스는 국민당에 전략적으로 가장 불리한 드넓은 만주
지역을 전쟁 무대로 선택했다. 그는 만주 지역을 공격하여, 소련이 여러
공장을 이미 다 철수시켰지만, 지나치게 오랫동안 자신의 세력이 미치
지 못했으며, 여전히 산업이 발달한 이 지역을 되도록 빨리 되찾고 싶어

했다.

국민당은 최초의 전투1946년 5~6월 쓰핑四平 전투에서 승리하여 선양과 주요 도시에 대규모 군대를 주둔시켰다. 미국이 강제한 마지막 휴전협정이 끝난 6월 30일 이후, 내전이 중국 전역으로 확산되었다. 병력 수를 따지면 내전은 장제스에게 매우 유리했는데, 당시 장제스의 병력은 400만 명그중 40만 명은 군사 장비가 잘 갖춰진 30개 사단으로 편성되어 있었다이었던 반면, 공산당은 100만 명 정도였지만, 공산당 군은 7월 인민해방군이라는 의미 있는 명칭으로 불리게 되었다.

실제로 국민당은 연일 승리를 구가한 반면, 공산당은 1947년 심지어 옌안에서조차 패배했다. 장제스는 자신의 군대가 점령한 지역을 공산당 등장 이전의 상태로 되돌려놓는 데 성공했다. 그러한 지역에서는 토지 분배가 폐지되었으며, 농지 개혁에 적극적이었던 도망가지 못한 농민들이 학살되었다. 장제스는 공산당이 뒤흔들기 시작한 고대 세계로의 회귀를 대변하는 인물이었다.

공산당의 반격 성공(1948~49)

1947년 가을 이후, 마침내 국민당의 성공은 끝이 났다. 만주 지역에서 전투가 개시되자, 만주 지역은 국민당의 50만 정예 군사들에게 차츰 공포의 사지死地로 변해갔다. 1948년 9월, 선양 전투 당시 국민당 군 가운데 40만 명이 전투력을 상실했다. 도처에서 공산당 군은 이제 공격자로 변모했다.

광활한 북중국 평원에서는, 역사상 가장 커다란 규모의 전쟁 가운데 하나였던 쉬저우徐州, 장쑤 지역 전투에서 100만 명이 넘는 국민당 군이

1949년 10월 1일 마오쩌둥이 '중화인민공화국 중앙인민정부 공고'를 낭독하며 중화인민공화국 성립을 선포하고 있다.

패배했다. 즉 1948년 11월부터 1949년 1월 10일 사이 화이허 전투로 55만 명의 병사가 전투력을 상실했다.

리종런李宗仁에게 국민당 총재직을 내준 장제스의 마지막 노력에도 불구하고, 국민당 정부는 와해되었다. 1949년 1월 31일 공산당 군은 베이징을 재탈환했다. 양쯔 강을 수비했던 여러 거점 지역의 지휘관들은 비밀리에 공산당에 가담하기 시작했기 때문에, 4월 21일 아무런 저항도 받지 않고 양쯔 강을 건널 수 있었다. 5월 25일 아무 어려움 없이 공산당은 상하이를 점령할 수 있었지만, 이 이상한 '해방'에 일반인들은 전혀 참여하지 않았다. 10월 중순 무렵 광둥이 함락되었다.

1949년 10월 1일 베이징 톈안먼天安門 광장에서 마오쩌둥은 중화인민공화국 수립을 선포했다. 그는 "이제 중국인은 더 이상 노예가 아니다"라고 말했다. 장제스는 자신의 나머지 행정 요원, 군대와 함께 타이완으로 피신했다.

4 국민당의 패배

국민당은 군사적 측면에서 장제스와 그의 주요 지휘관들이 비범하지 못했기 때문에 내전에서 패배했다. 정치적 측면에서도 마찬가지였다.

국민당에 대한 민중들의 적대감

무엇보다 장제스는 일본군이 장악했던 지역을 확보하는 데 완전히 실패했다. 일본군 점령 지역에 들어온 국민당 사람들은 마을 주민들이 대체로 일본과 '협력했다'는 전제 하에, 마을 주민들에게 복수하려는 태도를 취했다.

'꼭두각시 정부'가 발행한 화폐는 그 가치가 낮았다. 게다가, 어디서나 화폐 교환율이 간단히 여섯 배나 되었다. 쓰촨에서 이미 등장한 미국 달러 교환에 대한 투기로 이어진 그러한 화폐 교환에 대한 거대한 투기가 발생했으며, 그러한 투기는 다시 이미 쓰촨에서 등장했던 달러 교환에 대한 투기로 이어져, 충칭에 도착해서 장제스 정권의 비호를 받고 있었던 새로운 브로커들에게 유리하게 작용했다.

마땅히 이전 주인에게 돌려줘야 할, 일본인들과 '중국인 매국노'들로부터 압수한 재산은 비싼 값으로 다시 팔렸다. 1945년 10월 24일자 《대공보》에는 다음과 같은 제목이 실렸다. '장저江浙 재벌 계층과 그들의 재산을 몰수하라.'

어떤 면에서는 타이완에서도 동일한 상황이 발생했다. 즉 1947년 2월 28일 타이베이에서는 대륙 출신 공무원들의 권력 남용에 저항하는 폭동이 발생했으며, 자체적으로 섬 주민들은 자치 정부의 수립을 선포했다. 1947년 3월 10일 끔찍한 군사 진압이 전개되어 적어도 2만여 명이 사망했다. 타이완 지역 엘리트들은 참수되었다.

학생들의 저항

중국 대륙에서는 불만을 품은 학생들이 네 차례에 걸쳐 시위를 벌였다. 시위에 참여한 대학생 수는 8만 646명이었으며, 다수의 고등학생의 참여로 시위가 더욱 격화되었다.

1945년 12월 1일 쿤밍에서 발생한 첫 번째 시위는 그 지역 병사들의 행동에 저항하기 위해 발생했다. 네 명이 사망했다.

두 번째 시위는 한 해군 병사가 베이징 대학 여학생을 겁탈한 사건 때문에, 중국 주둔 미군 병사들의 잔인성을 고발하기 위해 1946년 12월 발

1946년 12월 24일 주중국 미군의 폭행에 항의하며 가두시위를 벌이고 있는 베이징 학생들.

생했다. 사실상 이 시위는 내란이 한창이던 당시, 난징 정부를 지지한 미국을 비난하기 위한 것이었다. 당시 미국은 1946년 11월 4일 체결된 중미조약에 의거하여 중국 정부에 9억 달러를 제공했다. 그러한 상황은 미국의 원조에서 비롯된 경제 상황 때문에 더욱 악화되었다. 1946년 말, 중국 대외무역의 51퍼센트는 미국과 이루어졌지만, 1936년 당시 미국이 차지하는 비중은 22퍼센트였다.

세 번째 학생 시위는 1947년 5월에 발생했는데, 기아와 내전을 고발하기 위한 것이었다.

1948년 5~6월의 네 번째 시위는 대학 캠퍼스 내의 압제, 기아, 그리고 일본의 재무장을 지지하는 미국을 비난하기 위한 것이었다.

이들 학생들은 국민당에 대해 매우 비판적이었지만, 그렇다고 해서 친공산주의로 돌아서지는 않았다. 1948년의 다양한 조사와 앙케트에 의하면, 농지개혁을 실시하는 한편 국가를 근대화할 수 있는 연합 정부에 호의적이었음을 알 수 있다.

노동운동의 재탄생

상하이에서는 노동운동이 다시 등장했다. 1946년 1월 노동운동을 통해 노동자들은 인플레 변화에 따라 봉급을 조정하는 권리를 획득했으며, 그러한 제도가 없어질 위험에 처하자 1947년 5월 파업을 일으켜 그 제도를 고수했다. 공식적인 노동조합이 CC단과 다양한 비밀경찰에 의해 유지되었다. 두웨성의 옛 참모였던 주쉐판朱學範이 1946년 시도한 자치적 온건 노동연합 때문에, 당국은 노동연합을 적으로 간주하기에 이르렀다. 노동조합 운동은 은둔할 수밖에 없었다. 그러나 노동 투쟁은 경제적 요구에

기아에 허덕이는 상하이 시민들이 구휼식량을 받기 위해 줄지어 늘어서 있다.

국한된 것이었다.

경제 위기 악화

악화된 경제 상황이 사실상 결정적인 요소였다. 인플레가 가속되었다. 1937년 지표를 100으로 한다면, 1946년 말 생활비 지수는 627,210, 47년에는 10,340,000, 48년에는 287,000,000이었다. 상하이에서 비싼 쌀값에 항의하는 폭동이 일어났다. 봉

국민당 통치지구는 통제가 불가능할 정도로 물가가 등귀했다. 남부 지방의 한 시민이 수십 다발의 지폐를 자전거에 매고 쌀을 사러 가고 있다.

급은 현물로 지급되었다. 상황을 호전시키기 위해 1948년 8월 19일 상하이 지역 경제 문제에 대한 전권을 부여받은 장제스의 장남 장징궈蔣經國는 새로운 화폐제도인 위안-금화 제도를 실시했으며, 상하이 지역 엘리트를 체포하는 등의 강제적 방법으로 정책을 시행했다. 그의 이러한 정책은 10월 말 완전히 실패한 것으로 드러났다.

도시 기반의 균열

따라서 여러 도시 근거지가 균열하기 시작했다. 기업가들은 더 이상 국민당 체제를 신뢰하지 않았으며, 할 수 있는 한, 모든 자산을 홍콩으로 옮겼다. 《옵세르바퇴르*L' Observateur*》지에 등장한 추안핑儲安平 같은 자유주의자들은 정치경찰에 저항했으며, 1946년 6월 창당한 민주당과 함께 제3의 길을 꿈꿨다. 그러나 처형되거나 저서 출판이 금지되었을 뿐 아니라 투옥되기도 했던 그런 사람들은 어떤 신념에 의해서가 아니라, 차선의 고육책으로 공산당에 가입했다. 주쉐판에 뒤이어 1948년 7월 14일 공산당에 가입한 추안핑이 그런 경우였다.

5 공산당의 승리

공산당은 특히 전쟁이 자신들에게 유리하게 전개되자, 적절한 정책을 시행하여 자신들의 새로운 지지자들을 끌어들였다. 기술적인 의미에서 내전의 승리는 군사적인 승리였다 하더라도, 공산당 승리의 의미를 단순히 그러한 군사적 승리로만 축소해서는 안 될 것이다.

다양한 자유주의자들의 공산당 입당

자유주의 성향을 가진 자들과 공산당의 관계는 매우 다양했으며, 시간에 따라 변했다. "소련의 경제적 민주주의와 미국의 정치적 민주주의로부터 각각 가장 좋은 것, 즉 쌀과 국민투표를 취할 수 있다"는, 당시로서는 불가능한 제3의 길을 걸은 일부 사람들이 초기에 가졌던 경계심은 점차 체념으로 바뀌어갔다. 미국의 자유주의에 실망했지만 다른 누구보다 공산당에 경계심을 갖고 있었던 위대한 사회학자 페이샤오퉁費孝通은 국민당이 무너지자 중국 대륙에 남기로 결심했다. 그 스스로 매우 훌륭하게 분석한 바 있는 구시대 농촌 사회가 파괴되자, 좋아하긴 했지만 지나치게 독선적으로 보이는 체제를 그는 일관되게 반대하려고 마음먹었다.

사회 근대화를 위한 의지

20세기 전반에 등장했지만, 권력을 잡은 국민당에 의해 곧 방기된 중국 사회에 대한 근대화 의지는 이제 공산당만이 유일하게 지속시킬 수 있는 것처럼 보였다.

특히 공산당은 옌안에서 시작한 강력한 농촌 혁명을 지속적으로, 그리고 대규모로 전개했다. 그들 공산당은 자신의 농촌 정책을 당시 북중국 현실에 어떻게 적응시켜야 할지 알고 있었다. 당시 북중국에서는 대지주가 주민의 3퍼센트에 불과했으며, 단순 소작농은 매우 드물었던 반면, 자신의 토지와 함께 다른 사람의 토지를 일부 임차해서 경작하는 소규모 자작농이 가장 보편적이었다. 공산당은 가난한 농민층의 지지를 받았지만, 고리대금업 일소를 위한 투쟁과 함께 세수稅收 정상화를 통해 중농층中農層의 이익도 동시에 고려했다. 1946년 5월, 공산당은 전호의 수를 감소시키는 한편, 일본에 협력했거나 첩자 노릇을 했던 '인민의 적' 소유의 토지를 몰수했다.

농민들이 모여 토지개혁의 구호를 외치고 있다.

농민들과의 연대

공산당의 그러한 정책은 내전을 위한 병력이 필요했던 1947년에 이르러 특히 강화되었으며, 승리가 명확해져 생산의 증가가 필요해지자 누그러 졌다. 부농에 대한 정의 역시 정치 변화에 따라 바뀌었다. 부농은 일반 대중들과 연대할 수 있는 세력이 되었는가 하면, 때가 바뀌면 인민의 적 이 되었다.

이러한 사실 때문에 공산당과 농민들의 관계는 매우 복잡했다. 공산당 이 농촌 현장에 새롭게 파견한 당 간부들은 욕심을 부려 자신들의 새로 운 권력을 남용하려 했다. 약간의 토지를 받게 되어 그저 다행스럽게 생 각했던 농민들은 공산당이 군사적으로 패할 경우, 그 이전 시기로 돌아 가게 되지 않을까 하는 두려움을 가지고 있었기 때문에, 공산당 가입에 매우 신중했다.

농민들의 신뢰를 얻기 위해, 농촌의 과거 권력자들을 핍박하고 사악한 촌장들을 인민재판에 회부했던 농민 대회라는 수단을 빌려 공산당 간부

1947년 9월 13일 중국공산당 은 '중국토지법대강' 을 제정 했다. 사진은 토지법대강의 내용을 알리기 위해 대자보 를 쓰는 모습.

들은 나날이 농민과의 연대 기반을 구축해나갔지만, 당시 그러한 일련의 행위는 과거에 대한 불행한 기억들로 남게 되었다. 1947년 대지주들이 국민당 진영으로 되돌아가자 공산당은 그들에게 엄청난 폭력을 가해_{수백} _{명의 농촌 활동가들을 생매장하기도 했다} 농촌 세계가 커다란 충격에 휩싸였다. 그 러한 일련의 사태에 자신들이 깊이 연루되어 있음을 알고 있었던 농민들 은 자신들에게 좀 더 적은 세금을 요구하며, 지도자들이 더 정직하고 토 지를 분배해줄 뿐 아니라 덜 폐쇄적인 장래를 열어준 향촌 농회를 선택 했다. 항상 패배자였던 농민들이 다시 일어서기 시작했다. 그것은 바로 농지개혁이 자신의 촌락에서 시행되었음을 말하기 위해 당시 농민들이 사용했던 번신翻身. 몸을 뒤집는다는 뜻이란 의미였다. 이 근본적인 개혁이 근 대화의 길을 열어놓은 것처럼 보인다.

농촌에서 도시로

당시 전개된 농촌 혁명 덕분에 공산당은 도시로 관심을 돌릴 수 있었다. 마오쩌둥은 1948년 3월 "지금부터 우리의 활동 중심지는 농촌에서 도시 로 전환된다"라고 선언했다. 그러나 그러한 전략적 전환은 쉽지 않았다.

장자커우張家口, 하얼빈哈爾濱, 그리고 마지막으로 선양처럼 공산당 통 제 하에 들어간 최초의 도시에서는 여러 가지 예기치 않은 일이 벌어졌 다. 노동자들은 자신의 봉급에 충당할 목적으로 전력 생산지의 기계를 들어내 팔았으며, 이미 봉급 지불이 사실상 불가능한 상황이었음에도 불 구하고 노동자들의 임금이 상승했던 한편, 규정에 따른 노동 작업의 요 구는 노동자를 억압하는 것으로 간주되어 고발되었다.

그러나 노동쟁의가 발생하면 일단 조정과 자의적인 중재를 통해, 그리고 1948년 8월 하얼빈에서 제6차 전중국노동자대회가 개최된 이후부터는 조직적인 노동조합을 통해 서서히 질서가 잡혀가기 시작했다. 천윈陳雲의 공식적인 후원 하에 전중국신노동조합을 이끌었던 리리싼은 이듬해 노동부 장관이 되었다. 이러한 변화의 시기, 그는 공산당이 이미 확고한 자기 노선을 갖고 있다는 판단 하에 독립적인 노동조합을 거부하는 대신 민족 부르주아와의 병합을 제한했다. 소련의 모델이 채택되었다. 그것은 감독자가 당원이며 노동조합의 서기일 경우, 그가 모든 권한을 행사하는 방식이었다. 또한 이 소련 체제에서 자본주의적인 요소를 골라낸다면, 당과 노동조합이 감독자를 통제할 수 있는 권한이 있었다는 점인데, 그렇다고 해서 감독자를 다른 사람으로 대체할 수 있는 것은 아니었다. 즉 새로운 민주주의가 자리를 잡았다. 중국공산당은 질서, 생산의 재가동, 그리고 행정의 틀을 대변하는 존재였다. 그러나 재건을 위해서는 여전히 해야 할 일이 남아 있었다.

7장

소련 모델을 추구한 시기

1949~1957

권력을 잡은 이후 공산당은 민국 시기와의 단절을 택했다. 1950년부터 토지개혁법, 혼인법과 같은 기본적인 개혁이 실시되었다. 사회주의 진영으로의 진입은 외부 정책에 있어서 대륙적이며 유라시아적인 방향으로의 선회를 의미하는 것이었다. 그러나 궁극적으로 중국을 근대화하기 위해 소련 방식을 채택한 것은 불화를 일으켰고 심지어 막다른 길에 봉착하여 점차 논쟁거리가 되었다. 1957년 이후, 중국적 방식을 새롭게 모색해야 할 필요성이 대두되었던 것처럼 보인다.

1

국가의 수립
(1949~52)

공산당 병력이 그들에게 할당된 지역을 점차 통제할 수 있게 되자, 군과 당의 수뇌부는 각 지역에 행정과 군사적 장치를 마련하기에 이르렀다.

새로운 중국의 재건

이와 동시에 일종의 임시 상원의 성격을 가진 중국인민정치협상회의가 1949년 말 베이징에서 개최되었다. 이 회의에서 12년 동안 거의 끊임없이 전개된 내전으로 황폐해진 국가의 기능을 회복시키기 위한 공동 계획이 채택되었다. 당시 중국은 전쟁 이전의 4분 3에 해당하는 쌀과 50퍼센트 정도의 대두만을 생산했다. 또한 당시 중국의 기업 생산은 1936년의 56퍼센트에 불과했다. 경작지의 12퍼센트에서는 홍수가 발생했으며, 철로의 반이 파괴되었다.

중국인민정치협상회의 장면.

중국공산당은 이처럼 어려운 재건 과정에서 시작되었다. 1949년 10월 당시 공산당원은 450만 명이었다. 마오쩌둥 외에 당의 주요 지도자로는 국민당이나 일본군이 점령한 '백색' 지역에서 비밀활동을 했으며 당 기구 조직에 능했던 류사오치, 훌륭한 행정가이자 외교에 능했던 저우언라이, 독학 경제학자 천원 등이 있었다. 공화국 주석, 그리고 당과 군사위원회 의장을 겸했던 마오쩌둥은 당시 정치 일선에서 약간 물러나 있었던 것처럼 보인다.

가족법과 토지개혁법

그러나 당시 유동적이었던 상황에서 다음 두 가지 결정은 이제 과거로 되돌아가는 것이 불가능한 특징적인 양상을 가리키는 것이다.

1950년 6월 중국 당국자들은 가족법 제정을 통해, 가부장 제도를 파괴했으며, 여성들에 대한 법적 평등을 보장했다. 이리하여 전통적인 지주支柱 가운데 하나가 무너지게 되었다. 1919년 5 · 4운동의 이상 중의 하나가 마침내 실현되었다.

1950년 4월 13일 '중화인민공화국혼인법'이 통과되어 낡은 혼인제도를 폐지할 수 있게 되었다. 사진은 베이징 시민들이 라디오를 통해 이 소식을 듣고 있는 모습.

같은 시기, 토지개혁법이 채택되었는데, 토지개혁법은 이전 시기 공산당 점령 지역에서 이미 널리 시행되었던 정책이었다. 대토지 소유자들의 토지를 몰수하여 토지가 전혀 없거나 부족한 3억의 농민에게 재분배되었다. 2년 만에 중국 경작 면적4,700만 헥타르의 45퍼센트가 주인이 바뀌었다.

혼인법과 토지개혁법 덕분에 농촌 사회가 근대화되고 자유로워졌다. 그러나 이러한 변화는 매우 강력한 당에 의해 그 틀이 마련되었으며, 감시와 지도를 받았다.

붉은 테러

농촌의 농지 개혁에는 300~500만 명의 희생자를 낸 유혈혁명이 수반되었다. 농지 개혁은 공산당 요원이 세심하게 조직한 것이었다. 당국자들은 쫓아내야 할 인민의 적을 할당했는데, 적어도 한 촌락당 한 가구 정도였다.

1951년 3~9월 도시에서는, 공산당이 실질적인 혹은 잠재적인 반대파를 쫓아내기 위한 진정한 의미의 붉은 테러가 시작되었다. 그러한 테러로 약 100만 명이 희생되었으며, 또 다른 200여만 명을 수용하기 위한 강제노동수용소라오가이勞改, 소련의 굴락gulag에 해당한다가 마련되었다.

공산당은 두 종류의 집단 운동을 전개했다. 1951년 8월에 시작된 첫 번째 운동은 관료주의와 부정에 대항하기 위한 것이었다즉 당의 비리를 겨냥한 삼반三反 운동: 병사의 정예화와 행정 기구의 간소화, 생산 증대와 절약의 실행, 독직·낭비와 관료주의에 대한 반대. 두 번째는 1952년 2~6월에 전개된 것으로서, 수뢰, 탈세, 국가 재산의 절취, 자재를 덜 사용하는 것, 국가 경제 정보의 절도에 반대하는 오반五反 운동이었다. 자아비판, 고백 그리고 고발이 쉽게 이루어진 것은 단지 대중 동원과 당 간부의 논리 때문만은 아니었다. 가공할 경찰 조직이 가동되기 시작했다. 이 모든 방법에 소련 방식이 적용되었다.

소련의 지원

중국공산당은 '한쪽 진영에 가담하는 것', 다시 말해 소련 측 진영에 가담하기로 결정했다. 1949년 12월 16일 마오쩌둥은 모스크바를 방문하여 스탈린을 만났다. 그리고 협상이 전개되었지만, 쉽게 진전되지는 않았다. 몇 년 뒤 크렘린의 두려운 주인을 언급하면서 마오쩌둥은 "우리는 늙은 호랑이의 이빨에서 여전히 약간의 고기를 뜯어낼 수 있을 것이다"라고 말했다. 1950년 2월 30년간 유효한 중소우호조약이 체결되었다. 소련은 뤼순 항과 다롄 항을 향후 몇 년간 유지하기로 했다. 또한 이 조약을 통해 그리 많지 않은 액수인 3억 달러를 중국에 빌려주기로 했다.

소련 체제에 편입함으로써, 중국은 위험한 고립을 피할 수 있었다. 그러나 중국은 그 대가를 치러야만 했다. 1950년 10월 25일, 중국은 한국을 침략한 북한을 원조하기 위해 '중국 의용군'을 보내야 했는데, 당시 북한은 주로 미군으로 구성된 유엔 파병군 때문에 커다란 위험에 직면해

1949년 12월 소련을 방문한 마오쩌둥이
스탈린과 함께 앉아 있는 모습.

있었다. 결과적으로 중국은 유엔의 상임이사국 지위를 상실했으며, 그 자리는 타이완 정부가 차지했다. 미국은 중국에 대한 통상 금지 조치를 취했다. 이 때문에 중국은 바다 대신 육지의 변방 지역으로 눈을 돌릴 수밖에 없었으며, 원했던 것이라기보다는 강제적인 것에 가까웠던 개항을 단행한 지 1세기 만에, 오랜 중국 역사의 획을 긋는 지정학적 방향 전환을 하게 되었다.

2

소련 모델
(1953~56)

소련의 유형을 훌륭하게 따랐던 중국

"오늘의 소련이 바로 미래의 중국이다." 마오쩌둥의 이러한 선언은 당시 중국의 상황과 그들의 방향을 잘 요약해준다. 1953년 1월, 리푸춘李富春은 제1차 경제 계획을 시작했는데 그것은 최종 달성 목표가 확실하게 정해진 1955년 7월 30일부터 시행되었다. 그 계획은 소련을 모방하고 그들을 배운다면 경제 발전이 뒤따를 것이라는 내용이었다.

게다가 1953년 중국 지도자들은 두 가지 전제로부터 자유로워졌다. 첫째, 1953년 3월 5일 스탈린의 사망으로 스탈린과의 불편했던 과거 관계에서 자유로워졌으며, 둘째 1953년 7월 27일 판문점 정전협정으로 한국전쟁이 종식되어 미국과의 전쟁으로부터 벗어날 수 있었다.

이 사이 중국은 1936년 당시의 생산량을 회복하여 경제 재건을 시작했다. 1954년 9월, 최초의 인민대표회의 선거를 통해 소련식 헌법을 채택했다. 당에서 단일 후보를 결정했으

1953년 7월 27일 펑더화이가 개성에서 정전협정 및 임시보충협정에 정식 서명하고 있다.

며, 선거는 체제 옹호를 확인하는 의식에 불과했다. 1955년 3월 새로운 화폐元의 발행으로 인플레가 종식되었다. 이제 혼란 대신 안정이 자리 잡았다.

그러나 중국 지도부는 여전히 불안했다. 인구조사 결과 자신들이 예상 했던 것보다 약 1억 명 이상이 많은 것으로 나타났다. 또한 농지개혁이 단행되었지만, 여전히 모든 사람들에게 충분한 식량이 돌아가지 못했기 때문에, 수십만 명의 농민들이 도시로 몰려들었다.

집단화 추진

1953년 11월 19일, 농촌에서는 곡물매매통합체제가 채택되었다. 국가가 곡물 매매를 독점하는 이러한 체제로 농민들은 모든 경제적 독립을 박탈 당했으며, 결국 그러한 과정을 통해 농민들을 집단화 체제로 조직하는 준비를 하게 되었다. 농민들은 농업 호조조互助組를 편성하여 공동경작 지에서 협동생산을 하도록 했다. 그러나 1954년 12월, 호조조에 가입한 농가는 전체의 39퍼센트뿐이었다. 1953~54년 40만 개의 농업생산합작 사가 탄생했다. 이것은 농촌 인구의 15퍼센트만이 농업생산합작사로 재 편성되었음을 의미한다. 급조된 일부 생산합작사는 1955년 봄 와해되었 다. 중국 농민들은 마지못해 사회주의 여정에 참여했던 것이다.

그러나 마오쩌둥은 1955년 7월 31일 집단화 정책을 가속화하기로 결 정했다. 그는 집단화 정책을 거부하는 당 간부들을 "앞에는 호랑이, 뒤 에는 용을 보면서도" 역사 여정에서 우왕좌왕하는 "전족한 여인"에 비유 했다. 반면 마오쩌둥은 농민들이 사회주의로 좀 더 빨리 나아가야 하며, 집단화를 서둘러야 한다고 주장했다. 5개월 후, 마오쩌둥의 주장이 나름의 효과를 드러냈다. 1955년 12월 당시, 농가의 67퍼센트가 생산합작사에 편입되었으며, 나머지 농가들은 호조조에 가입했다.

우여곡절 끝에 부농층이 해체된 소련과는 달리, 중국 농촌에서의 새로운 변화는 분명 커다란 저항 없이 이루어졌다. 그 이유는 무엇일까? 농업 개혁이 이미 최근에 이루어졌으며, 상부로부터 추진되었을 뿐 아니라, 새로운 농지 소유권이 중국에서는 아직 안정화되지 않았기 때문이다. 즉 당은 토지를 주었다가 다시 빼앗을 수 있었던 것이다. 한편 국가가 곡물을 독점했기 때문에 사유 토지에 대한 매력이 사라져버렸다. 마지막으로 마오쩌둥의 영향이 절대적이었다. 마오쩌둥에 따르면, 집단화야말로 머지않아 곡물의 풍족한 생산을 가져올 수 있는 것이었다. 그러한 근거 하에 농촌의 간부들은 이 체제의 중요한 열쇠를 쥐고 있었던 가난한 농민들의 집단화를 적극 권장했다. 게다가 혹시 있을지도 모를 완강한 반대자들을 설득하기 위해, "사회주의로부터 은신해 있는 적들"에 반대하는 운동이 때맞춰 전개되었다.

일본 기업을 국유화한 이후, 국민당으로부터 물려받은 국가 기업 부분이 전체 기업 생산의 3분의 1을 차지했다. 사기업私企業 부문과 혼합 기업과의 협상을 통해, 국가 장악력이 증대되었다. 사기업과 혼합 기업에 대한 국가 점유율은 1955년 당시 각각 전체 생산의 16퍼센트와 13퍼센트에 달했다. 이런 과정을 통해 1956년 1월 국가 부문이 전체 생산의 약 50퍼센트를 차지하기에 이르렀다. 자본주의의 종식을 알리는 축하 시위가 대도시에서 요란하게 전개되었다. 오반 운동과 부도덕한 기업주에 반대하는 운동打老虎運動 당시, 당과 노동조합의 선전 활동이 그러한 변화에 기여했다. 그러한 선전 활동에 저항하는 것은 무익하고 위험한 일이었다.

자아비판과 정치적 숙청

동시에 지식인 길들이기가 다시 시작되었다. 마오쩌둥에 의해 혁명적인 작가의 전형으로 유명해진 루쉰의 친구 후평胡風은 1954년 7월 당이 자유로운 창작을 방해하는 '비수' 역할을 하고 있다는 이유를 들어 당을 비판했다. 1955년 7월 체포되기까지 그는 세 차례의 자아비판을 해야 했다.

마찬가지로 1954년 2월 상층 권력 내부에서도 위기가 전개되었다. 만주 지역 공산당 고위 책임자였던 가오강高崗과 역시 상하이 지역 공산당 고위 간부였던 라오수스饒漱石는 자신들의 독립 왕국을 세우려 했다는 죄목으로 고발되었다. 가오강은 자살했으며, 라오수스는 강제노동수용소에서 실종되었다. 마오쩌둥은 자신의 권력을 다른 사람과 전혀 공유하려 하지 않았다.

3

지역 영향력의 재확립

변방 지대의 장악

이 시기 동안 중국은 민국 시기에 줄어들었던 영토를 이전 중화제국 시기 수준으로 회복했다.

당시 중국 당국이 인정하지는 않았지만, 1913년 심라Simla협약 이래 거의 독립적인 지위를 누렸던 티베트는 영국과 협약을 통해 그 지역에 대한 통제권을 영국에 넘겼다. 그러나 판첸 라마 소속의 대사원이 열세 번째 달라이 라마 '정부'에 필요한 재정적 수단의 허가를 거부했기 때문에 티베트의 모든 개혁은 불가능했다.

1950년 10월 인민해방군은 참도Chamdo 지역의 취약한 티베트 군대를 아무런 어려움 없이 산개시키고, 1951년 5월 중화인민공화국의 권한을 인정하는 협약을 강제로 체결했다. 이와 동시에, 인도는 티베트 자치국의 중국 귀속을 인정했다. 당시 네루는 자신의 중립 외교정책을 가동시키기 위해 중국의 지지를 필요로 했다. 따라서 티베트와 중국의 전쟁 당시 인도로 피신했던 어린 나이의 열네 번째 달라이 라마는 중국 군대가 주둔해 있던 티베트 수도로 1951년 8월 17일에 귀환했다. 이처럼 평화로운 과정을 통해 점령한 티베트에 대한 중국의 정책은 꽤 비밀스러운 것이었으며, 중국은 티베트를 거의 자치적인 형태로 존속시켰다. 1955년 3월 12일 티베트 자치 정부가 세워졌지만, 그것은 중국의 보호령이

1950년 10월 중국인민해방군은 티베트를 공격했다. 사진은 해방군이 해발 5,000미터의 설산을 통과하는 모습.

었다.

1944년 신장 지역에는 웨이우얼維吾爾과 카자흐 주민들로 구성된 동투르키스탄이슬람공화국이 소련의 도움으로 수립되었는데, 그 영역은 일리Ili 강 유역과 알타이 산맥 일대였다. 이 나라는 소련공산당이 사라지고, 지방 혁명 세력인 사이푸딘Saifudin이 중국공산당으로 전환되면서 사라졌다. 소련이 이 지역에서의 팽창주의 정책을 포기했기 때문에 이러한 권력 이동이 구체화되었다.

중소 관계가 명백히 우호적인 시기에 이르자, 소련은 1954년 10월 다롄과 뤼순을 중국에 되돌려주었다. 자치 지역이 된 신장에 20여만 명의 공화국 공병대가 특히 북부 지역에 중국 한족 식민지를 건설하는 한편, 란저우蘭州와 우루무치烏魯木齊를 잇는 철로가 건설되었다. 한족 이주를 통한 식민 과정이 시작되었다. 반면 중국은 내몽골 지역에서는 영향력을 행사했지만, 외몽골 지역은 독립을 받아들여야 했다. 그럼에도 불구하고 소련과의 국경 문제는 확정하지 못했다. 히말라야 일대의 경우도 마찬가지다. 중국은 버마와의 국경을 정상화했지만, 1914년 영국이 강제한 이른바 맥마흔MacMahon 라인*의 획정을 거부했다.

1954년 중국은 타이완의 몇몇 소규모 도서 지역을 다시 장악했지만, 미국의 확고한 의지와 타이완의 철저한 경계로 마주다오馬祖島와 진먼다오金門島 공격을 포기했다. 하물며 당시 초라한 중국의 해군력으로는 타이완을 공격하는 것이 불가능했다. 중국의 대외 정책 범위는 어쩔 수 없이 대륙에 머물러 있었다.

그러나 중국은 다시 아시아에서 주요한 역할을 했다. 중국은 여러 경우를 통해 그 사실을 입증했다.

한국전쟁을 종식시킨 판문점 회담에는 중국 대표가 참여하여 협상했다. 베이징에서 파견한 대표의 참석으로 사실상 미국은 중국의 새로운 체제를 인정하는 셈이 되었다. 베트남민주공화국을 배제한 채 1954년 5월에 개최된 제네바 협상은 프랑스와 중국이 화해하는 계기가 되었다.

1955년 4월에 개최된 반둥Bandung 회의 당시, 소련 측 진영의 예상과 달리 중국은 비동맹 진영에 가담했다. 이 회의를 통해 저우언라이의 국제적 위상이 높아졌다.

당시 중국 지도자들은 소련 진영의 변화로부터 그들이 기대할 수 있는 최대한의 것을 얻을 수 있다는 생각과 함께, 거기서 비롯되는 몇 가지 잡

◆ 부탄에서 동쪽으로 260킬로미터 떨어진 브라마푸트라Brahmaputra 강에 이르는 중국과 인도의 실질적인 국경선을 말한다.

음을 미리 생각하고 있지 않았을까? 사실상, 중소의 '영원한' 우호 다짐 속에서 이미 몇몇 분열 조짐이 급격하게 등장하고 있었다.

중국에서 새로운 국가 체제가 출범한 지 불과 몇 주 뒤인 1949년 11월, 류사오치는 아시아·대양주 국가 노동조합 회의에서 "중국 인민이 차용한 방법은 여러 식민지 국가와 반半식민지 국가가 독립과 민주주의 투쟁에서 반드시 채택해야 하는 방법이다"라고 선언했다. 중국의 또 다른 지도자는 "자본주의 국가에서 발생한 혁명의 전형적인 형태는 바로 10월 혁명*이다. 또한 식민지 국가와 반식민지 국가에서 발생한 혁명의 전형적인 형태는 중국 혁명이다"라는 1951년 6월의 지적을 통해 류사오 치가 한 말의 의미를 좀 더 분명히 했다. 이리하여 중국은 사회주의 진영 이 공동의 방향으로 나갈 것을 주장했다. 그러나 소련은 중국을 그저 유 능한 2인자 역할에 묶어두려는 의도를 갖고 있었다.

◆ 1917년 10월 25일 발생한 러시아 혁명을 말한다.

4   1956년의 문제

농촌을 어떻게 변화시킬 것인가?

첫 번째 질문은 마오쩌둥이 1956년 1월 25일 농업 발전 12년 계획을 시작하면서 제기되었다. 이 계획은 15년에 걸쳐 중국의 농촌을 급격하게 변화시키려는 것이었다. 마오쩌둥의 계획은 10년간 매년 11퍼센트의 성장률을 달성하는 것이었다. 그러나 1953년 이래 매년 성장률은 3.5퍼센트에 불과했다. 25년 전 마오쩌둥이 예상했던 4억 5,000만 톤의 곡물 생산량은 1993년에야 비로소 달성되었다.

마오쩌둥은 품종의 선택, 화학비료의 사용, 농기계 사용의 보편화 등을 통해 커다란 성공을 거둔 필리핀 일부 지역의 녹색 혁명을 전혀 알지 못했던 것처럼 보인다. 사실상 마오쩌둥의 제안은 지나치게 집약농업을 실시했던 18세기 방식의 농업 기술을 확대시키는 것이었다. 이러한 일종의 소규모 대약진 운동은 1956년 6월 20일 이후 파기되었다.

이러한 정책 때문에 마오쩌둥의 의도에 대한 첫 번째 의문이 제기되었다. 그가 자랑한 과학적 사회주의는 여전히 기근을 떨쳐내지 못한 중국 농촌을 떠돌아다니는 유토피아의 분실일지도 모르는 일이다.

지식인들을 어떻게 규합할 것인가?

마오쩌둥이 농촌 문제를 제기한 1월, 지식인과 관련된 토론 마당에서 저우언라이는 두 번째 질문을 제기했다. 그곳에서 당시 중국 수상이었던 저우언라이는 대다수 지식인들이 새로운 체제에 대해 유보적인 태도를 보이는 것은 유감스러운 일이라고 말했다. 그러므로 중국이 저개발 상태에서 벗어나려면, 지식인들의 협조가 필수적이라는 것이었다. 지식인들 대다수가 주저하는 이유는 자유의 결핍을 느끼고 있기 때문이라는 점을 저우언라이는 인정했다. 이것이 자유화의 실마리가 되었을까? 1956년 5월이 되자, 이른바 백화제방百花齊放의 현상을 볼 수 있게 되었다. 그러나 후펑을 비롯한 여러 지식인들의 처단이 사람들의 뇌리에 여전히 자리잡고 있었다. 사실상 어떤 일도 발생하지 않았다.

스탈린 비판에 어떻게 대응해야 하는가?

바로 뒤이어 세 번째 중요한 질문이 제기되었다. 1956년 모스크바에서 제20차 소련공산당회의가 개최되었다. 공개 보고서에서 흐루쇼프는 폭력적이 아닌 합법적인 여정을 통해 사회주의 달성이 가능하다는 사실을 환기시켰다. 그는 제국주의와의 평화 공존을 제안했다. 위 두 문제는 소련과 입장이 전혀 달랐을 뿐 아니라, 그러한 방향 전환을 사전에 전혀 통고받지 못한 중국 지도부를 불쾌하게 했다.

비밀 보고서에서 흐루쇼프는 스탈린의 잘못과 죄악, 그리고 그러한 잘못의 원인이 되었던 스탈린 개인숭배를 고발했다. 그러나 옌안 시대 이후 마오쩌둥이 등장한 이래, 마오쩌둥에 대한 숭배는 나날이 확대되었다. 이제 그러한 마오쩌둥 숭배를 거부해야만 하는가? 소련의 스탈린 비판에 대한 중국의 최초 반응은 신중한 것이었다. 4월 5일 발간된 〈프롤레타리아 독재에 대한 역사적 경험〉이란 글에서 마오쩌둥은 스탈린 비판이 몰고 올 이해득실을 가늠했으며, 스탈린이 특히 중국공산당과의 관계를 포함한 여러 가지 중대한 과오를 저질렀음을 인정했지만, 그는 필수불가결한 프롤레타리아 독재를 공고히 했다는 장점을 보여준 인물이라고 평가했다. 시간이 지나면서, 스탈린에 대한 엄격한 단죄를 주장하는 측보다 유보적인 입장을 취하는 쪽이 더 많아졌다. 중국에서 스탈린은 마르크스, 엥겔스, 레닌, 그리고 당연히 마오쩌둥과 버금가는 세계 프롤레타리아 혁명의 아버지 가운데 한 사람으로 남게 되었다.

소련 모델은 효과적인 것인가?

아주 자연스럽게 네 번째 질문은 소련식 모델을 고집하는 것에 대한 문제에 집중되었다. 중국공산당에 많은 영감을 주었던 소련으로부터의 가르침이 무슨 가치가 있을까? 4월에 출간된 〈10대 관계론〉이라는 글에서 마오쩌둥은 소련을 가혹하게 비판했다. 이런 전제 하에 마오쩌둥은 산업 분야 우선 정책전체 투자의 75퍼센트으로 농업전체 투자의 8센트이 희생되었으며, 외국의 기술이 유용하고, 중국도 핵무기를 가져야 한다고 평가했다. 간단히 말해서 중국은 완전히 혹은 거의 오류를 범하고 있다는 것이었다.

중국 현실에 적절한 또 다른 길이 분명 절실해졌다. 이것은 소련과의 결정적인 단절이 시작되었음을 의미하는 것이다. 마오쩌둥은 이미 그러한 소련과의 문제에 대한 의구심에서 벗어나 확고한 입장에 서 있었지만, 중국의 모든 공산당 지도자들이 반드시 그러했던 것은 아니다.

중국공산당 제8차 전국대표대회에서 제기된 문제

다섯 번째 문제는 중국공산당 제8차 전국대표대회에서 제기되었다. 1956년 9월에 열린 이 대회는 당의 전문가 집단이 만든 정치 선전, 고도로 조작된 환호, 그리고 누구나 알 수 있는 암시로 가득 찬 전형적인 스탈린 방식의 회의와 유사했다. 류사오치가 말한 것처럼, 주요한 불화는 사회주의적 생산과 관련하여 생산력이 뒤처졌다는 데서 비롯되었다. 그것의 개선을 위해서는 투자로 충분하며, 투자야말로 모든 것을 해결할 수 있었다. 이제 정치는 경제에 바통을 넘겨주었다.

한때 중국공산당의 이론적 근거가 된 마오쩌둥의 사상은 이제 흔적도 없이 사라지게 되었다. 회의 기간 동안, 수십 명의 공산당 지도자들이 자신의 입장에서 비판을 개진한 결과, 1958년부터 1967년 사이 그들은 축출되었으며 생존자들은 1982년에 이르러서야 겨우 복권되었다. 암묵적인 노선 투쟁이 시작되었던 것이다.

5   1957년의 대응

1956~57년 겨울 이후 마오쩌둥은 1957년에 제기된 문제에 대한 자신의 반응을 보여주기 시작했다.

소련 진영의 위기

당시 세계 사회주의 체제는 위기에 처해 있었던 것이 사실이다. 폴란드에서는 거리의 군중들이 그 지역 스탈린주의자들로부터 희생된 고물카 Gomulka의 정치적 복권을 요구했다. 헝가리에서도 그해 늦여름부터 임레 너지Imre Nagy를 위한 유사한 투쟁이 전개되었다.

마오쩌둥은 그러한 혁명을 지지했다. 그러나 자유주의적인 성향을 가진 사람들에게까지 그러했던 것은 아니다. 반제국주의에 서 있었던 중국 내부에서의 조그마한 균열에 대해서도 민감하게 반응한 마오쩌둥은 1956년 11월 초 헝가리의 반공산주의 혁명을 무참히 짓밟은 소련 붉은 군대의 개입을 지지했다. 그는 단지 자신이 수정주의라고 의심했던 소련의 지도자들이 자신들의 헤게모니를 중국에 강제하지 않기를 바랐다.

마오쩌둥의 대응

이런 상황에서 마오쩌둥의 반응은 1957년 2월 27일 발표된 '인민 내부의 모순을 확실하게 해결하는 문제에 관하여關于正確處理人民內部矛盾的問題'라는 도발적인 논의에서 확실하게 드러났다. 제8차 전국대표대회 당시 류사오치가 채택한 주제와는 정반대로, 마오쩌둥에 따르면 중국 사회주의의 모순은 정치에서 기인한다는 것이었다. 그는 사회주의의 여러 모순들은 과거에서 비롯된 권위적이며 관료적인 태도를 유지하는 데서 비롯된다고 했다. '붉은 관료들'의 이러한 행동거지가 되도록 빨리 수정되지 않으면, 그러한 모순들이 좀 더 심각한 위기, 더 나아가서는 반反혁명으로 이어질 수 있다는 것이었다. 따라서 공산당원들은 거리에서 시위를 벌이거나 파업을 하는 한이 있더라도, 그들이 관료적이라고 고발한 당시의 체제를 비판하는 데 참여하고 부정에 대항하여 싸워야만 했다. 이러한 논의는 자신의 모든 세력이 억제되었던 당 지도부를 오싹하게 만들었다.

중국 인민들의 반응: 백화제방

그럼에도 불구하고 1년 전 아무런 성과 없이 시작된 백화제방 운동이 마오쩌둥의 그러한 개입 하에 다시 열광적으로 전개되었다. 40일 동안 중국 국민들이 1956년 제기된 문제에 대한 답을 보낸 것이다. 중국 일반 국민들의 대답은 혼란스럽고 모순적이며 종종 순진무구하기도 했다. 지식인, 그리고 특히 학생들은 포럼이나 대자보, 나아가서는 추안핑이 주도한 신문인《광명일보光明日報》와 같은 공식적인 출판물을 통해 동맥경화증에 걸린 유일당, 권위적인 소련, 당 간부의 특권, 도그마주의를 비난했다. 그들은 자유로운 공간과, 자유로운 토론을 할 수 있는 권리를 요구했다.

노동자 역시 자신들만의 방법을 통해 사태에 개입했다. 그들은 받아들이기 어려운 노동 조건이나 자신들의 수입 감소에 저항하는 파업을 벌여

나갔다. 노동조합이 그러한 시위를 주도했다.

수백만 명의 농민들 역시 특별한 이유 없이 들어간 집단농장을 등졌다. 그리고 우한의 경우처럼 종종 그러한 일련의 사태들이 악화되는 때도 있었다. 우한의 혼란상은 마오쩌둥이 우한을 '작은小 헝가리'라고 부를 정도로 꽤 심각했다.

다시 쟁취한 주도권

1957년 6월 8일 중국공산당은 《인민일보人民日報》의 논설을 통해 그러한 움직임에 종지부를 찍었다. 《인민일보》는 '해악한 꽃'을 뽑아버려야 한다고 주장했다. 백화제방 운동이 사실상 당 체제의 반대자들을 몰아내는 데까지 이르렀다 해도, 그러한 운동이 체제 반대자들을 몰아내기 위한 함정은 아니었다. 마오쩌둥은 그러한 움직임 속에서 오히려 당 간부들을 시험할 수 있었으며, 그 과정을 통해 당시 체제가 인기가 없다는 사실이 드러나자 경악했다.

일단 당은 6월 중순 이후 확산되어 1957년 10월 9일에 끝난 반우파주의 운동을 전개했다. 반우파주의 운동은 새로 당서기에 부임한 덩샤오핑에 의해 급작스럽게 주도되었다. 자아비판이 급증했다. 100만 명 이상의 중국인들이 다양한 죄목으로 처벌받았으며, 대다수는 시골 벽지로 추방되었는데, 그곳에서 일종의 유배 상태로 20년 이상을 보낸 사람들도 있었다. 백화제방 운동에 동조한 당 간부들은 가장 가혹한 형벌을 받는 대신 추방되었다. 저우언라이가 공표한 당과 지식인들과의 단절이 이제 분명해졌다.

이와 동시에 마오쩌둥은 '좌파'의 그러한 분위기를 이용하여 자신의

1957년 9월 반우파투쟁이 발생해 전국적 범위의 군중운동으로 확산되었다. 사진은 1957년 국경절 당시 군중이 '반우파투쟁을 철저하게 진행하자' 라는 푯말을 들고 가두 행진을 벌이는 모습.

농업 발전 12년 계획에 착수했다. 소규모 농촌 시장은 폐쇄되었다. 1957년 10월 4일, 소련 당국에 의해 최초로 인공위성이 발사되자, 마오쩌둥은 그것을 사회주의 진영의 군사적 우위로 파악했다. 10월 15일 소련과의 협약을 통해 핵무기 제조에 필요한 소련의 원조를 얻게 된 마오쩌둥은 11월 2일부터 20일에 걸쳐 두 번째로 모스크바를 방문하여 이른바 64개 공산당이 참여한 회의에 참석했다. 그는 흐루쇼프와 만났지만 특별한 성과는 없었으며, 그 자리에서 서양의 바람을 압도하는 동양의 바람에 대해 언급했다. 명백하게 말하자면, 유럽 노동자들의 혁명 근원지는 이제 소멸된 반면, 농민 게릴라들이 동양에서 그 불을 지핀다는 것이었다. 중국은 세계 붉은 국가의 중심지가 될 준비가 되어 있었다.

1957년의 중국공산당 상황

중국공산당은 공산당의 추진 하에 전개된 새로운 사회에서 중심적인 역할을 했다. 약 1,100만의 당원이 있었던 공산당은 젊은 남성이 주류였다 가입자 중 4분의 1이 20세 미만이었으며, 여성 당원은 전체의 10퍼센트에 불과했다. 전체 인구의 1.74퍼센트를 차지했던 공산당은 농촌보다 도시에 두 배가 더 많았다. 당원 가운데 58퍼센트가 농민, 11퍼센트가 군인과 경찰, 11.7퍼센트가 노동자였는데, 노동자 당원들은 여덟 명 중 한 명이 공장 노동자였다. 원칙적으로 당은 전반적인 방향을 제시하고 노선만 정할 뿐이었다. 그러나 정해진 당의 법률이 없는 상황에서, 사실상 당이 말 그대로 법이었다. 국가 기구가 미약했기 때문에 당이 국가 조직의 일부가 되었으며, 따라서 당과 국가가 혼동되기도 했다.

농촌의 상황

당시 중국 6억 3,300만 인구 가운데 약 85퍼센트가 살았던 농촌은 집단화 때문에 1955년 이후 심각하게 변하기 시작했다. 당시 농민들은 2,000~3,000제곱미터의 개인 토지를 갖고 있었으며, 그 토지에서는 농촌의 자유 시장에서 얻는 그들 수입의 약 4분의 1을 산출했다. 특히 농민들은 농촌합작사 소유로 남아 있던 집단농장에서 일했다. 그들은 그곳에서 실제로 행한 노동의 질과 양에 따라 노동 점수를 받았다. 집단농장은 거의 자연 촌락 규모와 유사했다. 집단 농장은 약 63만 3,000개였으며, 각각 150가구가 있었다.

따라서 집단 경작과 전통적인 가족 경작지 사이에 지역적 경계가 마련되었다. 그 체제 하에서 곡물 생산량은 연 평균 2.7퍼센트가 증가했는데, 당시 인구 증가율1.8퍼센트보다는 높았다. 연간 농민 한 사람이 마음대로 처분할 수 있는 곡물의 양은 최소 163킬로그램이었다. 국가는 1957년 당시 생산량인 1억 9,100만 톤 가운데 5,000만 톤을 징수했으며, 다시 2,500만 톤을 낮은 가격으로 도시에 공급했다.

그러나 농촌 간부들이 요구한 의무 납부액이 종종 과다한 경우가 있었기 때문에, 1955년 산시山西 성에서는 농산물 보관 창고를 공격하는 일이 발생하기도 했다. 생산성은 매우 낮아, 1헥타르당 밀이 약 600~900킬로그램이었으며, 벼는 25~30킬로그램이었다. 가난한 농민들을 위해 새로운 엘리트들을 진급시켜 농촌을 지도했지만, 그들은 특별한 능력이 없었을 뿐 아니라 무시당했다. 지방 당 간부들이 생산량을 감시했지만, 그들의 주요한 목적은 상급자들의 눈에 띄는 것이었다.

도시의 상황

강제적인 방식으로 산업화가 전개되었다. 산업 성장률은 15퍼센트였으며, 자본 축적은 전체 국가 수입의 24.2퍼센트에 이르렀지만, 그것은 소비를 억제하고 중공업대출의 85퍼센트를 차지했다을 우선한 덕분이었다. 도시화의 진전은 특히 엄청난 농촌 이탈로 이루어졌다. 농촌을 이탈하는 주민의 비율은 10퍼센트에서 14퍼센트로 증가했다. 중국은 스스로의 산업

혁명을 전개했는데, 큰 혼란 없이 이루어졌다. 실제로 거주지와 노동 장소 두 곳을 동시에 고려하여 주민들을 조직했다.

기업이 생산 단위單位였다. 기업은 식량, 특히 곡물 표를 나누어 주었는데, 그 표는 상당한 보조 봉급이 되었다. 기업은 노동자들에게 주택을 제공했다. 또한 노동자들의 자녀가 다니는 학교, 보건소, 상점에 대한 재정을 지원했다. 기업은 휴가, 의료보험, 퇴직, 사회보장을 책임졌다. 기업의 당위원회 감독 하에 기업은 각 개인의 신상을 관리했다. 기업은 모든 사람에 대한 어머니 역할을 했지만, 못된 어머니가 될 수도 있었다.

각 구역에서는 퇴직자들이 관리하는 거주위원회가 지구당 위원회의 감독과 역시 각 지역 경찰의 정보를 토대로 각 가구를 300에서 700가구 단위로 재편성했다. 거주위원회는 그들의 분쟁을 조정하고 단위 활동을 보조했다. 대중 운동을 벌일 경우 사람들을 동원하고, 정치 선전 주제를 퍼뜨리며, 우파 혹은 우파로 의심되는 사람들에 대한 자아비판 무대를 만드는 연결 역할을 했던 것이 각 지구 거주위원회였다.

사회질서

그러나 이와 같은 체제는 주민들에게 호구戶口를 지급하는 제도가 마련된 1958년에 이르러서야 비로소 자리 잡았다. 이 호구에는 직업, 신분民族, 출생지, 즉 농민, 중소도시 거주민, 대도시 거주민 등과 같은 사항이 기재되었다. 단위는 이 서류에 기초하여 직장과 주택을 분배했으며, 그러한 수단을 통해 농촌 이탈을 차단하려 했다. 이러한 체제는 적어도 초기에는 나름의 기능을 했다.

중국의 강제노동수용소

그러나 이러한 사회질서를 유지하기 위해 치른 대가는 이미 과중한 것이었다. 1950년대에 소련의 굴락과 동일한, 즉 노동을 통해 재교육을 하는 라오가이가 연속적으로 마련되었다. 이러한 집단수용소가 급격히 증가했으며, 정치적인 '숙청'이 발생하면 새로운 죄수들로 가득 찼다. 여러 시기에 걸쳐 500만에서 2,000만 명이 수용되어 있었다. 구금과 그 기간은 자의적이었으며, 전적으로 당의 지시에 따라 결정되었다. 그러한 수단을 통해 당은 다른 사람들을 굴복시킬 수 있는 꽤 특별한 권한을 가질 수 있었다.

8장

유토피아의 제국

1958~1976

마오쩌둥이 권력의 정상에 있을 당시, 그는 세계에 대한 자신의 유토피아적인 비전에 입각한 정책을 시도했다. "중국은 가난하며 백지 상태지만, 그 백지 위에 가장 아름다운 시를 쓸 수 있을 것이다." 따라서 류사오치가 불평했던 중국의 열악한 상황이 마오쩌둥에게는 성공의 수단이 되었다. 아무것도 잃을 것이 없으며, 변화가 발생하면 모든 것을 차지할 수 있는 어떤 한 사람에 의해, 모든 불화가 수면 위로 부상할 수 있다.

1

대약진 운동
(1958~61)

대약진 운동은 1957년 겨울부터 전개되었다. 마오쩌둥은 당시 한창이던 반우파주의 운동을 유리하게 이용하기로 결정했다. 그는 대중을 자본한 인간은 먹을 입을 가짐과 동시에 두 팔을 가지고 있다으로, 그리고 잠재적인 혁명 세력백지 상태으로 파악했으며, 그러한 대중들의 동원을 통해 1956~57년 등장한 모순을 뛰어넘을 수 있다고 생각했다. 그는 지식인에 대한 경계심을 갖고 있었던 만큼, 사람들이 지식인의 능력은 '계급 권력'이 될 수 있다는 생각을 갖게 만들었다. 그에게는 전문가보다는 '사상에 철저한' 지도자들이 필요했다.

다른 한편, 시간이 지날수록 소련과 관계가 멀어짐에 따라 '현대판 수정주의자'라고 간주된 소련보다 중국식 사회주의가 우월하다는 것을 보여주어야 했다. 따라서 하나의 함정이 자리 잡게 되었다. 즉 비현실적인 방법으로 사회주의 건설을 가속화해야 하며, 소련의 비판에 대해 스스로 중국가 여전히 정당하다는 것을 보여주어야 한다는 두려움을 가지면, 어떤 실수도 바로잡을 수 없다는 것이었다.

다시 전개된 유토피아

허난 성 남쪽의 가난한 산악 지역에서, 마을 간부들이 안정적으로 수확할 수 있는 경작지를 만들기 위해, 수백 개 농촌 합작 회사의 노동자들을

대약진 운동 당시 인민들이 동원되어 강철을 생산하고 있다.

재편성하여 대규모 수리 공사를 벌였다. 따라서 보수도 받지 못할 뿐 아니라, 종종 무용하며 유해한 공사를 하기 위해 수천 명의 농민들이 자신의 경작지를 방치해야 했다. 이렇게 하여 허난 성 쑤이핑逢平 현에서 사람들이 '위성衛星'이라 부른 최초의 인민공사人民公社가 등장했다. 왜냐하면 인민공사는 발전과 미래, 그리고 사회주의의 우월성을 상징하는 것이기 때문이었다.

1958년 5월 중국공산당 제8기 제2차 중앙위원회 전체회의에서 류사오치 보고서를 기초로 사회주의 건설을 위한 전면적인 노선이 채택되었으며, 공식적으로 대약진 운동이 시작되었다. 이것은 2년 전 동일한 회의에서 동일한 대표들이 채택한 노선을 다시 한 번 만장일치로 거부하는 것이었다. 비현실적이라는 이유로 당시 채택이 거부되었던 농업 발전 12년 계획이 다시 채택되었다. 덩샤오핑은 유고슬라비아의 근대적 수정주의를 단죄했다. 마오쩌둥은 만신창이가 된 자신의 유토피아를 다시 활성화할 수 있는 당내 합법성을 지니게 되었다.

인민공사

1958년 8월 17일부터 30일까지 개최된 당 중앙위원회는 전면적인 인민공사를 채택했다. 당시 인민공사는 7만 개였으며, 그것을 10개 내지 12개의 합작사로 편성하여 각 조별로 나눈 생산대대를 만들었다. 인민공사에는 보통 5,000가구가 있었다. 이어 도시로 확대된 인민공사는 중국 사회의 거의 자급자족적인 기초 단위가 되었다. 그것은 완전히 집단화된 농업 생산 단위였을 뿐 아니라, 농업을 위해 가동되며 농업 생산을 좌우할 수 있는 소규모 공장을 가진 생산 단위이기도 했다.

인민공사는 모든 것이 당 위원회의 권한에 귀속되어 있는 정치적 중심지이기도 했다. 또한 그것은 각 지구의 병원을 가진 중심적인 의료기관인 동시에 학교가 있는 교육 중심지이자 민병대가 있는 군사 중심지였다. 전역한 군인들로 형성된 그들 민병대의 영구 핵심 인원들이 마을의 치안경찰 기능을 했다. 이리하여 필요한 철강을 생산해낼 수 있는 소규모 고로高爐의 수효가 증가했다. 마오쩌둥은 1,070만 톤의 철강이 생산되었다고 언급했다. 특별한 기술 없이 오직 이념적 열정으로 만들어진 이러한 철강은 무용지물임이 이내 드러났다.

대규모 공사

1958년 가을 9,000만 명의 농민들이 기반 시설 공사에 참여했다. 주로 댐과 운하 공사에 동원되었는데, 중앙정부의 재정 지원은 없었다. 주무 부서는 지방분권화되었으며, 그들 간부가 농촌에 파견되었다. 통계 기구는 신화사新華社 감독 하에 있었다. 무료 급식소가 촌락에 개설되었다. 농민들은 그곳에 가족을 데려와 식사를 할 수 있었다. 집단 배식에 흔히

광둥 성의 한 인민공사의 공동식당에서
식사하는 인민들.

등장하는 단조로운 식단 구성을 피하기 위해, 배려 차원에서 당은 메뉴
를 작성하기까지 했다. 가족노동에서 벗어난 농민들은 취사도구를 창문
밖으로 던져버렸으며, 그것들은 결국 용광로로 들어갔다. 중국 농민 역
사상 처음으로 가장 구체적인 의미에서 각각의 가족 구성원으로 구성된
가구가 사라졌다.

　모든 것이 가능한 것처럼 보였다. 신조차도 축복을 내렸다. 2억 톤의
수확을 올린 1958년은 대단한 해였다. 이러한 결과에 고무된 해당 간부
들은 이내 5억 톤의 수확이 가능하다는 평가를 내놓았다. 공동 생산 체
제와 그 풍요로운 결실은 불가분의 관계에 있다는 것이 3년 안에 분명해
질 것이라고 생각했다. 이제 헤아릴 수 없이 많은 중국 인민들은 불안정
한 삶에서 벗어날 수 있다는 꿈을 꾸게 되었다.

실패의 최초 징후
그러나 대규모 공사로 지치고, 수개월 동안 고향을 등져야 했던 농민들
은 1957년 정부가 그들에게서 징발한 것보다 훨씬 많은 양의 곡물을 내

놓아야 했음에도, 곡식이 수확 전에 썩기 시작하여 수확량이 많지 않았다. 소규모 용광로에 필요한 연료를 공급하기 위해 남벌을 했다. 1958년 가을부터 불안해지기 시작했다.

이 사이 타이완과의 군사적 긴장이 고조되었다. 1958년 8월 23일 인민해방군은 샤먼廈門 일대 진먼다오를 폭격했다. 유화 정책을 권한 소련 때문에 이러한 적대적 관계는 10월 6일 중단되었다.

이러한 군사적 긴장과 인민공사 운동 사이의 연계는 단지 순차적으로 발생한 것은 아니었다. 이러한 행동을 통해 마오쩌둥은 제국주의뿐 아니라, 흐루쇼프와 그의 '평화공존론'에 대항했던 것이다. 그는 농민 민병대의 거센 물결과 모든 공격자를 무력화할 수 있는 미래 중국의 원자폭탄을 계산하고 있었다. 강력한 중공업이 필수불가결한 근대적 군대 창출에 적극적이었던 펑더화이는 그러한 마오쩌둥 노선에 반대했지만, 경제위기의 여러 징후들이 증대되었다. 이 때문에 12월 초, 우한에서 개최된 중앙위원회는 목표를 재조정했다. 농업 생산량을 재조정했지만, 그 수치역시 자그마치 3억 7,500만 톤에 달했다. 문화 조직과 노동 점수 부여에 대한 중요한 역할이 노동대대와 각 조村와 촌락에 할당되었다.

여전히 어느 누구도 감히 공격하지 못했던 마오쩌둥은 용의주도하게 공화국 주석 자리에서 물러나 2선으로 후퇴했다. 1959년 4월 마오쩌둥 대신 류사오치가 주석을 맡았다.

모든 상황을 보건대 마오쩌둥은 명백한 자신의 과오를 책임지고 한 발 물러서는 것이 유리하다고 생각했다. 그러한 마오쩌둥의 생각만큼이나 당시 명망 있는 국방장관 펑더화이는 1959년 봄 은연중 마오쩌둥을 비판했다. 그러나 1959년 7~8월 루산廬山에 모인 공산당 수뇌부는 7월 14

일 마오쩌둥 주석을 심각하게 비판한 펑더화이의 의견에 동조하지 않았다. 여전히 충분히 위엄이 있었던 마오쩌둥은 사임 압박2는 심지어 몸을 피신하려고까지 했다을 버틸 수 있었으며, 자신의 권위 회복을 통해 펑더화이를 몰아내고 대신 자신에게 충성스러운 린뱌오를 임명할 수 있었다.

기근

마오쩌둥이 그 분열을 예측하고 있었던 고위 간부들 사이의 불화로 중국은 매우 커다란 희생을 치러야만 했다. 자신의 성공으로 대담해진 마오쩌둥은 대약진 운동을 재개했지만, 식량 부족은 이미 대기근으로 바뀌기 시작했다. 1957년엔 4,000만 톤, 1958년엔 5,570만 톤에 달한, 국가에 의무적으로 납부해야 하는 곡물의 양은 1959년 5,590만 톤에 달한 반면, 당시 1억 7,000만 톤의 수확량은 1958년에 비해 3,000만 톤이 적은 것이었다. 엄격한 배급제가 이루어진 도시에서는 이러한 생산량으로도 소비가 가능했지만, 농촌의 경우는 개인당 배급량이 204킬로그램에서 156킬로그램으로 줄어들어, 사실상 소비를 충족시키지 못했다. 수확량이 2,600만 톤이나 감소했지만, 국가에 의무적으로 납부해야 하는 양이 여전히 4,280만 톤에 달했던 1960년의 상황은 더욱 심각했다. 1961년의 수확량은 더 낮아져 1억 4,800만 톤이었다. 생산은 1962년에 이르러서야 겨우 회복되기 시작했다. 당시 생산량은 1억 6,000만 톤이었으며 국가에 대한 의무 납부량도 결국 3,200만 톤으로 제한되었다. 1965년에 이르러서야 겨우 기근 발생 이전의 수확량을 거둘 수 있게 되는데, 당시 수확량은 1억 9,500만 톤이었으며, 국가에 납부한 양은 4,490만 톤이었다.

수백만의 농민들이 기근이 든 자신의 고향을 떠나려 했다. 당에서는

1961년 말 류사오치가 광저우 인근의 숲에서 채소를 캐며 경제 궁핍 시대의 식량 문제 해결 방법을 모색하고 있다.

군대를 동원하여 그들은 잔인하게 거주지로 되돌려 보냈으며, 기아로 마을 사람 모두가 사망한 촌락이 지도에서 사라져버렸다. 동시에 농촌 이탈을 통제하기 위해 1958년 호구제도가 마련되었지만, 당에서는 불법적으로 도시에 몰려든 수백만 명의 농민들을 고향으로 되돌려 보냈다.

그 결과는 끔찍했다. 1959~61년 사이 1,800만 명에서 2,300만 명의 농민이 기아로 사망했다. 1957년 11퍼센트 미만이었던 사망률이 1961년에는 25퍼센트를 웃돌았다.

조정

이러한 재난 때문에 몇 달 전 펑더화이가 원했던 모든 정책들이 시행되었다. 1960년 11월, 열두 가지 긴급 조치로 인민공사의 역할이 축소되었으며 61년 다시 60개 조항이 부가되었다. 즉 인민공사는 단순한 행정 단위가 되었으며, 1955~57년 시행된 합작회사가 다시 경제 단위가 되었다. 1961년 10월, 소규모 경작지가 농민들에게 주어졌기 때문에 농촌에는 다시 자유 시장이 등장했다.

마오쩌둥에 대한 의문 제기

1961년 1월에서 1962년 9월 사이, 즉 약 2년 동안 두 번에 걸쳐 마오쩌둥은 어려움에 처했다. 1961년 10월의 공업 70조條는 60년 1월 안산鞍山 헌장을 일소하는 것이었으며, 공업 70조에 의지하여 마오쩌둥은 공장에서의 '정치 우선정책'을 실행했고, 상여금을 없앴으며, 지도자들과 기술자들의 권한을 축소했다.

마오쩌둥의 권력을 차지하려 했던 류사오치는 1962년 1월 이른바 7,000인 대회에서 기근 원인의 70퍼센트는 사람의 잘못이며 단지 30퍼센트만이 자연재해에서 기인한 것이라고 평가했다.

인민공사 해체 정책의 시작

그해 2월 베스트셀러가 된 《어떻게 해야 훌륭한 공산당원이 될 수 있는가怎樣做一個共產黨員》라는 책에서 저자 류사오치는 당 정치국에서 '삼자일보三自一保, 세 가지 자유와 한 가지 보장' 정책을 채택하도록 했다. 집단화 정책으로 수용된 토지는 각 농민들에게 재분배되고, 농민들은 계약에 따라 자신들의 농업 생산물을 낮은 가격으로 국가에 제공하는 대신, 그 나머지는 자유롭게 처분하는 것이었다. 이것이 탈집단화 정책의 시작이었다.

베이징 시장 펑전彭眞의 후원을 받고 있던 우한吳晗의 〈해서파관海瑞罷官〉이란 연극이 1961년 3월부터 베이징에서 상연되었다. 당시 모든 사람들은 황제를 비판하다 파면당한 17세기의 덕망 높은 관리 해서海瑞를 루산에서 마오쩌둥을 비판한 펑더화이에 비유했다. 《베이징만보北京晚報》 등에서 여러 필자들이 유머난에 글을 기고하여 마오쩌둥과 그의 파탄 난 유토피아를 은근히 비판했다. 저우언라이는 "중국은 오직 하나"라는 사실을 환기시켰으며, 1964년 12월 국가가 주도하는 4개 부문 현대화 계획을 제시했다. 한때 집단화의 가속화에 반대한 천윈은 시장경제의 재도입을 원했다. 1962년 수백만 톤의 곡물을 오스트레일리아와 캐나다에서 수입했으며, 그것으로 마침내 중국은 식량 기근에서 벗어날 수 있었다.

2

두진영으로갈라진중국
(1962~66)

1962년 9월, 경제 사정의 호전으로 이른바 대립 전략이 가능해지자, 마오쩌둥은 즉시 공격 자세로 변환했다. 그는 도처에서 "하나가 둘로 분열되고 있음"을 입증했다.

티베트 문제

1959년 3월 17일부터 23일까지, 라싸 주민들은 1955년 이후 꾸준히 증가한 중국 군인들에 대항하는 대규모 시위를 벌였으며, 이 때문에 달라이 라마가 인도로 피신하는 사태가 발생했다. 달라이 라마는 3월 31일 인도에 도착했다. 유명한 망명자를 향한 인도 당국의 열렬한 환대 때문에 이후 인도와 중국의 관계는 악화 일로를 걷게 되었다. 달라이 라마를 따라 수십 명의 티베트 민병대 역시 인도로 들어갔다.

라싸에서 유혈 진압된 티베트 봉기는 이후 티베트 동부 지역에서 수개월 동안 지속되었다. 따라서 중국 당국은 전략 차원에서 도로를 개설하여, 신장에서 증원군을 티베트에 파병할 수 있도록 했다. 중국이 1914년 체결된 국경 조약을 전혀 고려하지 않았기 때문에 1959년 9월 중국과 인도 군대 사이에 분쟁이 발생했다. 이 사태에 대해 소련은 중립적인 입장을 견지했다.

중국과 소련의 결별 수순

사실상 소련은 중국 정책에 대해 점점 거리를 유지했다. 1959년 6월 소련은 이미 1957년 중국과 맺은 핵 협력 조약을 일방적으로 폐기했다. 캠프 데이비드Camp David에서 아이젠하워 미국 대통령을 만난 이후, 1960년 10월 초 베이징을 방문한 흐루쇼프의 태도는 매우 냉랭했다. 1960년 4월, 중국은 《레닌주의 만세列寧主義萬歲》*라는 소책자를 발간했는데, 거기에는 세계 혁명 전략에 대한 중국과 소련의 입장 차이가 분명하게 드러나 있었다.

소련은 1960년 7월부터 중국에 파견한 1,300명의 소련 기술자를 소환했다. 1960년 11월, 81개의 공산당이 모인 모스크바 회의에서 알바니아인 엔베르 호자Enver Hoxha는 소련의 '타협주의'를 비난했다. 이 비판이 있은 후, 소련의 태도를 공격하기 위해 유고슬라비아를 '수정주의자'라고 비난했던 중국을 겨냥하여, 소련은 알바니아를 '교조주의자'라고 비난했다. 1962년 4~5월, 카자흐인들이 중국 신장에서 소련 영토인 카자흐스탄으로 대량 이주하자, 중소 간 국경 분쟁으로 인명 손실이 발생했다. 1962년 쿠바에 보낸 소련의 미사일로 야기된 쿠바 위기**에 즈음하여, 중국은 먼저 소련의 모험주의를, 이후에는 그들의 타협주의를 비난했다.

1962년 10월 20일~11월 21일, 히말라야 지역에서 중국 병력과 인도

◆ 1960년 4월 16일 중국공산당 기관지인 《홍기(紅旗)》에 게재된 것이다.
◆◆ 미국 본토를 공격할 수 있는 중장거리 미사일을 소련이 쿠바에 배치한 것을 계기로 미국과 소련이 일촉즉발의 전쟁 발발 위기에 놓이게 되었던 사건을 말한다. 1962년 10월 28일 당시 케네디 미국 대통령과 우탄트 유엔 사무총장이 흐루쇼프와 공격 미사일을 철수한다고 협의하여 사태가 종식되었다.

병력 사이에 짧지만 매우 격렬한 전투가 발생했다. 이 전투에서 압승한 중국은 1914년 이후 인도가 불법적으로 점유하고, 이후 다시 물러난 그 지역을 약탈했다. 중국 측은 일단 인도에 나름의 '교훈'을 주었다고 생각했다. 이 분쟁 동안 소련은 내내 중립적인 입장을 고수했다.

중국과 소련의 완전한 단절

이제 중국공산당과 소련공산당의 결별은 불가피했다. 1962년 12월 《인민일보》는 일련의 연재 기사를 통해 소련공산당을 비판하는 글을 게재했다. 1963년 《프라우다 Pravda》는 중국공산당에 대한 명백한 고발을 통해 《인민일보》의 기사에 대항했다. 이에 대해 중국공산당 역시 1963년 6월, 25개 조항이 담긴 서신을 통해 격렬하게 대응했다. 그해 7월 모스크바에서 열린 양자 사이의 최후 담판 역시 실패로 끝났다.

7월 모스크바에서는 소련, 미국, 영국 사이에 협약이 체결되어, 대기 핵실험이 종식되었다. 프랑스와 중국은 이 협약에 조인하지 않았다. 중

1963년 중소회담 참석 후 귀국한 중국공산당 대표단 단장 덩샤오핑과 부단장 펑전 등이 베이징 공항에서 군중들의 환호에 손을 흔들며 화답하고 있다.

국은 1964년 10월 16일 최초의 원자폭탄을 터뜨렸으며, 전 세계의 주도 권을 유지하기 위해 '핵 보유국들'이 다른 나라의 핵무기 소지를 금지시 키고 있다고 그들을 비난했다. 19세기 이래, 중국은 조잡한 정크 선으로 대포를 장착한 함대에 맞서야 했던 강박관념에 시달려왔다. 이제 중국은 가장 효율적인 무기를 소유하지 못하는 나라가 절대 되지 않겠다고 생각 했다.

1964년 10월 14일 흐루쇼프를 실각시킨 브레즈네프가 등장했지만, 중 소 대립 상황은 전혀 바뀌지 않았으며, 이후 그러한 대립 상황이 더욱 악 화되었다. 이념의 불일치로 국가들 사이에 갈등이 증폭된 지 이미 꽤 오 래된 상태였다. 그래서 일본 사회당원들을 만난 자리에서 마오쩌둥은 150만 제곱킬로미터에 달하는 중국 영토에 대한 소유권을 주장하는 소 련에 대한 불만을 낱낱이 털어놓았다.

〈전쟁에서 승리한 인민들 만세〉

1965년 9월 발표된 린뱌오의 〈전쟁에서 승리한 인민들 만세〉라는 글을 통해 중국 정치 지도자들의 당시 세계 정황에 대한 분석을 다시 확인할 수 있다. 린뱌오는 세계 혁명이 아프리카, 아시아, 라틴아메리카 농촌으 로부터 유럽과 북미 도시에 이르는 곳까지 전개된 혁명 전쟁의 형태를 띠고 있다고 평가했다.

마오쩌둥은 그러한 사실을 더욱 강조했다. 그는 두 개의 헤게모니를 구분했는데, 하나는 소련, 또 하나는 미국이었다. 또한 그는 두 진영 사 이에 중간 지대가 있고, 제3세계 민중들에 의해 형성된 혁명 진영이 있 다고 말했다. 과거 제국주의는 쇠퇴 일로에 있으며, 혁명주의자들은 그러한 과거 제국주의 세력과 함께 먼 길을 가야 하기 때문에, 혁명주의자들은 중간 지대에 서 있는 상황이라고 말했다. 그런 경우에 해당되는 나라가 바로 프랑스였는데, 프랑스는 1964년 1월 중국과 외교 관계를 맺는 대신 타이완과 국교를 단절했다.

하지만 북베트남을 폭격하고, 1965년 9월 중국과 주요한 관계에 있던 인도네시아 공산당을 와해시키는 등 미국의 개입이 증대됨에 따라, 1965년에 이르러 중국은 점차 고립감을 느끼게 되었다. 1962년 이래 그 징후가 나타난 중국의 정치적 위기가 졸지에 절정으로 치달았던 것은 바로 이러한 극도의 긴장된 분위기 속에서였다.

정치 운동의 재개

1962년 9월 24일 마오쩌둥은 그의 유명한 경구인 "동지들이여! 결코 계급투쟁을 중지해서는 안 됩니다"라는 말과 함께 당 제8기 10중전회를 소집했다. 그것은 기근 때문에 어쩔 수 없이 중단된 정적들에 대한 휴전의 종식인 동시에, 1957년 시작된 정치적 위기를 다시 불러온 행동이었다. 마오쩌둥은 새로운 농업 정책이었던 '삼자일보'를 폐지시키는 대신, 소위 사청四淸*이라는 사회주의 교육 운동을 전개했다. 이것은 자연재해 때문에 도덕적으로 타락하거나 냉소적으로 변해 이제 지역의 타락한 폭군이 되어버린 농촌 간부들의 노동 형태를 정화하기 위한 것이었다.

1962년 10월부터 1965년 1월까지 실용주의 지도자들류사오치, 덩샤오핑, 천

◆ 정치, 경제, 조직, 사상을 정화하는 것. 1964년 12월에서 1965년 1월까지 중앙 정치국은 전국사업회의를 소집했는데, 이 사청 운동은 이 회의에서 결정되었다.

원.펑전과 마오쩌둥으로부터 서로 모순되는 지침이 계속 등장했다. 류사오치, 덩샤오핑, 천원, 펑전은 당의 통제 하에 있어야 하며 '은밀하게' 시행되어야 할 당 주도의 운동에서 당 지도부의 역할을 강조했다. 그들은 하급 간부들에게 매우 엄격한 태도를 보였는데, 그 이유는 그들 자신이 모범적인 당을 필요로 했기 때문이었다. 반면, 마오쩌둥은 하급 간부들에게 매우 관대했으며, 그들의 동정을 얻으려 했다. 마오쩌둥은 가난한 농민들이 자신의 주장에 충실히 따른다는 것을 알고 있었는데, 그들의 조직이 주요한 역할을 할 수 있다고 주장했으며, 일부는 마오쩌둥이 '자본주의 재수립에 참여했다'는 이유로 고발한 중앙 간부들의 책임을 강조했다. 두 가지 문제, 즉 문화 혁명과 인민해방군 측에 가담하라는 내용은 이러한 상황에서 등장했다. 모두 마오쩌둥이 부채질한 두 문제는 이제 상당한 중요성을 갖게 되었다.

당 간부들이 대중 프롤레타리아의 비난에 굴복하지 않는다면, 봉건적인 이데올로기의 압력으로 그들이 관료화되고 압제자가 될 수 있기 때문에 문화 혁명은 불가피한 것으로 생각되었다. 따라서 1964년 마오쩌둥 주석의 부인 장칭江青은 경극京劇 개혁을 통해 문화계 개혁을 시작했다. 이전 시기 경극에 등장했던 황제, 관료와 신神들이 레퍼토리에서 사라졌다. 모든 예술 창작품에는 혁명 계급 출신의 긍정적인 모습의 영웅이 그 중심에 자리 잡고 있어야 하며, 살 길을 모색하기 위해 주저하는 '회색인'을 지양하는 대신, 마오쩌둥 사상을 널리 고취해야만 했다.

두 번째 문제는 1964년 2월에 등장했다. 즉 "중국 전체는 인민해방군 편에 서야 한다"는 것이었다. 인민해방군 이데올로기 담당 부서가 이 문제를 준비했다. 1964~65년 그들은 마오쩌둥의 주요 언급을 일종의 대중 교리문답서와 같은 형태로 만들어 붉은색의 소책자를 발간했다. 그들은 레이펑雷鋒이라는 한 병사를 영웅으로 만들어, 그의 모범적인 젊은 시절을 뒤따르도록 했다. 모범적인 행동을 해야 한다는 강박관념에 사로잡힌 그는 자신의 개인 생활을 완전히 빼앗겼으며, 그의 말은 모두 마오쩌둥 주석의 것을 그대로 따온 것이었다.

레이펑과 같은 부류의 사람들에게 가장 많은 영향을 끼친 것은 무엇보다 마오쩌둥이 지닌 이미지와 상징이었다. 그렇게 하여 산시山西 성 다자이大寨 생산 단위와 그 지도자 천용구이陳永貴가 탄생했는데, 그것은 모범적인 인민공사이자 전형적인 북중국 농민의 형태였다. 다시 말해 다자이의 농민들은 '오직 자신의 힘만을 염두에 두었을 뿐이었다'. 농민들은 모든 사유 토지를 거부한 채, 집단 생산에 전념하여 놀랄 만한 성과를 거두었기 때문에, 경우에 따라 군인들이 그들을 도운 결과 생산량이 크게 증가할 수 있었다.

마오쩌둥은 군대를 장악하여 신문, 라디오, 문학, 만화, 영화, 경극과 같은 대중매체 수단을 자신의 통제 하에 두었으며, 농촌 출신의 훌륭한 서기였던 자오위루焦裕綠가 자신들의 편이라고 주장했던 정적들과의 영웅 쟁탈전에서도 승리했다. 당시 사태를 조종했던 마오쩌둥

1964년 중국공산당 란카오(蘭考) 현 위원회 서기 자오위루가 정저우에서 병사했다. 사진은 자오위루가 생전에 밭에서 농작물 생산 상황을 점검하는 모습.

은 그 어느 것도 소홀히 하지 않았다. 그것이 가능했던 이유는 당 지도부의 보호를 담당했으며, 마오쩌둥에게 매우 충성스러운 왕둥싱江東興이 이끄는 비밀경찰, 즉 8341부대가 각 개인들의 행위를 마오쩌둥에게 자세히 알려주었기 때문이다.

따라서 1965년 겨울부터 1966년에 문화계에서는 흔치 않은 정치적 설전이 벌어졌음을 목격할 수 있다. 1965년 11월 10일, 그 출신이 불분명한 상하이의 언론인 야오원위안姚文元이 지방 신문을 통해 연극 〈해서파관〉을 비판했다. 군대가 발행한 신문은 《인민일보》가 11월 30일에 다시 게재한 이 기사가 전국적인 반향을 일으키고 있음을 주목했다. '우파분자' 이자 '수정주의의 전조자' 로 낙인찍힌 우한은 펑전의 가까운 협력자 가운데 한 사람이었다. 1957년 이후 기회가 있을 때마다 마오쩌둥을 조롱한 펑전은 1년 전 문화 혁명을 전담한 5인 소조*의 정책 방향에 대한 결정을 맡은 인물이었다. 야오원위안과 우한 사이의 논쟁에 끼어든 펑전은 그것을 사실상 단순한 학문적 논쟁으로 치부했으며 그 문제를 역사가에게 위임했다.

그러나 이미 폭력 사태가 발생했다. 1966년 2월, 계급 표시를 삭제하는 내용을 담은 군대의 정치화에 반대한 인민해방군 수뇌부가 체포되어 고초를 겪었으며, 이어 지위가 박탈되는 대신 그 자리는 린뱌오의 측근으로 채워졌다. 5월 7일 마오쩌둥은 중국 전체를 위한 '위대한 학교' 인

◆ 1966년 2월 펑전은 루딩이(陸定一), 캉성(康生), 저우양(周揚), 우렁시(吳冷西) 등을 모아 문화혁명5인소조회의(文化革命五人小組會議)를 개최했다. 이 회의의 목적은 이미 전개되고 있었던 비판 운동을 당으로 끌어들이고, 학문적인 토론을 전개하여 정치 운동으로 비화되는 것을 막기 위한 것이었다. 마오쩌둥은 이 회의의 강령을 비판했다.

◆◆ 펑전이 1966년 2월 문화혁명5인소조회의에서 결정한 사항을 말한다.

인민해방군의 수장으로 린뱌오를 임명했다.

1966년 5월 16일 이른바 펑전의 2월 테제**는 단죄되었다. 장칭의 조력자이자 마오쩌둥의 비서였던 천보다陳伯達는 문화 혁명을 담당하는 그룹을 통괄했다. 장칭과 비밀경찰의 우두머리인 캉성康生과 가까운 베이징 대학 철학과 조교가 5월 25일 대자보를 붙였으며, 다시 6월 1일 신문에 발표된 이후, 우파 그룹에 반대하는 최초의 학생 그룹이 등장했다. 마오쩌둥은 그것을 "진정한 마르크스-레닌주의의 징표"라고 했다. 대자보는 베이징 대학 총장과 베이징 시장을 "수정주의자"라고 고발했다. 프롤레타리아에 의한 문화 혁명이 시작된 것이다.

문화 혁명
(1966년 5월~1969년 4월)

문화 혁명 운동은 그 운동에 역동성을 불어넣은 홍위병紅衛兵과 혼동되곤 한다. 20여 년간의 방황, 파괴, 그리고 혼돈 이후, 질서와 번영의 시기를 창출한 덩샤오핑 시대를 돋보이게 하기 위해, 현재 중국 역사가들은 문화 혁명의 끝을 1976년 가을, 심지어 1978년까지 멀리 잡고 있다. 나는 그들의 의견에 동조하지는 않는다.

중심에 서 있었던 마오쩌둥

마오쩌둥은 문화 혁명의 중심에 있었다. 그가 없었다면 대약진 운동도 전개되지 않았을 것이고, 대약진 운동 실패에 대한 그의 해석도 나오지 않았을 것이며, 문화 혁명도 일어나지 않았을 것이다. 문화 혁명의 시작에서 그 어떤 일도 부지불식간에 일어나지는 않았다. 3년간의 암울한 파멸적 상황 덕분에 나름의 영감을 얻은 마오쩌둥은 매우 조심스러웠다. 1962년 9월 시작된 사회주의 교육 운동은 1965년 1월 종식된 것으로 간주되었다. 따라서 농민들은 대도시 근교 지역을 제외하면 문화 혁명에 거의 영향을 받지 않았으며, 농업 생산 역시 큰 어려움을 겪지 않았다. 문화 혁명 발발 시기에 녹색 혁명이 서서히 그 효용성을 보여주기 시작했다. 뒤몽R. Dumont이 지적한 것처럼 농촌에서는 정치적 의미의 문화 혁명Révolution culturelle 대신 일상적인 의미의 문화 혁명révolution culturale이

홍위병들 사이에서 환호를 받고 있는 마오쩌둥.

자리 잡아가고 있었다.

군대가 지닌 위엄뿐 아니라, 청년들에 대한 군사 훈련의 확대와 훈련 교관들을 통해, 군대가 문화 혁명의 토대를 마련해나가고 있었다. 다른 한편, 문화 혁명 주도 그룹의 훈시가 각 학교와 대학에 신속하게 전달되었다. 문화 혁명을 주도한 천보다는 장칭, 야오원위안, 장춘차오張春橋, 왕리王力와 같은 경험이 풍부한 간부들, 그리고 치번위戚本禹, 관펑關鋒과 같은 젊은 이론가들의 도움을 받았다. 이 그룹들은 중국의 베리아Beria, 1899~1953*라고 불린 캉성의 조언을 들었다. 분명 자발적인 운동이었지만, 그 자발성의 배후에는 조직과 일련의 지휘 체계가 자리 잡고 있었다.

그러나 전적으로 문화 혁명의 기초가 되었던 마오쩌둥의 사고는 말 그대로 종잡을 수 없는 것이었다. 젊은이들이 혁명 경험을 가져야 한다고

◆ 스탈린 치하에서 소련 비밀경찰의 우두머리이자 정치가였다. 2차 세계대전 당시 가장 영향력 있던 사람 가운데 하나였으며, 얄타 회담에 참여했다.

확신한 마오쩌둥은 젊은이들의 "자본주의 복원에 참여한 간부들, 중국의 흐루쇼프, 그리고 그러한 음모에 가담한 자들"에 대한 비판을 방관했다. 이것은 이미 타락한 공산당 관료들을 타파하기 위한 꽤 강력한 혁명 속의 혁명이 될 수 있었다.

자신의 스무 살 시절의 꿈을 재발견한 마오쩌둥은 청년들이 오래된 것들을 파괴하고, 가족과 학교, 그리고 사회의 모든 장벽을 무너뜨리도록 했다. 당시 한때 유행한 구호는 "모든 반란은 정당하다"였다. 이러한 호소에 움직여 봉기한 젊은이들은 사실상 몇 달 동안 자유를 만끽할 수 있는 시기처럼 살았을 것이다. 그러나 공공연하게 선언된 그러한 해방은 마오쩌둥에 대한 우상숭배라는 비인간적인 맥락에서 이루어졌다. 홍위병은 '마오의 광적인 신봉자들'이었다. 그들은 마오쩌둥 자신이 조성한 정치투쟁이라는 틀 속에서 마오쩌둥에 의해 조종되는 단순한 하수인들에 불과했다. 이 전투는 마오쩌둥 자신이 진정한 의미에서 결코 잃은 적이 없었던 권력을 되찾기 위한 것이 아니었다. 그 증거는 무엇일까? 1962년 9월 당시 마오쩌둥은 자신의 몇 마디 말을 통해, 1961년 1월 이후 등장한 모든 대안에 대해 충분히 다시 의문을 제기할 수 있었다. 그러나 마오쩌둥은 절대적이기를 바랐던 자신의 권력 보따리를 남에게 양도하는 것을 견디지 못했다. 자신의 권력을 다시 장악하기 위해, 그는 젊은이들에게 거리낌 없는 반란을 호소했지만, 그러한 반란은 마오쩌둥 자신이 여러 가지 방어 수단을 통해 저지해왔으며, 또한 자신에 대한 우상숭배를 통해 피해 가려 했던 것이기도 했다. 목적과 수단이 심연처럼 갈라져 있었다. 이제 중국은 그 심연 속으로 빠져들 수밖에 없었다.

홍위병의 시기(1966년 여름~1968년 여름)

40일 동안 베이징 대학 캠퍼스에서는 극단적인 혼란이 발생했다. 베이징 대학의 반란 학생들은 대학 당국자들이 새로운 부르주아를 형성했다는 죄목을 들어 큰 소리로 그들을 비난했다. 문화 혁명의 주도 그룹은 뒤에서 그들 학생을 지지했다. 그러나 휴양 차 항저우杭州로 떠난 마오쩌둥을 대신하여 당을 이끌었던 류사오치는 1966년 6월 초, 관료주의에 대한 그들의 비판을 당에서 주도하기 위해 대학에 작업조를 파견하도록 했다. 그 작업조는 학생들의 여러 반란 그룹을 마치 우파로 취급했다.

자신의 건강에 이상이 있다는 소문을 잠재우기 위해 마오쩌둥은 1966년 7월 16일 우한의 양쯔 강 유역에서 유유히 수영을 했다. 7월 18일 귀경한 그는 21명의 작업조를 처벌했으며 24일 그들을 철수시켰다. 바로 전날 그들에게 비난을 당한 사람들이 대학과 전문학교의 권력을 장악했으며, 그들을 처벌했던 사람들에게 복수했다. 당을 정풍하고 확대시켰으며, 당 정치국에서 류사오치, 천윈, 덩샤오핑의 당 서열을 정비한 후, 1966년 8월 1일부터 12일까지 당 제8기 11중전회를 개최했다*.

1966년 8월 5일 이후 마오쩌둥은 회담 장소의 벽에 커다란 글자로 쓴 자신의 대자보를 붙였다. 마오쩌둥의 주장에 따른다면 1961년부터 생기기 시작한 '부르주아 독재'를 이 대자보를 통해 비난한 것이었다. 8월 8일 16개 조항의 '프롤레타리아 문화 대혁명에 관한 결정'이 채택되었다.

◆ 이 제8기 11중전회에서는 문화 혁명에 대한 좌익적 지도 지침을 마련하는 한편, 중앙정치국 상임위원회를 개선했다. 원래 17명의 상임위원 외에 마오쩌둥, 저우언라이, 린뱌오, 타오주陶鑄, 천보다, 덩샤오핑, 캉성, 류사오치, 주더, 리푸춘李富春, 천윈 11명을 추가했다. 다만 당 서열 2위였던 류사오치는 8위로 강등된 반면, 서열 6위였던 린뱌오가 2위로 부상했다.

1966년 8월부터 마오쩌둥은 수차례에 걸쳐 전국 각지에서 온 학생과 교사들을 톈안먼에서 접견하고 검열했다. 사진은 톈안먼 광장에서 홍위병과 군중대오를 접견 및 검열하는 모습.

그 조항은 부르주아와 프롤레타리아 사이의 투쟁이 새로운 혁명을 필요로 한다는 사실을 명확히 했다.

　1966년 8월 18일 이래 마오쩌둥과 린뱌오가 톈안먼 광장에서 사열했던 조반造反 집단*을 지칭하는 홍위병은 문화 대혁명의 세속권한을 대변하는 집단이었다. 맹위를 떨친 그들 청소년들은 인민의 적을 공격했으며, 그들이 의심하는 자들에 대한 수색과 심문은 물론, 베이징에 올라가 "자신들의 혁명 경험을 서로 주고받기 위해" 베이징행 기차를 탈취하여 무임승차하기도 했다. 1,100만 명의 홍위병은 그러한 여행을 통해 중국을 다시 발견하고, 그들 삶의 일상적인 틀과 단조로움에서 벗어났을 것이다. 약탈한 건물 안에서 그들은 사람을 체포하고, 모욕했으며, 때리거나 고문했다. 종종 죽이기도 했다. 우한과 《베이징만보》의 몇몇 유머 작

◆ 문혁 기간에 문혁 세력의 지지를 받아 출현한 일종의 어용 세력을 말한다. 그들은 마오쩌둥과 중국공산당 중앙 기관을 옹호했던 반면, 지방 공산당 조직에 대해서는 반대하여 지방 공산당 조직을 와해시켰다. 어용 세력이었음에도 불구하고 오히려 문혁 기간 동안 숙정과 진압 대상이 되었던 독특한 정치 세력이었으며, 마오쩌둥 사망과 사인방이 처단됨에 따라 완전히 사라졌다.

가들은 그렇게 사망했다.

문화 혁명의 사회적 맥락

이 복잡한 현상은 사회주의 등장 후 14년이 지난 중국 사회의 어두운 단면을 조명해준다. 물론 단순한 이유가 존재했다. 즉 대약진 운동의 실패로 경제 운용이 삐거덕거렸으며, 정치투쟁에 언제라도 뛰어들 수 있는 젊은 대학 졸업자들에게 처음으로 실업을 안겨주었다. 새로운 혁명 세대는 과거의 전례를 몰아내고, 더 이상 승승장구할 여력이 없는 현장 간부들의 지지를 업은 채 누구나 탐내는 자리를 차지했다.

좀 더 복잡한 원인도 내재해 있다. 1950년대 이후부터 사회적 차별화가 도시에서 서서히 진행되었다. 5개 붉은 사회 계층 출신의 '우월한' 성분을 가진 상위 계층, 즉 노동자, 농민, 혁명 간부, 인민해방군, 혁명의 순교자는 우선적인 대우를 받았다. 이러한 붉은 귀족층의 자녀들은 재빨리 홍위병 집단을 만들어 훌륭한 필체가 쓰인 비단 완장을 차고 자신들의 기득권 유지에 매달리는 한편, 가능한 한 빨리 안정을 회복하는 데 관심을 쏟았다.

반면 지주, 자본가, 국민당 간부, 비밀결사의 우두머리나 책임자, 1957년의 우파 분자*와 같은 5개 검은 사회 계층 출신들은 '후진' 계층을 형성하고 있었다. 그들의 자녀들은 사회 최하층이었다. 사회적으로 낙인찍힌 그들은 당시 진행된 운동에서 배제되었다. 그러나 사회적 혼란의 와중에서 그들 계층의 상당수가 가장 공격적이며 혼란이 장기간 지속되는

◆ 중국공산당 중앙정부는 1957년 반우파 운동을 전개했다. 이 당시 우파는 사회주의, 무산계급의 정권 독재, 정부 내의 공산당의 우월한 지위 등에 반대하는 사람들을 지칭했다.

데 가장 유리한 운동 속으로 침투해 들어갔다. 이러한 종류의 홍위병은 새로운 중국 사회의 중간 계층 출신의 자녀들로부터 우선적으로 모집되었다. 그리하여 그들은 당시 체제의 특권 계층인 '우월한 인민' 계층에 합류하기를 기대했다.

문화 혁명의 뿌리 깊은 파당주의는 여러 사회 계층 사이에 존재했던 다양한 불화에서 비롯된 것이었는데, 출신 성분을 낱낱이 파헤치기 위해 개인 신상자료를 선점하려 했던 홍위병 점령 지역과 그렇지 못한 지역 사이에 전개됐던 격렬한 투쟁에서 그러한 예를 찾아볼 수 있다.

1966년 12월부터 문화 혁명은 노동조합이 이럭저럭 정식 노동자들과 간부들의 기득권을 성공적으로 지켜냈던 공장에까지 미치게 되었다. 조반 집단은 농촌 출신으로서 다른 노동자들이 누리고 있는 모든 특혜에서 배제된 임시 노동자들을 조직하기 시작했다. 그들은 노동 귀족, 감독자, 임시 노동자 들을 무시하는 화이트칼라를 고발했다.

이른바 '1967년 1월의 폭풍'이라고 불리는 상하이 분쟁은 대규모의 혼란스러운 파업 형태를 취했는데, 그 파업에서 각 진영은 경쟁적으로 듣기

헤이룽장(黑龍江) 성 위원회 서기 런중이(任仲夷)가 고깔모자를 쓴 채 인민재판을 받고 있다.

좋은 약속을 내걸었다. 항구는 마비되었다. 2월 5일 장춘차오와 면직 공장 안전 요원이었던 왕훙원王洪文이 이끄는 조반 세력은 진정한 프롤레타리아 권력의 전형인 파리 코뮌을 본떠 상하이 코뮌을 선언했다. 전체 회의에서 선출된 간부들은 해임되었다. 모든 운동에는 "영구적인 핵심 분자"가 필요하다고 언급하면서 마오쩌둥은 즉시 그러한 사태를 비판했다.

간부와 상위 군 간부는 무질서가 확대되는 것을 막으려 했으며, 그러한 움직임은 그들을 "1967년 1월의 운동에 반대하는 무리"로 낙인찍기에 충분했다.

1967년 7월, 지방 주둔군의 지지를 받는 "수백만 명의 영웅"들로 구성된 민병 연합과, 베이징에서 온 왕리가 선동하고 문화 혁명 중앙 그룹에서 파견한 해공군 국경 수비대의 지원을 받은 조반 그룹 사이에, 우한에서 소규모 내전이 발발했다. 수도에서 홍위병은 외무부를 점령하고 영국 공사관을 약탈했으며, 그들의 그러한 행동은 소련 대사관에까지 미쳤다. 유럽의 여러 외교관들이 폭행을 당했다.

혁명위원회

1967년 가을부터, 공격을 받은 군인들은 무기를 사용할 수 있도록 했으며, 장칭은 자신이 한때 보호했던 홍위병 가운데 '좌익분자'를 고발했다. 그들 가운데 일부는 체포되었다. 중국공산당 제9차 전국대표대회가 시작되었다.[◆] 마오쩌둥은 "대다수 당 간부는 훌륭하다"는 사실을 확인했다. 혁명위원회가 설치되었는데, 그것은 개혁적이라고 간주된 간부, 현

◆ 1969년 4월 1일부터 24일까지 베이징에서 개최되었는데, 아직 각 성, 시, 자치구 당위가 성립되지 않은 비정상적인 상태에서 시작되었다. 대회에 출석한 대표는 1,512명이었다.

명하다고 판단된 홍위병, 그리고 완벽하다고 판단된 군인들을 모아놓은 것이다. 따라서 이 위원회의 역할은 매우 중요했다.

1968년 1월 혁명위원회 설치가 확대되었다. 즉 혁명위원회가 곳곳에 설치되었으며 어느 정도 질서가 회복되었다. 무기를 버리고 제자리로 돌아가기를 거부한 다양한 종류의 조반 그룹들 때문에, 후난, 광시, 푸젠 등의 지역에서 내란이 발생했다. 7월 마오쩌둥 사상을 선전하는 일군의 무리와, 친위대이자 비밀경찰 역할을 했던 무력 8341부대가 베이징 대학 캠퍼스에 진입했다. 9월에는, 필요한 사람들을 되도록 빨리 재교육시키기 위해, 오칠간교五七幹校*가 설치되었다. 모든 것을 결정한 것은 군대였으며, 학교를 다닌 경험이 있는 1,623만 명의 젊은이들이 농촌으로 내려가 그곳에서 빈농들로부터 교육을 받았다. 이로써 홍위병의 시대가 끝났으며, 대다수 홍위병은 체포되었다. 마을로 돌아간 홍위병들은 환영받지 못하는 존재였는데, 그 이유는 그들에게 약간의 식량이 제공되긴 했어도, 그들 다수는 오랜 기간 동안 먹을 것만 축내는 무위도식자로 남아 있었기 때문이었다.

중국공산당 제9차 전국대표대회(1969년 4월 1~24일)
마오쩌둥은 1968년 10월 말 개최된 당 제8기 확대 12중전회에서 류사오치를 반역자이며 변절자이자 국민당 앞잡이라는 죄목으로 당에서 축출하고 문화 혁명을 종식시켰다. 이후 류사오치는 감옥에서 고초를 겪다

◆ 1966년 5월 7일에 발표된 마오쩌둥의 지침에 따라 1968년 후반기에 설치된 학교를 말한다. 이 지침에서 마오쩌둥은 간부학교를 세워 하방당한 당 간부와 지식인들에게 육체노동을 수행하게 하고 이념적 재교육을 시켜야 한다고 말했다.

중국공산당 제9차 전국대표대회의 모습.

사망했다. 자신의 정적들을 제거했기 때문에, 마오쩌둥은 제9차 전국대
표대회를 소집할 수 있었다.

긴급 상황도 있었다. 1968년 소련의 붉은 군대가 체코슬로바키아를 침
공했으며, 브레즈네프의 사회주의 국가들에 대한 '제한적인 자주권'◆ 선
언으로 국경 상황이 졸지에 악화되었던 것이다. 1969년 3월, 전바오다오
珍寶島, Damansky에서 중국과 소련의 국경 수비대 사이에 심각한 교전이
벌어졌다. 중국 측이 시작한 이 교전은 소련의 군사적 우세를 보여준 채
종결되었다. 1969년 8월 신장 국경에서 소련과 다시 유혈 충돌이 발생했
다. 9월 11일, 호찌민의 장례식에 참석하고 돌아오던 코시긴Kossyguine과
저우언라이가 베이징 공항에서 만나 화해가 이루어졌지만, 불안정한 것

◆ 1968년 9월 26일 소련공산당 기관지인《프라우다》에 '사회주의 국가의 자주권과 의무'라는 제목으로 발표된 이
른바 브레즈네프 선언에서 등장한 말이다. 이 선언은 1968년 소련의 프라하 침공을 정당화하기 위해 나온 것으
로서, 사회주의에 적대적인 세력이 사회주의 국가를 자본주의로 선회시키려 한다면, 그것은 해당 국가뿐 아니
라 전체 사회주의 국가에도 공통의 문제가 된다는 점을 상기시켰다. 결국 소련 위성국가의 이탈을 방지하기 위
한 선언이라고 할 수 있다.

이었다.

　제9차 전국대표대회는 그러한 위기 속에 개최되었는데, 인민해방군과 전바오다오 교전에 참가한 군사 영웅들의 무대였다. 린뱌오는 문화 혁명의 최종적인 승리를 선언했으며, '투쟁-비판-개혁' 과정을 통해 당의 공고화를 유도했다. '새로운 황제들'과 '제국주의적 사회주의자들'은 비판받았다. 당시 공산당원은 2,200만 명이었다. 289명의 중앙위원 가운데 227명이 중앙위원으로 처음 선출된 사람들이었으며, 그 가운데 45퍼센트가 군 출신이었다. 제8차 전국대표회의에서 중앙위원으로 선출된 279명 가운데 겨우 53명만이 재선출되었다. 따라서 제9차 대표회의는 제8차 전국대표와 분명한 결별을 표시한 것이었다. 즉 그것은 한 시대의 종말을 의미했다.

4

질서회복
(1969~76)

그러나 새로운 지도부는 통일되지 못했다. 이제 노쇠한 마오쩌둥의 지지를 업은 세 파당이 권력을 두고 다투었다. 천보다의 도움을 받고 있던 린뱌오 그룹, 저우언라이를 중심으로 한 민간·군사 전문 기술관료 그룹, 그리고 사인방四人幇을 형성하기 이전 이른바 '상하이방上海幇'이라 불렸던 그룹과 장칭 일파가 그것이었다. 폭풍우가 물러간 이 시기에 그들이 차례로 권력을 잡았지만, 중국을 재도약시키는 데는 실패했다.

린뱌오 사건과 붉은 보나파르트주의*의 실패

마오쩌둥의 공식적인 후계자로서 린뱌오의 부상은 단순한 사실로 전환되었다. 즉 군이 정치적 혼란으로 분열된 당의 진정한 지주로 등장한 것이다. 그 이유는 혼란의 와중에서 군이 대체로 여러 정치적 입김으로부터 영향을 받지 않은 조직이었기 때문이다. 인민해방군은 당 간부와 행정 간부를 재교육하는 오칠간교를 관할했다. 따라서 군은 오칠간교에서 교육을 받고 있는 학생들을 석방하거나 혹은 중단하는 방법을 통해 당의 재건 속도를 조종했다.

◆ 좁은 의미의 보나파르티즘이란 나폴레옹 가문을 프랑스 황제에 즉위시켜야 한다는 것이며, 넓은 의미로는 권위적인 민족 국가를 옹호하는 생각이나 사람들을 말한다. 따라서 본문에 등장하는 붉은 보나파르티즘이란 마오쩌둥을 중심으로 한 정치체제를 의미한다.

당 지방위원회를 군대가 통제하는 혁명위원회로 대체하려 했다는 점에서 린뱌오는 당 지방위원회의 재활성화를 늦추려 했던 것 같다. 사실상 화궈펑華國鋒이 주도한 후난 성 최초의 지방위원회는 1970년 12월에야 비로소 설립되었다. 이는 전국대표대회가 개최된 지 18개월이 지난 때였으며, 1971년 8월에서야 겨우 마지막으로 지방위원회가 설치되었다.

린뱌오에 의한 위원회 설치의 지체는 마오쩌둥의 심기를 불편하게 했으며, 그런 마오쩌둥의 불편한 심기만큼이나 전반적인 노선에 대한 의견 불일치가 또다시 분명해졌다.

2년여의 비밀 접촉을 통해, 당시 미국 국무 장관 키신저Kissinger는 1971년 7월 10일 마오쩌둥을 접견했다. 중국이 미국 대통령 리처드 닉슨Richard Nixon을 공식적으로 초청한다는 사실이 알려지자 온 세계가 놀랐다. 이러한 급진적인 방향 선회는 중국을 지구상의 사회주의 중심 국가로 만들려 했던 린뱌오의 전략과 정반대 입장을 취하는 것이었다. 린뱌오는 그러한 정책에 반대했지만 소용없었다.

마오쩌둥을 암살하고 그 자리를 차지하기 위해 린뱌오가 대담하게 마련한 '571공정기요'◆라는 음모를 중국이 발표한 대로 받아들여야만 할까? 혹은 실제로 두 사람 사이에 존재했던 노선상의 심각한 대립을 염두에 둔다면, 그 계획부터가 잘못되었으며 단지 구상에 그쳤던 음모를 린뱌오에게 뒤집어씌워 그를 악마의 화신으로 만든 것이라고 생각해야 할까? "하나는 항상 둘로 분열된다." 마오쩌둥은 정적을 필요로 했으며,

---

◆ 571공정기요는 린뱌오 사건 발생 이틀 후인 1971년 9월 15일 베이징 서쪽에 위치한 공군학원에서 발견된 문건을 말한다. 자신의 거사 계획과 그 이유를 9개 항목으로 나눠 기술한 것으로서 이 문건이 발견된 후, 오히려 린뱌오 사건에 대한 의문이 증폭되었다.

1971년 9월 13일 새벽, 린뱌오가 탄 비행기가 몽골 국경 내에서 추락했다. 사진은 당시의 현장 모습.

심지어 그는 정적을 만들어내기도 했다. 특히 그가 정적을 일부러 만들었을 경우, 그들은 자신이 마오쩌둥의 적이 되어 있다는 사실을 전혀 눈치 채지 못해 방어할 틈도 없었기 때문에 마오쩌둥은 그들을 그만큼 제거하기가 쉬웠다.

마오쩌둥은 1970년 8월 루산에서 중앙위원회가 개최되었을 당시, 천보다의 섣부른 행위를 이용했다. 천보다는 회의에서 마오쩌둥이 원하지 않았던 중국 총통제의 부활을 건의했는데, 이 건의가 받아들여졌다면 린뱌오가 총통직을 맡았을 것이다. 천보다는 축출되었다. 계획적으로 린뱌오 측근의 지역 군사 책임자들의 자리를 서서히 이동시켰다. 린뱌오가 담당했던 군사 조직에는 마오쩌둥의 추종자가 두 배로 증가했다.

고립되고 위협감을 느낀 린뱌오는 마침내 자신의 부인과 아들을 대동하고 가장 가까운 소련 국경 지대로 달아났지만 그것은 파멸로 끝났다. 연료 부족으로 강제 착륙해야 했던 비행기가 1971년 9월 13일 외몽골에서 추락했다. 중국은 린뱌오가 죽은 지 몇 달이 지나서야 그 사실을 알았지만, 왕둥싱王東興 일파는 수일 만에 린뱌오의 주요 참모들을 체포했다. 이러한 위기는 질서의 회귀를 바라는 사람들에게는 오히려 기회가 되었다. 붉은 보나파르주의에 대한 가능성은 마침내 사라지게 되었다.

실용주의와 이념주의 사이의 투쟁

이후 저우언라이를 중심으로 한 실용주의자들과 장춘차오, 장칭, 야오원위안, 왕훙원사인방을 중심으로 한 이념주의자들 사이의 대립이 첨예화되었다.

사태를 장악했다고 생각한 실용주의자들은 경제를 다시 활성화시키고 대학을 다시 열었으며 외국인들과 새로운 기술 획득을 협의했다. 1973년 4월 덩샤오핑이 베이징에서 다시 대중 앞에 몸을 드러냈다. 1973년 8월에 열린 중국공산당 제10차 전국대표대회에서 그는 중앙위원으로 재선출되었다. 1975년 1월, 그는 정치국 상임비서, 당 부주석, 중앙군사위원회 부주석, 인민해방군 총참모장을 겸하게 되었다. 1975년 1월 열린 전국인민대표회의는 암 치료를 위해 입원했다 퇴원한 저우언라이의 보고를 채택했다. 그는 문화 대혁명의 구렁텅이에서 벗어나 1964년의 4개 부문 현대화 계획을 추진했으며, 그 계획 실천을 위한 임무는 사실상 덩샤오핑에게 위임되었다. 중국은 역주행을 멈추었다.

그와 병행하여 외교 정책의 성공 덕분에 실용 노선을 강화할 수 있었다. 1972년 2월 닉슨의 중국 방문은 해결하기 어려운 타이완 문제*에도 불구하고 중미 관계 정상화의 신호탄이 되었다. 일본도 즉시 미국의 뒤를 따랐다. 1971년 10월부터 중국은 유엔 상임이사국 자리를 차지했다. 마오쩌둥이 추구했던 틀에 따라 1974년 덩샤오핑이 발전시킨 제3세계

1972년 2월 21~28일 미국 대통령 닉슨이 중국을 방문했다. 사진은 마오쩌둥과 닉슨이 회견하는 모습.

이론은 두 개의 헤게모니 국가, 즉 점점 더 해악한 국가가 되어가는 러시아_{북극곰}와 쇠퇴 일로의 미국_{종이호랑이}을 불평등한 적성敵性 국가로 제3세계 인민들에게 소개했으며, 제3세계 인민들은 옛 제국주의자들에 의해 형성된 제2세계에 편입하도록 했다.

그러나 실용주의자들의 행동과 병행하여, 분파 전략에 충실했던 마오쩌둥은 이념 문제를 더 선호했다. 린뱌오가 보여준 실제 행동과는 달리, 그는 린뱌오가 좌파가 아닌, 공자 이데올로기에 영향을 받은 우파 분자라고 결론내리도록 만들었다. 이리하여 1973~74년 린뱌오와 공자를 비판하는批林批孔 운동이 엄청난 규모로 전개되었다. 이와 동시에 후스, 슈베르트, 베토벤 역시 국수주의적인 광풍 속에서 조롱거리가 되었다.

지방 권력자들은 다시 한 번 권력 남용자로 고발당했다. 예를 들어 봉급생활자의 수입이 1957년 이래 10퍼센트 하락했던 예에서 볼 수 있듯

◆ 닉슨의 중국 방문 당시, 미국은 하나의 중국이 존재한다는 입장을 지지했으며, 당시 중국과 미국은 두 나라 관계 정상화에 방해가 되는 타이완 문제는 일단 제쳐둔 채, 무역과 그 밖의 분야에서의 접촉에 동의했다. 그러나 미국은 1979년까지 타이완과 국교관계를 유지했다.

이, 인민공화국 초기부터 만연된 사회적 불안은 파업이나 노동의 포기로 나타났다. 철강 생산은 15퍼센트 하락했으며, 철도 교통도 여러 차례 중단되었다. 장기간의 파업이 되풀이된 항저우에서는 1975년 8월까지 비단 공장의 가동이 중단되었다.

공산당 제10차 전국대표대회는 또한 장춘차오, 왕홍원과 그들 일파에 대한 서열 상승을 허락했다. 사인방은 그들의 통제 하에 있던 언론을 통해 이데올로기 운동을 전개했으며, 그것은 날이 갈수록 급박하게 전개되었다. 따라서 1975년 봄 우파 부르주아를 공격하는 운동이 전개되었는데, 이 운동은 그해 가을 《수호전》에 대한 비판 운동*에 뒤이은 자본주의 재등장에 대한 구조적 위험성을 경계하기 위한 것이었다. 역사적 사실과 108명의 정의의 사도를 연계하여 16세기에 쓰인 이 대중소설은 저우언라이와 덩샤오핑을 간접적으로 비판하는 데 동원되었다. 10월에 다자이에서 열린 농업 회의를 통해 당시 내무부 장관이었던 화궈펑이 새롭게 등장하는 것을 볼 수 있는데, 그는 장칭과 덩샤오핑의 공개적인 대립의 가운데 있었던 한편, 조직적인 정치 운동을 거론했다.

1974년 5월 30일 마오쩌둥과 저우언라이가 악수를 하는 모습. 두 지도자가 생전에 함께 찍은 마지막 사진이다.

기만의 해 1976년

1976년 1월 8일 저우언라이가 사망하자, 수면 아래 잠자고 있던 정치 위기가 모습을 드러내기 시작했다. 저우언라이를 계승한 인물은 덩샤오핑이 아니라 당 지도부의 분열을 이용했던 화궈펑이었다. 그는 2월 3일부터 수상직을 수행했다. 이날은 첫번째 기만이 시작된 날이었다.

화궈펑의 등극으로 정치적 사안에 대해 침묵해왔던 국민들이 정치 부대에 다시 등장하게 되었으며, 그러한 현상은 대도시에서 특히 심했다. 저우언라이의 정치적 인기는 대단했다. 많은 사람들은 그가 문화 혁명 기간 동안의 피해를 줄였다고 평가했다. 언론을 통해 시작된 저우언라이에 대한 악의적인 비판을 참을 수 없었던 수만 명의 베이징 사람들은 그의 사망 초기에는 자발적으로, 그 이후에는 분명 하급 당 간부의 도움을 통해 저우언라이의 전통 장례식을 이용, 4월 4일부터 그를 기리는 화환과 추모시를 톈안먼 광장에 헌정했다.

다양한 종류의 글과 대자보들이 과거의 사악한 황후에 버금가는 마오쩌둥의 부인 장칭과 출세지향주의자로 낙인찍힌 그녀의 하수인들을 공개적으로 공격했다. 경찰과 충돌이 일어났다. 5월 4일 늦은 시간, 마지막으로 남아 있던 시위대 1만여 명이 민병대에 의해 잔인하게 해산되었다. 난징과 같은 대도시에서도 유사한 시위가 발생했다. 4월 7일 덩샤오핑은 중앙위원에서 축출되었지만 출당되지는 않았으며, 화궈펑은 수상과 당 부주석에 임명되었다. 장칭과 그 일당은 목청껏 승리를 외쳐댔으며,

---

◆ 1975년 중국공산당은 마오쩌둥의 지시로 《수호전》에 대한 대대적인 비판 운동을 전개했다. 마오쩌둥은 《수호전》에 등장하는 인물들이 탐관오리에 대해서는 반대했지만, 황제를 반대한 것은 아니었으며, 주인공 송강의 투항 또한 수정주의적 태도를 보여주는 것이라고 지적했다.

유력 군인의 도움으로 중국 남쪽으로 피신한 덩샤오핑에 대한 반대 운동이 전개되었다.

4월 4일과 5일의 대중 동원은 주요한 양상을 보여주었다. 홍위병이 농촌으로 추방된 이후, 중난하이中南海로 국한되었던 폐쇄적인 권력투쟁이 덩샤오핑 반대 운동을 계기로 대담한 거리 투쟁으로 바뀌게 되었다. 무대에는 새로운 배우가 등장했으며, 또다시 봉기할 채비를 한 채 무대 뒤에 도사리고 있었다.

3년 전부터 근위축성측색경화증으로 고통을 겪고 있었던 마오쩌둥은 6월 15일 이후 완전히 말을 멈추었으며, 임종이 가까워졌다. 7월 28일 탕산唐山에서 대규모 지진이 발생하여 24만 2,000여 명이 사망했으며, 이 사건을 계기로《인민일보》에는 "덩샤오핑에 대한 비판을 격화시키고 지진과 싸우자"라는 제목의 기사가 등장했다. 쓰촨 성과 안후이 성에서도 다시 기근이 발생했다. 대로에는 일군의 청년들이 등장했는데, 그 가운데는 농촌으로 추방당한 젊은 학생들도 있었으며 그들은 제멋대로 행동했다.

9월 9일 마오쩌둥이 사망하자, 장칭과 화궈펑은 각각 상대편을 겨냥한 쿠데타를 동시에 준비했다. 화궈펑은 인민해방군과 왕둥싱의 8341부대의 지지를 받았다. 사인방은 언론을 장악하고 있었지만, 누구도 신문을 읽지 않았으며, 라디오도 청취하지 않았다. 사인방은 민병대에 의지하고 있었는데, 그들 민병대는 대부분의 물자 공급을 인민해방군에 의지하고 있었다.

10월 6일, 왕둥싱은 사인방을 개별적으로 체포했다. 상하이 민병대는 무장 해제되었다. 국민들의 지지가 전혀 없었기 때문에 저항은 없었다.

10월 7일 화궈펑이 중앙위원회 의장에 지명되었다. 사실상 그날은 새로운 기만이 전개된 날이었다. 왜냐하면 마오쩌둥 사후, 화궈펑이 구현하려 했던 마오쩌둥 사상은 현실과 커다란 괴리가 있을 수밖에 없었으며, 그러한 사실이 채 1년이 안 돼 드러났기 때문이다.

9장

마오쩌둥주의의 해체

1976~2002

마오쩌둥의 사망과 사인방 체포 이후, 최초 개혁에서 등장한 사회적 역동성에 기반을 둔 덩샤오핑의 추진 아래, 마오쩌둥 체제에 대한 불완전하지만 점진적인 해체가 시작되었다. 새로운 중국이 건설되었지만, 주요한 정책 방향의 윤곽은 서서히 드러났다.

덩샤오핑의 권력 장악
(1976~78)

3년 동안 중국 국민들은 화궈펑의 실패와 농민 계층의 조용한 혁명, 당 내부의 정치적 위기, 그리고 도시에서의 여론 운동을 목도할 수 있었다. 이러한 일련의 움직임 때문에 친구이자 유력한 군 수장의 보호를 받으며 1976년 4월부터 남쪽 지역에서 조심스럽게 피신 생활을 했던 덩샤오핑이 권력에 복귀할 수 있었다.

화궈펑의 실패

무명의 인물인 화궈펑은 자신이 사용할 수 있는 수단을 좀 더 잘 이용하려 했다. 그는 자신도 그렇게 될 수 있다고 믿었던 마오쩌둥이 죽은 후에 누린 인기에 커다란 기대를 걸었다. 위대한 지도자 기념관을 톈안먼에 건설하고, 1949~58년의 언급을 담은 다섯 번째 《마오쩌둥 선집毛澤東選集》의 출판 책임을 맡은 화궈펑은 기에르마즈J. Guillermaz의 언급대로라면, "예수 무덤의 수호자이자 성서聖書의 수탁자"였다.

1977년 8월 제11차 전국대표대회에서는 화궈펑을 당 서기와 군사위원회 위원장으로 임명했다. 그 자리에서 그는 "계급투쟁이 사회주의 건설의 주요한 요소를 구성하고 있으며" "최초의 문화 혁명은 종식되었지만", "프롤레타리아 독재 하에 혁명을 지속시켜야 한다"는 점을 분명히 했다. 마오쩌둥 숭배에서 비롯된 화궈펑 개인숭배 여건을 조성하기 위한

사인방 숙청 후 화궈펑과 예젠잉이 톈안 먼 성루에서 승리에 환호하는 군중들을 바라보고 있다.

수많은 책들이 등장했다.

1978년 2월 제5차 전국인민대표회의에서, 양쯔 강 일부의 물길을 돌려 북중국의 건조 지대를 관개하기 위한 대규모 기반시설 건설 계획을 발표했다. 분명 마오쩌둥의 입김이 서려 있는 이 소규모 대약진 운동과 더불어 4개 부문 현대화 계획도 되살아났다. 이는 저우언라이의 업적을 참조한 것이다.

문화 혁명 수혜자들로 구성된 정치 당파가 새로운 국가 수장 뒤에 형성되었다. 사람들은 그 집단을 마오쩌둥의 모든 말과 모든 행동은 정당하다고 주장하는 범시파凡是派*라 불렀다. 그들의 노선은 1977년 3월 화궈펑에 의해 명확해졌다. 즉 우파로 인정된 사인방에 대한 반대 운동을 지속적으로 전개하며, 문화 혁명의 정당성을 확인하고, 1976년 4월 5일을 반혁명 기념일로 삼아 그 책임을 덩샤오핑에게 전가한다는 것이었다.

그러나 화궈펑은 사인방을 무너뜨리는 데 도움을 주었던 군대의 압력

◆ 정확하게 말하면 '양개범시(兩個凡是)' 로서, 무릇 마오쩌둥의 정책 결정을 굳건히 옹호해야 하며, 마오쩌둥의 지시를 시종일관 따라야 한다는 것이었다.

에 굴복할 수밖에 없었다. 혼란스러운 이면공작을 거쳐 덩샤오핑은 1977년 7월 21일 중앙위원회에서 이후 8월에는 중국공산당 제11차 전국대표대회에서 중앙위원회 부위원장, 정치국 상임위원, 당 군사위원회 제1부위원장, 그리고 인민해방군 총참모장 지위를 회복했다.

농민들의 조용한 혁명

그러나 중국 내부의 심원한 곳에서는 거역할 수 없는 움직임이 시작되고 있었다. 1976~77년 사이 생산은 정체되었다. 사방은 기근의 위협에 시달렸다. 어느 누구도 입 밖에 내지는 않았지만, 중국 전체에 망령처럼 도사리고 있는 1959~61년의 끔찍한 기근에 대한 기억 때문에 그러한 기근의 피해가 매우 심각해졌으며, 재앙으로 많은 피해를 입은 남쪽의 안후이 성과 쓰촨 성은 더욱 그러했다. 이 두 성의 새로운 당 책임자인 자오쯔양趙紫陽과 완리萬里는 덩샤오핑과 가까운 인물들이었다.

대약진 운동 당시 기근이 발생하자, 그들은 덩샤오핑과 파국으로 끝났지만 '삼자일보' 정책을 폈던 류사오치가 시작한 농업 생산 회복 정책을 채택했다. 이런저런 상황에 따라 이 정책이 조심스럽게 새로 적용되었다 384쪽 자료 참조. 그 정책은 포간도호包干到戶라 불렸다. 즉 생산 단위에 속해 있는 각 농가는 집단으로 받은 토지의 일부를 재분배받을 수 있었다. 각 농가는 생산량의 일부를 낮은 가격으로 정부 곡물 매입소에 양도해야 했지만, 잉여물은 수요공급 법칙에 따라 고정 가격으로 시장에 내다팔 수 있었다. 수백만 명의 농민이 이러한 물결에 동참하여 새로운 제도가 확대되었다. 그 제도는 일시적이며 지역적으로 실시된 것이었지만, 보편적으로 자리 잡아 실시 기간이 연장되었다. 수억 명의 농민이 행사한 강력

탕산의 구 상업지구가 지진으
로 파괴된 모습.

한 압력 때문에 마오쩌둥주의의 근간 가운데 하나였던 집단화 정책이 동
요하게 되었다.

진리에 대한 기준으로서의 실용 정책에 대한 정치적 투쟁

이러한 사회적 압력에 맞춰 당 내부에서 정치투쟁이 전개되었다. 새로운
농업 정책은 실용적 기준을 적용한 것이었다. 이 주제는 당 중앙 학교에
서 후야오방胡耀邦이라는 새로운 책임자에 의해 등장했는데, 그 역시 덩
샤오핑과 가까운 인물이었다. 이 문제가 《인민해방일보人民解放日報》에
게재된 후, 1978년 5월 11일 주로 지식인들을 주요 독자층으로 삼았던
일간지 《광명일보》에 다시 게재되었다. 그해 6월, 이 문제에 대한 적법
성에 의문을 제기한 화궈평의 저항에도 불구하고 실용 정책 실시에 대한
문제는 확산되었다. 마오쩌둥의 모든 언급과 행위가 반드시 옳은 것은
아니었다. 다시 말해, 얻어진 결과에 입각하여 판단해야 한다는 것이었
다. 점차 각 성의 당 서기들이 그러한 구호에 동조하기 시작했으며, 구호
덕분에 덩샤오핑 정책에 대한 일종의 안도감을 갖게 되었다. 그러한 상

1978년 11월 4일 베이징의 군중들이 톈안먼 앞에 모여, 중국공산당 베이징 시 위원회가 '톈안먼 사건'의 명예를 회복시킨 데 대해 크게 환호하고 있다.

황을 조성한 최초의 인물이 바로 후난 성 당 서기였던 후야오방이었다.

동시에 당 외부에서도 마오쩌둥주의에 입각하여 내린 결정을 수정해야 한다는 운동이 전개되었다. 그것이 바로 상방上訪 운동이다. 연속적으로 전개된 계급투쟁이 확대되었던 시기와 1957년 당시 우파 분자로 몰린 사람들과 1976년 4월 5일 반혁명* 가담자들은 자신들에게 내려졌던 유배형을 철회하라고 요구했다. 그들은 도시로 돌아가 자신들의 지위를 되찾아야 한다고 요구했다. 그들 가운데 일부는 문화 혁명에 참여했으

◆ 1976년 1월 8일 저우언라이 사망을 계기로 베이징 톈안먼에서 벌어졌던 시위를 말하는 것으로, 저우언라이 총리를 애도하고 사인방을 축출하자는 것이 주요한 주장이었다. 마오쩌둥은 이 민중 시위대의 진의를 잘못 파악하여 이것을 반혁명이라 규정했으며, 덩샤오핑의 당 내외 모든 직무를 박탈했다. 8장 참조.

며, "모든 반란은 정당하다"는 구호를 내걸을 수 있을 정도가 되었기 때문에 그러한 요구와 주장을 할 수 있었다. 즉 그들은 어떤 권위에 대한 두려움이 없었다.

상방 운동은 1976년 4월 5일 사건을 완전히 혁명적인 것으로 규정한 1978년 11월 15일의 결정으로 더 한층 강화되었다. 1957년 당시 반우파주의 운동으로 희생된 사람들 역시 11월 15일 불명예스러운 딱지를 떼버릴 수 있었다. 복권된 수십만 명의 대표들이 요구서를 들고 베이징을 방문했으며, 그 요구서의 일부는 베이징의 한 중심부 왕푸징王府井 거리의《인민일보》게시판에 게시되었다.

덩샤오핑의 승리

1978년 11월 10일부터 제3차 중국공산당 중앙사업회가 개최되어, 그해 12월 18일부터 22일까지 개최될 제11기 3중전회 준비 작업을 했다. 이후 민주주의 요구자들은 중국공산당의 주요 재판소가 자리 잡고 있는 중난하이 부근, 사람이 많이 오가는 시단西單 사거리 근처에 그들의 근거지를 마련했다.

11월 19일부터, 대자보에는 마오쩌둥의 지지가 없었다면 사인방은 존재하지 않았을 것이라는 글귀가 등장하였다. 20일, 마오쩌둥은 "가부장적 파시스트"였다는 비난을 받았다. 21일 이후, 여러 책자들은 장칭을 고소하라고 요구했다. 11월 24일, 베이징의 수많은 지식인들이 추방되었던 구이저우 성의 광명회*가 장문의 글을 내다걸었다.

11월 25일부터 29일까지 자발적인 포럼이 시작되어, 지나가던 외국인도 참여하게 되었다. 덩샤오핑이 접대한 북미 출신 언론인의 중재로, 이

1978년 제11기 3중전회의 모습.

미 민주주의 벽^壁에 동참한 시위대와 덩샤오핑 사이에 대화가 진행되기도 했다. 덩샤오핑은 그러한 기회를 이용하여 자신은 현재 진행되고 있는 민주화 운동을 지지하며 펑더화이가 복권될 것이라는 사실을 확인시켜줌과 동시에, 마오쩌둥은 70퍼센트의 장점이 있었던 반면 30퍼센트의 실수를 했다고 생각한다고 언급했다.

11월 27일, "자유 만세, 민주주의 만세"라고 외치는 시위대가 톈안먼 광장에 등장했다. 28일 저녁, 1만에서 3만 명 정도가 인민영웅기념비 부근에 모였다. 29일이 되면서, 마르크스-레닌주의와 마오쩌둥 사상의 틀을 넘어 운동이 지나치게 과열되는 것을 경계하기 위한 다양한 조치가 내려져 거리에 다시 평온이 찾아왔다.

새로운 어조가 담긴 대자보가 등장했다. 1978년 12월 5일, 한때 홍위병이었으며 당시에는 베이징 동물원 전기기술자로 일하고 있던 웨이징

◆ 본문은 "Société des Lumières de la Province du Guizhou"로 되어 있다. 중국어 명칭을 확인하지 못해 "광명회"로 번역했지만, 정확하다고 자신할 수 없다.

성魏京生은 "중국의 다섯 번째 근대화는 민주주의다"라는 구호가 적힌 플래카드를 내걸었다. 그가 쓴 소책자에 의하면 마오쩌둥은 독재자였으며, 중국은 서양식 민주주의를 채택해야 근대화를 이룩하여 저개발 상태에서 벗어날 수 있었다. 이후 덩샤오핑과 민주주의 경향은 서로 다른 두 갈래 길을 걸었다.

당시 진행된 민주화 운동을 이용하여 덩샤오핑은, 일부 보수주의적 인사와 속히 본연의 임무로 복귀하기를 원했던 군인들에게 확실한 약속을 통해 1978년 12월 3중전회에서 화궈펑에게 승리했다. 따라서 민주화 운동 때문에 화궈펑은 난처해지기 시작했다. 덩샤오핑 측천원, 후야오방, 뒤이어 등장한 자오쯔양 등은 정치국에 입성했다. 계급투쟁과 프롤레타리아 독재의 확대를 요구하는 구호는 방기되었다. 전반적인 탈집단화를 시작하게 만든 농촌의 책임 제도가 이제 확실한 지원을 받게 되었다. 펑더화이는 복권되었다. 화궈펑은 여러 실책을 범한 것으로 간주되어 덩샤오핑의 눈앞에서 사라졌다. 이와 동시에 덩샤오핑은 12월 21일 이후 《인민일보》에 "민주주의를 위한 투쟁은 오직 중국공산당의 지도하에 전개되어야 한다"는 사실을 분명히 했다. 덩샤오핑 시대가 개막되었으며, 그의 개혁 정책은 경제 영역에만 국한되지 않았다. 이미 정치 개혁도 예견되었다.

동시에 민주주의 운동은 두 갈래로 분열되었다. 3중전회 결과에 만족한 일부 민주주의 세력은 기회주의자로 전환했다. 훨씬 더 보수적인 성향의 다른 민주주의 세력은 1978년 12월 16일 이후 6페이지로 된 벽걸이 형태의 지하신문인 《4·5논단》을 발간했다. 12월 말에 이르자, 유사한 종류의 신문이 여럿 발간되었으며 그중 일부는 일반인들에게 판매되었다.

개혁이 순조롭게 진행된 시기
(1979~85)

짧았던 베이징의 봄(1979)

3중전회가 막바지에 다다른 1978년 12월 말엽과 1979년 4월 초 사이, 베이징에서는 《4·5 논단》과 동일한 형태의 지하 신문이 스무 가지나 발간되었다. 광저우와 항저우에도 그러한 형태의 신문이 존재했다. 교육을 받은 경험이 있는 청년으로 구성된 행동위원회가 자발적으로 되돌아와 1979년 2월 기차역과 당의 주요 건물에서 일으킨 말썽 때문에 경찰의 비상조치를 초래했던 상하이에서는* 이러한 종류의 신문이 전혀 등장하지 않았다. 등사 잉크로 찍어낸 이러한 신문은 수백 부에 불과했지만, 질서 있게 나붙었으며 구매자들이 다시 찍어냈기 때문에 매우 광범위한 영향을 미쳤다. 유일하게 발행 부수를 확인할 수 있는 《베이징의 봄北京之春》은 약 3,000부를 발간했다.

이들 신문의 정치 노선은 《베이징의 봄》의 경우처럼 그 기본 노선을 용인했던 중국 정치 체제 내부에 존재하거나, 웨이징성의 《탐색探索》처럼 공개적인 반대 노선에 존재했던 투쟁에서 나온 것들이었다. 그러한 신문이 터부시했던 것은 없었다. 신문에서는 국가의 감옥, 수용소, 대약

◆ 이 상하이 사건은 1978년 11월 상하이 지식청년들이 일자리와 먹을 것을 요구하는 집회를 개최하면서 시작되었다. 이듬해 춘절을 계기로 지식청년들이 시위원회 서기 등의 접견 요구와 함께 시위를 벌였으며, 결국 철로에 누워 철도 운행을 중단시키기에 이르렀다. 따라서 이 사건을 2·5와궤사건(臥軌事件)이라 부른다.

진 운동 당시의 기근 상황, 고위
층의 귀족적 특권을 언급했다.
마오쩌둥에 대한 비판에는 신중
했는데, 그것은 분명 마오쩌둥
이란 인물이 지닌 역설적인 인
기를 말해준다. 서양, 특히 미국
에 대해서는 깊이 매료되어 있
었다는 사실을 확인할 수 있지
만, 신문에 등장하는 여러 제안
들은 평범했다.

그러나 1979년 3월 16일 이후,
덩샤오핑은 그러한 신문을 가혹
하게 규제했으며, 규제를 어기는
경우 체포를 감수해야 했다. 즉
사회주의적 경로를 보호하고, 공
산당의 지도적 역할과 '인민민
주주의 독재'를 받아들여야 하
며, 마르크스-레닌주의와 마오
쩌둥 사상을 존중해야 했다. 이
것이 덩샤오핑이 결정한 네 가지

중국의 민주주의자, 웨이징성

1950년 베이징에서 당 고위 간부의 아들로 태
어난 웨이징성은 최초의 홍위병 가운데 한 사
람이었다. 그는 문화 혁명을 "관료주의에 반대
하는 반란"으로 생각했다. 장칭에 반대했다는
죄목으로 그는 1967년 말 처음 투옥되었다.
1969~73년 입대 경험을 통해 그는 농민들의
비참한 상황을 알게 되었다. 지속적으로 공부
할 수 없었던 탓에, 1978년 소수민족연구소 입
학시험에 실패한 그는 제대 당시 얻은 베이징
동물원 전기기술자라는 평범한 직업에 전념했
던 것 같다. 그는 1978년 12월 5일 "중국의 다
섯 번째 근대화는 민주주의이다"라는 자신의
유명한 대자보를 내다 걸었으며, 뒤이어 바로
《탐색》이라는 비공식 잡지를 발간했다. 그는 금
기(禁忌)를 무시했으며, 자유를 해치는 모든 것
을 공격했다. 1979년 3월 29일 체포된 그는
당대 중국의 "유폐자"가 되었다. 1979년 10월
16일 15년 형을 언도받은 후, 1993년 9월 14
일 석방되었지만, 1994년 4월 1일 다시 체포되
어, 1995년 11월 "정부 전복 기도" 혐의로 14
년 형을 언도받았다. 건강상의 문제로 1997년
11월에 석방된 그는 미국으로 추방되었다. 그는
민주주의적 성향의 반체제 세력을 결집시키고,
사회 불만 세력을 확산시켜 중국 전역에 보편
적으로 자리 잡게 만드는 데 헌신적으로 노력
하겠다는 의도를 숨기지 않았다.

주요한 원칙이었다. 3월 25일 덩샤오핑을 "새로운 독재자"라고 고발한
웨이징성을 비롯해 다른 항의자들에 대한 체포가 29일부터 시작되었다.
이후 그러한 억압이 계속되었으며, 얼마 동안 느슨해진 때도 있었지만,

덩샤오핑이 자신의 정적들을 제거해감에 따라 그러한 유화 정책은 점점 드물어졌다. 1979년 11월 30일 민주주의 벽은 자전거 보관소로 바뀌었다. 그러나 어떤 의미에서는 비약적인 발전도 있었는데, 그것은 "고통의 기록"이라고 부를 수 있는 정보들을 출간한 공식적인 잡지를 통해, 중국 사회주의의 고통스런 현실을 고발하고, 눈에 보이는 분열 양상을 담을 수 있었기 때문이었다. 기존의 권위에 짓눌린 뚜껑으로는 중국의 모든 지적 영역을 덮어버릴 수 없었다.

덩샤오핑 승리 체제의 강화

주도면밀한 방법을 통해, 자신을 지지하는 보수적인 요소를 확고히 하는 데 유념했던 덩샤오핑은 자신의 일파를 무대 전면에 등장시켜 마오쩌둥주의에 대한 향수를 잠재웠다. 후야오방은 1981년 6월부터 당의 정책 방향을 선도했다. 1981년 1월 미미한 저항을 시도했던 화궈펑은 모든 권력을 상실했다그는 신년 다과회에 대한 불만을 드러냈으며, 그 자리에서 누구도 예상치 못한 채 그의 지위를 후아오방이 차지했다. 자오쯔양은 1980년 8월 수상이 된 한편, 폴란드 자유노조 솔리다르노시치Solidarnosc의 부상과 함께 발생한 폴란드 사태◆로 중국 지도자들 사이에는 불안감이 증폭되었다.

두 차례의 사건으로 덩샤오핑의 승리가 확고해졌다.

첫 번째 사건은 1980년 11월 20일에 시작되어 1981년 1월 25에 끝난 린뱌오 사건과 사인방에 대한 재판이었다. 예상했던 것처럼 장칭은 마오

◆ 폴란드 자유노조는 1980년 8월 31일 수립되었으며, 초창기 레흐 바웬사가 이끌었던 폴란드 노동조합 연맹을 말한다. 본문에서 말하는 폴란드 사태는 1980년대에 이르러 폴란드 공화국 체제에 반대하여 바웬사와 그의 직장이었던 그다니스크 조선소를 중심으로 전개된 일련의 파업 사태를 말한다.

1981년 1월 25일 최고인민법원 특별법정에서 린뱌오와 사인방에 대해 판결을 내리고 있다.

쩌둥을 고집스럽게 물고 늘어졌기 때문에, 좌파로 판명된 사람들이 간여한 이 재판은 마오쩌둥에 대한 간접 재판으로 변모했으며, 그 결과 한때 화궈펑에게 유리하게 작용했던 약간의 합법성마저도 흔들리게 되었다. 징역형과 사형 선고에 대한 집행유예를 선언한 관대한 판결이 새로운 시대를 전개하는 데 도움을 주었다.

중요한 시대였던 그 무렵에 발생한 두 번째 사건은 1981년 6월 6중전회가 개최되어, 당과 1949년 이후 중화인민공화국 역사에 대한 공식적인 자료가 채택되었다는 것이었다. 권력에 있던 일부 사람들 사이에 전개된 타협들이 그 문서에 정확하게 들어 있었다. 마오쩌둥은 공화국 초기에 중요한 업적을 남겼다고 인정된 반면, 그의 전체적인 계획은 대약진 운동 이후 점점 비판의 대상이 될 만한 것이었다. 그러나 대약진 운동을 종식시킨 계기가 된 대기근에 대해서는 언급하지 않았다. 문화 대혁명은 가장 무거운 재앙으로 간주되었다. 펑더화이에 이어 류사오치도 복권되었다.

1982년 9월 1일부터 12일까지 개최된 제12차 전국대표대회는 후야오방의 당 서열 1위 자리를 확인시켜주었다. 그러나 법적 효력을 지닌 교시를 내리고 거부권을 가지고 있었던 덩샤오핑이 후야오방의 후견 역할을 했다.

제12차 전국대표대회는 1978년 이래 덩샤오핑이 추진한 새로운 방향을 결정했는데, 그것은 중국공산당사에서 볼 수 있는 역사적 전환점, 즉 도시 위주의 공격에서 농촌을 겨냥하기로 결정한 1927년이나, 대장정 기간에 마오쩌둥이 당 권력을 장악한 1935년 쭌이 회의만큼이나 중요한 것이었다.

당원이 3,900여만 명에 이르렀지만 노쇠해가고 있었으며, 1957년 당시보다 노동자 세계와 젊은이들 사이에 침투하지 못하고 있던 공산당은 "지나치게 계급투쟁에 무게를 두었던 과거의 잘못을 저지르지 않도록" 해야 했다. 그러나 당은 헤게모니를 가지고 있었던 한편, 1979년 3월에 결정된 주요한 네 가지 원칙을 준수해야 했으며, 1979년 10월 16일 웨이징성에게 15년 형을 선고하는 등 여러 반체제 인사들에게 무거운 처벌을 내린 것에서 알 수 있듯이, 정치적인 혹은 이념적인 측면의 다원주의를 거부했다.

중국은 마오쩌둥의 봉건적이며 폭군적인 사회주의에서 좀 더 근대적인 것처럼 보이는 권위적 사회주의로 차츰 이동해갔다. 그러한 현상은 한국, 타이완, 싱가포르, 말레이시아 등이 독재 체제에도 불구하고 경제적 성공을 거둔 덕분에 당시 동아시아에 유행했던 신권위주의를 반영하는 것이다.

농촌에서의 마오쩌둥 체제의 해체

당시 중국 농촌은 풍년을 구가했으며, 새로 지은 집들이 마을을 뒤덮고 있었다. 포간도호 제도는 중국 농민의 숨은 힘을 드러내는 마술 지팡이처럼 기능했다.

사실상 마오쩌둥적인 집단화 조직에는 서서히 불가피한 균열이 생겼으며, 이어 조직은 전면적으로 붕괴했다. 농가들은 점점 더 융통성이 많아진 조건으로 당국과 계약할 수 있었으며, 그러한 융통성 있는 계약 덕분에 그들은 집단으로 분배받은 토지의 용익권用益權을 보장받았다. 아울러 투자를 유리하게 하기 위해 농민들은 수년에서 최대 15년까지 그 토지를 사용할 수 있었다. 당시 오직 농업에만 전념하는 전문 농가나 농산물을 가공하는 농가가 등장했다. 농민은 집단화 체제에서 손해를 보고 인도하는 대신 자신들은 시장에서 구입해야 했던 특이한 상품들을 더 이상 생산하지 않았다.

수익을 남기기 위해, 곡물 생산 전문 농가들은 가족 단위의 소유 토지를 재편성했다. 그들의 재산을 임대하거나 양도할 수 있었지만, 이론상 그 재산은 여전히 집단 소유였다. 포간도호 제도가 보편화되었다. 그 제도의 시행으로 농민들은 일종의 집단농장 소작인이 되었으며, 농민들이 행정당국에 인도했던 곡물이나 기타 농작물의 고정 가격과 시장 가격의 차이가 농민들이 내야 했던 소작료로 대체되었다.

곡물에 대한 국가의 독점과 함께 1985년 12월 인민공사는 폐지되었다. 다만 국가가 곡물을 독점할 경우, 국가는 도시에서 기본 가격이 급속하게 오르지 못하게 하는 역할을 맡아야 했다. 따라서 협의를 통해, 시장 가격과 계약에 의해 고정된 가격 사이에서 형성된 가격이 실제 시장 가격이었으며, 농민들에게 필요한 살충제, 비료, 중유 또는 농기계 등의 생산품 가격이 치솟자, 그러한 시장 가격에 대해 농민들이 불평을 하기 시작했다.

그럼에도 불구하고 이후 생산량이 증가함에 따라 농민들의 수입도 늘어났다. 1953년부터 82년까지의 수입 증대는 평균 3.7퍼센트였음에 비해, 1981년부터 84년까지는 평균 11퍼센트가 증가했다. 여러 제도가 발전한 촌락의 농민들이 오히려 만족스러워했다. 일부는 대약진 운동 시기에 건립된 기업을 포함한 농촌 기업들이 다시 활기를 찾았던 한편, 시장 번영의 중심지가 된 중소도시도 다시 기지개를 폈다. 주민 1인당 수확량이 317킬로그램이었던 1978년에 비해, 4억 700만 톤을 수확한 1984년의 주민 1인당 수확량은 기록적인 수치인 390킬로그램이었다. 이러한 가족경영, 즉 포간도호 덕분에, 1978년 당시 가족 토지에서 나온 수입이 전체 수입의 27퍼센트에 불과했던 것이 1985년에는 81퍼센트를 웃돌았다.

개혁을 주저한 도시

농민들의 이러한 성공에 힘을 얻은 당국자들은 개혁을 도시로 확대하려했다. 하지만 그러한 개혁의 확대 노력은 필수적인 일이었다. 즉 국가는 여전히 집단 농장 체제로 되어 있는 농촌으로부터 국가가 거둬들이는 수익이 하락하고 있다는 것을 알고 있었기 때문이었다. 또한 1억에서 2억 명에 달하는 농촌 인구는 모든 면에서 농가 일에 무용한 인원이었으며, 사실상 집단화 정책으로 숨겨져 있는 계층이었다. 1985년 시행된 호구제도의 통제가 느슨해진 틈을 이용하여, 도시에서 시행되는 대규모 공사에서 일자리를 찾기 위해 수천만 명이 도시로 몰려들었다.

다른 한편, 농민들은 자신들의 수요 증가를 충당하는 데 필요한 공장을 필요로 했다. 비료, 농기구 혹은 살충제의 생산 부족으로 이미 가격이 치솟을 조짐이 있었기 때문이었다. 따라서 그러한 장애를 극복하여 자본 축적률을 국내총생산의 30퍼센트 정도로 높이고자 한다면, 산업과 상업의 활성화가 절실했다. 1985년 자본 축적률은 1978년 수준에 머물러 있었다.

그 비중 때문에 매우 중요했던 산업 분야는 개혁이 극도로 어려웠다. 노동자와 고용인들은 사회보장제도를 보장해주는 단위에 속해 있었다. 그들은 평생 고용을 보장해주며 가까운 사람들에게 다시 그 직업을 양도할 수 있는 직장을 잃고 싶어하지 않았다.

농민들과는 달리, 진정한 대가와 합리적인 경영 방법을 찾아야 했던 도시에서의 개혁은 거대한 공공 부문에 종사하는 노동자들에게 위협이 되었다. 당시 노동조합이 여전히 마오쩌둥주의를 견지하는 니즈푸倪志福의 지도에 따르고 있었던 사실은 결코 우연이 아니었다.

개혁의 초점을 농촌에서 도시로 확산하려는 시도에 앞서, 1983년 10월 오염된 정신에 반대한다는 이상한 운동이 전개되었다. 그 운동은 도시 주민과 특히 서양의 나쁜 조류에 물든 젊은 노동자들을 보호해야 한다고 주장했지만, 이내 조롱 속에 수그러들었다. 동시에 외국자본을 끌어들이고 선진국의 첨단 기술을 기술자와 노동자들에게 가르치기 위해, 홍콩 부근의 선전深圳을 비롯한 남쪽 지역에 5개의 경제특구를 만들었다. 1978년 당시 세계무역에서 중국이 차지하는 비율은 1퍼센트에 불과했지만, 1995년에는 1.5퍼센트로 증가했으며, 이후 중국 국내총생산의 11퍼센트를 차지하게 되었다. 중국의 대외 개방이 확대되었던 것이다.

1984년 10월, 중국 당국은 가장 모범적인 공장 노동자들을 선택할 수 있는 일정 기간 동안의 계약 체제를 만들어 노동자와 경영자가 책임을 질 수 있기를 바랐다. 하지만 이 제도는 실패했다. 노동조합은 이전부터 근무하던 사람 외에도 새로 입사한 사원에 대한 임용 여부를 결정할 수 있는 자동적인 권한을 갖게 되었으며, 새로 채용한 인원 때문에 봉급 수요가 또다시 가중되었다. 공장이 완전히 낙후되어 문을 닫을 경우, 해당 부서는 해고 노동자에게 계속 봉급을 지불해야 했다. 그것은 사회적 안전을 위해 치러야 할 대가였다.

기계제품의 기본 가격은 해당 부서에 의해 고정되어 있었으며, 종종 생산 원가 이하였다. 국영 부문과 시장 사이의 관계를 정립하기 위해, 천 윈은 다음과 같이 비유했다. 즉 경제는 새와 유사하다는 것이었다. 만약 새를 손안에 넣고 지나치게 세게 쥐면, 마오쩌둥 시대처럼 그 새는 견디지 못해 죽을 것이다. 손을 펴면, 새는 날아가 눈앞에서 사라져버릴 것이다. 그것이 바로 자본주의 시장이다. 이 문제를 해결하기 위한 좋은 방법은 손을 펴는 대신, 새를 새장 안에 가두는 것이다. 따라서 시장새을 통제하기 위해서는 강력한 국영기업새장을 보호해야 한다. 국영 부문은 전체 생산의 80퍼센트를 장악하고 있었다.

논쟁과 대립이 있었지만, 어느 누구에게도 개방되지 않은 채 자신의 입장을 개진했던 지적 엘리트들만의 공간이 존재했다. 안후이 성의 당 서기 완리의 친구인 천체물리학자 팡리즈方勵之는 안후이 성 수도인 허페이合肥의 허페이과학기술대학 총장에 임명되었다. 그는 마르크스주의는 19세기와 20세기 전반기 과학의 세계를 분석하는 데 적용할 수 있지만, 20세기 말의 분석에는 전혀 도움이 되지 않는다는 사실을 숨기지 않았다. 그에 따르면 미래는 모든 세계와 자유롭게 접촉할 필요가 있는 정보 과학자의 손에 달려 있다는 것이었다.

제한적인 범위 내에서만 유통되었던 그의 견해는 주변에 나름의 영향을 미쳤다. 후야오방 주변에서조차, 여러 지식인들은 팡리즈와 같은 학자들을 어떻게 정치에 참여시킬 수 있으며 지난 수년간 드러난 봉건적 사회주의의 결점을 어떻게 피할 수 있을까를 생각했다. 어떤 사람들은 혁명에서 자유로울 수 없는 대중 사회주의 하에서의 소외에 대해 언급하기도 했다. 이러한 분위기에서 개혁은 심각한 어려움에 봉착했다. 개혁 덕분에 이제 서서히 극복되어가던 마오쩌둥주의의 위기 대신 개혁 자체에서 비롯된 위기가 등장하기에 이르렀다.

3

개혁의 위기
(1986~91)

개혁과 제시된 문제에 대한 진정한 정치적 토론이 부재했기 때문에, 심각한 사회적 불안정으로 이어질 수 있는 여러 대립들이 서서히 등장했다.

곤경에 처한 개혁

전체적인 성공에도 불구하고 개혁을 위한 여러 어려움이 농촌에 겹겹이 쌓여 있었다. 포간도호는 농민들에게 커다란 자유를 보장해줄 수 있는 청부 생산 제도로 전환되었다. 농민들은 토지 용익권을 되찾았다. 그러나 토지 면적은 지나치게 좁았다 대체로 2~3헥타르가 경작 단위였다. 농민들은 자본이 부족했으며, 어쨌든 여전히 집단 소유로 남아 있던 자신의 경작지에 대한 지위가 불분명했기 때문에, 투자가 활성화되지 못했고, 이른바 공공의 이익이란 명목으로 간부들이 자의적으로 돈을 미리 징수하기가 유리했다.

다른 한편, 도시에 식량을 공급한다는 명목으로 식량을 재분배해야 했던 국가는 곡물을 비싸게 구입할 수밖에 없었기 때문에, 그나마도 많지 않았던 농업 분야의 투자가 감소했다. 1978년 전체 투자의 10.6퍼센트에 달했던 농업 투자액은 1991년 4.1퍼센트로 감소했다. 그러한 국가 투자의 감소를 이전에는 존재하지 않았던 개인 투자로 보충했지만, 개인 투자는 수익성이 있었기 때문에 농민 수입의 양극화를 부채질했다.

더구나 녹색 혁명*이 한창이었던 농업 부문의 수요를 기업이 따라가지 못했다. 1978년과 1985년의 8년 사이 51퍼센트가 상승한 비료 가격은 4년이 채 안 된 1986년과 1989년 사이 61퍼센트 상승했다. 향후 농민 수입의 40퍼센트 이상을 차지했던 곡물 가격은 아마도 과잉 생산 탓에 실제 가격이 25퍼센트 하락했다.

1978년 농민의 수입 지수를 100으로 가정한다면, 87년 지수는 238로 분명 증가한 수치지만, 89년의 지수는 겨우 227에 불과했다. 농촌에는 연간 소득이 1만 위안에 달하는 새로운 부유층이 등장했으며, "다른 모든 사람들보다 먼저 부자가 되었다"는 점에서 그들을 사회주의의 선구자로 간주할 수 있지만, 새로운 빈곤층 역시 존재했다. 그들 새로운 빈곤층의 비율은 전체 농촌 인구의 20퍼센트에 달했다.

농촌 통계에 따르면, 농촌 인구의 4분의 1에 해당하는 1억 5,000만에서 2억 명 정도의 과잉인구가 존재했다. 그들 중 상당수는 일자리를 찾기 위해 도시로 유입되었다.

개혁 초기 낙관주의에 뒤이어 상황이 악화되었다. 도시와 농촌의 수입 격차는 1978년 3.14대 1에서, 1985년 무렵 1.89대 1이 되었지만, 1987년에는 다시 2.05대 1로 벌어져, 1990년대 들어 3.9대 1이 되었다. 해안 지역의 농촌 수입과 중국 내륙 가난한 지역의 소득 격차 역시 1978년 3.3대 1에서 1990년 4.6대 1로 벌어졌다.

국가로서는 대량의 곡물 구매에 따른 비용 지불이 용이하지 않았다.

◆ 포간도호의 실시와 1985년 10월 인민공사가 해체될 때까지 농업 생산량이 크게 증가했는데, 이 무렵 퇴비, 살충제, 농업 기계 사용의 증가를 보통 녹색 혁명이라고 부른다.

국가는 차용증서로 그 비용을 대신했지만, 은행과의 협상 과정에서 농민들은 손해를 보았다. 지방 간부들은 방치된 채로 있었던 학교, 도로, 수리 시설 유지를 위한 여러 명목의 기부금을 요구했다. 그들 지방 간부들은 종종 자신들이 사용할 목적으로 그러한 자금을 전용하기도 했다. 진정한 의미의 지방 폭군들이 등장했다. 그들의 권력 남용과 자의적인 재정 운용은 심각한 정치적 소요 사태로 확대되지는 않았지만 말썽을 불러일으켰다. 전반적인 의욕은 이제 환멸로 바뀌었다.

비합리적인 가격 체제는 불법적이고 부패한 유통망 확대를 부채질했다. 〈판결 앞에서〉*라는 제목의 1984년 TV드라마는 한 공장 책임자의 딜레마를 잘 보여준다. 공공사업에 필요한 기계의 생산을 위해, 공장 책임자는 뇌물을 주고 지방 경찰의 호의를 사야 하며, 그러지 않을 경우 지방 경찰이 운전기사에게 벌금을 부과하여 많은 괴로움을 겪게 된다. 사회적 안정을 위해 공장 책임자는 마을에 인도해야 하는 기계와 노동자들에게 분배해야 하는 채소를 서로 맞바꿔야 한다. 그는 감독 기관이 정한 원가 이하의 가격보다 높은 가격으로 자신의 생산물을 팔기 위해 회계장부를 조작한다. 그는 부정행위로 고발되어 법정에 서야 한다.

개혁이 진행되는 와중에 두 유형의 경제 범죄가 등장하기 시작했다. 매우 의도적으로 행해지는 부정예를 들어 개혁 주도자들의 부정과 친구나 친척들에게 재산을 재분배하지 않은 채 개인의 영달만을 꾀했던 사악한 형태의 부정이 그것이었다. 1985년 인플레율이 8.8퍼센트에서 1986년에는 6.1

◆ 이 드라마 제목 역시 정확한 중국어 명칭을 확인하지 못했다. 원문 "Avant le verdict"를 그대로 번역하여 "판결 앞에서"라고 했다.

퍼센트로, 다시 1987년에는 7.3퍼센트로 낮아졌지만, 1988년 21퍼센트로 증가하여 도시 생활이 점점 더 어려워졌기 때문에, 의도적인 형태의 부정은 필요악이 되었다. 권한을 가진 사람들은 누구라도 금품이나 자금의 유용을 통해 악화된 수입을 보충했다.

무능한 정치적 대응

학생들이 보기에는 그러한 사회악이 만연해 있는 것이 분명했기 때문에, 그에 대한 자신들의 정치적 입장 표명이 필요했다. 물가 상승으로 학생들은 사실상 빈약한 장학금을 받게 되어 일상생활이 파탄에 이르렀으며, 자신들의 미래가 달려 있는 봉급 역시 하락하는 이중의 고통을 겪고 있었다. 천체물리학자 팡리즈의 주도 하에, 언론의 자유, 지방선거에서의 복수 입후보자 등록을 얻어내기 위한 운동이 1986년 겨울 초 허페이에서 전개되었다. 정치적 요구와 물질적인 측면의 생활 조건 개선이 혼재된 그러한 동요의 움직임은 우한, 난징, 상하이로 번졌다. 12월 중순 상하이에서는 시위대가 경찰과 충돌하는 사건이 발생, 1만여 명의 학생 시위가 일어났다. 1986년 12월 25일~1987년 1월 1일, 이러한 움직임은 베이징으로 확대되었다. 탄압의 위협 앞에서 이 운동은 중단되었는데, 그러한 진압 위협에 대항할 수도 없었으며, 또 대항하려고도 하지 않았다. 덩샤오핑은 "20년 동안의 평온을 유지할 수 있다면, 2만여 명의 목숨도 아깝지 않다"고 선언했다. 그는 지나치게 유약하다고 판단한 후야오방을 축출하는 대신, 자오쯔양을 총서기에 임명했다.

1987년 1월, 부르주아 자유주의에 반대하는 일련의 운동이 전개되었는데, 그것은 1983년에 실패로 끝난 운동인 정신 정화운동*의 연장이었으며, 팡리즈를 포함한 일부 인사들이 당에서 축출되었다.

　이런 사태에 대한 정치적 무감각은 1987년 10월 말 개최된 제13차 전국대표대회에서 당시 당 서기였던 자오쯔양의 확언에서 분명하게 드러났다. 그는 중국이 사회주의 초기 단계에 있기 때문에, 사회적·정치적 안정의 유지를 통해 다른 무엇보다 생산력을 발전시켜야 한다는 입장을 옹호했다. 당시 중국 통치자들은 아시아의 신권위주의 이론과 싱가포르 유형의 발전 모델에 지나치게 근접해 있었다.

두 노선 사이의 투쟁: 1988년 가을~1989년 4월

1988년 가을 중국 정치 지도자들은 사람들이 "두 노선 사이의 투쟁"이라고 부른 결정적인 선택의 기로에 서게 되었다. 두 노선 가운데 하나는 시장 부문을 확대하는 대신 중앙의 계획경제 역할을 축소하여 가격 체제를 개혁하려 했던 자오쯔양의 노선이었다. 그러면 마오쩌둥 체제가 종식됨과 동시에 당도 더 이상 주도적 역할을 하지 못하게 될 것이었다. 또한 제 기능을 하지 못했던 공장에서의 파업과 인플레로 사회적 불안정이 생길 위험성이 있었다. 다른 한 노선은 천윈과 그의 후원을 받았던 리펑李鵬의 노선으로서, 개혁을 동결하고, 국가가 다시 가격을 통제하며, 탈집단화 정책을 멈추는 동시에 국가 기업이 전략적으로 매우 중요한 역할을 한다는 사실을 확신하는 것이었다.

◆ 1983년 공산당 12기 2중전회에서 당내 부패와 문혁파 일소를 위한 정당공작의 전면적인 일소 운동을 말한다. 특히 80년대에 이르러 서양 사상 유입으로 사회주의와 마오쩌둥 사상에 대한 신념의 위기 현상이 발생했다. 당시 이러한 현상에 부응하여 마르크스 탄생 100주년 기념 학술 토론대회에서 '소외와 휴머니즘'이라는 제목의 논문이 발표되기도 했지만, 그러한 경향을 부르주아 자유화의 범람으로 비판했다.

당 군사위원회 의장직만을 갖고 있었던 덩샤오핑은 소요가 발생하면 개입할 것이라는 점을 분명히 했다.

1988년 10월 1일 개최된 중앙위원회에서 정통주의자들이 자유주의자들을 압도했다. 개혁이 중단되었으며, 경제 부문을 총괄했던 자오쯔양이 물러나고 리펑이 그 자리를 차지했다. 은행의 부채는 동결되었다. 국영기업 담당 부서에 대한 통제권이 회복되었으며, 326개 품목의 가격이 동결되었다. 도시의 대규모 공사들이 중단되었기 때문에, 도시에서 일자리를 찾기 위해 고향을 등진 농민들이 1989년 춘절春節이 되자 다시 고향을 찾기 위해 거리에 넘쳐났다.

이미 그해 가을 보수주의자들로부터 바로 비판을 당했던 TV 드라마 〈황하비가黃河悲歌〉에서는 중국 역사를 황색의 중국과 푸른색의 중국, 양자 사이의 투쟁으로 묘사했다. 과거 중국 인민들이 불행을 극복했던 황색의 중국은 만리장성, 용과 같은 황제, 공자, 황량한 황토 고원, 바다에 등을 돌린 채 문호 개방을 거부하는 중국을 의미했다. 외국, 국제무역, 진보와 자유에 개방적인 중국을 의미하는 푸른색의 중국은 도쿄의 마천루나 싱가포르에 비견되었다. 푸른색의 중국이 지니는 역동성은 중국의 근대화를 담보했다.

정치적 논쟁은 여러 곳에서 계속되었다. 그러한 논쟁은 엘리트가 독점하고 있었지만, 언론으로 확대되었다. 친번리欽本立는 상하이에서 《세계경제도보世界經濟導報》라는 신문을 발간했는데, 그것은 체제 밖에서 발간된 최초의 진정한 신문이었다. 이 신문이 주로 다룬 논제는 신권위주의, 자유주의 경제와 당시 세계의 변화상이었다. 이 신문은 황색 중국을 주장하는 측으로부터 항상 압박을 받았던 푸른색의 중국 쪽에 서 있었다.

1919년 일어난 5 · 4운동 70주년과 프랑스 혁명 200주년에 즈음하여 다양한 논쟁의 전개에 유리한 분위기가 되자, 문학계 주변에도 지식인과 학생들이 몰려들었다. 사람들은 민주주의, 과학, 그리고 인간의 권리를 고양시켰다. 또한 폴란드의 솔리다르노시치와 헝가리, 체코, 소련에서 일어난 정치적 논쟁의 고조에도 관심을 가졌다.

이러한 활동에 필요한 자금은 최초로 외국자본이 투자된 일부 기업해외로 나간 중국인들이 세운 기업이 제공했는데, 그들 기업은 베이징의 '라틴 지구' 라 불렸던 하이뎬 구海淀區에 있었다. 팡리즈의 주도 하에 수십 명의 학생들이 1989년 2월 웨이징성의 석방을 위해 덩샤오핑에게 서신을 보냈다.

톈안먼 광장의 민주화 운동(1989년 4~6월)

1989년 4월 15일 후야오방이 갑자기 서거했다. 즉시 그를 부정과 권위주의에 대항했던 영웅으로 지칭한 대자보가 베이징에 나붙었다. 2년 전부

터 침묵하고 있었던 학생운동이 다시 기지개를 켰다. 4월 20일, 정부 청사 앞에서 학생 시위대가 곤봉 세례를 받았다. 그다음 날, 16만의 베이징 학생들 가운데 6만여 명이 이 사태에 대항하는 동맹 파업을 벌였다. 시위대는 민생고 문제를 거론하는 한편, 관리들의

1989년 4월 15일 전 중국공산당 총서기 후야오방이 베이징에서 병사했다. 사진은 후야오방 생전에 베이징의 집에서 찍은 것이다.

톈안먼 민주화 운동 당시 한 젊은이가 탱크를 가로막은 채 시위하고 있다.

부정을 고발했으며, 후야오방의 분명한 복권과 민주주의를 요구했다.

사망한 한 지도자를 기리는 동시에 정치적 성격을 띤 운동이 일어난 이러한 우연의 일치는 저우언라이를 기념하기 위해 모였던 1976년 4·5 운동을 연상시켰다. 톈안먼 광장의 시위대는 4·5운동으로부터 일말의 합법성과 함께 면죄부를 보장받았다. 시위는 사실상 당시 체제의 틀 속에 자리 잡고 있었다. 그리하여 시위대는 당과 정부 중앙 기구 내부로부터 지지를 얻기를 바랐다.

4월 26일, 덩샤오핑의 지시로 게재된 《인민일보》의 사설은 시위 학생을 "반혁명적 저의"에 고무된 동란動亂에서 나온 "분란의 앞잡이"로 규탄했다. 이 사설을 계기로 잡다하고 통일성이 없었던 시위 운동이 결집하게 되었다. 시위대는 그들이 덩샤오핑을 인정하지 않는다는 사실을 당국으로부터 얻어내야 했으며, 그렇게 된다면 덩샤오핑의 정치적 활동이 종식되고, 따라서 정치로까지 확장될 수 있는 새로운 개혁의 흐름을 만들어낼 수 있었다.

동란은 더욱 확대되었다. 4월 27일 10만여 명이 참여한 대규모 시위에 뒤이어, 베이징학생자치회 창립과 함께 운동이 조직화되었다. 시위는 특히 시안과 상하이 같은 각 지방으로 확산되었다. 시위대는 반공산주의와 같은 구호가 가져올 수 있는 의외의 상황을 경계했다. 이전에는 지식인들이 그런 역할을 했지만, 이제 학생들은 선의에서 이탈한 권력의 감시자 역할을 요구했다. 이제 학생운동 지도자로 등장한 왕단王丹이나 우얼카이시吾爾開希 등은 5월 4일 아시아개발은행 책임자들 면전에서 이루어진 자오쯔양과의 토론 이후 그들만의 정치적 견해를 갖게 되었다. 학생들의 시각을 이해했던 자오쯔양은 그들을 대화에 불러냈으며, 4월 26일 결국 《인민일보》 사설에서 주장한 내용에 배치되는 행동을 했다.

이후 두 주 동안 사태는 매우 혼란스러웠다. 시위는 확대되었다. 톈안먼 광장에서 항상 집회가 열려 군중들의 관심 대상이 되었으며, 어떤 때는 그러한 군중들이 시위를 벌였다. 5월 13일 2,000∼3,000명의 학생들이 단식투쟁을 시작했다.

단식 농성자를 중심으로 동조 세력이 신속하게 조직되었다. 그러한 동조 세력은 다양했다. 즉, 자신이 일하는 공장의 트럭을 타고 와서 광장 한구석에 자리를 차지했던 노동자들도 있었다. 노동자들은 물가 상승으로 어려움을 겪고 있었으며, 직장에 대한 두려움을 갖고 있었다. 따라서 개혁을 지지하지 않았던 그들은 자신들의 불만을 표출했다. 거대한 중국의 영역에서 시위대와 공간적으로 떨어져 있던 농민들은 베이징의 사태를 잘 이해하지 못했다. 톈안먼 광장에서 시위대가 고발한 부정은 추상적이었을 뿐 아니라, 과거 자신들이 희생자였을 때의 부정과는 다른 것이었다.

5월 18일, 묵묵히 자신을 수행하는 자오쯔양을 대동한 채 등장한 리펑과 단식 농성자들 사이의 때늦은 접촉이 TV로 방영되자, 농촌에서는 그 장면을 학생 지도자들이 예상한 것과는 달리 받아들였다. 수염을 깎지 않은 채 파자마 바람으로 TV에 등장한 위구르 출신 우얼카이시가 리펑의 말을 자르는 모습은 법을 지키지 않는 반란자의 모습으로 각인되었다. 서양에서는 그러한 영상을 호의적으로 받아들였지만, 아마도 중국에서는 그렇지 않았던 것 같다.

어쨌든 매우 중대한 상황이 바로 전날 전개되고 있었다. 5월 17일, 시장경제를 수립하고 소요를 도왔으며 부패와 족벌주의의 활로를 열었다는 죄목을 들어 공산당은 자오쯔양에 대한 당의 신임을 철회했다. 같은 시간, 100만에서 200만 명에 달하는 베이징 사람들이 단식 농성자를 옹호하는 시위를 벌이자, 수도 베이징에는 평화로운 반란이 일어난 듯한 상황이 연출되었으며, 당국자들은 그것을 용납하기 어려웠다. 톈안먼 광장은 공산당 지도자들이 공식적인 축하 행사를 거행하는 상징적인 장소라는 점에서, 그러한 상황은 일종의 권력 상실로 비춰졌으며, 5월 15일에 발생한 정치적 좌절* 이후에는 더욱 그러했다.

바로 그날, 중국과 소련의 대화 재개를 위해 고르바초프가 베이징을

◆ 본문에 등장하는 5월 15일은 톈안먼 광장에 모인 학생들의 단식 투쟁이 본격화된 시기였으며, 정치적 좌절이란 그들을 통제할 수 있는 적절한 수단을 당시 공산당이 가지고 있지 않았을 뿐 아니라, 공산당 간부를 포함한 사회 모든 계층이 이들에 대해 동정을 표명했던 상황을 말한다.

방문했다. 덩샤오핑의 승리로 끝난 두 나라 정상의 만남은 시위와 시위대에 의한 톈안먼 광장의 점거로 중단되기도 했다. 사태가 더 악화된 이유는 마치 고르바초프가 공산주의에서 자유주의로의 전환을 보증해줄 수 있는 사람인 것처럼 학생들이 그에게 환호했기 때문이었다.

패배한 자오쯔양은 5월 19일 이른 아침 단식 농성자들에게 자신의 패배를 알리고 사과했다. 승리로 힘을 얻은 리펑은 5월 19일과 20일 사이 밤에 베이징 중심 지역에 계엄령을 선포하고, 5월 20~21일 재빨리 시내로 출동한 군대를 집결시켰다. 병사들은 주저했다. 즉 인민해방군은 인민의 군대라는 찬란한 전통을 내내 견지해왔으며, 그 점은 당시 형세를 염려한 과거 군대 수뇌부의 일부가 상기시킨 것이기도 했다.

이후 15일은 참으로 비장했다. 톈안먼 광장을 점령했던 학생들은 더 이상 정치적 견해를 가지지 못한 채, 평범한 문제만을 모색했다. 서양에 대한 무의식적인 모방심에서 학생들은 이제 인민대표회의 쪽으로 눈을 돌렸지만, 단일 후보를 내세워 세 번째 사회 계층혁명가 출신에서 선출된 그들 인민대표는 어떠한 대표성도 없다는 사실을 학생들은 망각하고 있었다. 왕단, 우얼카이시, 그리고 새롭게 등장한 차이링柴玲과 함께 5월 23일 톈안먼일대연락회天安門一代連絡會가 설립되었다. 그들은 곧 진압 작전이 전개될 것이라 생각했기 때문에 단식 농성을 중단하고 광장에서 철수하려 했다. 5월 27일 그러한 사항을 염두에 둔 결정이 내려졌다. 그러나 그러한 위기 상황에서 일부 시위 주동자들은 순교자적 취향이나 영웅적 행동에 사로잡혀 있었다. 게다가 옛날 홍위병처럼 자신의 주변이나 가족과 떨어져 있던 지방 출신의 학생 대표들은 베이징 지역 학생들과는 달리 극단주의적인 경향을 보였다.

충돌이 발생했으며, 적의를 담은 삐라가 뿌려졌다. 극히 일부는 중단했던 단식 농성을 다시 시작했다. 아무런 결정을 내릴 수 없었던 톈안먼 광장 점거자들은 마치 그곳에서 추방되기를 기다리고 있는 것처럼 보였다. 5월 30일, 미술대학 학생들이 흰색의 무표정한 민주주의 조각상을 세웠는데, 그것은 거대한 문화 혁명 시위가 벌어졌던 그곳에서 그 주변으로 사람들이 몰려들었던 마오쩌둥의 초상을 연상시켰다. 마오쩌둥 배지가 다시 등장했으며, 위대한 영도자의 초상화를 잉크로 더럽힌 학생들은 경찰에 연행되었다.

1989년 6월 3일 밤부터 6월 4일 사이에, 무기도 지니지 않은 운동복 차림의 군 병력이 매우 이상한 방식의 반격을 시도했지만 실패로 끝났으며, 그 이후 그들은 갑작스럽게 톈안먼으로 통하는 도로에 등장하여 실탄을 쏘는 한편, 대부분이 철수한 상태였던 광장 점거자들의 천막을 탱크로 밀어붙였다. 희생자의 수는 정확하지 않은데, 아마도 약 2,500여 명의 민간인이 사살되고, 수십 명의 군인이 희생되었을 것이다.

비적대적이며 비무장 상태로 있었던 군중들에 대한 이러한 의도적인 학살 행위는 정치적으로 미리 준비된 것이었으며, 권력 당국은 대중매체를 통해 그러한 사태를 이용했다. 불길이 치솟고, 자동차가 화염에 휩싸이고, 고문을 당한 군인들의 시체가 나뒹구는 베이징의 모습이 각 지역에 방영되었다. 이러한 움직임을 '동란'으로 규정했기 때문에, 새로운 형태의 문화 혁명이 일어나지 않을까 하는 두려움이 생겼다. 이후 2억의 가구가 시청한 TV는 중요한 정치적 역할을 했다.

이웃의 고발로 체포된 사람들의 수가 증가했다. 상하이에서는 철도를 약탈한 세 사람이 공개 총살형에 처해졌다. 군사들과 함께 덩샤오핑이 등장한 반면, 리펑은 사라졌다. 6월 상하이 시장으로 있던 장쩌민江澤民은 심각한 사태를 불러일으키지 않은 채, 양쯔 강 유역의 대도시인 상하이의 질서를 유지시켰으며, 그에 대한 보답으로 자리에서 쫓겨난 자오쯔양 대신 6월 24일 당 총서기에 새로 임명되었다. 모든 것이 제자리를 되찾았으며, 1990년은 역사상 최고의 풍작을 거둔 해였다.

우발적인 사건으로 둔갑한 대학살

1989년 6월 4일의 대학살은 예상치 못한 우발적인 사건으로 급속히 변모했다. 한때의 승리자는 이후 패배자가 되었으며, 과거 받아들여지지 않았던 자오쯔양 방식이 이내 자리를 잡았지만, 그렇다고 해서 자오쯔양 방식에 찬동했던 사람들이 복권된 것은 아니었다.

그것을 민주주의 쪽으로 이끌고 가려는 사람들과, 억제하고 심지어 후퇴시키기를 원했던 사람들 사이의 대립 때문에 제자리를 찾지 못했던 개혁을 다시 추진해야 한다는 것이 당시의 대체적인 분위기였다. 권력층은 사후事後 발생한 탄압에 대한 정당성을 입증하기 위해, 1989년부터 진행된 동유럽 사회주의 체제의 몰락, 2년 뒤 일어난 소련의 분할, 그리고 그러한 사태로 빚어진 불행과 혼란 등을 자신들에게 유리하게 해석했다. 공산당 지도부가 현명했더라면, 그러한 재앙으로부터 인민을 구하기 위해 잔인해져야 했을 것이다. 많은 사람들이 그러한 방식을 신뢰했으며, 나머지 다른 사람들 역시 그랬던 것처럼 보였다. 대학살 사건의 상처가 존재했지만, 그것은 극히 부분적인 것에 지나지 않았다. 이제 남은 것은 시간이 지나면서 단순한 우발적 사건으로 변해버린 '과도한 행위'의 책임자를 가려 희생양으로 삼는 것이었다.

정통주의자들의 실패

경제개혁에 의문을 제기하기 위해, 가장 정통적인 보수주의자들이 행한 여러 시도들은 급속하게 목표를 상실했다. 농민들은 집단화 정책으로 되돌아가는 것을 거부했다. 예를 들어 레이펑雷鋒에 대한 학습을 고취시킴으로써, 공산주의 이데올로기를 다시 활성화하려는 노력도 조롱거리가 되었다. 젊은이들은 허스키한 목소리로 톈안먼 민주화 운동 당시 청년들의 불행을 노래하며, 조롱의 표시로 향수 어린 옌안 시대의 마오쩌둥이 거둔 성공을 거론한 록 가수 추이젠崔健의 노래를 들었다. 이제 시대가 바뀌었다. 여러 추악한 사건들은 시장 법칙에 반대를 표명했던 사람들에게도 불똥이 튀었지만, 그들 또한 개인의 목적을 위해 주저하지 않고 시장 논리를 이용했던 사람들이었다.

4

지속적인 개혁 추구
(1992~2002)

덩샤오핑의 남순 南巡

1992년 1월 18일부터 2월 21일까지 덩샤오핑은 우한, 선전, 주하이珠海, 상하이 등의 남쪽 지역을 순회했다. 이 기회를 빌려 덩샤오핑은 보수주의자들이 폐지하려 했던 경제특구의 장점을 언급했다. 그는 상하이의 위대한 미래를 찬양했지만, 상하이는 오랫동안 아편전쟁과 외국 상인들 덕분에 급속하게 발전할 수 있었다는 오해를 받아온 것이 사실이었다. 덩샤오핑은 1978년 자신이 시작한 개혁 노선은 앞으로 100년 동안 지속될 것이며 "생산력의 완전한 자유"를 보장할 것이라는 점을 분명히 했다. 이어 그는 이러한 개혁 노선의 성공과 인민들의 생활수준 향상 덕분에 "1989년 6월 4일의 고비"*를 내전 없이 지나갈 수 있었다고 덧붙였다. 그의 정치적 소망은 매우 차분한 것이었다.

남순 중인 덩샤오핑이 상하이 난푸(南浦) 대교를 참관하고 있다.

—— 20세기 중국사

아울러 덩샤오핑은 자본주의란 두려워할 존재가 아니며, 그것의 성과를 공부해야 한다고 말했다. 시장경제가 자본주의의 독점물이 아니며, 계획경제 역시 사회주의만의 고유한 것이 아니라는 것이었다. 그는 이러한 자신의 커다란 틀 안에서 사회주의적인 시장경제가 곧 등장할 수 있다고 설명했으며, 개혁의 새로운 단계에 대한 기본적인 구호를 공식화했다. 즉 그는 중국이 "전족한 여성들처럼" 걷지도 못할 지경이 되지 않기 위해서는 대담해져야 한다고 요구했다. 1992년 10월에 열린 제14차 전국대표대회에서는 개혁의 재개를 확인함과 동시에 장쩌민을 중심으로 한 주도적 그룹을 공고히 하는 한편, 1989년 군사 진압에서의 역할을 유리하게 이용하려 했던 양상쿤楊尙昆 일파를 축출했다.

여러 곤경에도 불구하고 그대로 유지된 정책 방향
상당수의 재정 스캔들이 고발되었다. 이러한 스캔들은 부정부패, 그리고 엄청난 군사적·경제적 조직과 연루되었는데, 톈안먼 학살의 주모자 가운데 한 사람으로 밝혀져 투옥된 천시통陳希同이 연루된 베이징 시장의 스캔들이나, 덩샤오핑 가문과 밀접한 관계를 유지했던 강력한 은행가 그룹인 수도강철공사首都鋼鐵公司 스캔들이 전형적이었다.

사회적 긴장은 농촌에 내내 자리 잡고 있었으며, 도시에서는 날이 갈수록 증가했다. 1억 1,200만 명의 국영기업 노동자가 전체 생산에서 차지하는 비중은 1980년 76퍼센트에서 1995년 27퍼센트로 하락했지만, 노동자들의 수효는 여전히 많았다. 그들을 임시직으로 전환하려는 시도

◆ 톈안먼 사태를 진정시키기 위해 군대가 투입된 날이다. 당시 군대 투입을 반대한 자오쯔양은 총서기직에서 사임했다.

가 있었지만 효력이 없었다. 수정된 파산법이 제정되어, 1997년 당시 1,100만 명 노동자들의 봉급 지불이 늦어졌으며, 900만 명의 노동자가 자리를 옮기게 되었다사실상 해고였다.

1997년 전반기에 2만 6,000건의 노동 분쟁이 발생했는데, 이 수치는 1996년 동년기보다 59퍼센트 증가한 것이었다. 난충南充, 몐양綿陽과 같은 쓰촨 성의 여러 도시에서는 노동자들이 진정한 의미의 도시 소요 형태를 띠기도 했다. 이러한 투쟁 과정에서 자발적으로 생겨난 노동조합은 금지되었으며, 그 지도자들은 체포되었다. 따라서 이러한 사회적 불안정이 주요한 정치적 위기로 발전될 수 있는 어떠한 요소도 없었다. 그러나 사회적 긴장이 계속되었기 때문에, 해결책을 논의하기 위해 쌍방이 인정하는 중재자가 없다면, 그러한 상황이 폭발적으로 변할 수도 있었다. 해안 지역의 경우, 일단 사회적 역동성 덕분에 여전히 신뢰의 틀을 바탕으로 한 개인적인 해결책을 믿을 수 있는 정도였다.

성공적인 권력 계승

1997년 2월 19일 덩샤오핑이 93세로 사망하자, 그의 권력 계승은 큰 어려

1997년 2월 25일 덩샤오핑 추모대회가 베이징에서 성대하게 열렸다. 사진은 장쩌민이 애도사를 낭독하는 모습.

1997년 9월 12~19일 중국공산당 15차 전국대표대회가 베이징에서 열렸다. 사진은 15기 12중전회에서 새롭게 당선된 중국공산당 중앙정치국 상임위원들의 모습. 왼쪽부터 장쩌민, 리펑, 주룽지, 리루이환(李瑞環), 후진타오, 웨이젠싱(尉建行), 리란칭(李南淸)

움 없이 진행되었다. 7월 1일 홍콩의 반환이 순조롭게 이루어져, 당시 지도자들의 위엄이 한층 높아졌다. 1997년 중국공산당 제15차 전국대표대회는 장쩌민을 당 총서기로 인정하는 한편, 정치국 군사상임위원회에서는 배제시켰다. 한편 리펑에게는 그 자신이 전혀 달갑게 생각하지 않았던 인민대표회의 의장이라는 골치 아픈 자리가 주어졌으며, 주룽지朱鎔基에게 완벽하게 어울렸던 수상 자리에는 결국 주룽지가 임명되었다.

따라서 특별한 위기 없이 사회 근저로부터 개혁이 지속적으로 진행되었다. 2001년 12월 11일 143번째로 중국이 세계무역기구wto의 회원국이 되었다는 것은 시장경제 쪽으로 방향을 전환하려는 변화가 움직일 수 없는 사실이라는 점을 의미했다. 위대한 지도자에 대한 이미지는 여전히 남아 있었지만, 기억이 희미해져 누구의 것인지도 모르는 동상 몇몇과 그때까지도 남아 있던 색 바랜 초상화에서 볼 수 있듯, 그 이미지는 서서히 퇴색해갔다.

2002년 11월 14일 끝난 중국공산당 제16차 전국 대표대회에서는 신임 당서기로 후진타오胡錦濤가 임명됨으로써, 중국공산당의 '4세대'가 권력에 등장하는 광경을 확인할 수 있다. 정치국 상임위원회 출신의 다른 모든 구성원들이 물러나고, 정치국의 예전 구성원 여덟 명이 그 자리를 대신한 것은 지도부 내부에 근본적인 변화가 일어나고 있다는 사실이 결국 허상이었음을 의미하는 것이다. 그러나 사실상 76세의 장쩌민은 여전히 당 군사위원회 의장직을 갖고 있었던 한편, 덩샤오핑이 그랬던 것처럼 '자신의 측근을 내세워' 계속 당을 장악할 수 있는 여러 다양한 수단을 갖고 있었다. 장쩌민은 즉시 당의 핵심 지도 기구인 정치국 상임위원회 보통 7~9명으로 구성됨에서 자신의 주요 측근인 쩡칭훙曾慶紅의 서열을 상승시켰다. 쩡칭훙 주변에는 개혁을 통해 동부 해안 지역의 항구도시를 발전시켰던 일군의 책임자들 상하이의 우방궈吳邦國와 황쥐黃菊, 랴오닝 성의 리창춘李長春, 산둥 성의 우관정吳官正이 있었으며, 그들은 모두 자신의 정치적 경력을 쌓는 데 쩡칭훙으로부터 많은 도움을 받았기 때문에 쩡칭훙의 측근이라 할 수 있는 사람들이었다. 이러한 근위조직에 가담한 또 다른 사람은 베이징 공산당 책임자로서 그 행동이 미심쩍었으며, 부인은 그가 푸젠 성 당 책임자로 있을 당시 매우 광범위한 세력 형성과 밀매에 가담한 혐의를 받았던 자칭린賈慶林이란 인물이었다. 반면 리펑과 연계된 뤄간羅干은 신임 당 서기를 돕는 데 전혀 무력했다. 신임 당 서기는 원자바오溫家寶에게 의지할 수밖에 없었는데, 2003년 3월 수상에 임명된 그는 톈안먼 민주화 운동 당시 학생운동을 가장 잘 이해했던 지도자 가운데 한 사람이었다. 새로운 지도부 앞에 놓인 여러 어려움들을 그들이 극복할 수 있을까 하는 문제에 대해 당시 사람들은 회의적이었다. 만일 공산당이 완전한 정치권력과 주요한 경제 현안을 장악하지 못할 경우 발생할 수 있는 사회적 동요는 당시 중국의 체제를 후기 공산주의라고 불러도 좋을 정도였다.

레닌 모델에 대한 집요한 고집과 자본주의가 차츰 법칙으로 작용하게 된 한 사회의 완전한 변화 사이에서 생기는 차이 때문에, 장쩌민은 중국공산당 제15차 전국대표대회에서 채택된 '삼개대표三個代表'＊라는 자신의 이론을 2001년 7월부터 확산시켜 그 자신이 당 전면에 나서려 했던 정통성의 위기가 조성되었다. 장쩌민에 의하면, 중국공산당은 "생산력의 진전, 진보적인 중국 문화, 인민들에 대한 기본적인 관심"을 대변한다는 것이었다. 이러한 상투적인 정치 구호의 이면에는 진정한 코페르니쿠스적 혁명이 숨겨져 있었다. 첫 번째 구호생산력의 진전는 당이 프롤레타리아 독재를 구현한다는 신화에 종지부를 찍는 것이었다. 생시몽Saint-Simon의 견해에 따르면, 위 언급의 의미는 당은 생산자, 그리고 특히 기업인과 실업가의 것이었다. 이리하여 유명한 자본가이자 하이얼海爾이라는 전자업체 사장인 장루이민張瑞敏이 당 중앙위원회에 들어가게 되었다. 하이얼은 미국 캐롤라이나 남부에 있는 공장을 포함하여 외국에 13개 공장을 소유하고 있는 중국의 다국적 기업으로서, 상하이 증권가에 상장된 주가 액수는 2001년 당시 700억 유로에 달했다. 장쩌민 삼개대표 이론의 두 번째는 '근대화'가 반드시 '서구화'를 의미하는 것은 아니며, 근대화에 대한 중국적 해석을 내릴 수 있다는 것이었다. 유교의 영향

◆ 장쩌민이 2000년 2월 25일 광둥 성을 방문했을 당시, 당의 역사적 경험을 새로운 상황에 결부시키기 위해 공산당에 대해 요구했던 세 가지 사항을 말한다.

을 받은 세 번째 구호는 계급투쟁과 두 노선 사이에서 항상 갈등했던 마오쩌둥 노선에 종지부를 찍는 것이었다.

이런 맥락에서, 정치적 부동주의不動主義가 지속되는 것은 불가능했다. 즉 모든 대립적 상황이 잠재해 있는 현재 중국의 미래가 어떻게 전개될지 누구도 말할 수 없지만, 당이 국가에 권력을 넘겨주는 불가피한 정치개혁을 중국의 어떤 지도자들이 단행할 것인가에 대한 예측이 불가능하다 해도, 중국에서는 브레즈네프주의가 등장하지 않을 것이라는 가정을 밀고 나갈 수밖에 없었다. 이제 당 서열 1위가 된 후진타오는, 권력을 지속적으로 독점해온 공산당의 지침 하에 놓여 있다는 점에서, 아마도 그러한 역설적인 후기 공산주의 쪽으로의 변화를 가속시킬 것이다.

21세기 벽두에 선 중국

혁명의 시기였던 장구한 20세기 역사의 여정을 끝냈으므로, 우리는 이제 중화민국을 거쳐 중화인민공화국이 된 중국 제국의 여정을 가늠하기 위해, 현재 중국의 전체적인 모습에 대한 설명을 시도할 수 있을 것이다. 베이징을 침공한 외국 군대에 의해 진압된 의화단 운동 당시 만주국이 겪었던 1901년의 재앙에서 출발한 우리는, 세계 6위의 경제 대국이 되었으며, 주요 8개국(G8) 가입국이 된 금세기 중국에 이르렀다. 2001년 7월 13일 베이징이 2008년 올림픽 개최지로 선정되었다는 뉴스가 전해지자 수천만 명의 중국인들은 거리로 뛰쳐나와 기쁨을 표출했다. 2003년 10월 16일 중국 최초의 우주인인 양리웨이(楊利偉)가 탑승한 유인 우주선 선저우(神舟) 5호가 지구 밖 궤도에 진입했다는 소식에 중국인들은 다시 한 번 환호했다. 이 두 가지 소식을 접하고 거리로 뛰쳐나온 중국인들은 중화인민공화국 국가의 한 소절을 다 함께 불렀다. "일어나라! 우리 중국 인민들은 결코 다른 나라의 노예가 되지 않을 것이다." 이제 중국인들은 이전의 굴욕의 상태에서 벗어나 민족적 자긍심을 되찾은 것이다.

그러나 이처럼 승리를 구가하고 있는 중국은 세계에서 가장 가난한 나라 가운데 하나이기도 하다. 상하이, 홍콩, 선전, 베이징의 호화스러운 현대적 모습에 넋을 잃은 여행자들은 프랑스 영화 〈제르미날Germinal〉에 등장하는 장면과 흡사한 산시(山西) 성 광산에서 광산의 버팀목이나 그 옛날부터 쌓여 있던 폐광석 더미를 다시 볼 수 있을 것이다. 우타이산(五台山) 길을 따라가다 보면, 들판에서 농민들이 도리깨질을 하고, 키로 낟알을 골라내는 광경을 보며, 라브뤼예르(La Bruyère)가 지적한 것처럼 농민들의 모습이 마치 "야생동물"과 비슷하다는 인상을 받을 것이다. 21세기가 시작되는 시점에서, 중국 여행자들은 4세기 이전에나 볼 수 있었던 광경을 목도하게 된다. 이러한 광경에 혼란을 느낀 여행자는 중국의 본질에 대해 질문할 것이다. 이 모든 광경들은 일찍이 파스칼(Pascal)이 자신의 저서 《팡세Les Pensées》에서 다음과 같이 서술했던 상황을 상기시키고 있다. "중국 역사에는 우리를 현혹시키는 것과 우리를 개명시키는 그 무엇이 있다고 말할 수 있다······ 중국은 모호한 나라지만, 우리가 발견해야 할 명백한 구석도 있는 나라이다. 바로 그 점을 찾아야 할 것이다"[1]

그렇다면 현재 중국은 어떤 나라일까? 제자의 질문에 답하면서[2] 공자는 권력을 잡은 군자의 우선적인 임무는 '정명(正名)'을 행하는 것이라고 생각했다. 즉 군자가 정치를 잘하고자 한다면, 자신의 권력 기구와 자신이 이르고자 하는 목표를 명확하게 설정해야 한다는 것이다. 공자의 이러한 방법보다는 덜 엄격하지만, 우리는 중국이 지금까지 추구해온 여정에 초점을 맞추는 한편, 현재 중국 정치의 명백한 보수주의를 분석할 것이다. 마지막으로 우리는 가장 추악한 자본주의적 양상이 나날이 증대되는 한편, 사회주의 국가를 자처하는 최후의 나라 가운데 하나가 이룩한 놀랄 만한 성장의 이면에 확산되고 있는 모순과 폐쇄성을 차례로 언급할 것이다.

한 세기에 걸친
혁명 기간에 대한 평가

이미 언급한 바 있는 1962년 1월의 논의에서[3] 마오쩌둥은 유럽이 300년에 걸쳐 달성한 생산력의 진보를 중국은 50년 내에 똑같이 달성할 것이라는 의지를 밝힌 바 있다. 마오쩌둥에 따르면 중국은 여전히 원시 자본축적의 초기 단계에 머물러 있기 때문에, 사회주의에 도달하기 위한 여러 단계를 생략해야 한다는 것이었다. 사실상 100년 전부터 중국의 가장 높은 자리를 계승한 지도자들에게는 무엇보다 중요한 질문이 제기되었다. 그것은 20세기 초엽 리다자오가 지적한 것처럼, "인간의 진보 대열에서 뒤떨어진" 중국의 후진성을 어떻게 극복해야 할 것인가 하는 문제였다. 제국 말기 개혁가들이 원했던 것처럼, 어떻게 하면 중국이 마침내 부강富强한 나라가 될 수 있을까? 한편으로는 자본주의 혁명, 다른 한편으로는 사회주의 혁명이라는 두 종류의 혁명으로는 그러한 목표에 도달할 수 없었던 반면, 여전히 공산당이 주도권을 가지고 이끌어나가고 있긴 하지만, 대체로 후기 공산주의적 성격을 지닌 중국은 현재 나라를 부강하게 하는 목표에 다가가고 있는 것처럼 보인다.

1911년의 공화 혁명으로 무능력하고 고답적이며 억압적인 제국은 몰락했다. 사회 기반이 없었던 공화 혁명은 '군벌'의 전쟁이라는 무질서에 봉착했다. 그러나 상하이와 그 밖의 몇몇 해안 지역 도시의 자본가들은 제1차 세계대전, 젊은이들을 유럽의 전장戰場으로 끌어들여 전쟁을 벌여야 했던 제국주의 세력의 아시아에서의 후퇴, 당시 중국의 기본 화폐였던 은의 재평가 기회를 이용하여 자신들의 공장 설비를 갖추었다. 그 시기가 바로 1917년과 1923년 사이, 중국 부르주아의 황금 시기였다. 또한 그것은 1919년 5·4운동이 전개된 시기였다. 5·4운동은 전통 지식인을 계승한 당시 지식인들이 주도한 일종의 문화 혁명으로서, 사상과 정치 생활의 근대화를 이상으로 내걸었지만, 그것을 강제로 이식할 실질적인 힘은 갖지 못했다. 1930년대 세계적으로 공황이 닥치자, 모든 사람들은 보호자 역할을 하는 국가의 공백을 절실하게 느꼈으며, 그러한 국가를 만들기 위한 국민당의 모호한 노력은 1931년부터 시작된 일본의 침공으로 무력화되었다. 어쩌면 중국의 자본주의는 회복기를 맞이하자마자 바로 숨을 거두었다고 할 수 있다.

마오쩌둥은 토지를 차지하려 했던 농민들의 지지를 받는 군대를 휘하에 둔, 훈련이 잘된 당을 만들었기 때문에, 이러한 혼란과 분노 속에서도 내전에서 승리했다. 마오쩌둥은 사회를 통제하고, 모든 정치 영역을 장악하며, 계획경제를 주도하는 당 위주의 국가를 바탕으로, 소련의 권위적이고 관료적인 모델에 입각하여 사회주의 중국을 건설했다. 토지는 집단 소유가 되었으며, 기업은 국유화했고, 소비는 배급에 의해 정해졌다. 그러한 과정을 통해 자본 축적이 기록적인 비율에 도달했기 때문에, 중공업을 우선적으로 발전시킬 수 있었다. 위대한 지도자에 대한 숭배, 국제사회에서 중국의 지위 회복에 힘입은 민족주의, 라오가이라는 집단수용소 체제로 강화된 엄격한 경찰 통제 때문에, 일반인들은 위압적이며 이미 박탈당한 자유를 제한하는 그러한 정치체제를 받아들였다. 다시 질서와 평화가 찾아오자 엄청난 인구 증가가 뒤따랐지만, 사람들을 고무할 유일한 수단은 이데올로기뿐이었으며, 국가는 역동성을 빼앗긴 사회주의 체제에 갇혀 있었기 때문에 곧바로 생산이 정체되었다. 1976년 마오쩌둥 사망 당시 중국은 여전히 매우 가난한 농업 국가였고 산업화가 미약하여 도시 주민의 10~15퍼센트 정도만 산업에 종사했으며, 중국의 국제무역 비율은 전체 무역량의 1퍼센트에 지나지 않았다. 1인당 하루 수입이 1달러에 불과한 극빈 이하 계층이 2억 5,000만 명전체 인구의 31퍼센트이나 되었던 중국은 1978년 당시 세계에서 가장 가난한 국가 가운데 하나였다. 구매력 기준으로 계산할 경우, 1980년 연평균 수입은 1인당 411달러였다. 대약진 운동으로 비화된 백화제방과 문화 혁명의 두 차례 기회를 이용하여 마오쩌둥은 일반 대중들의 창조적인 열정을 구속한다고 여긴 관료주의라는 장애물을 걷어내기 위한 인위적인 열정에 호소함으로써 중국을 역동적으로 만들려 했다. 첫 번째 시도는 1959년과 1962년 사이 거의 3,000만 명의 농민들을 죽게 한 끔찍한 기근으로 귀결되었고, 두 번째 시도는 중국을 내란 상태로, 뒤이어 군사독재 체제로 만들어버려, 1976년 무렵 경제성장률은 제로에 가까웠다.

1978년 겨울 이후 덩샤오핑은 마오쩌둥과는 달리 자의적인 의도를 거부하는 대신 경제를 우선시하여, 문호를 개방하고 개인 주도의 사업을 유리하게 만들었다. 덩샤오핑에 따르면, 그의 "시장 사회주의"는 "사회주의의 초보 단계"에 해당하며, 대략 한 세기가 지나면 오직 풍요만이 가능한 진정한 사회주의 기반을 건설할 수 있다는 것이었다. 이리하여 덩샤오핑은 마오쩌둥 노선과 결별할 수 있었다. 마오쩌둥은 "중국은 가난하며 백지 상태지만, 그 백지 위에 가장 아름다운 시를 쓸 수 있을 것이다"라고 언급한 바 있는데, 결국 이 말의 의미는 가난과 궁핍은 혁명과 사회주의에 유리하다는 뜻으로서, 이러한 마오쩌둥의 노선에 덩샤오핑은 등을 돌렸다. 덩샤오핑은 그러한 논리는 잘못된 것이라고 생각했다. 장쩌민은 '삼개대표' 라는 이론을 통해 덩샤오핑의 그러한 탈마오쩌둥주의를 보완했다. 이 이론은 기업가와 자본가들을 나라의 주도 세력으로 만들어, 이제 전면에서 사라진 노동자 계층 대신 '생산자' 곁에 그들을 두는 것이었다. 생시몽이 마르크스에게 복수를 한 셈이 되었다.* 뒤이은 정치 유형은 권위적이었으며, 국가의 통제 하에 있었던 그러한 자본주의는 관료 제도와 그물처럼 얽혀 마오쩌둥이 마련한 독재 체제와 상응하게 되었다. 민주주의 운동을 유혈 진압한 1989년 6월 사태는 그러한 사실을 여실히 보여주었으며, 그러한 위기에도 불구하고 덩샤오핑은 1992년 다시 개혁을 추진하여 개혁의 절실한 필요성을 확인시켜주었다. 현재 중국은 분명 100여 년에 걸쳐 지속된 자신의 후진성을 거의 극복했으며, 중국에는 거의 2억 명에 달하는 극빈층이 존재하지만, 동일한 수의 '중산층' 도 자리 잡고 있음을 알 수 있다. 수입 배분이 이 두 계층 가운데 어느 곳으로 기울어지는가에 따라, 이러한 양극단 사이에 존재하는 8억 명의 중국인들이 앞으로 중국의 운명을 결정할 것이다. 당분간 그들은 현재의 상황보다 더 나은 미래가 도래하기를 기대하고 있지만, 그들이 빈곤한 상태로 전락하게 된다면, 중국 당국이 저지른 여러 잘못을 일방적으로 당국에 뒤집어씌운 채, 현 체제에 등을 돌릴 것이다. 중국과 매우 근접한 과거의 소련에서 마피아적인 성향의 자본주의가 해체되었던

◆ 봉건제도에 반대했던 생시몽은 이른바 기술관료가 주도하는 사회주의(technocratic socialism)를 옹호했다. 따라서 그는 기업의 수장이 사회를 통제해야 한다고 생각했는데, 이것은 기업가와 자본가들을 중국의 주도 세력으로 만들어야 한다는 장쩌민의 주장과 상통하는 면이 있기 때문에, 저자가 이런 표현을 쓴 것이다.

극적인 상황은 그들 8억 명이 이와 같은 태도를 갖도록 자극할 것이다. 이웃 나라 소련의 극적인 체제 전환과는 달리 중국은 스스로에게 필요한 근대 국가를 건설해가고 있다. 그러나 근대 국가 건설이 어려운 이유는 경제개혁 때문만이 아니다. 이제 막 태동하기 시작한 한 국가는 대체로 여러 가지 일을 추진하는 중에 있으며, 국가라는 이름에 걸맞은 공적 기능을 갖고 있지 못하기 때문에, 계획과 방향 설정에서 비롯된 모순에서도 어려움이 생기는 것이다.

따라서 중국의 놀랄 만한 성공은 취약한 것이다. 나날이 첨예화되고 있는 중국의 사회 위기는 심각한 정치적 위기로 연결될 수 있다. 따라서 일련의 치명적인 결과가 등장할 수도 있다. 그러므로 중국의 정치 지도자들은 호랑이에 올라타서도 떨어지지 않는 기교를 배워야 한다. 신세대 권력자들은 바로 앞 세대보다 더 많은 권한을 갖고 있지만, 1949년~1980년대에 중국을 통치한 정치 지도자들과는 달리 어떠한 위엄도 갖추지 못했다. 그들은 최소한의 카리스마도 없는 순수한 기술관료에 불과하다. 베이징 서커스단의 마술처럼, 중국의 정치인들은 아무런 생명 보조선도 없이 그들의 정치 수완을 발휘하고 있다. 또한 은퇴할 때 조롱을 당할 것인가 칭찬을 받을 것인가를 예측하기에 앞서, 자신들이 해결해야 할 문제들을 좀 더 자세히 살펴봐야 할 것이다.

2

명백한 정치적
보수주의

2002년 11월 8일 중국공산당 제16차 전국대표대회에서 당 서기로 선출된 뒤 2003년 3월 15일 중화인민공화국 주석 자리에 오른 후진타오는 2004년 9월 20일 제4차 공산당 중앙위원회에서 자신의 정치적 경쟁자이자 공산당 군사위원회 의장인 장쩌민을 계승함으로써 권력을 장악했다. 톈안먼 민주화 운동 당시 무력 진압의 중요성을 강조했던 당 군사위원회가 그들 민주화 세력을 진압할 당시, 덩샤오핑이 책임을 전가할 수 있었던 유일한 기관이 바로 당 군사위원회였다. 따라서 1989년 위기 이후 두 번째로 아무런 충돌 없이 권력 계승이 이루어졌지만, 그러한 상황은 공산당 체제에서는 매우 드문 것으로서, 합심하여 정치를 정립하려는 그들의 연대감을 보여주었다.

후진타오는 관료형으로서, 아홉 명의 정치국 상임위원회 위원다음 쪽의 위원 명단 참조 가운데 세 사람처럼 명문 칭화 대학에서 공학을 전공했다. 1942년 태어난 그는 위원들 중 젊은 층에 속하는 네 사람의 60대 가운데 하나였다. 다른 여덟 명의 위원처럼 그는 공학도, 특히 다른 다섯 명의 위원과 마찬가지로 전기공학도였다.[4] 정치적으로 성공을 거둔 그의 동료와 마찬가지로, 후진타오는 일찍부터 정치적 인맥을 쌓은 뒤 그것을 계속 유지하는 한편, 가장 혹독한 정치적 혼란기에는 그러한 관계를 확대하기도 했다. 그러한 그의 인맥 관리는 자신의 후원자들이 권력에서 멀

2002년 중국공산당 제16차 전국대표대회에서 선출된 중앙위원회 정치국 상임위원

1. **후진타오**—1942년 12월생. 안후이 출신. 칭화 대학 졸. 수리전력학 전공. 러시아어와 영어 가능.

2. **우방궈**—1941년 7월생. 안후이 출신. 칭화 대학 졸. 전기전파학 전공. 상하이방 일원.

3. **원자바오**—1942년 9월생. 톈진 출신. 베이징 지질학원 졸. 지질공학 전공.

4. **자칭린**—1940년 3월생. 허베이 출신. 허베이 공학원 졸. 전기공학 전공.

5. **쩡칭훙**—1940년 3월생. 장시 출신. 베이징 기업학원 졸. 자동화공학 전공.

6. **황쥐**—1938년 9월생. 저장 출신. 칭화 대학 졸. 전기공학 전공. 상하이방 일원.

7. **우관정**—1938년 8월생. 장시 출신. 칭화 대학 졸. 에너지공학 전공.

8. **리창춘**—1944년 2월생. 다롄(랴오닝) 출신. 하얼빈 이공대학 졸. 전기기계 전공.

9. **뤄간**—1935년 7월생. 지난(산둥) 출신. 베이징 철강연구소에서 학업 후, 1954~62년 동독 라이프치히 칼 마르크스 대학에서 수학. 이후 1962년 프라이부르크 소재 광산과 야금 연구소 주물학부에서 주물학 전공.

어질 경우 일시적으로 그들을 멀리하거나, 다른 사람에 앞서 정치적 승리자들과 잠정적으로 연계를 맺는 방식이었는데, 그래서 사람들은 그의 야망이나 지적 능력보다는 그의 진정한 의도를 의심하곤 했다. 사실 그는 무엇보다 정통 마오쩌둥주의자로 정평이 나 있었으며, 그 덕분에 미래의 당 간부를 육성하는 당 중앙학교에 들어갈 수 있었다. 이후 그는 개혁 성향의 지도자인 후야오방의 후원을 받았지만, 1989년 민주화 운동 당시 후야오방을 포기하고 자오쯔양을 지지하기 위해 후야오방을 "부르주아적인 자유주의자"로 고발한 최초의 인물 가운데 한 사람이었다. 덩샤오핑은 1991년 이후 후진타오를 장쩌민의 후계자로 선택했다. 시사時事 문제에 밝으며, 두 개의 외국어러시아어와영어를 구사할 줄 알고, 온건하고, 친화적이며 대중 앞에 자신을 드러내는 것을 싫어하는 그는, 위인들에 대한 열광적인 찬사에 염증을 느낀 중국에서 평범하고도 모나지 않은 인물로 등장했다. 무엇보다 그는 자신이 현재의 지위를 차지할 수 있었던 것을 "과학적인" 성격의 것이라고 즐겨 평가했다. 그의 정적들은 그를 부도옹不倒翁, 즉 사람들이 쓰러뜨려도 항상 다시 일어나는 인형과 같은 사람이라고 말했다. 그의 측근들은 그가 자신의 날이 올 때까지 묵묵히 기다렸다는 사실을 우회적으로 언급했다.

특히 후진타오와 쩡칭훙을 중심으로 한 내부 갈등에도 불구하고, 기술 관료로 구성된 이들 통치 집단은 1989년 봄의 위기와 같은 내부 갈등이 표출될 수 있다는 위험성을 알고 있었기 때문에 서로 단결했다. 정치 노선과 구호는 1990년대에 등장한 덩샤오핑의 '시장 사회주의'를 강조하는 것이었으며, 사회적·정치적 안정과 질서 유지가 필요하다는 주장이 끊임없이 환기되었기 때문에 장쩌민의 '삼개대표' 안을 통해 '시장 사회주의'를 보완했다. 제국주의의 경제 장악과, 중국 자본주의 맹아를 억누른 농촌의 반봉건적 체제 때문에, 중국은 역사 발전 단계에서 자본주의 단계를 은연중 뛰어넘어버렸다고 판단한 공산당은 당의 통제 하에, 반은 국가가, 반은 개인이 담당하는 혼합경제 체제를 통해 중국에 필요한 생산력 증가를 유리하게 만들어야 하는 역설적인 임무를 감당해야 했다.

따라서 민간 행정의 역할을 수용함으로써, 당의 역할을 제한하려 한 후야오방, 자오쯔양과는 달리, 중국공산당은 여러 부서의 중심 기관이 되었으며, 권력 분할을 거부했다. 종종 발생한, 언론인,[5] 잠재적인 정치적 반대 세력, 독립 노동조합, 종교인이나 과격파 체포는 그러한 사실을 환기시켜준다. 이리하여 적어도 한 사람은 중국공산당 당원이었던 광저우의 일간지《남방도시南方都市》편집인 세 명이 2004년 3월 중형을 받고 수감되었는데, 그들의 죄목은 광저우의 한 구역에서 2003년 6월 한 이주자가 구타를 당해 사망했다는 검열 기사와 주장 강 유역에 사스가 창궐한 다는 르포 기사를 보도했다는 것이었다. 당시 신문들은 중국 당국의 공식 통신사인 신화사가 제공한 기사에 몇 마디를 덧붙이거나 그대로 옮겨 싣는 것에 만족할 수밖에 없었다. 상하이의 공산당 기관지인《해방》은 여론의 선도자임에도 불구하고, 개별적인 의견을 제시했다는 이유로 2004년 11월 50명의 "공공지식분자"들에 대해 격렬한 비난을 퍼부어야 했다. 당시 그들 지식인 가운데 일부는 그러한 상황을 "중국 지식인들의 혹한기"라고 고발했으며, 그 책임은 후진타오에게 있다고 했다.

전체 인구의 5.2퍼센트소련의 경우 10퍼센트에 해당하는 6,450만 명의 당원그 가운데 여성이 17.4퍼센트, 6.2퍼센트는 소수민족이다을 가진 중국공산당은 여전히 상당한 세력을 형성하고 있다. 탈집단화가 진행된 농촌의 경우 공산당원들이 사라지기는커녕, 135만 개의 세포 조직에 약 3,000만 명의 당원이 존재한다. 1994년과 2000년 사이 300만 명의 공무원들이 92만 4,628곳의 촌락에 들어가 공산당을 활성화시켰다. 2000년 당시, 대학 1학년생의 3분 1에 해당하는 학생들에게 좋은 직장에 들어가기 위한 결정적인 요소인 공산당 가입을 권유했다. 게다가 열혈 공산당원 중 절반은 45세 미만이다. 당원의 40퍼센트가 중등 교육을 받은 사람으로 구성된 것과 마찬가지로, 중앙위원회 위원의 92퍼센트 역시 중등교육을 받은 사람이며, 그 가운데 절반은 주로 공학 계통의 고등교육을 이수한 사람들이다. 따라서 공산당은 주민들을 조직하기 위한 가장 우선적인 도구이다. 현재의 평가에 의하면, 중국 성인 네다섯 명 가운데 한 사람은 공산당과 긴밀한 관계를 유지하고 있으며, 만일 공산당이 와해될 경우 그들은 많은 것을 상실할 수 있다고 생각할 것이다.

당 지도부는 5,000여 명의 간부를 핵으로 하는 중심 그룹으로 구성되어 있는데, 그들만이 거의 완전한 형태의 정보를 공유할 수 있으며 여러 직함을 가지고 정책 결정에 참여할 수 있다. 비밀스러운 문서를 회람하고, 외부인을 초청하여 콜로키움과 심포지엄을 개최하며, 여론조사를 총괄하는 정보 분석 담당자이자 전문가 집단인 그들은 최상위 책임자와 긴밀한 관계를 유지하고 있다. 그러한 전문가들은 스스로 감수해야 하는 희생을 수용하고 있다. 사회운동과 연계되는 것을 막기 위해, 자신들의 연구 결과는 당국의 허락이 있어야만 대중들에게 공표한다는 것이다. 유가적인 엘리트 전통 덕분에 그들은 그렇게 행동할 수 있다. 그 옛날 '민주주의자' 쑨원은 중국인을 세 부류, 즉 "다른 사람보다 먼저 아는 사람", "다른 사람보다 늦게 아는 사람", 그리고 "아예 모르는 사람"으로 나누지 않았던가? 다양한 핵심층 외에도, 보통은 당이 임명하는 1,500만 명의 간부가 존재한다. 또한 당과 직접적 연관이 있는 수백만 명의 중국인이 있는데, 그들은 당원이거나 당의 공식적인 협회 형태에 '가입' 되어 있는 사람들이다. 이 모든 사람들에게는 미묘한 균형감이 내재하기 때문에, 그들만의 언어와, 예를 들어 일반인들보다 마오쩌둥을 긍정적으로 평가하는 등의 역사적 공동 의식을 공유하고 있으며, 다양한 특권을 향유할 뿐 아니라 나름의 결집력을 보유하고 있다. 이것이야말로 중국 사회가 급속하게 변하고 있음에도 불구하고, 정치적 보수주의가 가능한 이유이다.

또한 중국의 국가-당은 가장 철저한 억압을 무제한적으로 시행하고 있다. 총살이나 약물 주사로 사형을 집행하는 중국은 세계에서 가장 높은 사형 집행률을 보여주고 있는 참담한 나라이다. 당국은 2001년 4월 전개된 '다헤이打黑, 범죄 소탕전' 운동을 통해 2,000명에게 사형을 선고했는데, 그 가운데 1,400명이 바로 처형되었고, 6만 4,618명의 범죄 혐의자가 투옥되었다. 2001년 당시 라오가이에는 26만 명의 죄수들이 수용되어 있었다마오쩌둥 시절보다 열 배 내지 스무 배 적은 수치이다. 이에 더해 과거 유럽의 교도소와 유사한 라오가이 체제를 통해 현장에서 재교육을 받아야 하는 사람들이 매년 약 200만 명이다. 중국공산당은 단순한 행정 명령만으로 유랑민, 소외자 들을 이곳에 일정 기간 동안 감금할 뿐 아니라, 엄청난 부동산 투기로 빚어진 가격 폭등에 반대하는 베이징 주민, 혹은 과다한 세금에 항의하는 농민 시위를 주도하거나 불법적인 노동 파업을 부추기는 등 시의적절하지 않은 행동을 하는 사람들 역시 감금하고 있다. 종종 이들을 사회적 질병자로 간주하여 정신병원에 가둬두는 경우도 있다. 10만 위안9,000유로 이상의 절도에 적용되는 경범죄에 대한 사형 집행 건수가 작년 한 해 동안 5,000건이라는 경이적인 수치를 기록했으며, 일부 자료에 의하면 1만여 건에 달했다. 여러 가치들이 위기에 처한 사회에서[6] 돈의 위력 때문에 범죄가 증가하고 사회 불안정이 확산되는 한편, 밀매, 밀수, 공금 유용, 불법 오락, 부녀자 인신매매와 마약이 활개를 쳤다. 공산당은 사회 안전이라는 카드를 성공적으로 이용하여 최고의 질서와 청결을 유지하고 있다. 푸젠 성 당국자들이 푸저우福州 부근의 롄장連江 현에서 돼지 밀도살을 단속하기 위해 방탄조끼를 입고 나선 것은 바로 이와 같은 맥락에서였다.

이러한 정치 양상은 지나치게 암담하다. 사실상 그러한 양상은 중국 사회의 완강한 구체제의 틀을 서서히 와해시키고 있는 근본적인 변화의 힘을 외면하고 있는 것들이다.

실탄 사용에 대한 증거를 언급한 당 서기(요약문)

푸젠 성 롄장 현 당위원회 공산당 서기를 맡고 있는 황진가오(黃金高)는 2004년 8월 16일 국영 TV와 인터뷰를 했다. 52세인 그는 예전 푸저우 시 재정 담당 책임자였으며, 2002년부터 롄장 현 당 서기가 되었다. 자정 무렵 자신의 사무실에서 신문기자를 만난 그는 곧 불어올 강력한 태풍에 대한 대비를 하고 있었다. 신문기자는 그가 6년 전부터 입고 다닌 방탄조끼에 대해 물어보았다. 그는 의자 위의 방탄조끼가 바로 그것이라며 보여주었다. 위생 규칙을 준수하지 않은 채, 돼지를 밀도살하여 상한 고기를 팔고 세금을 탈루하는 관행을 그가 푸저우 시 재정 책임자 자격으로 조사할 당시, 그는 스물여섯 차례의 살해 위협을 받았다. 그 이후 그는 아홉 명의 경호원들의 보호를 받았는데, 다섯 명은 자신을, 두 명은 가족을, 그리고 두 명은 자식들을 보호했다. 그는 삼복더위에 "여러 사람들 덕분에 자연스럽게 보호받을 수 있는" 집회의 경우를 제외하고는 내내 방탄조끼를 착용했다. 자동차에 타고 있을 때도 마찬가지였다. 그의 전임자는 밀매업자들에게 살해되었으며, 그 사건에 대한 조사는 유야무야되었다. 시신은 부검도 하지 않은 채 화장되었는데, 음모에 가담한 경찰들이 그의 죽음을 자연사로 위장하려 했기 때문이었다. 보석으로 석방된 주요 용의자는 보석으로 석방되었다는 사실이 관할 경찰서에 기록도 되어 있지 않은 채, 첫 공판일에 사라져버렸다. 파면된 경찰 수사관이 벤츠를 몰고 다니며 용의자에게 끊임없이 전화를 했다. 그러나 국영 TV가 진행한 조사로 500여 명이 소송에 회부되었다. 이러한 과정을 통해 마침내 두 명의 주요 피의자에게 각각 사형과 무기징역이 언도되었다. 지방 관리, 당원과 경찰 스무 명이 파면되었으며, 황진가오는 롄장 현 당 서기로 승진했다. 그러나 당 서기직을 수행하던 그는 2002년 1월 말 분노에 찬 300여 명의 사람들에 의해 자신의 사무실에서 3일 동안 거의 연금 상태에 있었다. 이 시위자들은 통행료 명목으로 토지를 몰수한 전임자가 시행한 도로 공사에 대한 보상금을 요구했다. 이 사건을 조사한 청렴한 당 서기는 지불해야 할 토지 몰수액이 200만 위안에 달하며 도로 공사 명목으로 3,000만 위안의 공공재산의 매각을 허용했음을 밝혀냈다. 이번에도 우편물에 자그마한 관을 넣어 보내는 방식의 살해 위협을 받았기 때문에, 여전히 방탄복을 착용한 당 서기는 행정 당국의 조사를 촉구했다. 자신을 보호하고 분쟁을 해결하기 위해, 그는 지역 언론과 자신의 노트북, 그리고 사무실의 컴퓨터를 이용했다. 이렇게 그는 마침내 지역 여론을 움직여 지방 당국자들이 적절한 해결책을 찾도록 했다. 인터뷰 말미에, 국영 채널이 초대한 중국국립행정학원 교수는 이 사건을 언급하면서 부패와 범죄 집단에 대항하기 위한 최상의 무기는 투명성이라는 사실을 지적했다.

장뤼크 도메나슈Jean-Luc Domenach가 지적한 것처럼, 무엇보다도 정치 지도자와 경제개혁으로 생겨난 새로운 엘리트 사이에 "새로운 사회적 연대감"이 형성되었다. 장쩌민이 중국의 다국적 기업 하이얼의 회장이자 미디어를 능숙하게 이용할 줄 알았던 장루이민에게 '삼개대표'에 참석하라고 요구했음에도 불구하고, 그것을 거부한 예에 따라, 새롭게 도래한 황금시대의 기업인들은 거의 공산당에 가입하지 않았으며, 중앙위원회에 가입한 예는 더욱 드물었다. 반면, 그들 중 일부가 지방이나 성省 의회 혹은 인민대표회의에서 책임 있는 역할을 맡는 경우는 증가했다. 그 어떤 정치적 야망도 드러내지 않으며, 진정한 계급의식은 없는 반면, 청말 부강론자들이 제시한 정책과 유사한 다양한 유가적 덕목과 애국심을 가진 불완전한 부르주아지들을 공산당 중핵의 위성 세력으로 배치하는 것이 유리했던 이유는 공공 재산과 사유 재산 사이의 충돌 때문이었다.[7] 다른 한편 우리는 청 제국의 유형과 유사한 집단을 확인할 수 있는데, 약 2만여 명의 그들은 여러 명의 참모진에 둘러싸여 있으며, 연금혹은 독직 덕분에 정기적으로 돈을 지급받을 수 있고, 지역 엘리트들의 자문을 받고 있다. 과거 엘리트들과 마찬가지로, 근대적 성격을 지닌 이들 새로운 엘리트들은 권력층과 가까운 전문가 집단에도 개방적인 태도를 보여주는 자유분방한 측면을 지니고 있다.

한편 1987부터 97년까지 60만 곳의 촌락에서 실시되어 그 이후 계속 시행된 거의 자유로운 선거의 경험도 있다. 그 선거에서 이전 간부들은 당이 미리 선택하지 않은 후보와 맞붙어야 했으며, 유세를 하기도 했지만, 경우에 따라서는 패배를 맛보아야 했다. 당의 조언자가 존재하는 촌락의 당선자 가운데 3분의 1은 공산당원이었지만, 이러한 과정을 통해 새로 선출된 사람들, 특히 농업기술자, 수의사, 농산물을 판매하는 운송업자, 그리고 개혁으로 부자가 된 기업농 같은 상당수 '부의 숭배자들'을 지방 권력으로 흡수할 수 있게 되었다. 이런 과정을 통해 일반인과 정치 지도자 사이에 존재하는 간극이 메워졌으며, 당이 새로운 간부를 충원할 수 있는 양성소가 마련되었다. 당에서 파견한 촌락의 조언자들의 권한은 분명 미약했다. 왜냐하면 291만 명의 당선자가 있는 향鄕 단위의 5만 6,318개 위원회와 63만 명의 의원을 가진 현縣 단위의 2,825개의 의회보다 상위 단계에서 공식적인 기관이 기능하기 때문이다. 이들 조언자와 당선자들은 1979년 덩샤오핑이 발표한 '4대 기본 원칙'[8]을 받아들여야만 했다. 달리 본다면 그들은 일반적인 간부처럼 부패할 가능성이 있으며, 부지를 탐내는 투기꾼이나 환경을 생각하지 않는 기업가들에게 휘둘릴 수도 있다. 그러나 적어도 쓰촨 성에서의 경험을 토대로, 향 단위까지 선거가 확대되었으며, 심지어 일부 현에서는 복수의 입후보자가 등장했다. 한편, 상하이와 베이징 같은 대도시에서는 구區위원회 선거에 자유 입후보를 허용하는 경우도 있었으며, 추방 위협을 받는 거주자들을 옹호함으로써 자신을 알린 몇몇 외부 출신자들이 당당히 선출되었다. 차가운 역풍에도 불구하고 민주주의의 미세한 움직임이 중국 전역에서 감지되었다. 현縣 단위에서 뽑힌 대규모 대리인단이 존재하는 31개 선거구에서 5년마다 간접선거로 선출하는 거의 3,000여 명의 대표로 구성된 인민대표회의 극소수 구성원들에게도 그러한 영향이 미쳤다. 공산당 중앙 조직 부서에는 성, 대도시, 군사 지역 책임자로만 구성된 선거인단, '명목상'의 타이완 대표, 소수 정당인 민주당과 개인 기업가를 포함한 다양한 사회계층의 대표단이 존재한다. 1933년 이후, 3분의 2는 공산당원인 인민대표들이 자리를 차지한 엄중한 보호 지역이 된 인민대표회의에서 싼샤三峽 댐, 오염, 재산권의 보호와 관련된 꽤 격렬한 논쟁이 전개되고 있음을 볼 수 있다. 동일한 의미에서 인기가 없던 당시 수상 리펑의 지지율은 전체 88.6퍼센트에 불과한 반면, 그의 주된 정적인 부수상 주룽지는 97.6퍼센트의 지지율을 얻었다. 물론 그렇다 해도 거기에 일반인들의 의도가 제대로 반영된 것은 아니었다.

　현재 중국의 정치체제를 어떻게 정의할 것인가? 이 점과 관련해서 현재 공산당 지도자들은 모든 사물에 대한 '정명正名'의 필요성을 강조한 공자의 가르침에 전혀 귀를 기울이지 않았다는 사실을 어쩔 수 없이 지적해야 할 것이다. 시장이란 자본주의와 동체同體이며, 사회주의는 대규모 생산수단에 대한 집단화를 전제로 한다는 점에서 자본주의적인 사유 재산과 양립하기 어렵기 때문에, '시장 사회주의'라는 명칭은 일종의 모호한 모순어법이다. 외국 연구자들이 제시하는 여러 정의들은 생산관계에 대한 문제를 도외시하고 권력의 정치적 속성에 대한 문제에 초점을 맞춤으로써 그러한 어려움을 외면하려 하고 있다. 일부 학자들이 제시한 '후기 전체주의'는 그러한 공식적인 용어가 전체주의라는 개념에서 비롯된 혼란을 연장시키는 것이기 때문에, 전혀 명백한 설명이 될 수 없다. 또 다른 정치학자들은 중국 지도부의 집단 체제와 지방 분권 체제가 동시에 존재한다는 이유를 들어 '분할된 전제주의'라는 용어를 제시하기도 했다. 내 생각으로는 위의 마지막 주장은 특히 현재의 중국 정치 상황과 후진타오의 권력 강화로 정치 상황의 중요성이 감소하고 있다는 두 사실에 지나치게 많은 중요성을 부여하고 있는 것처럼 보인다. 장피에르 카베스탕Jean-Pierre Cabestan은 '계몽적 전제주의'라는 용어를 제시했는데, 이 표현은 지나치게 정치적 요인에 치우쳤지만, 1975년 장제스 사후 타이완에서 발생한 사태를 생각하게 하는 변화에 일정 정도 적응하려는 연속성의 의지로 해석될 수 있다는 점에서,

나는 이 표현이 현재 중국 정치의 속성을 좀 더 적절하게 표현하고 있다고 생각한다. 따라서 중국공산당은 국민당이 실패한 바로 그곳에서 성공을 거둔 일종의 국민당이라고 할 수 있을 것이다. 중국공산당은 자신의 정통성을 기만적인 혁명에서 찾은 것이 아니라, 국제무대에서의 성공과, 일부 오류가 있었지만 경제 발전 영역에서의 성공으로 확보하고 있는 것이다. 그러나 순수한 사법적 견지에서 본다면, 공산당 체제와 유화적인 국민당 체제 사이에는 커다란 차이가 있다. 국민당은 지난 20년 이래 '당외黨外', 즉 국민당 외부 사람들을 받아들였으며, 이 때문에 천수이볜陳水扁이 이끄는 민주진보당에 유리한 대안적 역동성이 유입될 수 있었다. 반면 중국공산당은 '당정일체화黨政一體化'라는 용어로 표현된 권력 독점 형태를 유지했다. 사실상 중국공산당 지도자들은 중국에 진정한 사회주의 체제를 수립한다는 목표를 전혀 포기하지 않았다고 인정하고 있지만, 대략 1세기 이후에야 비로소 달성될 수 있는 일정 정도의 경제 발전을 사회주의 체제의 구현보다 우선시했다. 그러므로 이처럼 요원한 목적을 달성하기 위해, 공산당 지도부는 시장 체제와 자본주의가 지배하는 외부 세계에 대한 개방에 의지하고 있다. 따라서 공산당 지도부가 당의 권력 독점을 포기했기 때문에, 중국의 생산관계에서 나날이 분명해지고 있는 자본주의가 정치권력도 장악할 수 있게 되었다. 2004년 9월 15일 논의에서 후진타오가 고르바초프를 "사회주의의 배반자"라고 비난하면서 장쩌민에게도 남아 있는 권력을 포기하라고 강요했던 한편, 후진타오는 구소련의 마지막 정치 지도자들과는 달리, 다른 모든 대안을 거부한 채, 서양식 민주주의는 중국의 현실에 맞지 않는다고 말했다. 이리하여 그는 가난한 사람들이 일으킬지도 모르는 혁명에 대한 두려움과 근대적인 국가를 건설하려는 욕구를 동시에 지닌 새로운 유력자들이 포진해 있는 당 핵심층과 체결한 일종의 협약을 굳건하게 만들었다. 모든 사람들은 혼란이 없는 정치적 틀 안에서 통제할 수 있는 완만한 변화만을 상정한 것이다. 2005년 2월 19일 논의에서 후진타오가 《좌전左傳》,《논어論語》,《맹자孟子》,《묵자墨子》[9]와 같은 중국 고전과 비교적 최근의 인물인 마르크스, 엥겔스, 마오쩌둥, 덩샤오핑, 장쩌민 등을 한데 뒤섞어, 사회적 조화와 과학적 생산 발전을 특징으로 하는 초기 사회주의 단계보다 상위 단계를 언급한 것은 이 사실을 다시 한 번 분명히 한 것이었다. 정치적 반대자들의 세력이 미약하고 분열되어 있으며, 더구나 가혹한 탄압과[10] 저명한 반체제 인사들의 추방, 혹은 서양의 자유주의 사상에 물들어 그 방향을 상실했기 때문에, 정치적 반대 세력은 시장경제로 희생된 중국인들에게 전혀 호소력이 없다는 점에서 본문 392쪽의 〈중국 민주주의 선언문〉 참조, 이 '계몽적 전제주의'는 그 자체로서 전성기를 구가하게 될 것이다.

사회 세력의 변화로 과다한 긴장이 연출되어 정치적 항의 공간이 마련된다면 상황이 달라질 것이다. 2월 19일 후진타오가 연설에서 표출한 두려움이 바로 그러한 상황이다. 그는 "발전의 황금시대"를 언급했지만, "사회 내부에서 강력하게 드러나고 있는 모순"도 언급하면서, 장차 중국이 경제 발전과 사회 발전 사이에 조화를 이룰 수 있기를 기원했다. 당 고위 간부들을 대상으로 당 중앙학교 학기 중에 실시된, 중국 당국의 주요 관심사에 대한 2004년 11월 말 조사에 따르면 응답자의 44퍼센트가 지나친 소득 격차라고 응답한 반면, 24퍼센트가 사회적 혼란을, 8.4퍼센트가 부패라고 응답했다. 이 조사보다 1년 앞서 유사한 조건으로 진행된 연구에 따르면, 중국 사회의 주요한 문제를 각각 실업, 각 지역의 분파주의, 부패의 순으로 지적했다. 따라서 중국의 장래를 묻는 모든 질문에 대한 대답은 정치 수준에 있는 것이 아니라 개혁에서 비롯된 사회적 긴장이었으며, 그러한 사회적 긴장은 중국의 비약을 가로막을 수도 있을 것이다.

새로운 상황

그러나 개혁에서 비롯된 당연한 비약과 함께 등장한 사회적 긴장을 제
어하거나 혹은 위협할 수 있는 세 요소가 존재한다. 그것은 정보 혁명,
인구 구조 변화에서 비롯될 수 있는 위험성, 그리고 부패의 만연이다.
이 모든 것들은 개혁 자체에서 비롯된 것이거나, 개혁 때문에 가속화된
것들이다.

경제개혁 때문에 중국 사회에 등장한 동요와 여러 모순들은 중국 지도
자들의 관심 대상이 되었지만, 노력에도 불구하고 중국 지도자들은 그들
의 선임자들과 동일하게 정보에 대한 통제를 행사할 수 없는 상황이다.
마오쩌둥 당시, 정보란 《인민일보》나 그 지방판의 교훈적인 부분이나 사
설을 앞다투어 되풀이한 공식적인 라디오 방송, 그리고 엄격한 검열을
받았기 때문에 신화사가 발표한 내용에 무의미한 해설을 덧붙이는 것이
고작이었던 신문 정도였다. 외국 언론사의 요약문을 번역해서 게재했던
《참고소식參考消息》은 간부들에게만 배포되었다. 중국의 개방으로 그러
한 상황이 급변하여 이제는 이전 상태로 돌아갈 수 없는 상황이 되었다.
금세기의 원거리 통신 혁명도 한몫을 했다. 중국에는 1,000가구당 350
대의 TV 수상기가 있으며, 100만 개의 문자가 오가는 3억 개 이상의 휴
대폰이 있다. 9,000만 명의 중국인이 140만여 개의 인터넷 사이트를 검

색하고 있으며, 현재 사상범들 가운데는 64명의 사이버 범죄자도 있다. 중국인들은 독서를 덜 하는 대신, '대중판'이 급증한 잡지 쪽으로 몰려 들었다. 2004년의 경우 책의 출간 종수는 그리 많지 않은 19만 391종이 었지만, 잡지와 신문은 각각 9,074종과 2,119종으로 매우 많았다. 난팡南 方 그룹을 중심으로 발간되는 광저우 지역의 신문 내용이 가장 유익하 다. 그들은 베이징에 자신들의 사업 수완을 퍼뜨려《신경보新京報》와 같 은 성공을 거두었으며, 분명 이《신경보》가 공산주의청년단 소속이긴 하 지만 다수의 독자층을 확보하고 있는《중국공청단中國共靑團》의 분발을 촉진했을 것이다. 이러한 상황이 전개되자 권력이 어떻게 언론인을 협박 하며, 언론 통제를 위해 얼마나 엄청난 노력을 기울이고 있는지 알게 되 었다. 대중들의 정치적 일탈 현상이 명백히 자리 잡게 되었는데, 그러한 일탈 현상에는 맹렬한 국수주의나 다양한 사회 현상에 대한 관심이 내포 되어 있다. 광저우에서는 4,200개의 단어로 구성된 짤막한 소설까지 등 장했는데, 이러한 소설은 총 60개의 장章으로 구성되었으며, 각 장은 70 개의 단어로 이루어졌기 때문에 SMS 문자로 전송할 수 있다. 그 내용은 주로 불륜의 사랑을 담은 것으로서, 소설의 저자들은 그러한 이야기를 "한때 중국의 코담뱃갑을 장식했던 정교한 세밀화"에 비유하기도 했다. 이러한 일련의 행위를 막기 위해 경찰들이 애쓰고 있지만, 다양한 정보, 수상한 말들, 다양한 사상 등을 담고 있는 엄청난 양의 텍스트들이 횡행 하는 것을 어떻게 차단할 수 있으며, 또 일일이 검열할 수 있겠는가? 정 보의 홍수로 중국은 끓어넘치고 있으며, 그러한 정보 홍수 속에서 넘쳐 나고 있는 사회적 긴장을 우리는 추출해내야 할 것이다.

그러한 긴장은 탈마오쩌둥주의로 한층 더 유리해졌다. 즉 중국 사회를 죄어왔던 코르셋을 탈마오쩌둥주의가 벗어던진 것이다. 그러한 이유로, 식량 배급과 대학 졸업자들에게 당국이 직장을 배분하는 관행이 점차 사라진 것처럼, 1985년에 이르러서는 '인민공사' 도 사라졌다. 이제 사람들은 단위單位의 역할을 재고하고 축소하는 한편, 농민의 이동을 금지시켰을 뿐 아니라, 일을 하기 위해 도시로 나올 경우에도 이주자 처지에 놓일 수밖에 없도록 만든 호구戶口제도 역시 그 기능이 축소되었다. 반면, 노동시장이 등장했으며, 오랫동안 비난받아온 개인 단위의 사업이 다시 각광을 받게 되었다. 그러나 마오쩌둥은 당시 사회를 크게 짓누르는 유산을 남겨놓았다. 그것은 1960~70년에 인구 통제를 하지 않은 것으로서, 특히 문화 혁명 당시의 '베이비 붐' 영향이 2002년까지 미칠 정도였다아타네Attané 연구에서 인용한 1971~2050년 연령별 인구 피라미드 참조. 2000년도 인구 피라미드 표에 따르면 25~50세의 인구가 많은 것으로 나타나는데, 그것은 그들이 직장을 구하기가 어려워졌다는 것을 의미한다. 이 인구 피라미드는 이어 65세까지 거의 실린더와 같은 모습을 보여주는데, 그것은 노동이 가능한 새로운 계층의 수가 줄어들고 있음을 의미한다. 2003년 당시 중국의 인구는 약 13억 40만 명으로, 세계 인구의 약 20.8퍼센트를 차지하고 있으며, 제곱킬로미터당 인구밀도는 136명이고, 기대수명은 71세였다. 이러한 중국이 1980년대 이후 인구 전환기를 맞이했다. 덩샤오핑이 추진한 한 자녀 갖기 정책으로 중국의 출산율은 1.6퍼센트1970년 출산율은 3.4퍼센트, 사망률은 0.65퍼센트로 하락했으며, 개혁 초기 0.14퍼센트가 넘었던 연평균 인구 증가율이 0.07퍼센트 이하가 되었다. 이는 여성의 가임율 지표가 1980년 2.94에서 1.83으로 하락했음을 의미한다. 같은 시기, 가구당 평균 가족 수는 4.43명에서 4.05명으로 감소했다. 한편 한 자녀 갖기 정책은 소수민족에게는 적용되지 않았으며, 농촌은 도시보다 엄격하게 적용되지 않았다. 이미 사람들은 미세한 정도의 인구 고령화를 감지하기 시작했으며, 인구의 20퍼센트가 65세 이상이 되고, 80세 이상의 인구가 2,700만 명이 되는 2020년 무렵에 이르면, 인구 고령화는 심각한 문제가 될 것이다. 부모를 버린 자식들에 대한 소송이 급증할 것이고, 국영기업에만 존재하는 퇴임 복지 문제가 첨예하게 등장할 것이다. 임신 후 초음파 검사를 통한 태아 감별 때문에 남아의 비율이 비정상적으로 높은 115퍼센트에 달하고 있는데, 이는 부부가 아들을 더 낳을 수 있는 기회를 유지하기 위해 의료적으로 불법인 중절을 시행하는 횟수가 증가한 데서 비롯된 것이다. 2020년 무렵이면, 배우자를 찾지 못한 남성의 수는 10퍼센트를 상회할 것이며, 가정에서 왕자와 같은 대우를 받는 외자녀들은 장차 문제 있는 성인이 될 가능성이 높아질 것이다.

당장은 오히려 고용이 문제이다. 노동이 가능한 중국인의 수는 2003년 당시 전체 인구의 70퍼센트에 해당하는 8억 9,000만 명인 반면, 1953년에는 전체 인구의 59퍼센트에 불과했다. 어떤 면에서 이처럼 과다한 노동력은 기업의 중요한 성공 요인이 될 수 있으며, 상업과 서비스 분야의 성장을 가져올 수 있다. 그러나 중국이 연간 8퍼센트의 경제성장률을 유지할 경우, 중국 경제가 연간 흡수할 수 있는, 1,000만 명을 상회하는 연령층이 노동시장에 등장하는 노동력 과잉 현상이 존재한다. 한 예로, 경제 지표 상승으로 1980년 무렵 200만 개의 일자리가 창출되었지만, 최근에 이르러 일자리 창출은 80만 개를 넘지 못하고 있다. 따라서 1960년대 '베이비 붐' 세대[11]로 태어난 아이들이 일할 나이가 되면 400만 내지 500만 명의 지나치게 많은 젊은이들이 등장하게 된다. 그들 대부분은 배우지 못한 농촌 젊은이들이다. 2003년 남성과 여성의 문맹률은 각각 0.71퍼센트, 2.12퍼센트였다. 엄청난 재앙을 가져온 문화 혁명 때문에 1980년에 이르러 남녀의 문맹률이 각각 2.1퍼센트, 4.56퍼센트로 증가한 것이 사실이다. 따라서 현재 9퍼센트에 달하는 경제성장률을 일정 기간 동안 유지하여 인구 구조의 변화에서 오는 피해를 극복하는 것이 사회 안정을 위한 핵심 과제일 것이다.

정치에 관심이 집중되었던 '마오쩌둥 시대'와 달리, 경제에 초점이 맞춰지자, 체제의 관료적 성격이 증대하는 중요한 위험성이 표출되었다. 제국 시대의 중국에서뿐 아니라 마오쩌둥 시대의 중국에서도 항상 부패 근절을 위한 운동이 전개되었음에도 불구하고, 덩샤오핑이 주도한 경제 개혁 이후 부패가 일상화되었다. 행정적 장애물을 걷어내기 위해서는 이런저런 공무원에게 가끔 뇌물을 건네거나 녹이 슨 톱니바퀴에 기름을 치는 일이 종종 필요할 정도이다. 공공 영역에서 행해지는 다양한 형태의 독직 행위와 횡령 때문에, 빈번히 인용되는 사회학자 후안강胡鞍鋼*의 평가에 따르면 국가는 연간 1,500억 달러의 비용을 소비하고 있다. 다른 자료에 의하면 국민총생산의 약 14퍼센트에 해당하는 액수가 이러한 이유로 전용되고 있다. 1998년에 발간되어 큰 문제를 야기한 나머지 《인민일보》 기자직에서 쫓겨나 현재 미국으로 추방된 허칭롄何清漣**의 《중국 현대화의 함정中國現代化的陷穽》이라는 책은 덩샤오핑 치하에서 중국은 약

◆ 1953년 랴오닝 성 안산 출신으로 현재 중국과학원칭화대학국정연구중심(中國科學院淸華大學國情研究中心) 주임을 담당하고 있으며, 칭화대학 공공관리학원(公共管理學院) 교수로 재직 중이다.
◆◆ 1956년 후난 샤오양(邵陽)에서 출생했으며, 1988년 푸단 대학에서 경제학 석사학위를 취득했다. 1998년 《중국 현대화의 함정》이라는 책을 출판하여 많은 호평을 받았지만, 중국의 압박으로 미국에 체류하고 있다.

탈당하고 있다고 지적하는 동시에, 사기 수법을 동원하여 부자가 되는 데 이용되는 모든 방법을 일종의 목록으로 작성한 바 있다. 이 책에 소개된 내용을 살펴보면, 어떤 공무원은 자신에게 뒷돈을 건넬 것을 약속한 기업가와 결탁하여 매매 대상 토지 가격을 저평가하기도 했으며, 어떤 기업 운영자는 공기업의 알짜배기 부문을 독차지하여 자회사로 만들기도 했다. 또한 어떤 우체국장은 자신의 손을 거쳐 가는 우편환을 증권에 투자하기도 했다. 중국 고위층 자제들의 별칭인 타이쯔당太子黨*은 당연히 그들의 인력을 동원하여 이득을 취했다. 마약 역시 한때 그 지역을 휩쓸었던 남동 지역에서 대규모로 다시 유통되었다. 인신매매를 목적으로 유괴한 젊은 여성들을 사고팔거나, 몸값을 받을 목적으로 졸부들의 아이들을 유괴하는 관행이 다시 일상적인 일이 되었다다음 쪽 '오늘의 사건: 2005년 6월 3일' 참조. 부패와 범죄의 세계는 종종 상관관계에 놓여 있다. 어떤 부패 스캔들은 한 마을이나 한 성의 행정 부서 전체가 연루된 경우도 있다. 1998~2001년 샤먼과 타이완 사이에 벌어진 500억 위안에 달하는 밀수 조직 사건**이 발생했는데, 그 조직의 두목은 지방 공산당 지도부와 연계된 그 일대의 유명한 갱으로 장쩌민의 측근인 정치국 위원과 결탁되어 있었다. 또한 한때 실업자 일소 노력에 가장 앞장섰던 인물로 유명한 선양 시장이 주민 300만 명의 이 도시의 하급 책임자와 함께 부정에 연루된 사건은 장안의 화젯거리가 되었다. 2003년 여섯 개 성의 성장省長이

◆ 통치 계층과의 친족관계를 바탕으로 경제와 정치상의 중요한 직무를 장악하고 있는 집단을 가리키는 말이다. 주로 당 간부나 고위 관료층의 자제들을 의미한다.

◆◆ 샤먼 위안화 그룹 사건을 가리키는 것으로서, 당시 발표에 의하면 라이창싱(賴昌星)이라는 인물이 운영했던 위안화 그룹이 약 500억 위안에 달하는 밀수를 저지른 사건을 말한다. 이 사건에 타이쯔당으로 불린 사람도 연관되었는데, 그는 공산당 원로인 지펑페이(姬鵬飛)의 아들인 해방군총참모부 지성더(姬勝德)였다.

오늘의 사건: 2005년 6월 3일

BBC 방송은 무작위로 2005년 6월 3일을 우연히 택하여 그날의 중국 신문과 라디오 방송을 분석한 결과, 이날 부패와 범죄와 관련된 두 사건이 발생했다.

1. 400만 명이 거주하는 도시 우한의 경찰서장은 2003년 8월 파면되어 오랜 조사 끝에 유죄 판결을 받았다. 그는 130만 위안에 달하는 자신의 재산을 몰수당하고, 2년 유예의 단서가 붙은 사형 선고를 받았다. 그는 1994년부터 1999년까지 184만 위안을 유용했으며, 212만 위안과 1만 홍콩 달러, 그리고 51만 1,800위안 상당의 건물 두 채를 뇌물로 받았다.

2. 광시의 성도(省都)인 난닝(南寧)에서 한 재판이 막 종료되었다. 그 재판에서 두 명의 피고인이 즉결 처형 판결을 받았으며, 일곱 명은 사형 유예 판결을, 다른 네 명은 종신형을 선고받았다. 이 갱단은 광시 성과 쓰촨성 충칭 출신의 농민들로 구성되었다. 그들은 윈난을 경유하여 광시 성 바이써(百色)시와 버마 '황금 삼각지대' 사이에서 행정 당국과의 다양한 공모를 통해 헤로인 36킬로그램을 밀매했다.

부정행위로 법정에서 유죄를 선고받았으며, 그중 두 명은 사형 유예 언도를 받았다. 또한 4만 3,500여 명의 공무원이 독직에 연루되었으며, 1만 명은 처벌받았다. 1992∼2002년 똑같은 이유로 15만 명의 공산당원이 처벌받았다. 거의 매일 누군가의 체포 소식이 전해지며, 재판을 받고, 투옥되며 처형되기도 한다. 또한 18세기의 한 도발적인 지식인이 쓴 소설 《유림외사儒林外事》에 등장하는 가련한 영웅들의 모습처럼, 부자가 되기 위해 권력을 남용하다 처벌을 받아 당국에 의해 수감된 사람들도 여럿이다. 그러나 이런 부패의 측면에서 중국이 이웃 나라인 인도, 한국, 타이완, 그리고 미국과 프랑스보다 상황이 더 나쁜 것은 아니라는 점을 주목할 필요가 있다. 하지만 번영에서 소외된 사람들은 부도덕, 정실情實에 치우친, 의심스러운 결탁이 한데 뒤섞인 상황을 생생하게 느끼고 있으며, '썩은' 간부들의 부정에 대항하기 위한 노력은 최근 20년 동안 중국 정치 상황에서 항상 되풀이되는 것 가운데 하나이다.

중산층의 역동성

그러나 중국 경제의 명백한 성공 덕분에 중국 사회에는 이제 멈출 수 없는 역동성이 존재한다는 것을 알 수 있다. 그러한 역동성의 원동력은 최근에 형성된 중산층인데, 최근 조사에서 질문에 응답한 도시 거주민의 46.8퍼센트가 스스로를 중산층이라 생각한 반면, 내구재를 소유하고 있으며 분명 평균보다 수입이 높은 중국인은 4.1퍼센트만 스스로를 중산층이라고 대답했다.

기업가, 재정 운용자, 기술자, 고위 간부층에서 부상한 이러한 중산층은 대체로 2002년 이후 중국 국내총생산의 절반 이상을 산출하기 시작하면서부터 성장한 개인 영역과 반¥개인 영역에서 비롯되었지만, 경영자들의 수입이 상당히 증가한 공적 부문을 통해서도 형성되었다. 번창일로의 자유직업, 개인 금고를 소유한 의사, 기업의 변호사, 언론인, 당간부, 대학교수, 판사, 그 밖의 '화이트칼라' 역시 중산층의 범주에 포함시킬 수 있다. 하해下海*에 많이 등장하는 중산층은 그 범위나 실제 수효가 상당히 유동적이다. 중산층으로 편입된 상당수는 농촌의 개인 운송업자, 농기구를 생산하는 소규모 공장주와 같은 농촌의 중산층이다. 고위 당국의 요청으로 2003년 실시된 사회 조사에 의하면, 16세부터 70세 중국인 가운데 4.1퍼센트가 중산층이며, 동일 연령층의 화이트칼라를 대상으로 한 또 다른 조사에 따르면 15.9퍼센트가 중산층으로 판단되었다. 마지막으로 지역 평균보다 많은 수입을 올리는 사람들을 대상으로 한 조사, 즉 베이징의 경우 월 소득 1만 위안, 그리고 지방 소도시의 경우 그

◆ 중국어로 하해는 해외 혹은 국내에서 사업을 하는 사람이나 그 일을 가리킨다.

보다 두세 배 적은 사람들을 대상으로 할 경우 인구의 24.6퍼센트가 이른바 샤오캉小康, 의식주 걱정을 하지 않고 웬만한 수준의 생활을 할 수 있는 상태의 삶을 누리고 있었다. 일정 품목냉장고, 컬러 TV, 세탁기, 전축, 에어컨, 휴대전화의 소유 여부, 즉 소비 수준을 기준으로 할 경우, 활동 인구의 35퍼센트가 중산층이며, 진정한 중산층 외에도 상당수의 사람들이 중산층이 되려고 갖은 애를 쓰며, 중산층에 편입되기를 열망하고 있다. 베이징과 상하이에서 부자가 된다는 것은 200만 위안의 보유 재산이 있고, 그중 3분의 1은 재정 자산으로 갖고 있음을 의미한다. 40대의 이들 소자산가들은 3년 연속 주가가 하락하고 있지만, 상하이나 선전에서 여전히 소액의 증권 거래를 하고 있다. 이러한 중산층은 현재 좀 더 가난한 계층으로 확산되고 있다. 실질적인 중산층의 수효는 약 1억 5,000만 정도로서 중국 전체 인구의 15퍼센트를 차지하며, 특히 자가용을 소유한 매우 부유한 계층은 500만에서 1,000만 명, 3,500만에서 4,000만 명은 상위 중산층, 그리고 1억 5,000만 명 정도가 소시민 계층이다. 따라서 이러한 새로운 사회계층은 그 전형적인 양태를 넘어 꼭 정의하기 어려운 주변 계층까지를 모두 포괄하고 있으며, 그러한 상황은 중산층이 지닌 매력을 의미하는 것이기도 하다. 바로 그런 계층에게 후진타오는 공자조차도 만족시킬 만한 자신의 언사를 통해 풍요 속의 조화로운 장래를 약속했던 것이다.

이러한 중간 계층의 최상위에서는 이처럼 이상한 사회주의의 '개척자'와 같은 등대 구실을 하는 진정한 자본가를 발견할 수 있다. 2005년 미국 잡지 《포브스Forbes》가 매년 발표하는 부자 순위에 따르면, 달러로 환산한 681명의 억만장자 가운데 중국인이 10명 포함되어 있다. 이러한 중국의 억만장자는 2004년에 세 명, 2003년에는 단 한 명뿐이었다. 가장 부유한 사람은 CITICChina International Trust and Investment Corporation, 중국국제신탁투자공사의 회장인 룽즈젠榮智建으로서, 그의 총 자산은 16억 달러였다. 이 최초의 중국 투자 회사는 그의 아버지인 룽이런榮毅仁이 세웠는데, 2005년 10월 사망한 그의 장례식에는 후진타오 주석이 참석할 정도였다. 1949년 이전 신신방직공사申新紡織公司와 제분 공장에서 10여만 명이상의 노동자를 고용한 상하이의 가장 유력한 자본가 집안의 막내로 태어난 그는 공산당 체제에 합류하여 마오쩌둥 시대의 풍랑에서도 살아남을 수 있었으며, 덩샤오핑의 보호 덕분에 1978년 이후 '붉은 자본가'가 되었다. 중국의 두 번째 억만장자는 46세의 상하이 부동산업자 주멍이朱孟依로서, 작년2005에는 탈세와 사회재산 유용으로 법정 싸움에 휘말리기도 했지만, 그의 재산은 11억 유로에 이른다. 세 번째 부자는 인터넷 포털 사이트 넷이즈Netease 설립자인 34세의 딩레이丁磊로서, 재산은 10억 유로이다. 남들의 부러움을 한몸에 받고 있는 그들의 상황은 그 자체로서 위험을 수반하기도 한다. 예를 들어 2003년 자신의 구아歐亞 농업 그룹을 통해 난초와 '튤립의 왕자'로 군림했으며, 선양에 풍차가 있는 네덜란드 마을을 건설한 바 있는 양빈楊斌은 중국 당국의 허락도 받지 않은 채, 선전의 경제특구와 유사한 경제특구를 북한 신의주에 건설하려는 계획에 참여하기 위해 수개월간 북한을 잠행했다. 사업상 국영기업과 복잡하게 얽혀 있는 이들 중산 계층들은 자신들 특유의 정치적 야망이나 계층 의식이 없는 유사 부르주아지에 불과하며, 따라서 서유럽과 19세기 북유럽의 '정복적' 성격도 전혀 보여주지 못하는 집단이다. 그들이 공공연히 내세우는 애국주의와 구제 활동 중시는, 오히려 그들의 번영이 권력과 일부 재산의 재분배에 좌지우지되었던 제국 시기 대상인과 인심 좋은 지주의 행동 방식을 연상시키고 있다. 이러한 신흥 부자들의 주요 활동 영역은 부동산, '새로운 기술', 섬유, 신발, 식료품, 소비재와 서비스 분야이다. 예술 분야에 대한 그들의 지원 덕분에 문학 모임과 토론회 그리고 신뢰할 만한 소식을 자유로운 목소리로 전하는 잡지 등이 활성화되었다. 그들은 자신들의 호사스러운 생활과, 개인적으로 머무는 호텔과, 고가의 자동차를 자랑하곤 한다. 그들은 종종 애인을 두며, 중국 영화계의 스타들과 함께 모습을 드러내기도 한다. 중화전국부녀연합회中華全國婦女聯合會 평가에 따르면 2001년 당시 중국 남성의 2.4퍼센트가 이처럼 애인을 두고 이중 결혼 생활을 영위하고 있었다. 중국에는 이런 방식으로 생활하는 여성이 약 100만 명쯤 있다.

근대 유럽 부르주아의 정복적 성향을 지녔다기보다는, 오히려 거만을 떠는 이러한 유사 부르주아지를 보면서, 중국의 일반 대중 계층은 자신의 운명이 그들과는 완전히 다르다고 체념한다.

농민들의 실망

덩샤오핑의 경제개혁의 한 부분은 중국 농민들에 대한 "조용한 혁명"을 전개시키는 것이었으며, 1985년까지 그러한 개혁 덕분에 중국 농촌은 발전의 시기를 맞이했다. 그 이후 상황은 반전되었다. 2004년 봄, 홍콩의 일간지는 불만에 찬 농민들의 시위가 여럿 있었음을 언급했는데, 시위에 참여한 2,000만 명의 요구 사항은 "토호열신을 쫓아낸 1950년 농촌개혁과 새로운 형태의 농민 억압 수단인 인민공사를 폐쇄했던 1980년 농촌개혁"에 뒤이은 제3의 농민 혁명을 하자는 것이었다. "제3의 혁명을 통해, 농민의 자력 의지를 완전히 앗아가는 온갖 종류의 억압 형태를 종식시켜야 한다"는 것이었다. 종종 지방 공산당 간부의 반대에 부딪히긴 했지만, 2,000여 건의 농민 폭동이 발생한 1999년의 규모와 버금가는 이러한 움직임은 당시 수상이었던 원자바오의 마음을 움직였다. 2004년 2월 8일 농민에게 유리한 회람 1호[◆]를 반포함으로써, 회람에 포함된 '삼농_{三農}'_{농업, 농촌, 농민}정책을 어렵사리 시행하게 되었다. 그것은 토지의 불법적인 강제 수용에 반대하며, 소작인의 수입을 증대시킴과 동시에 세금 부담을 경감시키는 것이었다. 사실 당시에는 일종의 위기가 있었다. 거대한 농촌 인구에도 불구하고, 중국은 상당량의 곡물 부족에 시달렸다. 1998년에는 5억 1,200만 톤의 곡물이 생산되었던 반면_{최고 생산 기록이었다,} 2003년의 생산량은 4억 3,100만 톤에 불과했다. 1980년 무렵 1억 3,000만 헥타르로 추산되던 경작 면적은 1999~2003년 760만 헥타르가 감소했으며, 부동산 투기로 3,400만 명의 경작자들의 토지 상당량이 수용당했다. 마치 국민당 시절처럼, 종종 수입의 30퍼센트에 달하는 100여 종의 세금과 지방세가 농민의 수입을 잠식했다. 따라서 생산량과 농지 규모에 따라 부과된 농업세가 수입에서 8.4퍼센트나 차지했던 것을, 5년 안에 2.4퍼센트로 낮추기로 결정했다. 계약에 따라 양도한 곡물을 국가가 매입하는 가격은 30퍼센트 인상했으며, 다양한 정책 덕분에 불법적인 토지 수용을 거부할 수 있게 되었다. 또한 농촌에서 비농업 분야의 활동이 원활해지도록 했다. 이러한 정책이 시행된 후, 2004년 곡물 생산은 4억 5,500만 톤으로 증가했으며, 농민들의 연간 수입은 2003년보다 11퍼센트 증가한 1,371위안이었던 반면, 도시민들의 동일 연도 수입 증가

◆ 중앙국무원이 발표한 문서로서 정식 명칭은 '中央國務院關于促進農民增加收入若干政策的意見'으로 되어 있다.

는 4.3퍼센트에 그쳤다. 그러나 농가와 마오쩌둥 사망 당시 1:3.3이었던 도시 가구 사이의 소비 격차가 줄어들어 1985년에는 1:2.3이 되었으며, 1994년 이후 1:3.3으로 다시 증가하여 내내 그러한 격차를 보여주고 있다. 또한 티베트, 간쑤 성, 그리고 쓰촨 성 서부는 1:5, 남동 지역과 북서 황토 평원에서는 1:3.5, 동부 평야 지대나 신장에서도 1:2.5 정도의 격차를 내내 확인할 수 있다. 좀 더 현실적인 내용을 담은 2004년 2월의 정부 회람 1호의 평가에 의하면 농가의 평균 수입은 도시 거주자의 5분의 1에 불과했다. 따라서 약간의 분식이 있음에도 불구하고 농민의 상황은 매우 긴급했다. 1978년 실시된 포간도호제로 곡물 상업에 대한 국가의 독점이 종식된 후, 농민들의 수입 증대에 커다란 자극을 주었지만, 1985년 이후 여러 어려움에 봉착했다. 농촌에는 여러 가지 불행이 존재했다. 중국 당국이 계산한 8,500만 명의 극빈층연간 개인 소득이 882위안 가운데, 연간 20유로쯤을 버는 2,900만 명은 먹지 못해 굶주렸으며, 그들 중 절반은 산간 지역에 거주하고 있었다. 전체 경제 활동 인구의 44퍼센트1980년에는 69퍼센트에 해당하는 4억 9,000만 명이 농민이었다. 그들이 보유한 경작지 면적은 1억 헥타르로서, 이는 4인 가족에게 채 1헥타르가 안 돌아가는 면적이다. 제대로 생계를 꾸려가기 위해서는 그 면적이 두 배가 되어야 하기 때문에, 실질 농민의 절반 정도가 과잉 인구에 해당한다. 그들 가운데 5,000만 내지 6,000만 명은 향촌기업과 같은 비非농업 일자리나 서비스업에 종사할 수 있다 해도, 1억 7,000만 명 이상의 과잉 인구가 존재했기 때문에, 민공民工이라 부르는 약 1억 명이 대량으로 농촌을 떠나 동부 해안 지역으로 몰려들고 있다. 다른 무엇보다 토지 부족으로 투자가 활성화되지 않고 있으며, 시장 법칙과 중국의 세계무역기구 가입으로 농산물 가격이 폭락했기 때문에, 국가 당국의 개입이 절실해졌으며, 각 지역에서는 위기가 발생했다. 소설가 모옌莫言이 《티엔탕 마을 마늘종 노래天堂蒜薹之歌》라는 소설에서 그린 것처럼, 산둥에서는 봄에 마늘 때문에 소요가 발생했다. 그러한 반면, 비료, 가솔린, 종자, 농기구, 자동 경작기 등의 가격은 점점 비싸졌다. 이것이 바로 가위의 법칙*이다. 인민 공사 체제의 폐지로 마을과 촌락의 수장들은 도로, 제방, 학교, 보건소, 사회보장에 필요한 재원을 확보할 수 없게 되었다. 따라서 그들은 다소 합법성을 띤 것이긴 하지만 종종 불법적으로 전용되기도 했던 다양한 세금에 의존하게 되었으며, 그만큼 토지에서 비롯된 지위가 농민들을 매우 불안정하게 만들었다. 토지는 사실상 공동 소유였으며, 농민들은 그러한 집단 체제의 소작인 형태였다. 그러므로 집단 체제의 간부들은 농민들에게 시장 가격보다 낮은 가격으로 일부 수확물을 팔도록 강요했으며, 어떤 경우엔 노역勞役과 유사한 다양한 속박을 농민들에게 강제할 수 있는 권한을 갖고 있다고 믿었다. 양도가 가능하며 30년 동안 경작할 수 있는 임대차 계약의 성립은 이처럼 근본적인 취약성을 완벽하게 대신할 수는 없었다. 르포 기사를 전문으로 다루는 농민 출신의 두 기자 부부인 우춘타오吳春桃와 천구이디陳桂棣가 3년여의 조사 끝에 2004년 발간한 《중국 농민조사》라는 책에서는 안후이 성에서 진행된 농촌 개혁의 영향을 분석하고 있다. 700만 부가 팔려나간 후 결국 판매가 금지되었으며, 저자들 역시 불안해했던 이 책을 통해 그들은 간부들의 무능력이나 부패로 농촌 개혁이 실패로 끝났다고 결론지었다.

◆ 수요공급법칙을 설명하는 개념으로서, 공급과 수요가 서로 대응성을 가지고 있다는 의미이다.

농민들에게 고통을 안겨준 부당한 일들이 여러 사건을 통해 드러났다. 허난 성에서 발생한 세균에 감염된 혈액 사건 같은 것이 그 예이다. 예전에는 도적의 무리가 창궐했으며 마오쩌둥이 처음으로 인민공사를 건설한 지역 가운데 하나였던 허난 성 남부의 매우 가난한 일부 지역에서, 수만 명의 농민들이 자신의 생계를 유지하기 위해 처참한 지경의 위생 환경 속에서 피를 팔았다. 그들 가운데 적어도 3만 5,000명은 감염된 주사기 때문에 에이즈 양성 반응자가 되고 말았다.[12] 2003년 그러한 불행을 겪은 사람들이 보상을 요구하자, 경찰은 그들을 마치 '소요분자'처럼 간주하여 구타했다. 2002년 가을 광둥 성에 사스가 발생하자, 당국이 2003년 춘절까지 그 사실을 은폐하여 1,000여 명이 사망했는데, 대부분은 닭을 사육하는 농민들이었다. 1998년 여름 양쯔 강 중류 지역에 엄청난 규모의 홍수가 발생했을 당시, 4,000여 명의 농민이 물에 휩쓸려 내려갔다. 그들 대부분은 홍수로 물에 잠긴 지역에 있던 사람들이었다. 공공 위생제도와 공립 교육 체제가 붕괴되어버렸기 때문에, 그 운용은 경제적으로 성공한 사람들의 기부금으로 운용되는 것이 보통이었다.

그러나 농민들의 이러한 투쟁으로 일부 성과를 거둔 것도 사실이다. 농민투쟁은 연합하지 못한 산발적인 형태로 발생했지만, 그 횟수가 빈번해지자 당국과 농민이 대립하는 수직적 투쟁보다, 농업용수를 장악하거나 계투械闘[13] 형태로 촌락민 대 촌락민 혹은 종족宗族 대 종족처럼 농민들 사이에 전개되는 수평적 투쟁이 많아져 체제 자체가 위험에 처했다. 수평적 투쟁은 대부분 세금에 반대하거나 혹은 토지의 강제 수용과 오염으로부터 경작지를 보호하기 위한 것이었다. 시위자들은 부패와 수뢰 혐의를 받고 있는 지방 정치 책임자들의 태도를 빈번히 문제 삼았다. 보통

두 가지 자료를 통해 본 농민투쟁

1. 2004년 4월 22일, 시안 교외 지타이(濟泰)에서 온 1,000여 명의 촌락민이 시안 남쪽 순환로를 차단했다. 그들은 순환로 확장으로 마을 토지의 3분의 1이 잠식되는 상황에 반대했다. 여러 독직 사건에 연루된 촌장의 허가로 1년 전 시작된 공사 계획에 따르면, 마을 남쪽에 할당된 부지에 주민들이 재입주할 수 있도록 예정되어 있었으며, 부동산업자가 농민들에게 지급한 보상금으로 이 공정을 시행하기로 했다. 복수 입후보자가 나선 선거에서 촌장은 떨어지고 그의 측근이 당선되어 동일한 방식으로 공사를 추진하려 했지만, 이 마을이 1만여 명을 수용하는 베드타운(bed town)이 된다는 말에 농민 1,800여 명 대부분이 이 계획에 반대하게 되었다. 가게의 광고판을 철수하는 등 이사 준비를 하고 있던 공무원 거주 지역에, 4월 22일 오전 무장 경찰이 대거 몰려오자, 농민들이 순환도로를 여덟 시간 동안 차단했다. 그들 시위대는 시안 시 대표와 현 당 서기 측으로부터 몇 가지 약속을 얻어낸 뒤에야 비로소 철수했다.

2. 2005년 4월 13일자 홍콩 일간지에 게재된 저장 성 '화시촌(華溪村)' 사건

   항저우에서 두 시간 거리에 있는 구릉 지역에 위치하며, 3만 명이 거주하는 이 마을의 향촌 위원들은 가장 근접한 둥양(東陽) 시와 2001년 협약을 체결하여 13개 사영(私營) 혹은 반(半)사영 화학공장에 66헥타르의 토지를 제공하기로 했다. 그 토지는 공동 소유였기 때문에, 30년 경작 계약을 체결하여 그 땅을 경작하고 있던 농민들에게는 그 사실을 알리지 않았다. 그러나 해당 화학공장이 2002년 심각한 오염을 유발하여 모든 사람의 건강을 위협했다. 마을의 대표자가 베이징 당국에 땅을 반환하고 오염 배출을 중지해줄 것을 청원했다. 그러나 2005년 둥양 시장은 이 문제에 대한 협의를 거부했다. 화가 난 농민들은 차도를 막고 해당 공장의 생산물 반출을 방해했다. 밤낮으로 통행금지를 실시하기 위해 임시 막사를 설치했다. 마을의 노인들이 보초를 섰다. 4월 10일, 열네 대의 자동차와 40대의 버스로 분산 수송된 3,000여 명의 경찰이 최루 가스, 전기봉, 곤봉을 사용하여 농민들의 점거 농성을 강제로 해산시키려 했다. 이어 학교 부근에서 양측의 일대 충돌이 발생하였으며, 경찰은 결국 그 충돌 현장에서 후퇴할 수밖에 없었다. 모든 경찰차가 불탔으며, 시위자 세 명과 경찰 서른세 명이 부상을 당했다. 대치에서 몰린 경찰은 계속해서 시위를 일으키는 주동자 가운데 한 명을 체포했다. 현장에 오염 조사관을 파견하겠다는 발표가 나온 뒤에야 다시 평온이 찾아왔다. 그러나 4월 20일, 한 신문기자의 증언에 따르면 당국의 추격을 두려워한 수많은 촌락민들이 마을을 떠날 준비를 하고 있었다.

자발적으로 일어난 이러한 시위의 주요 참여자들은 진압을 당해도 비교적 피해가 덜한 퇴직자, 전직 간부, 퇴역 군인 혹은 나이 많은 아녀자들이었다. 그들 주장에 동조하는 홍콩의 신문기자와 변호사들이 종종 시위

에 가담하고 있으며, 시위 동조자를 동원하기 위해 사용되는 휴대전화의 다량 문자 발송SMS이 중요한 역할을 하고 있다는 사실도 주목할 필요가 있다.[14] 게다가 농촌 현縣 단위의 공산당 위원회가 교체될 때에는 그 문제를 사이에 둔 난상토론이나 심지어 젊은이들이 가세한 주먹다짐이 최근 몇 년 사이에 발생하고 있는데, 이러한 현상은 중요한 정치 문제에 대중들이 개입하고 있음을 의미하는 것이다.

그러나 이처럼 농촌이 느리게나마 정치적 자각을 하고 있다는 다양한 증거와 함께, 전통적인 충돌이 근대적 양상을 띠고 있다는 징표에도 불구하고, 농민들의 사기는 오히려 저하되었다. 그것은 농민들이 개혁에 환멸을 느꼈던 데다, 장밋빛으로 시작했던 개혁에서 그들이 배제된 반면, 농민들의 빈곤 상태가 계속됨에 따라, 그들은 거대한 중국 시장에서 배제되었기 때문이었다. 동부 지역보다 평균 열 배나 더 가난한 중국 서부 지역 개발을 위해, 특히 1980년 14일이나 걸렸던 칭다오靑島산둥 성와 우루무치신장 사이를 나흘 만에 갈 수 있는 현대적인 교통로를 건설한 것과 같은 엄청난 노력에도 불구하고, 해안 지방의 높은 봉급에 이끌려 우수한 노동 인력과 인재들이 대량으로 유출되는 것을 막지 못하고 있는 상황이다. 공식적인 기관에서 발행한 잡지에서조차 농촌 세계의 이러한 불행을 한탄하고 있으며, 당국자들이 "취약한 대다수 사람들弱手群體"을 좀 더 잘 보살펴야 할 필요성이 있다고 언급했다. 하루하루를 근근이 연명하는 수백만 명의 농촌 빈민 외에도, 수천만 명의 도시 빈민층, 그리고 농촌과 도시 두 곳을 오가며 빈민층을 형성하고 있는 1억 명의 민공공민이 존재한다.

와해된 노동 계층

한때 '나라의 주인'으로 추앙을 받았으며, 그런 명목으로 중국공산당 독재 행사의 근거가 되기도 했던 노동자들은 적어도 대약진 운동 시기까지 그들과 매우 밀접하게 관련된 여러 특권이라 할 수 있던 그와 같은 명목을 경제개혁 이래 상실하고 말았다. 이처럼 자신들의 황금시대를 잃어버린 이후, 노동자들은 자신들의 생활을 결정지었으며 여러 가지를 보장해주었던 단위가 서서히 해체됨에 따라, 고용 불안과 사회보장 제도의 후퇴에 맞닥뜨렸다. 상하이의 경우, 어려움에 직면한 국영기업들은 직원 거주 지역의 토지를 도시계획자들에게 내어주게 되어, 거주자들은 어쩔 수 없이 먼 교외 지역으로 떠날 수밖에 없었다. 또한 바로 그 자리에 호사스런 건축 단지를 건설하는 부동산 기업들이 하루 일당 50위안의 이주 노동자들을 고용하고, 말을 듣지 않는 사람들을 폭력과 위협으로 묶어두는 경우도 있다. "자신이 경작한 쌀을 먹는 사람들"인 농민과 "국가의 쌀을 먹는 사람들"인 도시 거주민 사이의 긴장 관계 덕분에 호구 제도가 그러한 상황에 좀 더 잘 대응한 적이 있었다. 그러나 예속 상태와 다름없는 농민들에 대한 거주지 강요는, 수백만 명의 농촌 출신 노동자가 사는 대도시에서는 그들의 불법적인 지위를 용인하기 때문에 이미 동요하고 있을 뿐 아니라, 2003년 이후 심각한 변화를 겪고 있다. 건설 현장을 두리번거리다 가혹한 착취 노동에 시달리며, 어떠한 사회보장도 받지 못한 채, 일상적인 실업에 시달리는 이들 하위 프롤레타리아에 대한 가혹한 대우는 2003년 봄 전국인민대표회의에서 논쟁거리가 되기도 했다. 종종 경찰들이 이처럼 불행한 사람들을 구타하여 사망하는 사건이 언론에 보도되어 사람들의 분노를 사기도 하는데, 광저우 부근에서 그러한 경찰의 구타로 순즈강이라는 고등교육을 받은 사람이 사망하자, 그들의 서류상 지위를 개선할 수 있는 다양한 입법 조치의 필요성이 대두되었다. 따라서 '임시 호구정식 호구는 연한 초록색이며, 임시 호구는 청색이었다'가 등장했는데, 그것은 도시 이주민이 혜택을 받을 수 있는이런저런 혜택을 받기 위해서는 일정한 세금을 내야만 했다 잠정적인 거주 증명이자 출신 민족 증명이었다. 따라서 수백만 명의 도시 이주자들은 이제 자신의 증명서를 가질 수 있게 되었다. 광저우 지역의 경우 월 40~60유로 정도인 낮은 임금, 그리고 하루 열두 시간의 노동과 아무런 기준 없이 부과되는 추가 노동 같은, 지난 10년 동안의 열악한 노동 조건과 마찬가지로, 임금마저도 상대적으로 가치가 하락하여 농촌 이탈 속도가 지연되었다. 계산에 의하면, 2004년 당시 주장 강 유역의 기업들은 그러한 종류의 노동자가 약 10퍼센트, 즉 200만 명 부족했다. 2005년 2월, 선전 직물공장의 무자격 노동자 수만 명은 파업을 통해 33퍼센트의 임금 인상을 이끌어냈다. 이리하여 선전 지역에서는 월 580위안에서 690위안 사이의 최저 임금이 자리잡았으며, 이것을 어기는 기업주에게는 그리 많은 액수는 아니지만, 벌금이 부과되었다.

1990년대 이후 중국 내륙이나 북동 지역의 경제 개발 지역을 위기로 몰아넣은 산발적인 파업 확대가 현재까지는 해안 지역으로 확대되지 않았지만, 최근 몇 년 사이 해안 지역 역시 사회적 동요가 증가하고 있음을 확인할 수 있다. 노동 시장의 출현으로 노동자들은 자신의 노동력을 이전보다는 좋은 조건으로 팔 수 있게 되었다. 다른 한편, 1920년대 이래 중국 노동 계층이 체득한 파업 기술 덕분에, 종종 어쩔 수 없이 기업주들이 타협에 응할 수밖에 없도록 만드는 효율성을 발휘하기도 했다. 그러한 기술로는 전통적으로 등장했던 대자보, 집단 항의, 발언, 작업 중단과 가두시위, 휴대전화나 컴퓨터를 이용한 대량의 메시지 전달 등을 들 수 있다. 상하이 개인 기업이 우시無錫 시 국영 상점 매입에 따른 해고 사태*에 대항하기 위해, 노동자들이 4일 동안 연좌 데모를 벌인 2005년 6월 당시, 1,000에서 2,000여 명에 달했던 노동자들은 '고양이'라는 인터넷 사이트**를 통해 자신들의 행동 수위를 조절했다.

약 1억 3,000만 명의 노동자가 존재하는 중국 노동계의 상황은 19세기 서유럽 산업혁명 당시의 상황 중에서도 최악의 정황을 상기시켜준다. 이런 이유로 중국은 산업재해 발생률이 세계 최고라는 불명예를 안고 있는데, 특히 광산업의 경우 2003년 6,027명이 사고로 사망했다. 이것은 광산 사고로 사망한 전 세계 사망자의 3분의 2에 해당하는 수치이지만, 중국의 광산업 종사자는 전 세계 광산업 종사자의 40퍼센트에 불과하다.

이러한 광산 사고의 대부분은 법을 준수하지 않아도 거의 재제를 받지 않는 사기업들에 넘어간 광산에서 발생했다.[15] 공식 보고에 의하면 2003년 중국에서 생산된 17억 톤의 석탄 가운데, 6억 톤가량은 안전수칙을 준수하지 않은 기업에서 생산되었다.

개인 기업 활성화 정책으로 서비스, 수송, 그리고 상업 분야에서 일하는 2억 9,100만 명의 노동자와 그 밖의 다른 노동자들의 상황이 악화되었다. 사실상 국영 기업은 사회보장과 노동자들의 퇴직 후 생활을 보장해주고 있지만, 그 액수가 전체 급여의 38퍼센트에 이르기 때문에, 노동

◆ 2005년 6월 6일 발생한 우시 시 상업 대하 파업사건(無錫商業大厦罷工事件)을 말한다. 당시 국영 상점 매입 과정에서 왕쿤야오(王均瑤)라는 사람이 건물을 매입하여 인수할 때 35세 이상 고용인을 해고하자 발생한 사건이었다.
◆◆ 마오푸(描扑)라 불리는 중국 인터넷 사이트 www.mop.com을 말한다.

10장 21세기 벽두에 선 중국 ——

315

광산업의 재난

2003년 11월 23일, 산시(陝西) 성 퉁촨(銅川) 시 부근의 천자산(陳家山) 광산의 갱내 가스 폭발로 166명의 광부가 사망했다. 당시 심각한 석탄 부족에 직면한 산시 성 당국자들은, 연간 석탄 생산량이 220만 톤을 넘으면 40만 위안의 상여금을 지급하기로 했다. 10월 말 현재 생산량은 180만 톤에 달했기 때문에 상여금을 이미 손에 쥔 것이나 다름없었을 즈음 갱도에서 불꽃이 터졌다. 광산의 환기장치가 사고로 부서졌기 때문에, 수리를 위해서는 잠시 갱도 굴착을 중단했어야 했다. 그러나 간부들은 그것을 거부한 채, 해고 위협을 하면서 갱도 내로 내려가기를 주저하는 광부들을 재촉했다. 이 사고로 희생자 가족과 광부들의 거센 반발이 뒤따랐다. 일요일이었던 11월 28일, 시위를 벌인 수천 명의 광부들은 사장의 집무실을 때려 부수었으며, 28명을 감금하고, 그 가운데 한 명에게는 구타를 가했다. 무장 경찰의 개입으로 질서를 되찾은 가운데 당국자들은 조사를 진행했다. 이후 책임자들을 징역에 처했다.

자들의 사회 복지 문제에 신경 쓸 여력이 없는 공기업과 사기업에 커다란 부담이 되고 있다. 그러나 1978년 당시 9,500만 명의 노동자 가운데 그러한 공기업과 사기업에서 일하는 고용인은 7,500만 명이었던 반면, 2001년에는 2억 3,900만 명의 노동자 가운데 32퍼센트에 불과한 7,600만 명이었다. 이 수치는 위 노동자의 27퍼센트에 해당하는 5,000만 명으로 하락했으며, 이에 비해 외국 기업은 3퍼센트, 유한책임공사는 6퍼센트, 반半사영의 공기업이 6퍼센트, 사기업이 15퍼센트를 차지하고 있다. 노동자의 38퍼센트를 고용하고 있는 여러 기업의 법적 지위가 분명하게 정해져 있지 않다는 것은 현재 중국에서 기업의 재산상 지위가 복잡하다는 것을 의미하며, 따라서 수많은 국영기업은 모기업으로부터 노른자위를 분리하여 자회사를 세우는 한편, 적자 부분은 국가가 떠맡고 있다.[16] 다른 한편으로, 2005년 전국인민대표대회에서 격렬한 토론 끝에 헌법을 수정하기로 결정하여 "일반인들의 법적인 소유권은 침해할 수 없다"는 사실이 보장되었다. 그러나 국영기업이 산업과 서비스 분야에서 창출해내는 부가가치와 고용인 수에서 여전히 주력 기업이 되지 못하는 한, 국영기업을 둘러싼 전반적인 자본주의 경제 환경 속에서 국영기업은 일종의 망루 역할을 계속할 것이다. 이것은 중국 정부가 중공업, 에너지, 철도, 대규모 은행에 대한 완전한 소유나 대주주가 되는 방법을 통해 국영기업 전체를 그럭저럭 조종할 수 있다는 것을 의미한다. 1997~98년 아시아 경제 위기와 2001년 지속적인 주가 하락 당시, 바로 그런 맥락에서 중국 정부는 소비재 생산 분야에 대한 사유화에 제동을 걸었다. 그러나 수익성 추구와 향후 충분히 등장할 수 있는 파산의 위협 때문에 국영기업은 인원을 대량으로 감축했으며, 인원의 3분의 1을 감축할 정도로 과하게 진행된 경우도 있었다. 공식적인 실업률은 8퍼센트이지만, 실업자 외에 월 200위안의 보조와 함께 자신들의 재배치 심사 기간 동안 돈을 받을 수 있는 하강下崗* 인원과 자영업자를 포함한다면 실제 실업률은 15~20퍼센트에 달한다. 처음으로 직장을 찾아 나서는 수백만 명의 젊은이와 수개월 동안 봉급을 받지 못한 다수의 노동자 역시 염두에 두어야 할 것이다.

이러한 상황 때문에 거리에서 시위를 하거나 기업 소유주 사무실 또는 당 본부 앞에서 연좌 데모를 하는 노동 갈등 사례가 증가했다. 심지어 이들 시위자들이 간부 식당에 난입하여 그들의 식사를 먹어치우는 사례까지 발생하는 경우도 있다. 그들은 기업 소유주를 납치하기도 한다. 무장 경찰과의 충돌이 농촌보다는 덜 빈번하지만, 심하기로는 어디나 동일하다.

◆ 노동 단위, 즉 직장에서 해고되는 것을 말한다.

2005년 중국에서 발생한 파업 사례

1. 광둥 성 둥관(東莞) 시에 있는 일본계 공장 타이요유덴의 중국 노동자 2,000여 명은 2005년 4월 16일 임금 인상 요구를 위한 회의를 열었다. 중일전쟁에 대한 일본 교과서의 표현에 반대하는 항의 표시로, 두 명의 노동자가 일본 상품의 보이콧을 요구함과 동시에, 유엔 안전보장이사회 상임위원국 자리를 요구하는 일본에 반대한다고 발언했다. 회의장을 나오면서 노동자들은 창문을 부수고, 간부 식당을 때려 부쉈으며, 일장기를 불태웠다. 중무장한 중국 무장 경찰이 개입했다. 기숙사에 살고 있던 7,000여 명의 노동자가 이 파업에 가담했다. 일본인 고용자와 그 가족은 안전을 이유로 홍콩으로 피신했다.

2. 친황다오(秦皇島)에 자리 잡은 두 공장에서 온 허베이 성 군복 제조공장 해고 노동자 330여 명이 일요일부터 베이징 남쪽에 위치한 그룹 소유 공장을 점거했다. 그들은 자신들에 대한 모든 급여 지불 정지에 항의했다. 2005년 6월 3일 목요일 밤, 20여 대의 무장 경찰 차량이 공장을 봉쇄하여 노동자 대표가 경찰 본부로 향하는 것을 차단했다. 100여 명의 경찰이 내내 순찰을 하는 동안, 노동자들은 식초에 절인 채소와 만두를 먹는 한편, 포커를 치고 장기를 두면서 밤을 지새웠다. 해고 노동자 4,700명의 대표자들은 4월 12일 친황다오에서 발생한 중대한 사태 이후 협상을 벌였지만, 합의에 이르지 못했다. 바로 이날, 해당 공장의 700여 명의 시위자들이 베이징-친황다오-하얼빈을 잇는 철로를 차단하여 두 대의 열차가 멈추었다. 41세의 여자가 사망했으며, 젊은 청년 한 명이 부상을 당했다. 공장 지배인이 협상을 시작했다. 논의의 초점은 해고가 아닌 보상금에 있었다. 이전 국영기업을 인수한 신흥 파이프 회사 운영진은 해고 노동자에게 각각 1,000위안의 지불을 제시했다. 노동자 대표들은 기업법에 따라 네 배의 보상금이 지불되어야 한다고 주장했다. 기업 지배인 중 한 사람의 아들이 포함된 노동자 대표들은 그룹 내 다른 공장에서 온 대규모 대표단을 베이징에 파견할 것이라고 발표했다.

(출처: 1. BBC 방송의 웹사이트인 SWB. 중국에 관한 이곳의 정보는 홍콩 일간지와 중국 각 성의 라디오 청취를 기반으로 작성되었다. 2. 미국의 민간 기구가 운영하는 인터넷 사이트 http://www.chinalaborwatch.org)

중국 당국의 조사에 의하면, 2003년 5만 8,000여 건의 투쟁과 '대규모 사태'에 가담한 인원이 300만 명이었다. 이는 농민, 토지를 수용당한 도시 거주민, 연금을 받지 못한 퇴직자, 미래에 대한 불안으로 불만을 품은 학생, 그리고 노동자와 직장인이 포함된 수치이다. 그러나 이 수치는 지나치게 낮다. 한 조사에 따르면, 도시 근로자의 10퍼센트는

최근 5년 동안 어떤 요구 조건을 내세우기 위한 행동에 전혀 참가하지 않았다. 게다가 그러한 운동들은 대부분 현재 일을 하고 있는 노동자나 근로자가 아니라, 이미 해고당했거나 퇴임한 사람들이 주도한 것이었다. 산유産油 현장인 다칭大慶이나 이제는 거의 쓸모없어져버린 철강 공장의 폐쇄로 대량 실업을 유발한 랴오양遼陽에서 발생한 2002년의 대규모 행동에서 알 수 있는 것처럼, 대부분의 파업은 무언가를 요구하기 위한 것이 아니라 자신의 권익을 지키기 위한 것이었다. 사회학자들의 다양한 연구는, 대다수 노동자들과 특히 젊은 층은 시장경제에 이의를 제기하지 않고 있다는 사실과 함께, 항의에 참여하지 않은 젊은 층일수록 대학에 다니지 못한 사람들이었음을 보여준다. 항의는 사회주의 국가 체제에 향수를 갖고 있는 나이 많은 노동자와 특별한 기술이 없는 사람들의 몫이었다. 그러나 분노에 찬 그들의 외침은 이미 사망한 한 세계의 비가悲歌에 불과했다.[17]

하지만 상황이 차차 변하고 있음을 보여주는 여러 징표들이 있다. 실제로 중국 당국자 역시 현재의 사회 위기를 그대로 방치할 경우 생길 수 있는 위험을 느끼고 있다. 정치적 연계성이 없다면, 그러한 사회 위기가 정치권력에 직접적인 위험이 되지 않지만, 농촌을 떠나 매년 도시로 몰려드는 1천 200만에서 1천 500만 명에 달하는 새로운 빈곤층과 농민의 불행이 합쳐져서 그러한 사회 위기와 결합될 경우 먹구름이 폭풍을 몰고 오듯, 그 자체가 전면적인 위기로 다가올 것이다. 1989년처럼 상위 정치 지도자들 사이에 의견 대립이 발생할 경우, 그것은 이러한 사회적 화약고에 불을 댕기는 격이 될 것이다.

개혁이 채 결실을 맺지 못한 우한이나 선양과 같은 중국 내륙의 대도시에서도, 시 당국자와 공식적인 노동조합은 모든 사회보장제도를 마련하여 가장 긴급한 사태에 대비하고 있다. 제한적인 재정 수단과 중앙의 결정을 실행하는 데 장애가 되는 지방 권력의 모호성에도 불구하고, 국가 또한 자신의 역할을 이행하고 있다. 따라서 극빈층에 연 1,000위안을 지급하는 원칙이 정해졌으며, 이 정책에 소요되는 비용이 30억 6,600만 달러에 달했다. 특히 하강으로 해고당한 사람들의 수가 점차 감소하고 있음을 알 수 있다. 1998년부터 등장하기 시작하여 약 941만 명에 이른 하강 인원이 2004년에는 153만 명으로 감소했다. 그들 가운데 일부만 새로운 일자리를 찾았으며, 나머지 대다수는 2004년에 등록된 1,584만 명의 실업자에 포함되어 약간의 실업수당을 받고 있다. 퇴직 후에 대한 보장을 포함한 전면적인 사회보장 체제는 아직 요원한 채로 남아 있다. 점점 하향 추세에 있는 국영 기업의 사회보장을 받지 못하는 근로자들은, 비용이 많이 드는 반면 보장이 신통치 않은 개인 보험회사에 의지해야만 했다. 2003년 당시 의료보험 혜택을 받은 사람들은 도시 근로자, 특히 화이트칼라 가운데 7,600만 명으로, 이는 전체 인구의 15퍼센트 내지 20퍼센트에 불과한 수치이다. 그러나 핵심은 이처럼 중요한 문제를 다룰 수 있는 새로운 방법이 무엇인가이다.

이와 동시에 근로자와 공식적인 노동조합의 새로운 행동 방식에 주목할 필요가 있다. 중국 당국은 당국과 당의 모든 통제에서 벗어나 있는 경제특구의 외국 기업에서 노동조합이 성장할 수 있도록 유도하고 있다. 2003년 이후, 외국 기업에서는 복수 후보자를 통해 선출된 노동조합장이 등장했으며, 파업 역시 흔하게 발생하고 있다. 미국 내에서는 노동조합 결성을 금지하고 있는 미국의 거대 할인점 월마트도 중국에서는 노동조합과 월마트 산하 중국 자회사의 노동조합 역할을 인정할 수밖에 없었다. 실제로 월마트는 자사 상품의 70퍼센트 이상을 중국 제품으로 충당하고 있다. 모토롤라, 코닥, 삼성, 리복과 같은 대기업의 상황도 동일하며, 경쟁 논리가 왜곡되는 것을 피하기 위해, 중국의 납품업자들로부터 1988~1994년에 발효된 노동조합법과 기업법에 기초하여 개별 노동자들의 혹사를 제한해야 한다는 요구를 받고 있다. 선전 시 사회보장국이 선전에서 처음으로 시작한 신방信訪◆ 제도 덕분에 수천 가지 조사가 진행되었으며, 그러한 일부 조사를 통해 중국과 외국 기업의 불법이나 위험한 행동 방식을 개선할 수 있었다. 매우 친정부적인 중화전국총공회中華全國總工會 건물 옆에 자리 잡고 있는 중국기업연합이 1999년 창설되어, 안전과 기업 규제를 최소화하는 문제를 제기할 수 있는 여지가 마련되었다. 흥미롭게도 중국기업연합은 중국의 주권을 침해하고 성장에 위협을 가한다는 이유를 들어 그러한 문제 제기에 반대했다. 아직 중국의 지배력과 성장이 완전하지 않은 탓이었다. 사회 진보가 외국 기업과 국제기구에서 비롯된 것이기 때문에 사회 통념과 약간 거리가 있다는 의미도 있을 것이다. 자유로운 노동조합 결성이 여전히 차단되어 있는 상황에서, 중재를 요하는 법률 분쟁이 1994년 1만 9,000여 건에서 2002년에는 18만 4,000건으로 증가한 것은, 노동자들의 신분을 위태롭게 만들거나 노동자들에게 거의 반향을 일으키지 못하는 집단 항의를 전개하기 앞서, 먼저 법적 절차에 호소하는 일이 많아졌으며, 그것이 어느 정도 성공을 거두고 있다는 점을 보여주는 것이다. 따라서 지나치게 정치적이고, 특

◆ 일반 대중들이 서신을 보내거나 직접 해당 관청을 찾아가 자신의 상황을 얘기하고 그 해결책을 요구하는 제도.

권적이었으며, 존중을 받았던 중국공산당 체제 초기 노동자들이 사라진 대신, 시장 규칙을 교란하는 행위를 제한하고 공개적인 투쟁을 회피하려는 국가의 법적 테두리에서 교육과 자질이 풍부하고 정치색을 띠지 않으며 물질적·정신적 이득의 보호에 더 많은 관심을 가진 노동자로 재편되고 있다는 사실을 우리는 알 수 있다. 그러므로 '시장 사회주의 체제'는 유력자의 이익에 충실한, 국가의 통제 하에 놓여 있는 시장을 의미한다고 할 수 있다. 요약하자면, 중국에서의 마르크스는 케인스의 엄격한 감시 하에 놓여 있는 밀J. S. Mill에게 무릎을 꿇은 것이다.*

이 말의 의미는 근대적이며 효율적인 국가, 중국공산당의 정치적 폐쇄성의 종말, 그리고 높은 경제성장률을 상정하고 있다.

◆ 마르크스는 사회주의를, 케인스는 경제 문제에 대한 국가의 개입을, 그리고 밀은 자유주의적 경제를 각각 대변하고 있다. 따라서 중국은 밀이 언급한 자유주의적 시장경제를 운용하되, 그것은 케인스가 주장하는 국가의 개입을 전제로 한 것이다. 바로 그러한 경제 운용 체제로 말미암아 중국에서 마르크스주의가 퇴색했다는 의미이다.

중국은 어디로 갈 것인가?

중국은 어디로 갈 것인가? 혹은 다른 표현을 빌린다면, 덩샤오핑 이후 중국 지도자들이 표명한 '사회주의 시장경제 체제' 의 미래는 무엇일까?

1

명백한
경제적 성공

중국의 경제적 성공은 분명하다. 2004년 중국은 세계 트랙터의 85퍼센트, 손목시계의 75퍼센트, 장난감의 70퍼센트, 페니실린의 60퍼센트, 카메라의 55퍼센트, 노트북의 50퍼센트, 에어컨의 29퍼센트, 철강의 15퍼센트 외에도, 마우스의 65퍼센트, 우산의 22퍼센트, 캐시미어 원단 의류의 40퍼센트, 넥타이의 30퍼센트, 단추와 지퍼의 80퍼센트, 신발의 50퍼센트를 생산했다. 중국은 세계의 공장이 되었으며, 최근 세계가 경험한 바 철강, 시멘트, 석탄, 그리고 세계 1, 2위 수입을 자랑하는 석유의 가격을 인도와 더불어 상당히 올려놓은 장본인이기도 하다. 중국은 미국과 독일에 이어 세계 3위의 수입국이며5,610억 달러, 일본, 미국, 독일에 이어 세계 5위의 수출국5,930억 달러이다. 이 덕분에 중국은 320억 달러에 달하는 넉넉한 외환을 보유하고 있다. 1980년 세계무역에서 차지하는 비중이 1퍼센트에 불과했던 중국은 2000년 4퍼센트에 달했으며, 2004년에는 8퍼센트에 근접하고 있다. 연구개발 비용으로 500억 달러를 쏟아붓는 중국은 분명 세계 3위의 과학 강국이다. 2008년 베이징 올림픽에서 우승한 것처럼, 언젠가는 중국도 노벨상을 거머쥘 것이다. 중화제국은 19세기 산업혁명에 실패했다. 중화인민공화국은 그러한 후진성을 따라잡아, 이제는 세계 6위의 경제 강국이 되었다. 현재의 성장 속도라면 2020년 무렵 중국의 국내총생산은 현재의 네 배가 될 것이며, 분명 미국과 패권을 다투게 될 것이다. 중국은 비록 1960년대 초반 역사상 유례없는 기근을 겪었지만, 세계식량계획World Food Programme◆ 덕분에 그것을 극복했으며, 2005년 4월 7일 선전에 하역된 4만 5,000톤의 캐나다 산 밀이 간쑤, 닝샤, 산시山西와 광시 지방으로 향했다. 중국은 전 세계 7퍼센트의 경작지를 통해 세계 인구의 20퍼센트를 먹여 살리고 있다. 2003년 이후 극빈층연간 수입이 77달러 이하인 계층이 2,820만 명에서 2,900만 명으로 증가했으며, 여전히 1억 4,000만 명에 달하는 인구가 심각한 영양 부족 상태에 있다 하더라도, 중국은 1979~2005년 빈곤 상태에서 벗어났다고 세계은행은 평가했다. 마지막으로 최근 몇 년 사이, 중국은 더 이상 저가 품목의 생산에 만족하지 않고 있으며, 유럽과 북미의 다국적 기업의 자회사를 받아들이고 있다. 중국 역시 오대양을 누비며 시장과 첨단 기술을 가진 기업 정복에 나서고 있다. 중국 컴퓨터 회사인 레노보Lenovo가 IBM의 지분을 매입한 것이 그러한 예인데, 레노보 사 초기에는 중국 사회과학원과 톰슨Thomson 사의 중국 자회사인 TCL이 레노보 사의 지분 65퍼센트를 소유하고 있었다. 중국의 의도적인 정책은 현재 1.9퍼센트에 불과한 중국 기업의 연구개발비를 5퍼센트로 높이는 것이다. 중국은 이미 저가 생산품에서도 고도의 기술 수준을 보여주고 있다. 이 모든 상황들로 보건대 중국은 곧 고가 생산품에서도 두각을 나타낼 것이라고 생각할 수 있다.

그러나 아마도 이러한 수치에 들어 있는 다른 상황을 고려해야 할 것

◆ 세계에서 가장 규모가 큰 유엔 산하 국제식량원조기구이다. 1963년에 창설되었으며, 로마에 본부를 두고 있다. 매년 이 원조 프로그램으로 80개국의 약 9,000만 명이 식량을 지원받고 있다.

이다. 1978~2005년 중국의 연평균 산업 성장률은 9퍼센트였으며, 국민 총생산 증가율은 6.1퍼센트였지만, 1950~73년 8.2퍼센트의 국내총생산 증가율을 보인 일본이나 1962~90년 7.6퍼센트의 성장률을 보인 한국과 중국을 비교할 수 있을 것이다. 현재 인도의 성장률은 6.9퍼센트이다. 마찬가지로, 중국의 그러한 성장률은 기존의 후진 분야를 따라잡기 위한 것이며, 최근의 경제적 비약에도 불구하고 중국은 여전히 전반적으로는 가난한 나라라는 사실을 염두에 둘 필요가 있다. 선진국의 1인당 순국내 생산이 2만 달러임에 비해, 1,200달러에 머물고 있는 중국은 여전히 선진국과 큰 격차가 있으며, 구매력 비교를 통해 중국의 순국내 생산을 좀더 신뢰성 있게 평가할 경우, 그러한 후진성은 이제 막 그 격차가 줄어들고 있는 추세이다. 그러한 평가에 따르면, 중국의 구매력 기준 1인당 순국내 생산량이 4,900달러로 9,001달러인 러시아에 근접하며, 3,585달러인 인도와 함께 훌륭한 경제성장을 이룩했다 하더라도, 프랑스의 2만 6,345달러, 미국 3만 6,520달러, 일본 2만 7,574달러, 타이완의 2만 3,558달러와 큰 격차가 있다.

실제로 중국의 화려한 경제 성적표에는 그림자가 있으며, 단단히 각오하지 않으면 성장을 방해할 수 있는 여러 모순들이 증가할 것이다. 따라서 오로지 성장만이 중대한 정치적 위기로 이어질 수 있는 엄청난 사회적 단절을 막을 수 있을 것이다.

2

지속적인
성장의 걸림돌

적어도 다음 여섯 가지의 문제가 중국의 미래의 발목을 잡고 있다.

지역적 불균형

개혁개방에 직면하여, 여러 장애들이 장기적 측면에서 국가의 통일성을 위협하고 중국 시장의 실질적인 중요성을 크게 제약하고 있다. 양쯔 강 하류 지역상하이, 장쑤, 저장은 중국 대외무역의 38.5퍼센트를 차지하며, 광둥이 35.6퍼센트, 베이징이 8.5퍼센트, 톈진과 랴오닝遼寧이 각각 3퍼센트를 차지하는 반면, 산시山西, 산시陝西, 신장, 허난河南, 허베이河北가 겨우 1퍼센트 정도를 차지하고 있을 뿐이다. 더구나 간쑤, 닝샤, 칭하이, 장시, 티베트의 비중은 모두 합해도 0.3퍼센트 미만이다. 각 성은 입시세入市稅로 보호받고 있음에도 불구하고, 각자의 성장률을 고수하려 애쓰고 있으며, 국가는 부유한 지역에서 거둔 돈을 가난한 곳에 재분배하는 데 적지 않은 어려움을 겪고 있다. 국내 시장은 사실상 4,000만 내지 5,000만 가구, 다시 말해 연간 소득이 5,000유로 정도이며 기본 생산품과 그 밖의 다른 것들을 구매할 수 있는 1억 2,000만~1억 5,000만 명 정도를 대상으로 하고 있다. 월 평균 1,000위안을 받는 중국의 노동자의 경우 집세로 200위안, 식비로 300위안을 쓰고, 시골에 있는 가족에게 400위안을 송금하면, 그 구매력은 보잘것없는 수준이다.

난런 촌의 소수민족 박해

황허의 정기적인 범람에 더하여 지속적인 가뭄까지 찾아드는 거주민 5,000명의 이 불행한 마을에, 1만 명의 무장 경찰 병력이 파견되고 계엄령을 선포하여, 유혈 충돌 사태가 종식되었다. 홍콩 발행의 일간지에 따르면, 이 유혈 사태로 산 채로 타 죽은 두 명의 한족 어린이를 포함해 148명이 생명을 잃었으며, 공식적인 발표에 의하면 7명이 죽고, 42명이 부상을 당했다. 경찰들은 다음과 같은 구호가 적힌 깃발을 들고 사방을 돌아다녔다. "우리 55개 민족은 오직 한나라 사람들이다." 사건은 주민의 10퍼센트 정도가 회족인 지역에서 회족 택시 기사가 한족 소녀를 치어 사망시켰기 때문에 일어났다. 그 사건 발생 얼마 전부터 지역 당국은 자녀 출생 수와 학생들의 학교 배치에 있어서 회족에게 유리한 일종의 우대정책을 시행하고 있었다. 질문을 받은 한 한족에 의하면, 회족이 "오만해졌다"는 것이었다. 시위자들은 대량 문자 발송 체제를 이용하여 동원되었다. 마을은 허난 성 성도인 정저우(鄭州)에 있는 이맘(imam)*의 호소로 평온을 되찾았다.

외진 농촌 지역으로 남아 있는 소수민족 지역

소수민족은 가장 가난한 계층으로 머물러 있으며, 그러한 지역의 민족 문제는 가난과 맞물려 있다. 한족이 많은 허난 성 카이펑 부근의 중무中牟 현 난런南仁 촌에서 2004년 10월 27~31일, 한족과 한족 출신의 회족 사이의 대립으로 발생한 극적인 사건은 민족 사이에 생길 수 있는 예상 외의 잠재적 긴장을 말해준다. 현재 불평등 상황이 증가하고 있기 때문에 그러한 종류의 사건은 대폭 증가할 것이다.

자치 지역의 경우, 모든 분리주의자들을 가혹하게 탄압하고 있는 중국 정부는 현재 베이징과 우루무치에서 테러 활동을 거의 하지 않는 사람에게도, 테러 분자라는 명목을 씌워 고발하고 있다.

투르크족이 기원인 수니파 무슬림인 신장의 웨이우얼인은 이 지역 북

◆ 일반적으로 이슬람의 의례(儀禮)에 정통한 사람을 가리키는 말이다. 다만 시아파에서 이맘은 이슬람 공동체의 종교와 세속적인 안내자 역할을 하는 반면, 수니파에서는 예언자의 역할을 수행하는 존재로 간주되고 있기 때문에 종교적 계서 밖에 존재하는 인물이다.

부와 중부로 한족이 몰려드는 바람에 소수민족으로 전락할 위기에 처해 있지만, 인접한 과거 소련 국가와의 무역 개방에 따른 수혜를 보기 시작했으며, 그러한 상황에 만족하고 있다. 타슈켄트, 알마티almaty, 비슈케크Bishkek 혹은 이스탄불로 추방되었다가 되돌아온 독립 요구자들은 위구르 문화를 형성했던 대상들이 머무른 과거 도시들의 다양성 때문에 공통의 계획을 갖고 있지 못하며, 투르크족 주민들의 호응도 얻지 못하고 있는 것처럼 보인다. 그러나 중국 당국의 진압이 진행되면, 투르크족이 한데 뭉칠 것이다. 마지막으로 중국 병력과 그의 '건설 부대' 는 서쪽 지역에서 중국 제국이 전통적으로 시행했던 군둔軍屯*의 모습을 보여주고 있다. 따라서 회족에 대한 통합 정책이 추진되고 있기 때문에 메카로 순례를 떠나는 사람들이 나날이 증가하고 있는 이 지역의 경우, 전염병의 확산 위험도 잠재한다.

중국인들의 등장이 상대적으로 많진 않지만 상당한 거부감을 갖고 있는 티베트의 상황은 한층 더 어렵다. 중국 역사상 등장하는 탄트라 불교의 영향과 여전히 존엄성을 지닌 달라이 라마가 네팔의 카트만두로 추방되었음에도 불구하고, 중국과 티베트의 문화적 차이가 두드러져 여전한 긴장감이 돌고 있다. 망명 중인 티베트 정부 대표자와 비밀 협약이 체결되어, 티베트는 이후 자신의 문화를 보존할 수 있는 진정한 자치 지역이 된 한편, 이 지역에서의 중국의 통치권을 허용했다. 이렇게 티베트의 젊은 층은 라싸와 시가체Shigatze 같은 컴컴한 티베트 도시보다 훨씬 빠르게 증가한 중국인 거리의 네온사인과 춤에 매료되기 시작했으며, 2005년

◆ 삼국시대 조조가 실시했던 제도로 알려져 있다. 군사들이 토지를 경작하여 생산된 곡식을 군량으로 충당하게 했던 제도이다.

10월 15일에는 베이징 발 철도가 완성되었다. 철도는 1,142킬로미터에 달하는 골무드-라싸 구간이 완성된 후, 2006년 7월 1일부터 운행을 시작했다. 이 골무드-라싸 구간은 고도가 910미터에서 4,000미터이며, 고도 5,072미터 지점에 세계에서 가장 높은 철도역이 건설된 곳이다.

수적으로 매우 적은 그 밖의 남서 지역이나 북서 지역의 비非한족, 예를 들어 내몽골의 몽골족, 장족, 조선족, 묘족 등은 특별한 문제가 없지만, 허난 성과 닝샤의 회족은 이슬람 세계와 중국과의 관계에서 오는 반향을 인식하고 있다.

사회적 단절

이 문제는 훨씬 더 심각하다. 2005년, 중국에서 가장 부유한 계층인 10퍼센트의 주민이 극빈층보다 11.8배나 높은 수입을 올렸다. 이러한 차이는 2004년 당시 10.8배, 2003년에는 10배였다. 8.6퍼센트에 달하는 가장 부유한 계층이 전체 재정 자산의 60.4퍼센트를 차지하고 있다. 약 10퍼센트의 중국 극빈층은 중국 부富의 1.4퍼센트만을 소유하고 있다. 지역 차이와 결합된 이러한 소득 격차를 기준으로 중국을 두 지역으로 가를 수 있다. 우선 수직적으로는 중국 동부 해안 지역과 중국의 거대한 서부 지역을 가르는 경계선이 있고, 수평적으로는 중국 사회계층 내부에 경계선이 있다. 적어도 평등주의적인 '공산당 문명' 과 정의감에 사로잡혔던 기억이 여전히 존재하는 농촌의 경우, 이러한 불평등은 일종의 분노로 받아들여지고 있다. 일단 성장에서 소외된 사람들은 가난에서 벗어나려는 희망을 품은 채 도시로 나가거나 중간 계층으로의 편입을 시도한다. 그러한 기대감을 충족시켜줄 수 있는 모범적 사례로서 신흥 부자인 리친

푸李勤夫를 들 수 있다. 보라색 람보르기니를 몰고 다니는 40대의 이 주인공은 워싱턴 시를 모방한 대저택을 짓고 사방에 자신의 조각상을 세워 놓았다. 그의 재산은 4억 달러 내지 5억 달러에 이른다. 일본 회사와 합작하여, 스튜어디스 제복, 간호사 가운, 작업복 등을 제조하는 황제로 등극했지만, 20년 전의 그는 고등학교 입시에 실패한 후 바닷장어를 팔고 있었다. 중국의 빈곤층은 아직도 그렇게 되기를 갈망하고 있다. 돈의 역할이 정당하다는 인식과 함께 개인주의의 부상으로 사회주의적 가치가 전반적으로 위기에 처해 있으며, 성장에서 소외된 사람들에게는 전통적인 유교적 가치가 딱히 효력을 발휘하지 못하고 있다. 그런 목적을 달성하지 못할 경우, 사람들은 최근 신자가 급증하고 있는 종교에 귀의하기도 하는데, 당국의 탄압에도 불구하고 불교와 도교가 결합된 파룬궁에 사람들이 몰려드는 것이 그러한 예이다.

부정과 자원 낭비

이 두 요소 역시 지속적인 문제가 되고 있다. 투자액이 증가한다고 해서 반드시 지속적으로 성장하는 것은 아니다. 대약진 운동의 비극적 결말이 그 예에 해당할 것이다. 따라서 2달러 가치의 생산 증대를 위해서는 8~10달러를 투자해야 하지만, 1980~90년에 중국은 겨우 4달러만을 투자했다. 그것은 미국보다 3배, 일본보다 6.6배 적었다. 투자의 60퍼센트가 극히 제한적인 공공 분야에 집중되었지만, 공공 부담으로 빚에 시달렸으며, 그에 못지않은 책임자들의 잘못된 경영으로 제 기능을 하지 못했다. 자동차 분야를 필두로, 이러한 과잉 투자의 예가 적지 않은데, 800만 대를 생산할 수 있는 중국의 자동차 공장에서 2004년 당시 겨우 500

만 대가 생산되었다. 은행 채권이 약 20퍼센트에 달한다는 공식적인 발표는 의심스러우며, 실제로는 그보다 두 배 이상일 것이다. 인간관계로 승진한 경영자들의 태만, 부정직한 간부들의 선취금先取金, 마오쩌둥주의와 전통적인 관료주의가 여전히 남아 있는 경영 분야의 무책임성을 통해 위와 같은 상황을 짐작할 수 있지만, 현재의 무역수지 호조로 그러한 상황이 호도되어 있다. 따라서 그 미래가 불분명하다. 그러한 문제를 해결하기 위한 방법은 경영의 투명성이며, 결국 경영 투명성의 달성 여부는 독재적인 성격을 띤 현 체제에 달려 있을 것이다.

재산권

최근 사유재산의 합법성을 인정했음에도 불구하고, 특히 농촌에서의 재산권 문제는 아무것도 미래를 보장해주지 않는 현재의 경제에 많은 부담을 주고 있다. 사람들은 일시적으로 이득을 보고, 투자도 하지만, 언젠가 그 환상이 깨질 수 있다는 점에 대해서는 그다지 걱정하지 않고 있다.

그 밖의 구조적인 장애

무엇보다 물 부족을 들 수 있다. 이는 북중국이 거의 일상적으로 가뭄을 겪는 탓이며, 철저하지 못한 수질 관리와 오염 때문에 더욱 심각해지고 있다. 중국 당국은 수량이 풍부한 양쯔 강의 수로를 바꿔 겨울철이 되면 수량이 부족해지는 황허로 흐르게 하려는 거대한 수리공사 계획을 포기했다. 아마도 상하이방의 강력한 압력 때문에 그 공사를 포기하고, 대신 물 낭비를 줄이자는 제안을 했겠지만, 그러한 제안이야말로 거대한 계획일 것이다.

경작지 부족 또한 회복할 수 없을 만큼 점차 악화될 것이다. 도시 인구 증가와 연계된 부동산 투기로, 1억 헥타르에 달하는 경작지 가운데 매년 약 70만 헥타르가 감소하고 있다. 1980년 당시 전체 인구 가운데 도시 인구는 15퍼센트를 차지했지만, 2005년 40퍼센트로 증가했다. 또한 농촌에서는 도로와 여러 종류의 기반 시설 건설을 위한

토지 수용에 반대하는 농민

허베이 성 북부 딩저우(定州) 현 성유(繩油) 촌 거주민 6명이 2005년 6월 11일, 쇠파이프를 든 채 촌락민의 임시 거처를 공격한 300명의 청부인에게 살해되었다. 그들 촌락민은 온천 타운을 건설하기 위해 수용된 토지 26헥타르의 대가로 제안한 금액을 거부하고, 공사 초기 공사 현장에 매일 나타나 공사를 방해했다. 강제적인 방법을 동원하여 그들을 철거시킬 계획을 짠 것은 공사 책임자와 그 부인이었다. 이 사건은 수개월을 끌었으며, 이미 100헥타르에 대한 양도를 결정한 11개의 다른 촌락과도 관련이 있었다. 당 책임자가 다시 임명되었으며, 당국은 부상당한 농민 51명의 치료비를 부담했다.

공사가 급증하고 있으며, 이 때문에 토지를 수용당한 농민들과의 충돌도 빈번해지고 있다.

가장 우려할 만한 장애물은 에너지 문제이다. 2005년, 1조 9,110억 킬로와트에 달하는 중국의 시간당 전력 생산량은 미국 3조 9,690억 킬로와트에 이어 세계 2위를 차지했지만, 여전히 300억 킬로와트가 부족했다. 이 때문에 여름철 에어컨 사용이 최고도에 달하면 중국 남부에서는 자주 정전이 되곤 한다. 서서히 가동 중에 있는 싼샤 댐이 건설되어, 기존 수력발전 용량보다 5분의 1이 증가했다. 그러나 여전히 수력발전으로 생산하는 전기량은 전체의 3퍼센트에 불과하며, 그 가운데 1퍼센트는 원자력 발전에서 생산되는 것이다. 지금부터 2020년까지 전기 생산량을 두 배로 늘려야 한다는 예상에도 불구하고, 댐 건설이 가능한 지역이 소비지에서 멀리 떨어져 있기 때문에, 중국은 수력발전을 위한 잠재력의 약 5

분의 1만 사용하고 있을 뿐이다.

따라서 중국은 17억 톤을 생산하는 석탄을 이용하여 전기의 70퍼센트를 생산하지만, 여기에는 오염 문제가 심각하다. 석탄 생산 지역은 북부와 서부에 있는 반면, 중국의 남부와 동부가 전기를 가장 많이 사용하기 때문에, 값비싼 철도나 도로를 이용하여 수송하는 수밖에 없다. 그러나 중국은 2020년에는 사용 에너지의 67퍼센트를 석탄을 이용해 생산하려는 계획을 갖고 있다.

다른 한편, 중국은 2003년 당시 중국 에너지의 25퍼센트를 충당하는 2억 7,000만 톤의 탄화수소를 소비했다. 해저를 탐사하고 신장에서 새로운 매장지를 발견했지만, 주요 생산지인 헤이룽장 성 다칭의 생산량 감소로, 탄화수소의 생산은 제자리에 머물러 있다. 중국은 2001년부터 매해 9,100만 톤의 탄화수소를 수입하여, 2003년의 경우 미국에는 뒤지지만 일본을 앞질러 세계 2의 수입국이 되기도 했다. 2020년에 이르면 중국은 탄화수소 소비량의 50퍼센트를 수입에 의존할 것으로 예상하고 있다.

중국은 자국 에너지의 2퍼센트를 약 2조 큐빅피트*에 달하는 천연가스로 충당하고 있으며, 오르도스 사막몽골, 타림 분지신장 등에 상당량의 천연가스가 매장되어 있다. 선전에서 액체 형태로 수송해서 사용하는 천연가스의 소비량이 2020년이 되면 7.2조 큐빅피트에 달할 것이다. 2005년 완공을 목표로 오르도스와 상하이를 연결하는 파이프 공사가 진행되고 있다.

◆ 큐빅은 부피를 계산하는 단위를 말한다. 보통 가로, 세로, 높이가 각각 1미터인 것을 1큐빅이라 부르지만, 본문에서처럼 가로, 세로, 높이를 1피트로 계산하는 경우도 있다.

중국의 페트로차이나PetroChina, 시노펙Sinopec, 중국해양석유총공사 Cnooc 등의 회사들은 카스피 해에서 오는 가스나 천연 가스관 최종 도착지 건설을 위한 협상에 적극적으로 참여하고 있다. 위 중국 회사들은 수단, 에콰도르, 아제르바이잔, 사우디아라비아와 인도네시아에도 동일한 목적으로 진출해 있다. 2003년 미국 '메이저 석유 회사들' 때문에 중국은 2003년 카자흐스탄 석유 매장지 개발에 참여할 수 없게 되었으며, 일본의 비위를 맞추기 위해, 현재 건설 중인 시베리아의 파이프라인 공사도 나코다Nakhoda를 종착지로 결정했다. 중국은 뒤처진 기술 때문에, 탄화수소 분야에서 아직 진정한 영향력을 발휘하지 못하는 상황이다. 이미 중국이 지나친 해외 의존도를 걱정하고 있는 전략 분야의 경우, 외국의 전문가들을 폭넓게 받아들일 필요가 있다. 반면 중국은 이란에서 대규모 수주*를 따낸 것처럼 보인다.

목재와 구리가 부족한 중국은 또한 2003년 1억 8,200만 톤의 철강 생산으로 세계 제1의 철강 생산국이 되었을 뿐 아니라 마오쩌둥이 그토록 염원했던 목적을 달성했음에도 불구하고, 철광석이 부족한 나라이다. 철광석은 아프리카, 오스트레일리아, 모리타니 등의 1차 원료 생산지에서 수입한다. 고기 소비 증가로 가축에 필요한 곡물 수요가 증대했기 때문에, 중국은 밀도 수입하고 있다. 중국의 밀 생산은 1999년 기록적인 풍작을 거둔 후 급격하게 감소했다.

마지막으로 최근 3만 킬로미터의 자동차 도로와 1억 대 분량의 주차

◆ 중국의 국영 석유 회사인 중국석유화공집단공사가 2004년 10월 이란과 야다-바란Yada-varan 천연가스 매장지 개발을 체결한 것을 말한다. 이 개발에 대한 양국의 체결 내용은 1,000억 달러 상당의 액화가스를 25년간 공급한다는 것이었다.

면적을 마련했음에도 불구하고 도로 정체가 심각하다. 이 주차장 면적은 전체 자동차 수의 60퍼센트를 차지하는 자가용의 약 27퍼센트가 주차할 수 있는 면적이다. 철도는 느리고, 현대화되지 않았으며, 화물 열차가 끊임없이 지나다니는 철로는 포화 상태이다. 수상 운송은 상당량의 투자를 필요로 한다. 결국 3년 만에 해상 수송 비용을 225퍼센트 상승시키는 데 한몫을 했던 중국은 이제 거대한 상선대商船隊를 갖추기 시작했다.

중국은 이러한 성장에 필요한 자본을 1979년부터 88년까지 수입이 빈약한 농민 계층에서 조달했으며, 그 결과 개혁 초기의 여러 정책 덕분에 활력을 되찾았던 농촌의 성장이 1985년부터 미약해졌다. 이어 중국은 사방에 흩어져 있는 5,000만 동포에게 눈을 돌렸다. 타이완, 홍콩, 그 외 여러 중국 화교 사회에서 상당량의 투자가 이루어졌으며, 베이징 당국은 화교 사회의 애국심을 훌륭하게 동원할 줄 알았다. 1997년 금융 위기로 아시아 각국의 투자가 일부 감소했다. 이후 중국은 금융 세계화라는 틀을 이용하여 선진국 쪽으로 눈을 돌렸다. 2004년 중국은 무엇보다 중국 수출의 절반에 해당하는 540억 달러를 받는 다국적 투자의 첫 번째 수혜자가 되었다. 그러한 상황 때문에 중국은 성장을 제어할 수 있는 능력을 잃어버릴지도 모른다. 중국 수출품의 절반은 중국 내 외국 기업에서 나오는 것이기 때문이다. 컬러 TV를 만드는 데 필요한 1,000여 개의 특허 가운데 중국 특허는 하나도 없지만, 중국은 세계 1위의 TV 수상기 생산국이 되었다. 다른 한편, 최근 중국 의류 수출로 빚어진 예에서 알 수 있듯이, 서유럽과 북미에 중국 기업이 등장함으로써 일말의 불안감이 생겨나고 있다.

3   중국적 성장 모델

따라서 중국 당국은 덩샤오핑이 주도한 개혁의 틀 안에서 성장 모델을
선택해야만 했으며, 1992년 이래 그 입장을 고수하고 있다. 그러한 성장
모델은 수출/투자, 그리고 소비에 유리한 4퍼센트 이내의 인플레율에 기
반을 둔 것이다. 1980년 당시 거의 없었던 대외 부채는 2003년에 이르러
1,940억 달러가 되었으며, 그 가운데 서비스 분야의 외채는 수출 총액의
5퍼센트에 달하고 있다. 재정 적자는 국내총생산의 15퍼센트에 불과하
다. 그들이 표방한 의지대로 경제성장률은 9퍼센트 정도지만, 경기 과열
을 피하기 위해 7퍼센트로 끌어내렸다.

　당국은 중국 경제를 억누르는 다양한 제약 때문에 이처럼 수출 우선
정책을 선택할 수밖에 없었다. 그 대안으로 국내 시장의 확대 방법을 강
구해야 하지만, 쉽게 극복할 수 없는 농민의 가난이 장애물로 등장하고
있다. 카리스마가 없으며, 1989년 6월 4일 사건*으로 취약해진 중국의
현 지도부가 농촌의 후진성을 극복하는 데 필요한 10년 내지 15년 동안
성장을 늦추는 것은 정치적으로 견뎌내기 어려운 노릇이다. 그러므로 중
국 경제의 대외 개방 정도[18]는 국내총생산의 40퍼센트인 데 비해, 인도
와 브라질은 평균 16퍼센트에 달하고 있다.

◆　톈안먼 사건을 진압하기 위해 인민해방군이 무력을 행사한 사건을 말한다.

이러한 성장 모델은 국가가 다른 경제적 동인動因들에 대해 폭넓은 운신의 폭을 부여하는 대신, 투자 쪽으로 유도할 수 있는 능력이 있어야 가능하다. 따라서 이것은 지난 세기에 만주 제국이 시행했던 '관독상판官督商辦'의 행태와 아울러, 마리클레르 베르제르Marie-Claire Bergère가 이미 분석한 바 있는 역사 시대 관료와 매판 사이의 밀착[19]을, 그리고 또한 1930년대 국민당 정부의 소련 모델에 입각한 계획경제의 시도를 환기시켜준다. 이 모든 경우의 성장 모델은 당시의 정황, 경제적 역동성의 부족, 그리고 국가의 여러 요소들이 제대로 작동되지 않았기 때문에 실패하고 말았다. 그러한 실패의 원인이 새로운 형태로 지속되고 있는 것은 아닐까.

1989~91년, 사회주의 진영과 소련이 붕괴되었으며, 이후 미국의 일방적인 지배 체제가 등장한 것이 현재의 정치 상황이다. 그러한 상황을 예의 주시할 필요가 있다.

다른 한편, 국가기구와 관련해서, 우리는 중국에서 근대적 국가 건설이 얼마나 필요했으며, 그를 위한 원동력은 여전히 아직 근대국가에 이르지 못한 중국이 지향해야 할 이러한 개혁이라는 사실을 이미 살펴보았다. 그러나 상호모순적인 그러한 작용들은 중국공산당의 독재 체제의 유지 때문에 역설적인 형태를 띠는 반면, 그러한 작용들이 자본주의 경제 등장에 유리하게 작용하고 있다. 확대 일로에 있는 '생산적' 중산층에 기반하는 이러한 성장 모델이 가능하려면 성장 자체가 중단되는 사태를 막아야만 할 것이다. 만일 그렇게 된다면 경제적으로는 우세하지만 정치적 보호 하에 있는 부르주아지가 공산당 독재 체제에 저항하기가 유리해질 수 있기 때문이다.

위안화와 달러

위안화와 달러가 서로 교환되지 못하는 상황을 타개하기 위해 미국과 중국은 협정을 맺어, 1994년 이후 1달러당 8.277위안의 고정 환율이 적용되었다. 그러나 2005년 5월 원자바오 총리가 발표한 것처럼, "위안화 교환율은 중국 고유의 통치 권한에 속하는 것이다. 우리는 시장경제 규칙을 준수하겠지만, 외부의 어떤 압력에도 굴복하지 않겠다"는 것이 중국의 입장이다. 모든 가입국이 화폐 교환 시 시장 법칙에 들어맞는 화폐를 사용하는 세계무역기구에 중국이 막 가입한 상황을 염두에 둔다면, 도발적이라고 할 수 있는 이 발언에 대해 미국 재무장관과 유럽중앙은행장이 이의를 제기했지만, 그것은 무력했다. 구매력을 기준으로 계산한다면, 중국 위안화의 저평가 비율에 대한 전문가들의 의견이 10퍼센트에서 70퍼센트까지 다양하게 나타나지만, 중국의 위안화는 분명 지나치게 과소평가되어 있다. 중국은 저평가된 위안화가 수출에 유리하고 성장 동력원으로 작용할 수 있기 때문에, 현재의 인위적인 환율 상태를 고집하고 있다. 중국 중앙은행은 현재의 환율이 위협받을 때마다 달러의 가치를 높이기 위해 미국 채권을 대량으로 구입하여, 달러의 손실분을 다시 회복할 수 있도록 하고 있다. 이런 과정을 통해 중국은 6,590억 달러의 외환 보유고를 갖고 있으며, 그것은 국내총생산의 45퍼센트에 해당하는 액수이다. 그 가운데 미국의 채권으로 갖고 있는 액수가 2,230억 달러인데, 어음 할인율을 고려한다면 2005년 말 당시로는 7,400억 달러에 달한다. 이는 미국의 채권을 가장 많이 보유하고 있는 일본의 8,200억 달러에 이어 두 번째로 많은 것이다. 따라서 현재 이상한 균형이 형성되었다. 즉 중국(그리고 일본)의 붕괴는 미국의 재앙으로 이어질 수 있다. 왜냐하면 미국의 대중국 무역 적자액이 3분의 1을 차지하는 4,910억 달러에 달하는 미국 적자액을 메우기 위해 중국은 미국 국채를 매입해야 하기 때문이다. 2005년엔 이러한 불균형적인 액수가 7,000억 달러를 넘을 가능성도 있다. 미국 경제의 와해가 그대로 중국 경제의 와해로 이어질 수 있는 것이다.

경제적 역동성은 분명 대외 개방 여부에 달려 있는데, 2001년 카타르 도하Doha에서 중국이 세계무역기구에 가입하여 대외 개방이 가속화되었으며, 위안화의 저평가로 상황이 한층 더 유리해졌다.

이러한 제한적인 상황 속에서, 중국의 외교 정책이 결정적으로 재조정되었다. '태평양 지역'에서의 중국의 부상은 대외 개방을 표명하기 위해 중국 지도자들이 새롭게 채택한 개념이다.

쉽지 않은 '태평양 지역'에서의 중국의 부상

1972년 유엔 재가입 이후, 중국은 매우 어려운 새로운 상황에 적응해야 했기 때문에 극도의 조심성을 보였다. 즉 다시 찾은 민족적 자부심 속에서 중국 정부가 원래부터 갖고 있는 정통성을 유지해야 했으며, 새로 얻은 경제 파트너가 지나치게 국수적인 구호 때문에 놀라지 않도록 해야 했다.

중국의 국제적 역할은 분명 증대되었다. 중국은 1978년보다 여덟 배가 넘는 무역량을 자랑하고 있다. 근대화 작업을 시작한 247만 명의 중국 병력은 주변국을 점점 압박하고 있으며, 특히 타이완을 향해서는 496기의 미사일을 배치했다. 국방 예산은 아마도 690억 유로에 달할 것이며, 군함과 전투기를 보유하고 있다. 그러나 타이완을 봉쇄할 경우, 중국 군대는 타이완 해협에서 위험을 무릅쓰고 작전을 감행할 미국 항공모함을 충분히 위협할 정도의 수단을 갖고 있지만, 미국을 압도할 정도의 화력을 보유하고 있지 않기 때문에 중국 해안을 확실히 장악하지 못하고 있다. 다른 한편, 일본, 인도, 미국은 인도양과 태평양에서 중국의 야망에 제동을 걸 수 있는 심각한 상대인 반면, 구소련의 몰락은 중국에 그만큼의 힘을 실어주지 못했다. 중국의 외교 정책은 무엇보다 인도와 일본의 유엔 상임이사국 진출을 막는 것이다. 국가적 이해관계를 내팽개쳤다는 국내 여론의 비난과, 국수주의적이며 호전적인 행동 방식을 보인다는 이유로 국제사회로부터 오명을 뒤집어쓸 위험 사이에서, 중국은 외교 정책에서 아마도 《순자荀子》에서 영감을 얻은 듯한 외교술을 보여주고 있다. 순자는 "외교의 어려움이란 굽은 길을 곧게 만들고, 불리함을 유리함으로 바꾸는 데 있다"고 말한 바 있다. 다음의 네 가지 주요 현안은 중국의 그러한 새로운 행동 방식을 보여준다.

국경 분쟁 부분에서 중국의 태도 변화는 매우 빠르면서도 놀랄 만한 것이었다. 수년 동안 중국은 해결이 불가능한 것처럼 보였던 몇 가지 문제를 풀었다. 러시아는 물론 중앙아시아의 이전 소련 위성국들과 국경 협약을 체결했다. 히말라야 지역에 대한 중국과 인도 양국의 공동 각서가 두 당사자 사이에 체결됨에 따라, 시킴Sikkim 주에 대한 인도의 관할권을 중국이 인정하는 대신, 인도는 티베트에 대한 중국의 관할권을 인정했다. 중국, 러시아, 그리고 중앙아시아의 5개 이슬람 공화국 사이에는 '상하이파'가 형성되어 있다. 2004년 2월, 중국은 남한, 북한, 미국, 일본 대표들이 베이징에서 만날 수 있도록 주선하여, 핵을 미끼로 한 북한의 협박을 종식시키려 노력했다. 베트남과 필리핀이 중국과 대립하고 있는 중국 남부의 스프래틀리Spratly 군도의 영유권이라는 미묘한 문제가 남아 있긴 하지만, 중국과 동남아시아국가연합 사이에 점차 형성되고 있는 자유로운 의견 교환을 방해할 정도는 아니다. 이 지역에서 중국은 이제 다시 과거의 중화제국이 되었다. 즉 중국은 모든 문제의 주도권을 잡고 있다. 그 어떤 문제도 완전히 해결되지 않았다는 사실을 늘 염두에 두고 있지만, 중국은 이 지역에 있는 나라들을 안심시키고 있다.

중국은 타이완 문제로 많은 어려움을 겪고 있는데, 그 이유는 타이완에서의 불리한 중국 입지로 말미암아 여전히 지난 역사에 대한 도전이 발생하고 있기 때문이다. 사실상 격동의 역사를 경험한 타이완은 17세기 말엽에 이르러서야 비로소 중국 대륙에 진정으로 편입되었으며, 다시 두 세기가 지난 후에는 50여 년간1895~1945 일본의 식민지였던 나라이다. 그러나 타이완만의 독특한 모습이 있다. 2,260만 타이완인의 1인당 수입은 중국 대륙인의 네 배나 되며, 실업률 또한 5퍼센트를 넘지 않을 뿐 아니라, 아시아 금융 위기의 영향을 받긴 했지만, 2007년 국내총생산 증가율 역시 5퍼센트를 웃돌았다. 따라서 중국과 합병된다면 타이완 경제는 치명타를 입을 것이다. 중국을 재통일하겠다는 비현실적인 계획을 되풀이했던 국민당은 2000년 선거에서 타이완 독립을 주장하는 민주진보당 당수 천수이볜에게 패했으며, 그 역시 2004년 선거에서 어렵게 재선에 성공했다. 그러나 이후 민주진보당은 선거에서 패배했다. 타이완의 방위 강화를 정식으로 인정하고, 사실상 독립을 위한 일종의 시험대였던 국민투표에서 민주진보당은 실패했다. 중국 당국은 2005년 3월 전국인민대표회의에서 '반분리주의' 원칙을 채택하게 함으로써, 중국 당국은 타이완 독립을 선언하는 모든 주장과 대결할 수 있는 '비평화적 수단'을 동원할 수 있게 되었다. 중국의 모든 상대국들이 받아들이고 있는 중국의 통일이라는 원칙은 전국인민대표회의 개최 수개월 전 워싱턴에서 부시와 후진타오가 만난 자리에서 재확인되었다. 그러나 과거 몇 년간 일어난 사태와는 달리, 베이징의 이러한 도발적인 태도 속에는 그 어떤 군사적 움직임도 내포되어 있지 않았다. 오히려 후진타오는 2005년 4월 26일 국민당 의장을 베이징으로 초대했으며, 이어 5월에 발표된 중국공산당과 국민당 사이의 공동 선언문에는 두 당이 하나의 중국이라는 의제에 의견 일치를 보았다는 내용만을 담고 있음에도 불구하고, 그것은 분명 평화를 위한 제스처로 해석되었다. 중국은 냉온 정책을 번갈아 사용함으로써, 현재의 실질적인 독립 상태를 헌법에 명시된 독립 상태로 만들려는 타이완인들의 의도를 차단시켰다. 따라서 평화 공존 관계의 틀이 마련되어 중국 대륙에 대한 타이완인들의 투자 확대가 유리해졌다. 다양한 형태로 이루어진 타이완인들의 투자 액수는 1,000억 달러에 달해 분명 이 부문 수위를 차지하고 있으며, 100만 명의 타이완인들이 중국에 자리 잡고 있다. 그러나 이러한 모습은 손에 총을 든 평화이자 불안정한 것이며, 오래전부터 존재해온 원한의 감정 앞에 무력해질 수도 있다.

이런 관점에서 본다면 홍콩의 상황 변화는 명백하다. 매일 아침 반은 영국식, 반은 소련식이 혼합된 의례에 따라 거행되는 인민해방군의 게양식에 나부끼는 오성홍기五星紅旗 휘하에 존재하는 '특별 행정구역'의 600만 시민들은 아시아 위기 당시 중국은행의 자본 유입으로 다시 소생할 수 있었던 자본주의 경제 체제를 유지하고 있다. 따라서 '1국 2체제'라는 원칙이 준수되었다. 베이징 당국의 애매한 약속에도 불구하고, 현행 선거제도는 이 지역의 행정 문제에 있어 베이징에서 파견된 대표들에게 사실상 자동적으로 보장해주는 선거인단 체제를 그대로 유지하고 있다. 영국 식민통치자들이 한결같이 거부했던 보통선거의 실시를 요구하기 위해 2004년 7월 1일 전개된 홍콩 주민들의 대대적인 시위에도 불구하고 그러한 선거 체제는 전혀 변함이 없다. 둥젠화董建華 퇴임 이후, 가톨릭 신자인 도널드 창曾蔭權이 2005년 새로운 행정 책임자로 지명되었다. 베이징 당국자들은 그의 선출이 불만족스러웠지만, 2005년 6월 그를 승인했다. 사실상 중국 지도자들은 황금 알을 낳는 거위를 죽이거나, 자신들의 개방적 이미지가 손상되기를 바라지 않는다. 따라서 중국 지도자들은 중국 대륙에서 자신들이 말살했던 것을 '특별 행정구역'에서는 용인함으로써, 홍콩과 나머지 다른 중국 지역 사이에 일종의 기괴한 장벽을 만들었다. 그러한 장벽을 통해 중국은 과거 영국 식민지 시대부터 살았던 이곳 주민들과, 거리낌 없이 사실을 보도하는 신문이나 수많은 반체제적 출판물로 대변되는 '부르주아적 자유주의'에 물든 중국 시민들을, 수백만 명의 가난한 사람들의 유입으로부터 보호하고 있다. 이런 상황 때문에 홍콩은 중국 내에서 일종의 자본주의 조계 지역이 되었다.

중국, 일본, 미국의 삼각관계

중국, 일본, 미국 세 나라가 모호한 채로 서로를 용인하고 있으며, 더구나 중국과 일본의 관계를 염두에 둔다면, 그들의 관계를 정확하게 헤아리기가 쉽지 않다. 1937~45년 중일전쟁 당시 제국주의 일본이 저지른 전쟁 범죄를 명백하게 자인하지 않는 일본 지도자들의 고집 때문에, 중국과 일본 사이의 분쟁은 해결하기가 쉽지 않으며, 오히려 격화되고 있다. 일본 교과서의 편향된 서술과 일본 수상이 도조 히데키를 포함한 다른 열세 명의 전쟁 범죄자들을 기리는 야스쿠니 신사를 참배하고 있기 때문에 이 상처는 내내 아물지 않고 있다. 양국 간의 이러한 불편한 심사는, 일본이 류큐 제도의 일부라고 주장하는 반면 중국은 자신의 영토라고 주장하는 센카쿠 열도를 사이에 둔 양국의 영유권 주장으로 첨예화되었다. 2005년 4월 중순 발생한 반일본 시위에서의 폭력 사태는 많은 사람들을 놀라게 했다. 그러한 반일본 운동을 전개하며 열성적인 젊은 공산당원들이 거리에 넘쳐나자, 중국 정부는 폭동 진압 경찰을 동원하여 시위를 차단했다. 그러나 일본을 향한 불편한 심기는 여전히 남아 있다. 타이완을 안정시키는 것이 미국과 일본 두 나라의 공동 전략 목표라는 사실도 중국 지도자들의 심기를 불편하게 하고 있다.

중국 지도자들의 그러한 거북한 태도는 중미 관계에서도 발견된다. 일본과 비교하면 중요하지는 않지만, 이 두 나라 사이에도 역사적 앙금이 존재한다. 19세기 말엽 이래, 많은 중국인들에게 미국은 근대화의 상징인 나라였다. 그러나 미국이 유엔군의 일원으로 1950~53년 한국전쟁에 참여한 반면, 중국은 '의용군'으로서 미국 군대에 대항하기 위해 참전했으며, 미국이 베트남 전쟁에 참천하자 중국의 많은 젊은이들이 '미국 제국주의'를 비웃었다. 1980년대 이후 중국의 젊은이들은 분명 아메리칸 드림을 다시 꿈꾸기 시작했으며, 현재 수만 명의 젊은이들이 미국 대학에서 공부하고 있다. 그러나 러시아를 미국에 필적할 만한 세력으로 전혀 생각하지 않으며 미래에도 러시아가 '유럽의 강국'이 되지 못할 것이라고 생각하는 것만큼이나, 미국이 초강대국으로 부상하는 것을 중국인들은 불편해 하고 있다. 세계화의 추세 속에서, 이후 그렇게 될 수 있는 유일한 두 나라는 미국과 중국일 것이다. 중국의 이러한 야망은 미국과 스스로를 이처럼 동등하게 인식하는 데서 비롯된 것이지만, 그렇게 되기까지는 상당한 시간이 걸릴 것이라는 점을 중국은 알고 있다. 그렇게 될 때까지 중국은 스스로의 수단이 허용할 수 있는 범위 내에서의 접전에 만족할 것이다. 50만 부가 팔린 쏭창宋强의 《NO라고 말할 수 있는 중국》(1996)이란 책은 이러한 미국 일변도의 헤게모니에 대한 거부감을 표현한 것이다. 코소보 내전이 한창이던 1999년 5월 8일, 미국 폭격기가 베오그라드 주재 중국 대사관을 오폭했을 당시에는, 중국공산당청년회가 주도하여 수천 명의 젊은이들이 미국 공사관에 돌을 던지며 자신들의 분노를 표출했다. 2001년 여름, 하이난다오海南島 주변에서 첩보 활동을 하던 미 공군기와 중국 전투기가 충돌하여, 바다에 추락한 중국 조종사가 실종된 사건이 일어나자, 중국에서는 다시 한 번 분노의 물결이 일어, 9월 11일 미국 세계무역센터와 국방부에 대한 테러 공격을 환영하는 글이 인터넷을 달구기도 했다. 그러한 상황이 빚어졌음에도 불구하고, 중국적 경제성장 모델의 성공 속에서, 미국이 위안화에 대한 인위적인 평가절하에 결정적인 역할을 하고 있음을 잘 아는 중국은 국제무대에서 미국을 함부로 대할 수는 없을 것이다. 일본이나 더 나아가 타이완과의 관계에서 제기되는 문제와 마찬가지로, 이 모든 역할 속에서 분명 중국이 유일한 주인이 될 수는 없을 것이다. 중국은 개혁의 소산인 중산층 속에 내재된 신민족주의와 함께 19세기 벽두 유럽에서 확인할 수 있는 것과 같은 근대 민족국가 부상에 자부심을 느끼는 중산층을 염두에 두어야만 한다. 성장에서 소외된 사람들을 중심으로 그러한 신민족주의가 대중영합적인 반향을 찾아낼 수도 있을 것이다. 만일 그렇게 된다면 지금까지 자신들의 정통성을 강화하기 위해 신민족주의를 조종해왔던 당국자들을 불안하게 할 수도 있을 것이다. 중국의 외교 정책은 굴곡진 여정에서 이제 새로운 단계로 접어들었다.

이리하여 중국이 이제 겨우 필요한 개혁을 하게 되었다. 정치 영역과 마찬가지로, 덩샤오핑이 주창한 근본적인 경제개혁으로 발생한 여러 변화들은 1949년 이후 마련된 중국 체제를 보완하는 것이었다. 중국의 용이 변화하여 분열 위기에 놓인 자신의 단단한 껍질을 깨버린 것이다.

중국은 여러 변화에 저항할 수 있을까? 내부적으로는 후진타오-원자바오, 그리고 장쩌민이 옹호했던 이전 세력과, 쩡칭훙을 중심으로 형성된 상하이방의 예전 중국 공산당 청년연합회 일파 사이에, 그 실체가 분명하게 드러나지 않은 암투가 전개되고 있다. 권력에 근접한 세력들의 논쟁이 포럼이나 잡지의 논단에 등장하고 있다. 만일 신공산주의 경향이 수그러든다면, '중국의 평화로운 등장'이라는 깃발을 나부끼며 현재의 놀랄 만한 경제적 성공을 뽐내고 있는 오만한 신자유주의자들이 노동자, 환경을 중시하는 좌파 세력과 충돌할 가능성이 높아져, 결국 개혁의 오점으로 남을 것이다. 이런 사태에 깊숙이 개입하지 않으려 하는 현 권력층은 2005년 10월 《중국의 정치적 민주화 건설》이라는 백서를 출간하여, 균형 성장과 점진적인 민주주의를 제시하는 한편, "중국공산당에 의한 국가 방향 설정이야말로 대중이 국가의 주인으로 남기 위한 기본적인 전제"라는 사실도 덧붙였다. 중국 속담처럼, 호랑이에게 스스로 자신의 가죽을 벗어던지라고 요구하기란 어려운 일이다.

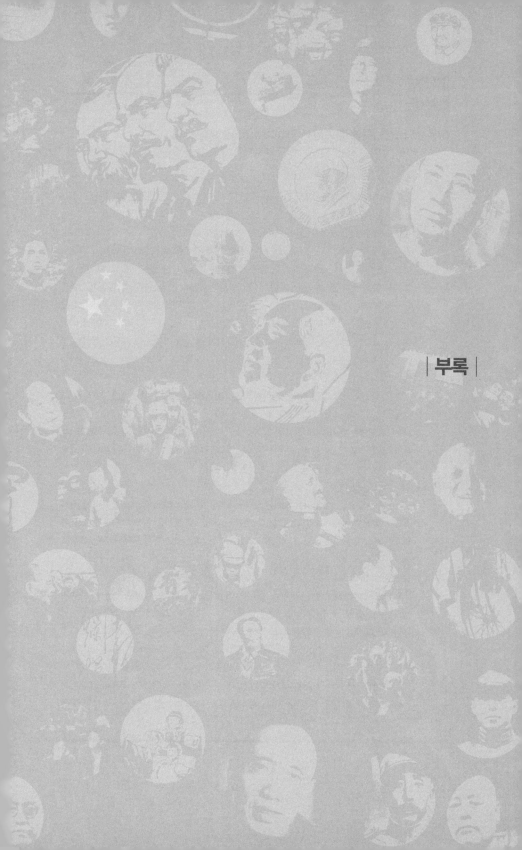

|부록|

천두슈의 〈청년들에게 고함敬告靑年〉, 1915년 9월 15일

"아직 젊지만 마치 노숙한 사람 같다"라는 말은 중국인이 다른 사람을 칭찬할 때 쓰는 말이다. "나이는 많지만 아직 젊음을 유지하고 있다"라는 말은 영국인이나 미국인이 서로를 격려할 때 사용하는 말이다. 이 또한 동서양 사람들의 사고방식이 서로 다르다는 것을 보여주는 한 측면일 것이다. 청년은 이른 봄과 같으며, 해가 뜨는 아침과 같고, 온갖 꽃에서 싹이 돋아나는 것과 같으며, 숫돌로 날을 간 날카로운 칼과 같아서, 인생에서 가장 고귀한 시기에 있는 사람이다. 청년이 사회에 존재한다는 것은 인간의 몸에 신선하고 활기찬 세포가 존재하는 것과 같다. 신진대사란 진부하고 썩은 것을 끊임없이 자연도 태시키는 대신, 신선하고 생기 있는 것이 공간과 시간에 자리 잡도록 하는 것이다. 신체가 신진대사를 적절하게 하면 그 사람은 건강할 것이며, 낡고 썩은 세포가 신체를 막아 버리면 그 사람은 죽을 것이다. 사회에 신진대사가 잘 이루어지면 그 사회는 융성할 것이며, 낡고 썩은 사람들 때문에 사회의 신진대사가 이루어지지 않으면, 그 사회는 망할 것이다.

위 말에 근거하여 말할 경우, 우리 중국 사회는 번영할 것인가 혹은 망할 것인가? 그 대답을 하는 것은 여간 힘든 일이 아니다. 진부하고 썩은 것들은 자연도태되어야 하며, 나는 그 당연한 문제에 대해 결코 쓸데없는 시간을 허비하지 않을 것이며, 시비를 가리지 않을 것이다. 내가 바라는 것은 중국 사회의 환골탈태이다. 내가 진정한 마음으로 말하고자 하는 것은 새롭고 활발한 청년들이 자각하고 분연히 투쟁하기를 바란다는 것이다.

자각이란 무엇인가? 그것은 새롭고 활발한 것의 가치와 책임을 자각하는 것이며, 스스로를 비하하지 않는 것이다. 분연히 투쟁한다는 것은 무엇인가? 자신의 지적 능력을 바탕으로 진부하고 썩은 것을 물리치고, 그 진부하고 썩은 것을 마치 오래된 원수처럼, 그리고 홍수와 맹수처럼 여겨, 그것을 곁에 두지 않으며 그 독소가 전염되지 않도록 하는 것이다.

오호라! 중국의 청년들은 과연 이러할까? 내가 보건대, 나이는 청년이지만, 몸은 이미 노인인 청년들이 열 명 중 다섯 명이다. 또한 나이와 몸이 모두 청년이지만, 그 정신은 이미 노인이 되어버린 청년들이 열 명 중 아홉 명이다. 윤기 나는 머리카락, 단정한 용모, 곧은 허리, 넓은 가슴이야말로 청년의 당당한 모습이다. 그러나 청년들의 머릿속에 있는 생각과 포부를 살펴보면, 낡고 썩은 사람들과 하나도 다르지 않은 똑같은 부류이다. 처음에는 당연히 참신하고 활력이 있었지만, 차차 물이 들어 낡고 썩은 사람들에게 동화되는 사람이 있다. 또 다른 사람들은 낡고 썩은 자들의 세력 확대가 두려워, 좌우를 살피고 머뭇거리다가, 감히 자신의 의사도 밝히지 못한 채 어리석은 싸움에 말려드는 경우도 있다. 신진대사가 안 되는 사회의 공기는 어딜 가도 낡고 썩지 않은 것이 없어서, 약간이라도 신선하고 활력 있는 공기를 구해, 절망적인 질식 상태에 있는 우리들을 안위하려 해도, 그것 역시 불가능하다.

이런 (공기의) 순환 현상이 사람 몸에 미치면, 그 사람은 반드시 죽을 것이며, 사회 또한 그러하다. 이러한 병폐를 벗어나기 위해서는 한숨을 짓는 것만으로는 불가능하다. 일찍 자각하여 분연히 투쟁에 나설 수 있는 한두 명의 청년이 인간 고유의 지적 능력을 발휘하여, 인간 사회의 여러 종류의 사상을 선택해야 할 것이다. 그 가운데는 참신하고 활력이 있어 현재의 생존 투쟁에 적합한 사상이 있을 것이며, 또 낡고 썩은 것이 우리 뇌리에 존재하지 못하도록 하는 사상이 있을 것이다. (그러한 사상을 이용하여) 예리한 칼로 쇠를 자르고, 날카로운 검으로 혼란상을 다스리되, 결코 타협하거나 주저하지 않고, 자신과 다른 사람들을 생각한다면 사회는 맑고 평안한 날을 기대할 수 있을 것이다. 청년들이여! 이러한 일을 맡을 수 있는 사람들이 있는가? 그 옳고 그름을 밝혀 결단을 내리도록 하기 위해 다음의 여섯 개 항을 말하니, 차분히 그 내용을 살펴보기 바란다.

1. 자주적이어야 하며, 노예적이지 않아야 한다 [……].
2. 진보적이어야 하며, 보수적이지 않아야 한다.

"나아가지 않으면 퇴보한다"라는 중국의 속담이 있다. 우주를 이루는 근본적인 법칙에 의거하여 그 말을 새겨본다면, 삼라만상은 항상 변화하고 있으며, 현상을 그대로 유지하는 법이 없다는 것이다. 오직 일상적인 견해에서 비롯된 제한적인 특징 때문에 변화와 정체 사이의 차이가 발생한다. 이것이야말로 현재 프랑스의 대철학자인 베르그송(H. Bergson)의 창조적 진화론이 일세를 풍미할 수 있는 이유이다. 인간사가 진화한다는 의미에서 말한다면, 옛것만을 고수한 채 변화하지 않는 민족은 날이 가면서 망할 것이다. 나날이 새롭게 진보를 추구하는 사람들은 그 존망의 운세를 미리 예측할 수 있다. 하물며 현재 우리 중국은 아직 장기간의 미몽(迷夢)에서 깨어나지 못하고 있기 때문에, 진보하지 못한 채 제자리걸음을 하고 있으며 우리 고유의 윤리, 법률, 학술, 예절은 모두 봉건제도의 유산이다. 우리와 백인들이 행한 바를 비교해보면, 동시대 사람임에도 불구하고, 그 사상적 측면의 차이가 거의 1,000년에 달한다. 우리는 24개 왕조의 유구한 역사성만을 존중할 뿐, 진보하고 개선하려는 계획을 세우지 않는다면, 우리 민족은 20세기 세계 밖으로 쫓겨나 노예와 우마(牛馬)에게나 살기 적당한 곳에서 살게 될 것이니 다시 무슨 말을 하겠는가! 이런 상황에서도 여전히 보수주의를 고수한다면, 어떤 제도와 문물을 택해야 현 세계에서 우리들의 생존을 보장할 수 있을지 진실로 알지 못할 것이다. 나는 과거에 중국이 멸망했던 모습은 볼 수 있을지언정, 현재는 물론 앞으로 우리 민족이 현재의 세계에 적응하지 못하여 멸망하는 모습은 차마 볼 수 없다.

오호라! 바빌로니아의 문명이 이제 과거의 일이 되어버렸으니, 그 문명이 현재 우리에게 무슨 소용이 있겠는가? "가죽이 없어져버렸는데, 털이 붙어 있을 수 있겠는가?" 이 세상의 진화는 마치 빨리 달리는 말과 같다. (그러한 진화에 적응하기 위해) 능숙하게 변하지 못하고 함께 진보하지 못한다면, 환경에 적응하지 못하여 결국 자연도태될 것이니, 그럼에도 불구하고 보수주의를 입에 올릴 것인가! [……]

3. 진취적이어야 하며, 퇴행적이지 않아야 한다 [……].
4. 세계적이어야 하며, 쇄국적이지 않아야 한다 [……].
5. 실리적이어야 하며, 허식적이지 않아야 한다 [……].
6. 과학적이어야 하고, 공상적이지 않아야 한다 [……].
청년들이여! 여러분이 해야 할 일에 힘쓰기를!

천두슈, 〈청년들에게 고함〉, 《청년잡지青年雜誌》 1915년 9월 15일[J. Chesneaux(dir.), *La Chine(III): De la guerre franco-chinoise à la fondation du Parti communiste chinois*, Hatier, 1972, pp.176~78에서 인용]

자료 소개

위 글은 1915년 여름 상하이에서 처음 발간된 《청년잡지》 제1호의 사설이다. 이 잡지의 초판은 1,000부를 발행했다. 이 잡지가 한창 이름을 드날리던 당시에는 1만 6,000부를 발행했다. 창간 초기부터 열성적인 고등학생과 대학생들이 수백 번에 걸쳐 주요 기사를 베꼈기 때문에 발행 부수가 그리 많지는 않았지만, 이 잡지의 실질적인 영향력은 그것을 훨씬 뛰어넘었다.

천두슈는 《청년잡지》의 편집장이었다. 당시 서른여섯 살의 그는 이미 혁명가이자 널리 알려진 정치 기자였다. 당시의 시대 상황과 이 잡지의 창간 시기 또한 사뭇 일치했다. 중국 내에서 거의 일본 보호령의 설치를 목적으로 한 굴욕적인 21개 조항을 베이징 정부에 강요했던 일본의 태도에 항의하기 위해, 1915년 여름, 일본의 대학에 유학하고 있던 1만 3,000여 명의 중국 학생들이 대거 귀국했다. 그러한 사태에 정면으로 대항할 수 없었던 위안스카이에 대한 불신이 고조되었으며, 황제로 등극하려 했던 그의 시도에 대한 저항이 나날이 거세졌다. 직접적인 정치 참여를 주장하지는 않았지만, 이 잡지의 논조는 반왕조주의이면서 동시에 대중들의 참여를 유도하는 것이었다. 따라서 천두슈의 논설은 1919년까지 계속 확대된 '신문화 운동'의 조류를 담고 있었다.

설명

이 논설문의 세 가지 주요한 개념인 '청년', '자연도태', '자각'은 다양한 형태로 계속 등장하며, 글에 전체적인 통일성을 부여해주고 있다.

천두슈가 사용한 '청년'이란 단어의 의미를 이해하기 위해서는《논어》의 "나는 15세에 뜻을 정하고, 30세에 확고하게 설 수 있었으며, 40세에 의심이 없어지고, 50세에 천명을 알았으며, 60세가 되어서는 진리를 따를 수 있게 되었고, 70세에는 내 마음이 가는 대로 행동해도 어긋남이 없었다"라는 공자의 말과 천두슈의 열정적인 문장을 비교해야 한다. "죽은 사람의 무게 때문에 산 사람이 처절하게 와해되는"마오쩌둥 사회에 대한 천두슈의 비판은 그의 여섯 가지 명제 중 첫 번째 명제에서도 전개되고 있다. 이미 사람들의 마음이 떠난 전통을 존중한다는 것은2는 자신의 주장을 뒷받침하기 위해 니체를 인용했다 '인권 이론의 부흥'에 정반대되는 것이며, 노예의 윤리인 '충성, 효성, 정절, 정직'과도 통한다. 따라서 유교를 바탕으로 한 가치는 이제 퇴물에 불과하다. 이러한 호소를 통해 그는 유가를 전복시켜야 한다는 사실을 암시했다.

빈번하게 등장하는 또 다른 개념은 생물학신진대사, 신선한 세포, 생존 투쟁에서 비롯된 '자연도태'이다. 천두수는 옌푸가 번역한 스펜서Herbert Spencer를 통해 중국에 유입된 사회진화론을 인용했다. 스펜서는 가장 능력 있는 존재만이 살아남을 수 있는 동물 세계의 생존 투쟁이라는 다윈의 진화론을 사회에 적용하려 한 사상가였다. 중국이 공룡과 같은 운명을 맞지 않으려면, 중국 사회의 모든 무용지물을 파괴해야 한다는 것이었다. 그것은 완전히 사라진 바빌로니아 문명과 20세기에 잘 적응하여 발전을 거듭하고 있는 백인들의 서구 문명, 양자 사이의 선택의 문제였다. 이런 점에서 천두슈의 명백한 민족적 허무주의는 당시 '종족'이란 용어로 종종 표현되었던 근본적인 민족주의에 근거하고 있다. 또한 천두슈는 20세기 초 만주 지역에서의 러시아 음모에 대항하는 정치 운동*에 참여했다. 그의 사해동포주의네 번째 원칙는 단지 포괄적인 민족주의와는 대립되는 개념이었으며, 그의 그러한 생각 때문에 그는 일부 중국인들에게 권유하여 당시 일본인과 대립하고 있었던 위안스카이와 손을 잡도록 만들었다.

세 번째 개념은 '자각'이다. 천두슈는 프랑스인과 근대 문명에 대한 《청년잡지》 창간호의 기사에서 자각이라는 문제를 언급했다. 그에 따르면, 프랑스는 근대 유럽 문명의 세 가지 기본 이념을 이 세상에 가져다주었다. 즉 민주주의프랑스 대혁명, 진화론라마르크Lamarck, 사회주의푸리에Fourier와 프루동Proudhon가 그것이며, 그러한 개념을 통해 사람들은 자각하고 봉

◆ 1904년 일본과 러시아가 중국을 침략하기 위해 경쟁할 당시, 베이징 대학 학생이었던 딩카이장(丁開嶂)이 열강의 중국 침략과 청 정부의 무능을 규탄하면서 선양에서 러시아에 대항하기 위한 항아철혈회(抗俄鐵血會)를 조직한 운동을 말한다.

건적인 낡은 것들을 걷어낼 수 있었다는 것이다. 1년 뒤, 〈우리 동포가 궁극적으로 사로잡혀 있는 의식〉이라는 글에서 그는 당시까지만 해도 간접적으로만 비난했던 유교를 본격적으로 공격했다. 천두슈에 따르면 혁명이란 사실상 정당이 아니라, 대중들의 자작에서 비롯되는 것이었다. 이러한 점을 통해 우리는 그가 개인의 가치를 고양하고 서구의 공격성과 공리주의도 찬양한 인물이었음을 알 수 있다. 위 사실을 통해 또한 그가 상상력을 비판한 대신 과학 정신을 찬양했다는 사실도 알 수 있다. 그러므로 그는 전통에 얽매인 수동적이며 '주관적인 애국주의'를 단죄한 반면, 국가라는 우월적인 이익을 위해 '썩은' 전통을 희생시키는, 이성적이며 '객관적인 애국주의'를 주장했다.

해설

천두슈의 글은 새로운 시대를 위한 일종의 선언문으로서, 당시의 좁은 정치적 맥락을 훨씬 뛰어넘는 것이다. 어떤 면에서 이 호소문에 분명하게 드러나는 친서구적 어조는 천두슈가 살았던 당시의 상황과 매우 동떨어져 있다. 즉 '문명국'인 서구는 전쟁 중이었으며, 서구의 가장 훌륭한 제자였던 일본은 중국을 짓밟을 궁리를 하고 있었던 것이다.

  그러나 천두슈로서는 끔찍하게 낡은 것인 유가 숭배의 수립에서 비롯된 위안스카이의 제제帝制 부활을 거부한 것 외에도, 아직 정치 계획에 포함되지 못한 매우 광범위한 목표를 규정했다고 할 수 있다. 그는 중국 대중을 자각시킬 수 있는 유일한 인물로서 군사적 능력을 갖춘 엘리트적 청년 영웅을 상정했다. 그는 그의 세 번째 원칙에서 소부巢父나 허유許由와 같은 '은둔자적 지식인'이나 톨스토이와 타고르처럼 세상을 등진 사상가들을 거부한 대신, 청년들에게 콜럼버스나 안중근安重根이 되기를 요구했다. 새로운 세상을 발견하는 사람이 되거나, 한국을 일본의 식민지로 만들려고 해온 이토 히로부미를 1909년 10월 26일 살해한 한국의 애국자 안중근이 되라는 의미였다.

우리가 알 수 있는 것처럼, 천두슈의 이 글은 중국을 새로운 세기로 나아가게 만든 동시에, 수많은 분노와 비난에서 자유롭지 못했다.

1929년 허난 성 농민들이 겪은 불행

1929년 6월 허난 성 전체에 큰 가뭄이 들었다. 1,000여 리에 걸친 지역이 완전히 메말랐다. 6월 18일 도적 떼가 바오펑(寶豐) 현치(縣治)를 점령하여 3일 동안 학살을 계속했다. 허난 성 서부의 핑딩(平頂)과 쯔유에서는 폭풍우가 발생했다. 메뚜기 떼가 허난 성 남쪽 탕허(唐河) 현을 휩쓸어 곡식과 기장의 싹을 먹어치웠다. 왕다라는 도적은 황촨(潢川) 주민들을 집요하게 공격했다. 치센(淇縣), 린뤼(臨汝), 후이센(輝縣), 민스(閩西), 신예(新野)는 가뭄과 도적 떼에 관한 보고서를 올렸다. 멍진(孟津) 현의 톄셰 마을은 도적들의 손에 들어갔다. 이곳은 허난 성 서쪽에서 온 곡물상들의 집결지이다. 이번 도적들 때문에 잃어버린 곡물이 8,000헥토리터에 달한다. 도적들은 방화, 살인, 약탈을 자행하고 있다. 다음은 멍진 현에서 보낸 보고서의 요약문이다.

멍진 현 지현(知縣)이 상부에 전달한 보고서

멍진 현은 산을 끼고 황허에 접해 있는 곳입니다. 그 면적은 그리 넓지 않으며, 자연 자원 역시 풍부하지 않습니다. 따라서 이곳에서 생계를 꾸려나가는 것이 쉽지 않은데, 최근 몇 년 동안 자연재해가 그치지 않았습니다. 모든 생산 활동 종사자들이 근근이 살아가며, 농민들도 그날그날을 힘겹게 넘길뿐더러, 상인들은 일정한 가게도 없이 장사를 하고 있습니다. 풍년이 들어도 쥐차오에서 쌀을 수입해야 하는 형편입니다. 군인들이 다른 곳에 주둔하게 되자 이 지역에 도적들이 다시 결집했습니다. 헝수이(橫水), 하튄, 천아오, 왕창, 바이허(白鶴) 등의 촌락이 공격을 받아 적들의 손에 들어갔습니다. 유랑민이 길가에 긴 행렬을 이루었으며, 사람들이 돈을 꾸고, 쌀을 구걸했지만, 목적을 달성하지 못하는 경우도 있습니다. 각 촌락의 생활을 살펴보건대, 멍진 현에서 북서쪽으로 8리 떨어진 톄셰만이 겨우 생계를 유지할 수 있는 형편입니다. 부두와 가까워서, 이 촌락은 활력이 있던 곳이었지만, 일군의 도적 떼가 나타나 이곳을 공격하여 장악했습니다. 그들은 도둑질, 살인, 약탈을 빈번히 자행했으며, 집에 불을 질렀습니다. 모든 집을 약탈하고, 담벼락을 허물었으며, 마당을 파헤쳤습니다. 모든 마을 주민들을 결박하니, 그들의 행패로부터 벗어난 사람이 없었습니다. 도적들은 마을의 부자들은 방 안에 가두었으며, 가난한 사람들을 괴롭혔습니다. 부녀자를 보기만 하면 바로 그 자리에서 겁탈했으며, 겁탈당한 일부 여자들은 사망하기도 했습니다. 또 어떤 여자들은 반항했다는 이유로 발이나 손목을 잘랐습니다. 위와 같은 행패가 여러 번 발생했기 때문에, 그들의 악행에 대한 기억은 참을 수 없는 것이었습니다. 가게와 주거지를 약탈한 다음, 기름을 붓고 불을 질렀습니다. 주요 도로는 화염에 휩싸였으며, 불꽃은 사방으로 튀었습니다. 결국 촌락은 잿더미로 변했습니다. 수십 리 밖에서도 볼 수 있는 시커먼 연기가 하늘로 솟았습니다. 이웃 마을 주민들은 한숨을 내쉴 뿐, 감히 구조하러 나서지 못했습니다. 아주 멀리서도 그곳 사람들의 한숨 소리를 들을 수 있습니다. 눈물 없이는 그들의 한숨을 들을 수가 없습니다. [······] 정말 통탄할 일은 이들 도적 떼가 여드레를 휩쓸고 지나가면서 수많은 가축과 400명이 넘는 인질들을 수레에 싣고 가버렸다는 것입니다. 지역 자위대의 공격을 염려하여, 그들 도적 떼는 인질을 미리 잡아두었는데, 그들 역시 상당수는 결국 총탄에 맞아 죽었습니다. 구조가 재빨리 이루어지지 않는다면 생존자들 역시 아사할 것입니다. 더구나 이제 날이 갈수록 더위가 맹위를 떨칠 것입니다. 먹을 것이 오기를 기다리는 이 불쌍한 피난민들이 어떻게 이런 상황을 견뎌낼 수 있겠습니까? [······] 우리는 그저 상부의 구조만을 요청할 수 있을 뿐입니다. 당신께서는 멍진 현의 지현으로서, 백성들의 안위를 생각하고 계실 것이며, 분명 저희의 마음을 이해하실 것입니다 [······] 지현께서 구조위원회에 도움을 요청하기로 결정하신다면, 저희는 커다란 은혜를 입을 것이며, 결코 그 사실을 잊지 않을 것입니다.

허난 성 재해대책위원회, 《1929년 허난성 재해사》, 開封, 1930에서 발췌(이 글은 F. Godement, *Accident climatique et Guerre civile: la crise alimentaire de 1928 à 1931 en Chine*, Thèse de doctorat d' État, EHESS, 1978, annexs IV, pp. 305~07에 번역되어 있다).

자료 소개

이 글은 후버연구소Hoover Institut, Stanford University에 소장된 두꺼운 책에서 발췌한 것이다. 허난 성 재해대책위원회가 1929년에 전개한 활동 보고서로서, 1930년 허난 성의 수도인 카이펑에서 출간되었다. 현장에 있었던 당국자들이 선출한 지역 유력자의 도움을 받은 중국 고위 관리가 기록한 것이다.

당시 북서 지역의 군벌이었던 펑위샹은 1929년 이래 장제스 군과 대치하고 있었으며, 허난 성의 중부와 동부 지역을 여전히 장악하고 있었다.

철로 중심지인 정저우鄭州 주변의 서쪽 지역으로 내전의 피해가 점차 확산되었다. 위 글의 공식적인 성격 때문에 오히려 글의 진위가 의심스럽다. 이 글을 쓴 사람들은 펑위샹이 임명한 것으로 밝혀져, 그들이 지역 주민들의 어려운 상황을 이용하여 식량 원조와 특히 중국구제국제위원회China International Famine Relief Commission, 국제적십자사, 미국 선교사 등 국제 원조 기관이 제공하는 금전을 얻으려는 목적을 갖고 있었다는 사실을 배제할 수 없다. 북중국을 강타한 1921∼23년의 재해 당시에도 그러한 기관의 원조가 상당했다. 이 보고서는 분명 당시의 위험을 과장했을 것이다. 역사가들은 그러한 점을 항상 의식해야 한다.

그러나 다음 두 사실 때문에 이 보고서를 신뢰할 수 있다.

이 자료는 예외적으로 완벽하다. 시간대별로 기술된 이 보고서는 당시 허난 성의 118개 현에서 발생한 엄청난 재난 목록을 자세히 수록하고 있다. 1928년 말과 29년 말에 재난을 당한 현의 수를 기록했다. 현의 인구는 1926년 중국 우정국 연감을 이용하여 정확하게 기재했다. 위원회와 지방 지현, 그리고 관련 기관 사이에 오간 모든 서신들이 첨부되어 있으며, 구호물자를 분배할 때 겪었던 어려움, 특히 전쟁으로 철로 수송이 마비되어 겪었던 어려움들이 자세히 언급되어 있다.

따라서 동일 지역의 두 현 전체에 대한 동시대의 또 다른 조사 보고서를 이용할 수 있는데, 그 보고서 내용 역시 위 사실과 일치한다. 그 두 보고서 가운데 하나는 미국 관리가 1928년 뤄양洛陽 지역과 허난 성 서부 지역을 조사하여 미 대사관에 보낸 것이며, 다른 하나는 같은 시기 허난 성 중부 지역을 답사했던 미국 선교사의 보고서이다. 이 보고서에 담겨 있는 모든 내용들은 위 자료에 포함된 1928년의 상황을 확인시켜주고 있다.

따라서 이 보고서는 진정한 기록이라 할 수 있는 1차 사료이다.

발췌한 부분은 1929년 6월에 해당하는 것이다. 여기에는 허난 성 여러 지역에 대한 설명이 포함되어 있다. 자연재해에 대한 설명이 보이는 지역은 광대한 황토층이 있는 서쪽의 산악 지역, 북동 지역의 홍수 지역, 외부에서 잘 보이지 않는 남쪽의 산록 지역이다. 따라서 재해를 당한 지역은 1929년 기근의 두 진원지, 즉 동쪽으로는 산시陝西 성 웨이수이渭水 계곡과 서쪽으로 산둥 지역에 가까운 지역이었다. 북중국 평원 기근의 전통적인 원인을 우리는 다시 확인할 수 있다. 즉 불규칙적인 강우 때문에 발생하는 가뭄, 황허의 범람, 여름에 나타나는 메뚜기와 우박, 그리고 콜레라가 그것이다.

도적 떼는 북쪽 지역을 제외한 거의 모든 지역에 출몰했다. 자료에서 볼 수 있는 것처럼, 자그마한 포구가 있기 때문에 보리와 그 밖의 다른 곡물들을 사고파는 시장이 있었던 멍진 현의 상황이 그러한 사실을 잘 말해주듯이, 초여름이 되자 그들은 황허 일대 충적평야와 중부 지역의 상대적으로 부유한 지역을 노렸다.

1929년 5월 22일 멍진 현 부근의 촌락을 공격한 내용은 보충 보고서에 등장한다. 허난 성 북서 지역인 뤄양 부근의 그 촌락은 한때 허난 성의 수도가 있던 지역으로서, 중간 정도의 중요성을 지닌 곳이었다. 따라서 재해 발생 사실을 누구나 알고 있었다. 허난 성 서쪽 지역의 유력자가 1929년 8월 1일에 작성하여 직접 장제스에게 보낸 동일 자료의 또 다른 보고서 역시 도적 떼 출몰을 언급하면서 700명이 사망하고 1,000여 명이 붙잡혔음을 지적했다. 당시 정부 관리들은 "국민당 군에 의해 펑위샹이 서쪽으로 퇴각하고 나면" 판장군의 병력과 연합하는 것이 유리하다고 믿었다는 사실을 이 보고서는 분명히 밝히고 있다. 판장군은 판중슈樊鍾秀를 말하는 것으로서, 그는 우페이푸에 이어 펑위샹을 지지하다 장제스와 연합했던 인물이다. 이런 과정을 통해 휘하에 5만여 병력을 거느렸던 그는 특히 농촌에서 전쟁을 수행했다. 교묘하게도 이 보고서는 국민당군의 승리로 도적 떼가 제거되었다고 믿었을 뿐 아니라, 아무런 저항도 못 하고 그들의 착취에 시달렸던 허난 성 서쪽 촌락민들의 실망감을 언급하고 있다군대는 도적 떼를 보호하고 숨겨주었다. 나아가 그들을 이용했다.

설명

이 자료에 나타난 각각의 수치는 전형적인 중국적 전통을 보여준다. 그러한 수치들은 시대적 불행을 언급하는 의례적 문장과 부합한다. 이 자료의 작성자는 이 지역의 재앙을 태평천국 당시 이 지역이 겪었던 재앙과 비교하고 있다. 이 보고서에 명백히 드러나 있는 목적은 구제를 받는 것이었다. 도적 떼 등이 저지른 만행을 자세히 언급한 것 역시 동일한 목적 때문이었다. 그러나 다음의 중요한 세 문제에 대해서는 정확한 언급을 하고 있지 않다. 첫째, 재해 발생 원인, 둘째, 도적 활동의 본질, 그리고 재해가 주민들에게 미친 영향이 그것이다.

재해 발생 원인에 대한 설명이 단계적으로 되어 있지 않다. 단지 수 세기 동안 중국에 등장한 재해, 즉 홍수, 가뭄, 우박, 메뚜기 떼이것들은 하늘에서 내린 천재天災에 해당했다, 그리고 미흡한 제방 관리, 수송로의 붕괴, 구제의 부재이것들은 인간에게서 비롯된 인화人禍라고 생각했다를 지루하게 나열하고 있을 뿐이다. 그러나 이러한 재앙 발생의 원인에는 펑위샹과 그 휘하 지휘관들의 사나운 행동거지 외에도, 좀 더 직접적인 한두 가지의 원인이 더 있었다. 1929년 재해의 경우 날씨가 주요한 원인이라고는 할 수 없다. 이 자료가 되풀이하는 주장에 따르면, 1928년 말부터 불행한 조짐이 시작되었으며, '남쪽' 국민당 군대가 펑위샹을 상대로 전개한 전쟁이 조금이라도 잘못된 것이라면 펑위샹은 기근 발생과 무관하다는 사실을 암시한다. 따라서 기근 발생 원인은 하늘과 장제스였다.

이 보고서는 1929년 내내 활동했던 도적 왕다를 언급하고 있다. 1월에 그는 1만여 명의 부하를 거느렸으며, 2개월 동안 뤄닝洛寧을 점령했다. 그곳은 허난 성 서쪽 뤄수이洛水와 샤오산崤山, 숭얼산熊耳山 사이에 위치한 일종의 '도적 소굴'이었다. 뤄닝 주민의 3퍼센트 정도인 600명 내지 700여 명이 허난 성 서쪽 도적 집단의 3분의 1을 차지하고 있었다. 부유한 마을을 찾아다니는 것이 매우 가난한 지역 출신 젊은이들의 주요 활동이었으며, 주변에 은신할 수 있는 산이 있었기 때문에 그러한 활동이 더욱 유리했다. 춘절이 끝나면 도적 무리들은 이 지역을 멀리 벗어나 베이징-한커우를 잇는 철도 부근 지역인 남쪽의 뤼난汝南까지 내려갔다. 5월이 되어서야 그들은 그곳에 도착했다.

이 보고서에는 두 개의 서로 다른 생각이 모두 포함되어 있음을 알 수 있다. 뤄닝이 오랫동안 도적들의 점령 지역으로 남아 있었다는 사실은 도적들이 그곳을 휴식 기지로 이용했음을 말해준다. 따라서 이 보고서는 당국자들이 이 지역 일대에 대한 장악권을 상실했다는 사실을 은폐하려 했다. 반면, 봄이 되자 도적들의 근거지와 매우 멀리 떨어진 부유한 촌락에 대한 대량 공격이 있었다. 9월에는 본거지의 북쪽에 있는 상수이 마을을 공격했으며, 일부 지역 유력자들이 모집한 자위대를 지휘하여 급히 달려온 지현을 살해했다. 왕다는 9월 뤼난으로 돌아왔으며, 이어 정양正陽 현 현치縣治를 점령했다. 당시 그의 병력은 2만여 명이었고 그는 대략 600제곱킬로미터에 달하는 지역을 점령했다. 왕다는 그 어떤 군대와도 결합할 수 있는 병비兵匪로서, 상황이 불리할 경우에는 다시 그들 본연의 활동을 재개할 수 있는 집단이었다. 그는 판중슈의 행동을 그대로 좇았다.

그러나 기근이 창궐할 당시 멍진 현 톄셰 마을을 점령했던 '곤도棍徒'들은 어떻게 설명해야 할까? 그들은 기근 때문에 삶의 터전을 잃어버린 농민들이 아닐까? 그들 곤도들이 8,000헥토리터의 곡물을 탈취한 다음, 그것을 수송하기 위해 수레를 가져갔다는 정확한 기록은 상당히 의미심장하다. 이러한 정황은 이상할 정도로 수동적이었던 당국자들의 태도를 잘 설명해준다고 할 수 있는데, 당시 그러한 사건이 중요 군사 거점 지역에서 발생하여 여드레 동안 약탈이 자행되었던 반면, 기록에는 약탈자들을 공격했다는 언급이 전혀 없다. 보고서의 필자와 같은 관리들은 도적들의 공격을 받은 촌락의 유력자들이 자신의 의무를 다하지 못했다고 생각했다.

1840년 무렵 재해 발생 지역의 이재민들이 저지른 공격과 관련하여 청 왕조의 법률을 언급했던 한 관리는 살인, 감금, 유괴를 자행한다는 점에서 당연히 반란 집단으로 간주해야 할 무장 집단과, 재난으로 내몰려 지주들의 곡물 저장소를 알아내 연명을 위해 집단으로 곡물을 탈취하는 대신 다른 약탈 행위는 저지르지 않는 사람들을 구분한 바 있다. 그 의미는 후자에 해당하는 사람들은 선처해야 한다는 것이었는데, 결국 이는 재해가 발생했을 경우 굶주린 자들에게 마을의 유력자들이 자신의 곡식을 나뉘주어야 하며, 그들이 유가적 의무를 다하지 않는다면 국가 역시 이재민 구호를 심각하게 생각하지 않을 수 있다는 말일 것이다.

이렇게 해석한다면, 톄셰 마을에 대한 약탈 언급은 지현 측의 정당화일 것이다. 즉 당국자들은 촌락의 부유한 사람들의 이기적 행동 때문에 수동적인 자세를 보였다고 할 수 있다. 그러나 마을을 공격한 굶주린 사람들은 벽에 숨겨둔 귀금속을 찾아내기 위해 가옥을 파괴하고 촌락에 불을 질렀으며, 가난한 사람들을 괴롭히기 시작한 순간부터 이미 '도적떼'였다. 이후 그들은 가혹한 소탕 작전의 대상이 되었다. '난민들'은 결국 '농비農匪'가 되었다.

보고서는 이 문제를 명확하게 언급하고 있지 않다. 다른 곳에서 단지 이재민들이 철로를 따라 이동했음을 언급하고 있을 뿐이다. 기근의 영향이 특히 심각했던 아이들은 황허를 타고 이동하여 베이징으로 출발하는 열차에 몸을 실었다. 보고서에는 식량을 구입하기 위해 가축이나 사람을 매매했던 상황이 묘사되어 있는데, 정확한 수치는 제시하지 않은 의례적인 언급이다.

해설

따라서 이 보고서는 특히 계량적인 연구가 어려운 중국의 자료에서 흔히 볼 수 있는 잘못된 사실을 잘 보여준다. 그러나 국가 기능이 작동하지 않는 상황에서 중국 일부 지역의 농민이 겪었던 끔찍한 상황을 언급하고 있다. 보고서의 다른 곳에서는 도적 떼에 저항하기 위해 유력자들이 부유한 촌락의 젊은이들을 모집하는 상황을 묘사하고 있다. 이는 틀림없이 홍창회를 말하는 것으로서, 홍창회는 펑위샹 군대와의 대항에서 종종 효력을 발휘했으며, 1926년에는 펑위샹 군대를 무찌르기도 한 농민 자위 운동이었다. 그러므로 12월의 보고에는 허난 성 남쪽 다볘산 부근의 상청商城 현 현치를 "공산주의자로 변한 도적 떼"가 점령했다는 사실이 기록되어 있다. 그것은 당시까지 장궈타오가 여전히 장악하지 못했던 지역이었지만, 어위완鄂豫皖, 후베이, 허난, 안후이 소비에트 지역의 출발을 알리는 것이었다.

1946~1952년 농지 개혁 당시 지주들의 토지 몰수

지주를 고발하는 집회.　　　　　　　　　　계산을 요구하는 농민들.

마을의 농부가 농지 개혁법에 관한 법률을 공포하자, 지주 집 대문에 봉인을 붙여놓았다.

William H. Hinton, *Fanshen, la révolution communiste dans un village chinois*, Plon, 1971에서 발췌한 목판화.

내용

월리엄 힌턴은 태평양 전쟁이 끝난 뒤 중국의 재건을 위해 유엔의 후원 하에 미국이 제공한 원조 계획의 일환으로 1947년 산시山西 성에 파견된 트랙터 기술자였다. 일본에서 신문기자로 생활한 이후, 그는 1937년에 이미 북중국 일대를 답사한 적이 있으며, 유명한 신문의 특파원 자격으로 1945년 중국의 여러 마을을 방문한 바 있다. 1947년 이후 중국 농민 혁명이 진행되고 있는 것을 알게 된 그는 중국에 남아 산시 성 남동쪽 창즈長治 현 부근의 한 촌락에서 공산당 권력이 어떻게 자리 잡는지를 목격했다. 'Fanshen: a Documentary of Revolution in a Chinese village'라는 제목으로 출간된 그의 증언은 날카롭고도 공평하게 이루어졌다는 점에서 특히 귀중한 자료이다.◆ 농지 개혁 초기에 주저하는 모습을 보였던 농민들과 함께 혁명을 주도하기 위해, 인민해방군에 복무한 뒤 마을로 되돌아온 매우 보기 드문 한 공산주의자가 취했던 세심한 방식을 그는 이해하게 되었다. 이 책에 등장하는 혁명은 합법적인 동시에 조작된 것이기도 했다. 농민들의 불행이 없었다면, 혁명은 불가능했을 것이다. 그러나 종종 혁명을 조종하기도 한 공산주의자들의 개입이 없었다면, 혁명은 결코 이루어지지 못했을 것이다.

농촌 개혁의 결정적인 행위는 몰수 재산을 봉인하여 가난한 농민들에게 재분배하는 것이었다. 약간의 토지, 농기구, 옷가지와 이전 주인의 가옥의 방 한두 칸을 받은 그들 농민들은 이제 자신의 운명이 바뀌어 다시 활력을 찾는, 즉 그러한 혁명적인 과정을 표현하기 위해 그들 사이에 사용되었던 '번신身을 뒤집는다는 뜻'을 하게 되었다. 그러나 자신에게 돌아오는 몫이 지나치게 적고 여전히 가난에서 벗어나지 못하자, 농민들은 이내 실망했다. 게다가 새로운 공산주의자 간부들은 권력을 남용했다. 힌턴이 매우 자세히 언급한 것은 그러한 권력 남용이었으며, 다른

◆ 우리나라에서는 《번신飜身》(전 2권, 강칠성 옮김, 풀빛, 1986)으로 출간되었다.

한편으로 그는 그러한 상황에 대응하기 위해 새로 임명된 고위 당국자들이 무능한 간부들을 농민들이 '공개적으로' 재판하도록 했던 상황을 자세히 그렸다. 따라서 우리는 1942~45년 옌안에서 공산당의 활동 방식에 대한 정풍 운동의 전개로 마오쩌둥 대중 운동의 주요 부분이 된, 당시 시작된 '정치 선전 운동'의 탄생을 볼 수 있다.

설명

이 책에 등장하는 목판화는 중국 혁명에서 커다란 역할을 했다. 목판화는 품질이 우수하고, 저렴하며, 여러 장을 찍어내기가 쉬울 뿐 아니라, 표현력이 풍부하고 전달력이 강해서 90퍼센트가 넘는 농민 문맹자들에 대한 정치적 선전과 선동이 가능했다. 우리는 목판화의 우수성과 아울러 상당 부분 독일의 표현주의를 본뜬 활력을 확인할 수 있다. 하지만 이 목판화는 춘절을 맞이하여 북중국 농민들이 행했던 전통적인 종이 자르기*에서도 영향을 받았다.

해설

첫 번째 판화는 재판 모습을 그린 것이다. 빵모자를 쓰고, 긴 옷 위로 빛바랜 비단 조끼를 입은 지주가 재판을 받는 광경을 확인할 수 있다. 재판이 벌어지고 있는 가옥은 북중국의 농가로서, 퇴비 더미가 제일 먼저 눈에 띈다. 농민들은 대단히 흥분한 상태로 으름장을 놓고 있지만, 무기를

◆ 각지(刻紙), 창화(窓花), 전화(剪畵) 등의 명칭으로 불리는 중국 전통 공예술의 하나이다. 종이 외에도 은박지, 나뭇잎, 가죽 등을 잘라 다양한 형태를 오려 문이나 창문 혹은 거울에 붙였다. 중국 최초의 전지(剪紙) 작품이 출토된 곳은 가오창(高昌) 유지이다.

든 자위대의 모습은 보이지 않는다. 그들은 '착취자'에 맞서고 있는 노동자들이다.

　두 번째 그림은 한 가옥의 내부이다. 지주가 가리키고 있는 것은 아마도 자신이 은닉한 물건 가운데 하나일 것이다. 농민들이 흔들고 있는 서류는 영수증, 혹은 청구서나 장부일 것이다. 주판이 대번에 눈에 띈다. 그림에 등장하는 사람들의 신분은 착용한 옷과, 가구에서 잘 드러난다. 지주는 자신의 안락의자 앞에 있으며, 그 앞쪽으로는 그 밖의 사람들이 사용하는 걸상이 그려져 있다.

　세 번째 그림에는 조금 전 회의가 열린 광장 주변의 담벼락에 농지 개혁법의 내용을 써 붙인 두 개의 플래카드가 등장한다. 일군의 농민들이 사당 혹은 성당인 듯한 건물 앞에 봉인을 하고 있다. 실제로 당시 산시성에는 가톨릭을 믿는 마을이 여러 곳 있었으며, 장좡춘長莊村도 그중 하나였다. 사원과 종교·문화 단체의 재산에 대한 행사권은 마을 유력자의 권한 가운데 하나였다.

1959년 7월 23일 장시 성 루산에서 열린
공산당 중앙위원회에서 한 연설

현재 우리는 당 내외로부터 동시에 공격을 받고 있습니다. [……] 이제야 저는 남의 얘기를 듣는 법과, 꿋꿋하게 견디는 법을 배웠습니다. [……] 저는 1~2주 동안 다른 사람들의 이야기를 들었습니다. [……] 열 가지 사안 중 아홉 가지가 잘못되어, 그 아홉 가지가 모두 신문지상에 발표된다면, 그것은 분명 파멸이 될 것입니다. 그럴 경우 저는 농촌으로 가 농민의 우두머리와 함께 정부를 전복할 것입니다. 여러분의 인민해방군이 저와 함께 가지 않는다면, 저는 홍군을 데리고 갈 것이며, 별도의 인민해방군을 조직할 것입니다. [……] 인민공사는 해체될 수 있을까요? 현재 인민공사의 반절이 와해되어버렸으며, 인민공사의 70퍼센트가 무너진다 해도 여전히 30센트는 남을 것입니다. [……] 예측할 수 없는 상태에서 많은 일들이 발생할 수 있습니다. [……] 현재 경제 계획을 담당하는 기관은 더 이상 경제 계획을 장악하지 못하고 있습니다. [……] 그러한 기관들은 석탄, 철강, 수송의 필요량에 대한 산출을 중단했습니다. 석탄과 철강은 단지 그것만으로는 이동이 불가능합니다. 그것을 수송하기 위한 열차가 필요합니다. 나는 그 사실을 예측하지 못했습니다. 나도, 수상도, 그리고 ○○(원문에 정확히 명기되어 있지 않음)도 이 문제를 예상하지 못했습니다. 작년 8월까지 저는 혁명에 전력을 쏟았습니다. 경제 건설에 있어 저는 완전히 무지한 사람이며, 산업 계획에 대한 이해가 전혀 없습니다.

저에게는 두 가지 죄가 있습니다. 첫째는 1,070만 톤의 철강 생산 계획을 착수시킨 일입니다. 여러분께서 이 계획을 인정했기 때문에 여러분 역시 저와 책임을 함께 나눠야 할 것입니다. [……] 또한 (인민공사와 대약진 운동과 관련된) 전반적인 방향 설정을 했다는 사실입니다. 실현 가능성과 관련 없이, 이 부문 역시 여러분에게도 일말의 책임이 있습니다. 그 노선을 산업과 농업에 실제로 적용했던 것이 그 증거입니다. [……] 조금은 신중을 기했어야 할 일이었습니다. [……] 비근한 예를 든다면 마르크스 역시 많은 실수를 저질렀습니다. [……] 그는 매일같이 유럽의 혁명 도래를 생각했지만, 혁명은 일어나지 않았습니다. [……] 이것은 프티부르주아의 성급함과 맹신의 예가 아니겠습니까? [……] 무엇보다 마르크스는 파리 코뮌을 반대했으며, 10월 혁명을 단죄한 지노비예프(Zinovyev)는 곧바로 처형당했습니다. 마르크스도 처형되어야 했을까요? [……] 이번에 우리는 실패를 경험한 것일까요? 여기에 모인 동지 여러분의 의견에 따르면, 그것은 완전한 실패는 아니었습니다. 긍정적인 결과도 얻었기 때문에 그것은 부분적인 실패에 불과한 것입니다. '공산주의 바람'이 잠잠해졌지만, 모든 인민들은 교훈을 얻었습니다. [……]

책임 문제를 다시 거론한다면, ○○와 ○○○ 역시 일말의 책임이 있으며, 농업 장관인 ○○○ 역시 마찬가지입니다. 그러나 가장 큰 책임은 저에게 있습니다. [……] 저는 수천만 톤의 철강 생산 문제와 그 철강 생산을 위해 9,000만 명의 인원을 동원한 책임이 있습니다. 그러한 혼란은 엄청난 부분을 차지하며, 저는 그에 대한 책임을 지겠습니다. 그러나 동지 여러분, 여러분도 이 문제에 대한 자신의 책임을 곰곰이 생각해야 할 것이며, 아마도 여러분은 그 책임을 좀 더 잘 발견할 수 있을 것입니다. 배설을 해야 뱃속이 편해지는 법입니다.

마오쩌둥, 《마오쩌둥 선집》, Le Sycomore, 1980, pp.19~33에서 발췌.

자료 소개

이 자료는 펑더화이의 대약진 운동 비판에 대한 마오쩌둥의 대답이다. 1959년 6월 초 이래 마오쩌둥은 이 문제에 대해 위의 자료와 유사한 반응을 보였으며, 이어 7월 14일 마오쩌둥에게 전달된 편지에서 펑더화이는 특히 인민공사와 관련하여 '공산주의 바람'으로부터 비롯된다시 말해 이 상황에서 비롯된 위험성을 조심스럽지만, 정직한 어조로 고발했다. 그는 인민공사를 "프티부르주아적인 열광에서 비롯된 좌파적 오류"라고 했다. 마르크스주의를 천재적으로 "중국화했다"고 자부하던 마오쩌둥은 이론 문제에서 마치 어린아이와 같이 유치하다는 비판을 받게 되었다.

펑더화이는 자신이 마오쩌둥에게 보낸 서신이 두 사람 사이의 개인적인 일로 남기를 바랐지만, 마오쩌둥은 7월 17일 루산 회의의 모든 참석자들에게 이 편지를 배포함으로써 반격을 시작했다. 펑더화이를 지지했던 일부 인사들은 이런 마오쩌둥의 행동에 당황했지만, 이 문제에 대한 진정한 토론이 전개될 것이라고 기대했다. 그러나 고도의 정치적 술책 때문에 그러한 책략은 무력해졌으며, 상대방을 무너뜨리고 사안에 따라 급히 자신의 견해를 바꾸는 상황이 전개되었다. 당시 중국의 현실에 대한 것이 아니라, 상위 공산당 회의에서 보고해야 할 사안이 있었던 류사오치, 저우언라이, 펑전, 덩샤오핑 같은 당시의 고위 공산당 간부들은 탁구를 치다가 다리를 다쳐 회의에 참석하지 않았다. 그들은 자신의 의견을 개진해야 하는 수고에서 벗어날 수 있었다.

오류는 바로잡을 수 있는 것이기 때문에, 중앙위원회 개최를 계기로 모든 것을 바로잡을 수 있다는 사실을 환기시켰다고 하는 것이 적절할 것이다. 그러나 위의 자료에는 자신의 실패에도 불구하고 고집을 부리는 마오쩌둥의 모습과 이미 자폐증에 걸린 지도자들의 집단적인 비겁함이 드러나 있다.

위의 자료는 1969년 홍위병이 발간한 《마오쩌둥사상만세》라는 책에서 발췌한 것이다. 내부용이었던 이 책은 1967년 홍콩의 명보월보明報月報와 대만국제관계연구소에서 각각 다시 발간했다. 이들 판본은 원문을 수정하지 않고, 마오쩌둥의 공개 연설에 기록된 내용을 그대로 옮겼다. 따라서 이 판본에는 원래의 신랄한 내용과 함께 초고에 등장하는 약간의 착오가 그대로 나타나 있다. 중국에서는 물론 모든 마오쩌둥 전문가들은 이 판본이 진짜라고 생각하고 있다.

설명

마오쩌둥의 이 연설문은 중간중간 중국 고전이 인용되고, 마오쩌둥이 겪은 다양한 사건과 함께 참석자들에게 직접 제기했던 질문들이 들어 있어

꽤나 복잡하게 구성되어 있다. 당군사위원회 의장 자격으로 마오쩌둥 자신이 정치적 수장으로 있었던 인민해방군 내에서 그가 가지고 있었던 지지와 비교한다면, 결코 낭만적인 상황이 아니었던 당시 현실을 호도하기 위한 한 방편이었던 것처럼 보이는 도피 위협에 시달렸던 중앙위원회 초기의 불안한 시기가 지나가자, 참석자들 사이에 차차 음모적인 분위기가 형성되고 있음을 회의 참가자들은 감지했다. 사실상 위협적인 재앙이 발생한 것은 그들 회의 참석자들이 1년 전 동의한 정책* 때문이라는 점을 마오쩌둥은 일찍부터 그들에게 상기시키고 있었다.

해설

거대한 재앙의 전조를 알고 있었음에도 불구하고, 이 연설문에서 알 수 있듯이 마오쩌둥이 그러한 사안을 가볍게 생각하는 것에 놀라지 않을 수 없다. 또한 우리는 그 자신이 전문가였던 '정치' 부문과 각 부의 장관이나 기술 관료에게 떠넘긴 경제 분야에 대한 관리 양자 사이를 마오쩌둥이 단절시키고 있다는 점을 확인할 수 있다. 마오쩌둥에게 정치란 그가 지휘의 중심에 놓으려 한 단순한 이데올로기였다고 말하는 것이 더 적절할지도 모른다.

◆ 인민공사 시행에 대한 동의를 말한다.

대약진 운동 당시 발생한 기근에서 비롯된 사망률(1959~1962)

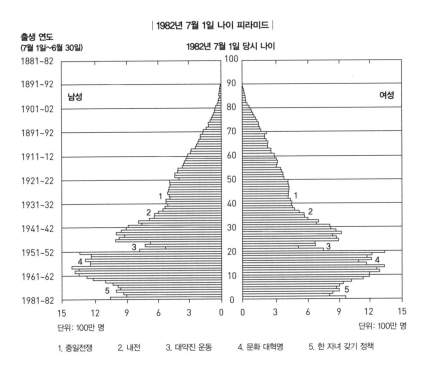

| 1982년 7월 1일 나이 피라미드 |

출생 연도
(7월 1일~6월 30일)

1982년 7월 1일 당시 나이

남성   여성

1. 중일전쟁   2. 내전   3. 대약진 운동   4. 문화 대혁명   5. 한 자녀 갖기 정책

| 1952~65년 곡물 생산량 변화*(단위: 100만 톤) |

연도	생산량	연도	생산량
1952	164	1960	144
1957	195	1961	148
1958	200	1962	160
1959	170	1965	195

＊ 이러한 중국의 곡물 통계에는 콩(대두), 강낭콩, 줄기 식물이 포함되어 있다.

1957~66년 국가에 인도된 곡물량*(단위: 100만 톤)			
연도	인도된 양	연도	인도된 양
1957	39.8	1960	42.8
1958	55.7	1961	32.1
1959	55.9	1962	44.9

* 세금이나 의무 판매량의 형태로 국가에 인도된 양.

1957~60년 곡물 소비량 감소(킬로그램/1인)			
연도	국가 전체 소비량	도시의 소비량	농촌의 소비량
1957	203	196	204
1960	163.5	192.5	156

Nicholas R. Lardy, *Agriculture in China's Modern Development*, Cambridge University Press, 1983의 중국의
공식 통계 수치에 근거.

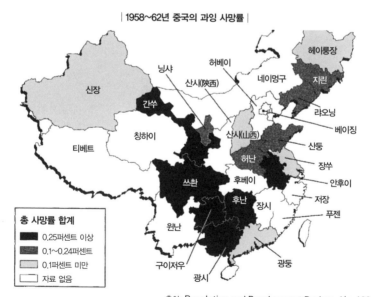

| 1958~62년 중국의 과잉 사망률 |

출처: Population and Development Review, déc. 1984.

자료 소개

1959년 봄(1959년 5월 16일자《뉴욕 타임스》기사) 이후 미국인들이 그 정도를 의심하기 시작했으며, CIA 보고서가 나온 1961년 봄부터《더 차이나 쿼털리The China Quarterly》를 통한 기나긴 논쟁이 종결되었던 1962년 12월 사이에 대부분의 중국 전문가들이 인정했던 재난의 규모는 1980년에야 비로소 그 실체가 정확히 드러났다. 사실상 재난이 발생한 지 20년이 지나서야 중국 대륙의 인구학자들은 당시까지 베일에 싸여 있던 통계 수치를 공표했다. 그 통계는 정확한 1차 자료를 토대로 만들어진 연구 계획을 통해 드러난 사실을 보강하고 수정한 것이었다.

이제야 우리는 농촌 지역의 사망률이 1958년 1.26퍼센트에서 1960년 2.868퍼센트로 증가했음을 정확하게 알게 되었다. 중국 중부와 서부의 여러 성들후난, 간쑤, 닝샤, 구이저우, 광시, 쓰촨의 사망률은 5퍼센트을 웃돌았다. 안후이 성은 6.8퍼센트로 기록적인 사망률을 보여주었다. 출산율 역시 심각하게 하락했다. 1958년 3.4퍼센트에서 1960년 1.8퍼센트로 하락했지만, 1962년 4.3퍼센트로 상승했는데, 이는 이러한 종류의 재앙에 정통한 전문가들에게는 잘 알려진 '인구 회복 과정'에 힘입은 것이었다. 공식적인 수치에 따르면 3년 사이에 1,300만 명이 사망한(물론 중국의 공식적인 통계를 신뢰하지 않는 일부 서구의 전문가들은 자세한 연구를 토대로 이 수치보다 두 배 이상이 사망했다고 말한다) 중국은 14세기 중엽 서유럽의 흑사병을 연상시킬 정도의 엄청난 인구 손실을 겪었다. 최근 야스퍼 베커Jasper Becker, Hungry Ghosts가 특히 후난 성과 안후이 성을 대상으로 조사한 연구 결과 덕분에 이 재앙의 규모를 좀 더 잘 이해할 수 있게 되었다.

376

나이 피라미드에 대한 설명

1961~62년 시기 그래프 막대가 밖으로 튀어나와 있는 부분을 분명하게 확인할 수 있다. 공식적인 통계에 의하면 연간 사망자 수는 1957년 700만 명에서 1958년 800만 명으로, 1959년에는 900만 명으로 증가했으며, 1960년에는 1,500만 명, 1961년에는 1,200만 명, 1962년에 가서는 650만 명으로 감소했다. 이는 암흑의 해라고 할 수 있는 3년 동안 1,800만 명이 사망했다는 것을 의미한다. 1982년 발표된 성 단위 자료를 이용한다면 이 수치를 상향 조정해야 할 것이다. 모든 인구학자들은 2,300만 명이 사망했다고 확신하고 있으며, 일부 학자들은 3,000만 명까지도 추정하고 있다. 출생자 수는 1957년 2,150만 명에서 1958년 1,850만 명으로, 이어 1959년에는 1,600만 명으로 떨어졌으며, 1960년에는 1,300만 명이 1961년에는 1,450만 명으로 증가했다. 1962년에 가서야 2,400만 명이 되었으며, 1963년에 2,700만 명으로 증가했다. 1960년 중국은 출생자 수에 비해 사망자 수가 200만 명 더 많았다.

통계표에 대한 설명

위의 세 통계표를 통해 재앙에 대한 분석을 할 수 있다. 첫 번째 표는 기록적인 수확을 거둔 1958년과 최악의 흉년을 겪었던 1960년 사이에 곡물 생산이 4분의 1 감소했음을 보여준다. 그러한 감소는 예외적인 것이다. 1962년 류사오치는 그 원인의 30퍼센트는 1959년과 1960년 사이에 발생한 자연재해에, 그리고 70퍼센트는 인간의 잘못에 있다고 지적했다. 그러한 진술은 분명한 사실이며, 이전 시기에도 가뭄과 홍수 때문에 최고 5~10퍼센트까지 생산량이 변동했다.

통계 수치를 조정했음에도 불구하고, 불행하게도 1958년의 공식적인 수확량 통계는 1958년 가을 3억 7,500만 톤이었으며, 1959년 가을에도 여전히 2억 5,000만 톤에 달했다. 농민들이 국가에 의무적으로 인도해야 할 양은 바로 이러한 그릇된 통계에 근거해서 정해졌다. 열의에 찬 공산당 간부들은 이러한 방법을 통해 쓰촨 분지 일부 마을의 수확량 전체를 거두어들였기 때문에, 겨울이 시작되자마자 농민들은 이사를 했다.

두 번째 표는 분명한 기근 상황임에도 불구하고 1958년보다 1959년에 국가에 더 많은 곡물을 인도했으며, 1962년에 되어서야 국가에 인도하는 양이 눈에 띄게 줄어든 사실을 보여준다.

세 번째 표는 자의적으로 농민을 희생시킨 이러한 정책의 영향을 나타내고 있다. 1957년과 1960년 사이 도시의 곡물 소비량은 약 3퍼센트가량 감소했다. 농촌에서는 곡물 소비량이 4분의 1 줄어들었다. 그러나 위기가 닥치기 전 1인당 하루 곡물 소비량은 약 1,900칼로리이다. 따라서 도시에서의 곡물 소비량 감소는 결국 영양 결핍을 초래했다. 농촌에서는 생존에 필요한 최소 칼로리보다 훨씬 낮은 1,500칼로리로 하락했다.

지도에 대한 설명

이 지도는 '지나치게 높은 사망 지수'에 근거하여 만들었다. 자의적이긴 하지만, 나름의 의미가 있는 이 지수는 지수 작성에 이용된 두 수치, (A) 와 (B)를 근거로 만들었다. 기본적인 자료는 중국 대륙 연구자들이 수집한 정보에서 나온 것이다. 그들이 실시한 것은 단순한 조사가 아닌, 진정한 의미의 인구 조사였다.

수치 (A)는 1956년과 57년 사망률의 평균을 내서 작성한 것이다. 중국 전체의 사망률은 1.11퍼센트이며, 도시는 0.795퍼센트, 농촌은 1.145퍼센트이었다.

수치 (B)는 1958년부터 62년까지 5년 동안, 수치 (A)와 비교하여 사망률이 증가한 부분을 합산하여 작성한 것이다. 중국 전체 사망률 증가 부분은 1958년 0.0079퍼센트, 1959년 0.0314퍼센트, 1960년 0.1291퍼센트, 1961년 0.0283퍼센트, 1962년 −0.0097퍼센트이었다.

수치 (B)를 합산한 수치는 0.187이다. 따라서 (A)1.207×(B)0.187＝0.2257퍼센트와 비교할 때, 0.187은 과다한 사망률이라 할 수 있다.

농촌에서의 사망률은 1.8~2퍼센트에 달했을 것이다. 따라서 한 촌락에서 말 그대로 열 명 가운데 한 명이 죽었다는 증언은 신뢰할 만하다.

단 한 차례 실시된 인구조사 결과를 이용할 수 있는 후베이 성이 분명 포함되어 있을 이 과잉 사망률 지도는 오늘날에도 여전히 그릴 수 있는 농민들의 빈곤도를 나타내는 지도와 일치한다. 이 지도는 또한 이른바 '민공民工'이라 불리는, 도시로 일거리를 찾아 나서는 중국 농촌의 인구 유출 지역의 지도와도 부합한다. 역사 시대 중국이 내륙의 빈곤한 황색의 중국과 해안 지역의 부유한 푸른색의 중국의 두 부분으로 분할된 것은 마오쩌둥 시대 이후이며, 경제개혁 시기보다 앞선 때였다.

1966년 문화 대혁명 당시 베이징에서 시위하는 홍위병

마오쩌둥의 초상화를 들고 가두 행진하는 광경.

마오쩌둥 주석 만세! 중국공산당 만세!

프롤레타리아 문화 대혁명 만세!

자료 소개

이 사진들은 하이뎬구海淀區 대학촌에서 멀지 않은 베이징 서쪽의 웨이궁춘衛公村에서 1966년 6월 초에 촬영한 것이다. 베이징 외국어학원 학생들의 시위 모습을 담았다. 1966년 6월 2일 《인민일보》에서는 녜위안즈聶元梓가 붙인 대자보는 "마르크스-레닌주의를 명백하게 천명한 최초의 대자보"라는 마오쩌둥의 언급을 게재했다. 이 대자보는 베이징 대학과 근접해 있는 외국어대학 교정에 나붙었으며, "자본주의 부활의 여정"에 참여하고 있는 베이징 대학의 상층부를 비판했다.

이 사건을 언급한 같은 날짜 사설을 통해, 이 신문은 "마오쩌둥 주석에 반대하는 모든 사람들은 나이와 신분에 관계없이" 쫓아내야 한다는 사실을 덧붙였다. 몇 주에 걸쳐 기말시험을 치르고 있던 학생들에게는 물론이고, 자신이 평생 종사한 직장을 담보로 했던 나이 많은 사람들에게, 그러한 선언은 반란을 일으켜야 한다는 호소로 들렸다.

격앙된 캠퍼스의 기숙사에 떠돌아다녔던 그 밖의 동일한 내용의 대자보들 또한 그처럼 이상한 분위기를 조성하는 데 일조했다. 따라서 그러한 대자보와 관련하여 마오쩌둥에게 쏟아진 언급과 당시 정치경찰의 우두머리였던 캉성의 질문에 대한 답변은 다음과 같이 등장했다. "5월 25일 녜위안즈의 대자보는 20세기 들어 1960년대 중국에서 탄생한 베이징 코뮌의 선언이다. 그 영향력은 파리 코뮌을 뛰어넘는 것이다." 이러한 언급은 얼마 뒤인 8월 1일 칭화 대학과 연합한 고등학생들사람들이 처음으로 그 학생들을 홍위병이라 불렀다을 대상으로 한 한 통의 편지에서 다음의 한마디로 요약되었다. "반란은 정당하다."

이 사진에 등장하는 시위는 당 고위 관리이자 공안부장을 맡고 있던 셰푸즈謝富治가 외국어학원에 등장했다는 소식이 알려지자 발생한 것이었다. 캉성, 장칭과 연계되어 있었던 이 강력한 인물은 1966년 여름 류사오치의 몰락에 중요한 역할을 했다. 외국어학원 학생들은 1주일 전 녜위안즈가 베이징 대학 총장에게 던졌던 용어와 똑같은 용어를 사용하여 외국어학원 원장을 비난했다.

설명

표지판에는 "마오쩌둥 주석 만세", "중국공산당 만세"라는 말과 함께 오직 마오쩌둥의 초상화만 등장한다. 축복받은 당은 마오쩌둥의 당이며, 그들 시위자에게는 마오쩌둥만이 유일하게 위대한 지도자로 남아 있었다.

이상한 여름 내내 기승을 부렸던 모든 '반란자들'은 인민해방군 선전담당자들이 만든 붉은 소책자에 등장하는 마오쩌둥의 말을 인용하면서, 과격할 정도로 마오쩌둥 개인숭배 태도를 보이기 시작했다.

1966~67년 겨울이 되자, 상하이 대규모 공동주택 세입자들의 생활상을 규제하는 위원회는 청시請示*라 불렸던 일종의 이상한 종교적 의식을 통해 이 '반란자들'과 행동을 같이했다. 매일 아침 9시와 저녁 6시에 각 건물의 거주자들은 건물 입구에 집결했다. 거대한 마오쩌둥의 초상화를 건물 외벽에 내걸었다. 참석자들은 붉은 소책자에 나오는 구절을 두 번씩 읊조리는 사이에 전날 자신의 잘못을 초상화 앞에서 고백했다. 자신의 행동거지를 고치기 위해 모든 사람들이 이 모임에 엄숙하게 참여해야

◆ 1967년 8월 2일 당시 상하이시혁명위원회의 마톈수이(馬天水)를 중심으로 〈주택 분배를 통해 일부 직공과 노동자들이 당면하고 있는 주거 문제의 해결에 관한 청구보고〉라는 긴 제목의 문건을 발표했다. 이 문건을 통해 당시 일부 노동자들의 거주 문제가 해결되었지만, 본문에 등장하고 있는 것처럼, 집단생활을 강요받았다.

했다. 계단 청소를 게을리했다거나 신경질적인 부모가 아이를 때렸다는 매일 반복되는 이야기에 청중들이 싫증을 내면, 위원회는 다른 방법을 동원하여 집회를 좀 더 재밌게 만들려고 노력했다. 즉 다른 건물의 주민들이 고백한 '최악의 행태'를 제시하는 것이었는데, 그러한 이웃 주민들의 행태란 늘 되풀이되던 것이었으며, 다른 주민들에게 특별히 교훈이 될 만한 것들을 잘 정리한 것이다.

1978~1988년 안후이 성의 인민공사 해체 과정

1978년 12월 어느 날, 안후이 성 펑양(鳳陽) 현 리위안(梨園) 인민공사에 속해 있던 샤오
강촌(小崗村) 생산대의 한 초라한 초가집에서는 이 생산대의 부책임자인 옌훙창(嚴宏昌)
이 21명의 농민을 모아놓고 희미한 석유 등잔 밑에서 비밀회의를 주재하고 있었다. 회의
내용은 그들 21명 중 18명은 지장을, 나머지 3명은 도장을 찍어 체결한 계약서에 관한
것이었다. 어설픈 필체로 작성된 이 계약서에는 다음의 내용이 들어 있었다. "우리는 가
족 단위로 현재 우리의 토지를 분할한다. 모든 가장들은 여기에 서명을 하거나 도장을
찍어 이 사실을 확인한다. 이후 만약 우리의 이러한 방식을 사람들이 제재하지 않는다
면, 여기 있는 가족들은 매년 국가에 의무적으로 인도해야 하는 곡물을 미리 공제하고,
국가에 더 이상 금전이나 곡물을 요구하지 않는다. 그렇지 않을 경우 우리는 기꺼이 감
옥에 가거나 우리에 대한 처단을 받아들인다. 인민공사의 모든 구성원들은 자식들을 18
세까지 양육하는 데 동참한다." 해당 계약서는 현재 베이징의 중국혁명기념관에 보존되
어 있다.

옌훙창: "우리는 다시 토지의 주인이 되었다."

최근 상부에서 온 당 간부는 우리를 볼 때마다, 어떻게 포간도호[包干到戶, 가정청부생
산책임제(家庭請負生産責任制)]라는 생각을 하게 됐느냐고 물었다. 우리는 한결같이 어
쩔 수 없이 그러한 생각을 하게 되었다고 대답했다.

우리 펑양 현은 걸인이 많기로 아주 유명했다. 펑양 현 중에서도 샤오강촌은 걸인이 가
장 많은 곳이었다. 옛날에는 모든 가족들이 다른 곳에서 구걸을 하기 위해 마을을 떠났다.

1978년 펑양은 100일 동안 계속된 커다란 가뭄을 겪었다. 샤오강촌의 토지가 말라 갈
라졌으며, 초목이 갈라지고 노래졌다. 콩이 영글지 않고, 옥수수 이삭이 패지 못했다. 대
부분의 가을 작물을 수확하지 못했다. 그해 국가는 구제 명목으로 우리에게 11개월분의
곡물을 제공했다. 그러나 토지가 너무 굳어 경작이 불가능한 지경이었다. 또한 가을의
파종도 늦어졌다.

당시 우리는 우리 현의 마호공사(馬湖公社)에서 포간도조(包干到組)◆를 실시하여 가을
파종을 앞당겼다는 소식을 듣게 되었다. 우리는 마호공사의 예를 따르기로 했다. 우리는
샤오강촌의 스무 가구를 4개의 노동 단위로 나누었다. 그러나 4개의 노동 단위로는 운

◆ 포간도호 직전에 실시된 책임 생산제를 말하는 것으로, 이 포간도조 제도를 거쳐 포간도호 제도가 만들어졌다.

용이 잘되지 않았다. 그래서 우리는 다시 8개의 노동 단위로 나누었다. 그러나 진정한 의미의 협력이 이루어지지 않았다. 이에 마을 노인들에게 자문을 구했다. 촌로들은 이전에 '책임전(責任田)'이라는 것이 시행되어 잘 운용되었기 때문에 심지어 '구명전(救命田)'으로 불렸다고 말했다. 그 말을 들은 나는 매우 기뻤다. 나는 그 사실을 생산대장인 옌준창(嚴俊昌)과 의논했다. "왜 우리는 포간도조나 포간도호를 시행할 수 없을까?"

인민공사 구성원들이 모인 자리에서, 모든 사람들은 다음과 같이 말했다. "그 계획에 찬성한다. 그렇게 하자!" 그리고 일부 사람들은 다음과 같은 주의가 필요하다고 말했다. "이는 현행법과 완전히 다른 것이다." 나는 몸을 일으켜 다음과 같이 말했다. "만약 모든 사람들이 동의한다면, 이것을 비밀리에 시행합시다. 우리는 당 지도자들을 변화시킬 수 있으며, 우리끼리 이 제도를 잘 시행할 수 있을 것입니다. 만약 그렇게 진행되지 못해, 우리의 장밋빛 계획이 탄로 나 간부들이 우리를 괴롭힌다면, 옌준창과 제가 모든 책임을 질 것입니다." 나는 매우 큰 소리로 외쳤지만, 전혀 두렵지 않았다. 그 옛날 (안후이) 성에서 '책임전'에 대한 비판이 제기되었을 당시, 10여만 명의 간부들이 비판을 당한 끝에 투옥되었다. 그러니 얼마나 많은 가족들이 망가졌겠는가!

1956년 우리의 샤오강촌 생산대는 '고급사(高級社, 우수 협동농장)'로 승격했으며, 경쟁 끝에 인민공사가 되었다. 이후 일련의 캠페인이 지속적으로 전개되었다. 즉 "우경 기회주의자 반대(反右傾機會主義)", 부르주아지의 "백기(白旗)를 걷어내고(撤尾巴)" 홍기(紅旗)를 세우라, "책임전을 없애라(砍責任田)", "자본주의의 흔적, 개인 소유의 토지, 수공업 활동, 가족이 사육하는 가축과 같은 꼬리를 잘라라(割尾巴)", "소생산자를 비판하라(批小生産)"와 같은 구호가 등장했다. 1974년 열여덟 가구가 있는 샤오강촌의 간부들은 18명으로 구성된 노동단을 보내 노선교육(路線教育)을 받도록 했다. 따라서 나는 이처럼 엄청난 규모의 계급투쟁이 전개되는 이유를 생각했다. 왜냐하면 샤오강촌에는 지주나 부농이 없으며, 하중농(下中農)층을 제외하면, 빈농(貧農)과 고농(雇農)뿐이기 때문이다. 그러나 '철 빗자루'와 같은 엄청난 비판이 모든 것을 휩쓸게 되면, 아무도 그 소용돌이를 빠져나오지 못한다는 것을 누가 짐작이나 할 수 있었겠는가? 어쩔 수 없이 투쟁을 전개해야 했던 훙둥 현에는 좋은 사람이 아무도 없는 것이다. 그러나 우리 마을의 한창 일할 나이에 있는 17명 중 14명이 이미 생산대의 책임자나 부책임자가 되었기 때문에, 이제 더 이상 책임자 역할을 할 사람이 남아 있지 않다.

근래 우리는 우리에게 할당된 노동과 시간이 무엇이든지, 그리고 그 장소가 어디이든지 "맹목적으로 복종"해야만 했다. 우리에게 경작하기를 요구한 작물이 무엇이든지, 또한 할당된 면적이 얼마이며 그 장소가 어디이든지 "명령을 들으면 그것을 시행"해야만 했다. 다른 한편, 사람들은 우리 빈농과 중빈농이 인민공사의 주인이 되어야 한다고 말했다. 그러나 또 다른 한편에서는 사람들이 우리를 마치 "죄수"처럼 통제했다. 60년대 초반, 우리 생산대에서는 60명 이상이 아사했으며, 여섯 가구가 완전히 사라져버렸다(당시 농촌의 보통 가구당 인구가 5명 내지 6명이었다는 점을 고려하면, 이 수치는 전체 인구 중 55퍼센트가 사망했음을 의미한다). 샤오강촌은 매우 가난한 마을이었다. 그러한 빈곤에서 탈출할 만한 수단도 찾을 수 없는 곳이었다. 바로 이런 이유 때문에 위험을 무릅쓰고라도 가족 단위로 토지를 분배해야만 한다.

인민공사 서기가 샤오강촌에 도착했을 당시, 그는 가족 단위로 일하는 우리가 놀랄 만큼 열성적이라는 점을 알게 되었다. 그는 우리가 가족들에게 토지를 분배한 사실을 짐작했다. 그는 나에게 질문을 되풀이했다. 나는 결국 사실을 인정했다. 그는 목소리가 변할 정도로 대경실색했다. 그는 끊임없이 다음 이야기를 반복했다. "가족들에게 분배한 토지를 완전히 원상태로 복구해야만 한다." 옌준창과 나는 그에게 이렇게 말했다. "상급자들이 전혀 조사를 진행하지 않았으며, 우리를 비난하지 않고 있는 이상, 당신이 할 수 있는 말이라고는 전혀 그런 상황을 알지 못했다는 것밖에 없다. 결국 책임은 우리 두 사람이 질 것이다."

1979년 4월 현(縣) 서기인 천팅위안(陳庭元)이 리위안 인민공사에 와서 보고를 들었다. 보고를 다 들은 뒤 그는 다음과 같이 말했다. "이미 토지를 가족 단위로 분배한 이상, 가을까지 그대로 둘 것이며, 그 후 이 문제를 숙고할 것이다."

가을 추수가 끝난 후, 샤오강촌의 전체 곡물 생산량은 13만 9,000파운드에 달했는데, 1966년부터 70년까지 5년 동안의 곡물 생산량과 맞먹는 양이었다. 스무 가구 가운데, 열두 가구는 각각 1만 파운드를 생산했다. 우리는 단번에 국가에 6만 5,000파운드의 곡물을 양도하거나 판매했다. 모든 현에서 샤오강촌이 가장 앞선 생산대가 되었다.

1980년 1월, 완리 동지가 샤오강촌에 왔다. 그는 한 군데도 빠짐없이 모든 가구를 방문했다. 그는 젊은이와 노인들과 대화를 나눈 후, 네 시간 동안 마을과 그 주변을 돌아봤다. 모든 가구의 곡식 창고가 가득 찼으며, 퇴비 더미도 잘 정돈된 것을 그는 확인할 수 있었다. 심지어 그는 마을 사람들이 다음과 같은 노래를 부르는 것을 듣기도 했다. "그렇다네. 포간도호야말로 기막히게 좋은 것이라네. 당 간부와 대중들은 그것의 시행을 원하고 있다네. 3년 내지 5년 동안 그것을 시행하도록 내버려둬야 한다네. 그러면 곡식이 남아돌 것이며, 연료로 사용할 수 있는 짚 더미가 생긴다네."

그는 웃음을 터뜨리면서 대뜸 다음과 같이 선언했다. "3년 동안 포간도호의 실시에 동의하는 바입니다." 고위 지도자가 이처럼 열린 태도를 보여줄 수 있으리라고는 전혀 상상하지 못했다.

이 자료에는 이런 과정을 통해 다시 토지의 주인이 되었으며 자신의 노동 결과를 더 이상 날조하지 않아도 되어 만족해했던 농민들이 열심히 일하여 놀랄 만한 성취를 얻었다는 사실도 기록되어 있다. 3년 만에 생산량이 열 배로 증가했으며, 1976~77년 당시 30위안이었던 농민의 1인당 연간 수입이 1986~87년에는 550위안으로 증가했다.

"Aux origines de la réforme", *Perspectives chinoises*, Centre d'études et d'information-tion sur la Chine, no.5~6, 1992, pp.22~29에서 발췌

자료 소개

이 자료는 중국 고위 지도자들이 언급한 원문 자료를 소개하는 것으로 유명한 잡지에 실려 있다. 이 잡지는 중국의 공식 통신사인 신화사가 발간한다. 덩샤오핑 역시 《덩샤오핑 선집: 1975~82년》Éditions en langues étrangères, 1985의 농촌 정책을 언급한 309쪽에서 이 문제를 언급한 바 있다. 그는 다음과 같이 말했다. "1980년 5월 31일, 〈평양화고鳳陽花鼓〉♦라는 노래에서도 그 지역의 가난을 읊었던 평양 현에서는, 포간도호를 채택한 대다수의 생산대가 지역 상황을 완전히 뒤바꾸는 데 불과 1년밖에 걸리지 않았다."

이 이야기는 안후이 성 북부의, 늪지대와 낮은 구릉이 자리 잡고 있으며, 벙부蚌埠 현 부근의 화이허 분지에 있는 매우 가난한 지역에서 나온 것이다. 이 자료가 암시하는 것처럼, 걸인이 많고 기껏해야 민공 자리나 얻기 위해 베이징이나 상하이로 많은 사람들이 유출되었다는 것이 이 지

♦ 명(明)을 건국한 주원장은 강남의 부호들을 자신의 고향인 평양에 대량 이주시켰는데, 강남 부호들에게는 평양이 낯선 곳이어서 생활하기가 쉽지 않았다. 따라서 도망치려고 하는 사람이 많아지자, 주원장은 그들의 평양 탈출을 금지시켰다. 그러자 그들 강남 사람들은 거지로 위장하여 화고를 치면서 평양을 빠져나갔는데, 이때 그들이 북을 치면서 부른 노래를 '평양화고창'이라 한다. 제일 유명한 것은 〈평양가鳳陽歌〉이다.

역을 설명하는 틀에 박힌 말이었다. 쓰촨 성에서 자오쯔양의 주도 하에 유사한 변화가 일어났던 것과 마찬가지로, 완리의 주도 하에 '책임 제도'가 소멸되기 시작한 곳이 바로 이곳이었다. 위 두 경우에서, 대담한 공산당 성省 서기들은 1977년 여름 초순부터 공산당의 2인자가 된 덩샤오핑의 지지를 등에 업고 있었다. 이 자료를 통해 우리는 덩샤오핑의 개혁 탄생을 확인할 수 있다.

《요망遼望》이라는 잡지의 출간 시기인 1988년 10월은 자못 흥미롭다. 여름이 다 갈 무렵, 중앙위원회는 베이다이허北戴河 회의에서 개혁의 속도를 늦추고 급격한 인플레를 잡기 위해 대출을 동결하기로 결정했다. 리펑의 권력이 상승했던 반면, 자오쯔양은 결정적인 패배를 당했다.

1년 중 이 여름 시기에 농민들의 불만이 특히 고조되었다. 1978년부터 시작된 농민들의 수입 증대는 1986년에 이르러 정체되기 시작하여 1989년에는 하락세로 돌아섰다. 그러한 불만은 농촌 간부들의 권력 남용에 대한 고발로 나타났다. 실제로 당 간부들은 인민공사가 해체된 후 정부로부터 재정적 지원을 받지 못한 대규모 지출을 충당하기 위해 세금을 자의적으로 늘렸다. 당연히 그러한 세금의 일부는 부정직한 관리들의 주머니 속으로 들어갔으며, 더구나 그들 관리들은 '경기 과열'을 이용하여 투기 목적으로 공공자금을 전용하는 경우도 있었다. '포간' 계약에 근거하여 정부 대리인들이 구매한 곡물의 공급을 위해 사용되어야 할 자금들이 이런 과정을 통해 농촌 여러 곳에서 전용되었다. 공급한 곡물 대신 농민들이 받은 것은 '백표白票', 즉 지불 보증서에 불과했다. 농민들은 또한 경제개혁의 결과에도 실망했다. 시장의 경색으로 농산물 가격이 급격히 하락하면, 산업 생산이 불충분하여 비료, 경작 기계, 펌프 등의 가격이 상승했다.

위의 자료 후반부에는 그러한 고전적인 형태의 '가위 위기농산물 판매 가격의 하락과 농업에 필요한 생산품의 가격 등귀'와 함께 부패 간부들의 알선으로 '가짜' 살충제, '가짜' 석탄, '가짜' 시멘트다시 말해 잘못 제조되어 사용 불가능한 것들가 농민들에게 공급되었다는 사실이 정확하게 기재되어 있다. 이 자료는 베이징에 농민 대표단을 보내 완리와 자오쯔양을 만나게 한다는 사실을 공표하는 것으로 끝을 맺고 있다.

설명

당시 중국공산당 서기로서 마오쩌둥의 후계자인 화궈펑이 집단 생산 방식을 강화하려 했던 것과는 달리, 샤오강촌 사람들은 생산대의 토지를 개인에게 분배했다. 이 자료에 등장하는 가장들의 비밀스런 모임의 극적인 성격은 이미 이전에 그러한 토지 분배를 시행했던 사람들에게 가해진 탄압과 가혹함을 말해준다. 1956~57년 백화제방 당시, 그러한 토지 분배를 시행한 사람들은 '우파'로 고발되었으며, '반동분자'로 규정되었다. 대약진 운동에서 비롯된 기근 이후, 이 자료에서는 '책임전責任田'으로 표현된 '삼자일보' 체제 역시 자본주의 복귀를 바라는 것으로 간주되어 비판당했으며, '계급의 적'으로 규정되었다. 그들은 결국 라오가이에 감금되거나 '숨겨진 반혁명분자'로 처형될지 모른다는 위협에 시달렸는데, 그러한 상황은 그들 가족이 파멸될 수도 있음을 보여주는 것이다.

이 자료에는 여러 차례 그러한 '공포'가 언급되어 있다. 따라서 가장들의 모임이라는 전통적인 틀 안에서 전형적인 방법으로 가담자들 사이에 협약이 맺어졌다. 1863년부터 68년 사이에는 염군捻軍들의 반反만주 반란의 무대였으며, 이어 1920년대에는 홍창회의 영향을 받은 농민들의 저항이 발생했던 북중국 부근의 주민들은, 이전부터 내려오는 비밀결사에 대한 기억을 분명히 갖고 있었다. 그들 주민들은 도적 떼, 군인, 세리稅吏 들에 대항하기 위해 마을의 건강한 남자들을 모집했다. 이의가 제기되었던 현장의 분위기는 수직적이 아니라 수평적인 것이었다. 자료에 언급된 것처럼 마을의 모든 사람들은 가난했다. 그들은 외부인들, 즉 자신들을 기만한 부도덕한 간부에 대항하기 위해 모든 것을 동원했다. 그것은 마오쩌둥이 중요시했던 신화적인 '계급투쟁'이 아니라, 뤼시앵 비앙코가 지적하는 것처럼 촌락의 자위행위였다.

'포간제도'라는 이름으로 시행된 체제는 '책임전'이라 불린 제도의 가장 모범적인 형태였다. 생산대대를 분리했다는 언급이 매우 짧게 등장하는 것은 주목할 만하다. 안후이 성 북부에서는 포간제도의 변화가 매우 빠르게 이루어졌지만, 기타 지방에서는 1982~83년 이후에야 비로소 전면적으로 실시되었다. 그리고 그것이 현재 중국에서 채용하고 있는 제도이다.

해설

이미 현당시 중국에는 약 2,000여 개의 현이 있었다으로 승격된 지역을 기준으로 했을 때, 이 자료에 언급되어 있는 것처럼, 현 단위 이하 당원과 상급 당원 사이의 의견 교환은 강조할 만한 가치가 있다. 그들 사이의 의견 교환은 중국 전체를 하나로 환원시키려는 견해에 반대하여 거짓으로 기록된 것이다. 그것은 특히 당시 농민들이 은폐, 명백한 의견 일치, 그리고 극도의 신중함을 통해 농촌의 현실을 얼마나 난해하게 만들었는지를 보여준다.

모든 정책이 시행될 때마다 보호자 역할을 했던 "책임감 있는 훌륭한 공산주의자" 완리가 사람들의 비위를 맞추는 모습을 보였던 것은, 정면

대결을 피하고 우회적인 정책을 실시한 것이 실패했음을 말해준다. 1916년 산둥과 가까운 지역에서 태어난 이 고위 관리는 덩샤오핑 치하에서 자신의 경력 대부분을 보낸 사람으로, 1949년 이후 친덩샤오핑계의 일원이었다. 덩샤오핑의 복권 직후, 그의 요구에 따라 1977년 6월 안후이 성 제1서기가 된 그는 당시 잠깐 동안 당 총서기직에 있었던 화궈펑의 '집단주의적' 노선과 정면으로 배치되는 개인의 토지 사유 허용과 농민들의 자유 시장에 관한 7개 항의 계획을 1978년 시행했다. 위의 자료에 등장하는 것처럼, 대규모 가뭄에 대한 대책을 논의하면서 1978년 겨울 이후 완리는 안후이 성 북부 지역에 '포간도호' 정책을 시행했다. 이런 방법을 통해 그는 이 책에서 언급한 것처럼 대약진 운동에서 비롯된 엄청난 기근 때문에 사람들의 뇌리 속에 항상 내재되어 있는 망령을 이용했다. 그 망령이란 다름 아닌 기근으로 마을 주민의 절반이 죽을지도 모른다는 것이었다. 1979년 완리는 그 제도를 안후이 성 전체로 확대 시행했다. 1980년 6월 베이징으로 부름을 받은 그는 당 농업 정책의 운용 책임자가 되었다. 즉 그는 클로드 오베르Claude Aubert가 지적한 것처럼, 농촌에서 시작된 "조용한 혁명"을 주도한 장본인이 되었다.

그런 점에서 때맞추어 발간된 위의 자료는 완리의 영광을 이야기하는 한편, 일부 사람들은 개혁 자체에 의문을 제기한 '보수파'들을 두려워했을 것이라는 점을 말해주기도 한다. 위의 자료는 중앙 정치 기구라는 틀 안에서만 일반인들의 자치적인 개입이 가능한 중국 정치 현실의 과정을 보여준다. 말하자면 그것은 정치적 합법성에는 이의를 제기하지 않은 채, 권력의 신임만을 얻으려 다투는 경쟁자들 사이에 내재하는 투쟁 논리라는 점에서 틈새 민주주의라고 할 수 있다.

1997년 11월 20일 중국 민주주의 선언문

21세기 벽두에 이르러 중국은 우리들의 근대화 과정을 심화시켜야 했다. 근대화 과정을 심화시키지 못한다면, 세계는 우리 중국을 결코 용납하지 않을 것이다.

1. 민주화 과정의 시작

이러한 관점에서 중국은 이제 민주주의를 향한 첫걸음을 내디뎌야 했다.
1) 인민대표의 자유선거
   [……] 보통선거 제도의 수립을 통해, 현재의 인민대표회의를 진정한 의미의 국회로 탈바꿈시켜야 한다.
2) 언론과 결사의 자유
   [……] 일반 사람들은 정치적 혹은 비정치적 조직을 자유롭게 조직할 수 있어야 한다. 노동조합, 상인 단체, 농민 단체, 학생 단체, 종교 조직이 근대 중국의 주역이 될 수 있어야 한다.
3) 향(鄕)과 현(縣)을 토대로 한 당과 정치의 분리.

2. 좀 더 폭넓은 경제적 자유

경제 발전의 목적이 모든 사람에게 이익이 되려면, 국가 경제, 개인 경제와 외국인들의 투자가 동등하게 결합된 경제 체제를 수립해야 한다. 그 유일한 기준은 시장 법칙이다.
1) 진정한 경쟁 체제를 수립해야 한다. 국가는 모든 인민들이 속해 있는 단위이다. 따라서 모든 기업과 사유재산 사이에는 엄격한 평등이 이루어져야 한다. [……] 국가 경제 가운데 활력을 상실한 모든 영역을 퇴출하기 위한 수단으로서 영업 정지와 파산을 허용해야 한다. 외국인 투자자들은 국영기업과 동등한 취급을 받아야 한다.
2) 국가 경제에서 공공 경제로
   국가 경제는 공공기관의 모든 감시에서 자유로워야 한다. 감시가 이루어지면 국가 경제는 전반적인 이해관계를 해칠 수 있으며, 부패를 만연시킬 것이다. 중앙과 지방의 사법기구는 일반인들을 대표로 두는 국영 기업의 감독 기구를 설치해야 한다.
3) 시장 법칙이 기준이 되어야 한다. [……] 은행 대출은 오직 상업 원칙에 따라야 한다. 오늘날 은행들은 매우 다양한 고려를 해야 하는 처지에 있다. 경영을 잘못했지만 고위층의 비호를 받는 기업을 구제하는 것과 같은 일이 그 예이다. [……]

3. 문화적 다양성의 인정

대중을 동원하기 위해 당과 정부가 조직한 여러 문화적 활동들은 상당한 정도의 물질적·재정적 수단을 향유하고 있다. 결국에는 문화생활의 성공과 자유를 질식시키는 이러한 종류의 활동을 억제해야 한다.

4. 대외 정책의 변경

1) 지역 안정에의 기여: 특히 난사(南沙)군도와 시사(西沙)군도에 관련된 영토 분쟁을 해결해야 한다. 한반도 긴장을 유발하는 근본적인 원인을 없애야 한다. 건전하고도 안정적인 중일관계 수립을 위해 노력해야 한다.
2) 군비 경쟁의 중지
3) 인권 강화
4) 군비 통제 강화
5) 미국과 중국 협력 증진. [……] 미국의 매우 중요한 지위를 고려하는 것이 우선되어야 한다. [……] 역사적 이유와 현 상황에 비추어볼 때, 아시아 지역에서 두 나라의 상호 접근은 정당한 것이다.

5. 통일 정책의 수정

1) 홍콩. 홍콩의 장기적인 안정과 번영을 위해서는 급속하게 발전한 홍콩 주민들의 의식과 홍콩의 근대적 경제에 걸맞은 발달된 민주주의 제도를 수립하는 것이 급선무이다. [……]
2) 티베트. 티베트와 중국 양자의 이해관계를 고려하여 국제사회가 인정하는 완전한 '자치' 체제를 수립하는 것이 티베트에 장기적인 안정을 가져다줄 수 있다. 입법, 행정, 사법, 종교, 문화 등의 영역에서 티베트는 실질적인 자율성을 향유할 수 있어야 한다. [……]
3) 타이완. 양안 사람들의 관계를 개선하기 위해 엄격하게 준수해야 할 최소한의 일은 두 나라 국민의 이해관계를 해치고 국제 관계의 분위기를 손상시키는 모든 군사적 침략 위협을 금지하는 것이다.

결론

내적으로는 강력한 국가와 외적으로는 외부 세계에 대한 영향력 증대를 추구했던 구소련 브레즈네프의 활기 없는 안정성은 현재 중국이 추구하려는 모델이 될 수 없다. 1960년대와 70년대, 그리고 80년대에 이르러서도 민주주의에는 귀 기울이지 않은 채 부정부패 체제와 함께 오직 경제 발전만을 추구한 동아시아 일부 국가들을 뛰어넘는 모델을 추구하는 것 역시 불가능하다. 1989년 6월 4일의 사건에 대한 완전하고도 전체적인 회복이야말로 정치적·사법적 정당성을 실현하기 위한 중요한 요소라는 점을 우리는 확신한다. 마지막으로 우리는 우리의 민주주의적인 이상과 함께 중국의 심원하고도 역사적인 변화를 열심히 진전시킴으로써, 21세기 벽두를 가로지르는 희망찬 미래와 함께 우리의 힘과 이 세대(世代)를 대변할 수 있다고 확신한다.

팡줴(方覺), 1997년 11월 20일(1998년 1월 10~11일자 《르피가로Le Figaro》지에 실린 원문에서 발췌)

자료 소개

이 자료는 1998년 1월 24일자 《르몽드Le Monde》지에 게재되었으며, 미국으로 추방된 두 사람의 유명한 반체제 인사 웨이징성과 리우칭劉青의 선언으로 그 진실성이 입증되었다. 팡줴는 현존 인물이다. 한때 그는 푸젠성 푸저우 행정 부서의 중급 간부였으며 중국공산당 당원이기도 했다. 1990년 말엽 중국 지식인들과 관계를 갖고 있었던 사람들에게는 그의 이러한 제안이 전혀 새삼스러운 것이 아니었다. 그는 당시 폭넓게 자리잡고 있었던 사상적 동향을 정리했다. 기자회견을 시도한 끝에 1998년 7월 베이징에서 체포된 그는 '경제 사범'이라는 죄목으로 1999년 7년 형을 선고받았으며, 2002년 7월에 석방되었지만, 그 해 11월 다시 체포되었다가 결국 2003년 1월 미국으로 추방되었다.

설명

'민주화 과정'을 담고 있는 이 자료의 일부는 1998년 인민대표회의에서 참고자료가 되었다. 2,980명의 인민 대표를 뽑는 과정에서 중국 사람들은 자신들의 진정한 대변자를 선출하지 못하고 있다. 첫 번째 단계의 선거에서 입후보자가 다수일 경우, 다음의 주요한 네 가지 사항을 받아들이지 않는 후보자들은 우선적으로 배제된다. 1) 중국공산당의 주도적 역할, 2) 현 체제의 사회주의적인 성격, 3) 인민민주주의 독재, 4) 정치적 선택 폭을 하나로 축소해버리는 마르크스-레닌주의와 마오쩌둥 사상에 대한 숭배가 그것이다. 다른 한편 간접선거에 의해 현또는 시 단위와 성 단위에서 다수자를 뽑는 현행 선거제도 때문에, 현 단위에서 한 명씩 선출되는 대표들은 유권자를 전혀 알지 못한 채 상위 유권자를 뽑는 선거에만 참여한다.

톈안먼 위기 당시1989년 4월 15일~6월 4일, 일부 학생들은 매우 공손한 태도로이 글을 팔에 끼고 무릎을 끓은 채로 인민대표회의가 민주화 운동에 유리한 태도를 취할 수 있도록 청원한 바 있다. 일종의 서구 모방주의에 영향을 받은 그들 학생들은 서구 민주주의 제도와는 달리 중국 인민 대표자들은 유권자를 대변하는 것이 아니라, 인민대표회의의 또 다른 형태인 당을 대변한다는 점을 망각했다.

1997년 9월 중국공산당 제15차 전국대표회의에서 발표한 장쩌민의 보고서에 그 대강이 등장했던 것처럼, 팡줴는 현 단위에서의 복수 입후보자 제도가 점차 확산되고, 인민회의 대표자들을 국민들의 진정한 대표자로 변모시키기 위해 선거제도가 바뀌어야 한다는 것을 분명히 희망했다. 노동조합 기관지인 《노동일보》가 1997년 12월 게재한 여러 기사를 통해 "중국의 정치적 근대화에서 비롯되는 여러 효과, 그리고 정치적 근대화가 없는 경제적 근대화 역시 절름발이"라는 사실을 환기시키면서 "절대 권력의 해체"를 요구했지만, 위와 같은 일련의 개혁은 아직 요원하였다. 마찬가지로 마오쩌둥의 비서이자, 그의 전기를 쓴 리루이 李銳 역시 1997년 12월 발간한 《해빙》이라는 소책자에서 여전히 '봉건적'인 상태에 머물러 있는 중국이 행정부와 사법부, 그리고 입법부 사이에 권력 균형을 이루기를 염원했다. 국회의 역할을 증대시키고, 중국 공산당이 치명적인 정치적 독선주의에서 벗어나는 것은 당시 인민대표회의 의장이었던 차오스喬石의 주요 관심사이기도 했다. 그러나 중국의 제3위 권력자였던 그 역시 중국공산당 제15차 전국대표대회에서 권력으로부터 소외되었다.

이 자료가 제시하고 있는 경제정책은 완전히 자유주의적이며, 국제통화기금의 우려가 담겨 있다. 아울러 중국공산당 제15차 전국대표대회에서 국가 기업의 경제적 특권의 해체를 요구한 장쩌민의 노선 방향과도 일치한다. 팡줴는 조심스러운 태도를 보였던 장쩌민보다 훨씬 앞서 나아갔으며, 장쩌민과는 달리 국영 기업 보호를 위한 어떠한 보호막도 상정하지 않았다.

외교 정책에서, 팡줴는 당시의 정책을 훨씬 앞질러 나아갔다. 티베트의 진정한 자치와 그가 권장했던 타이완의 독립 인정은 쉽게 납득할 수 있는 것이 아니었다.

해설

1998년 1~2월 중국 신문에 등장한 두 사건은 중국 민주주의에 대한 이러한 선언이 지니는 한계를 분명히 보여줬으며, 실질적인 의미를 가진 문제를 제기했다.

2월 9일《베이징의 봄》책임 편집자였던 왕빙정王炳章이 안후이 성 북부에서 체포되어 미국으로 추방되었다. 그가 편집한 잡지는 1978~79년 겨울 중국에 등장했으며, 뒤이어 미국에도 등장했다. 미국 시민이 된 왕빙정은 북중국 어딘가에서 정의당이라 불린 불법적인 정당을 창당하려 했다. 이러한 목적을 위해 그는 상하이, 허베이, 벙부蚌埠 출신 사람들과 비밀리에 접촉했다. 가는 도시마다 정치경찰이 추적했으며, 마카오를 떠나 중국에 도착하자마자 그는 함정에 걸려 체포되었다. 이러한 왕빙정의 이야기는 팡줘를 위시한 사람들과는 근본적으로 성격이 다르지만, 중국 체제에 정면으로 반대하는 세력이 있을 수 있으며, 동시에 그것이 불가능하다는 사실을 보여준다.

또 다른 사건은 1월 21일 발생했다. 그것은 중국의 지방 라디오 방송에 보도된 내용을 번역하여 SWBSurvey of World Broadcasting와 BBC 방송 게시판에 각각 게시된 실업 문제와 관련된 두 사건이었다. 주즈팡이라는 사람의 호소에 부응하여 자신들의 해고를 항의하기 위해 가두시위를 벌인 3501 유니폼 공장 직원들을 베이징 경찰이 저지했다. 주즈팡의 부인이 경찰에 굴복하여, 사태가 더 이상 확대되지 않았다. 그러나 산시山西성 다퉁大同에서 발생한 사건은 양상이 달랐다. 정치경찰은 현장에 가서 리칭시라는 사람을 체포했는데, 당시 41세였던 그는 자신이 일했던 병원이 문을 닫아 1994년부터 실직 상태에 있었다. 당시 사람들은 그가 환기가 제대로 되지 않는 갱도에서 가스가 폭발해 1996년 11월 다퉁에서 225명의 광부가 사망한 사건에 큰 충격을 받았다고 생각했다. 그는 독립적인 노동조합을 조직하려 했으며 정부가 인정한 노동조합원을 '꼭두각시'로 표현한 삐라를 마을에 뿌렸다는 죄목으로 기소되었다.

권력 기관의 명령을 충실히 따르는 공식적인 노동조합의 틀 밖에서 발생하는 모든 사회적 항의는 금지되어 있으며 탄압 대상이라는 사실을 환기시켜준다는 점에서 이 두 사건은 서로 연관성을 갖는다. 그러나 공식적인 노동조합의 지지를 거의 받지 못한 채, 경제정책에서 기인한 실업과 해고로 내몰린 사람들에 의한 파업, 일정 지역의 점거, 가두시위 형태의 항의가 동시다발적으로 증가했다. 체제를 명백히 반대하는 사람들은 산발적으로 발생하는 다양한 형태의 시위를 조직화하여 그것을 도시 한 중심의 정치세력으로 만들려고 한다. 체제 밖에서 행해지는 모든 정치적 행위를 성공적으로 차단할 줄 알았던 경찰은 그러한 행동의 변화에도 성공적으로 대처했다.

바로 이 점에서 한 가지 의문이 제기될 수 있다. 이러한 상황에 국민들이 동조하는 경계해야 할 상황이 발생하지 않도록 확고한 정치적 한계를 설정해야 한다는 점을 인식하고 있는 민주적 성향의 기술관료들이 중국 공산당 내부에 존재하고 있다는 증거를 위 자료는 보여주고 있는 것이 아닐까? 이렇게 가정한다면, 1983~86년 후야오방 주변에서 이미 발생했던 것처럼, 당 지도부 내부 논쟁의 몫으로 치부된 수많은 문건들과 위의 자료는 유사하다고 할 수 있다. 후야오방은 중국이 현 상태에 머물러 있는 것은 불가능하지만 브레즈네프 방식 때문에 구소련이 해체되었으며, 1997~98년 장쩌민 주변 인사들이 매혹적으로 생각했던 한국의 모델 역시 국가와 연계되어 있는 그 유명한 재벌들의 해체로 매력이 없어졌다는 점을 매우 능숙하게 환기시켰다. 결과적으로 또 다른 모델을 정립하여 현재 중국에서 확대 일로에 있는 사회적 위기에 대한 책임을 중국공산당원들이 다른 사람과 나눠 가질 수 있도록 해야 할 것이다.

그러한 모델이 단순한 술책이 아닌 한, 다소 어리둥절한 것이긴 해도 갖은 방법을 사용했던 중국의 예에서 볼 수 있듯이, 여러 모델 가운데 중국은 주저 없이 실용적인 행동양식을 택하게 될 것이다. 위의 자료를 만든 사람들은 중국의 체제가 더 나아질 수 있을 것이라는 것을 믿는 것처럼 보인다. 그렇게 함으로써 그들은 당 내부의 깊숙한 논쟁에 개입하게 되었는데, 그들의 그러한 논쟁은 민주주의자들이 중국의 현 체제를 동요시킬 수 있는 자유 영역을 확대하기 위한 것이라는 점에서, 결코 환상에 그치고 있는 것은 아니었다. 마오쩌둥이 즐겨 사용했던 중국의 속담을 다시 인용하여 말한다면, 그들은 "모래와 모르타르를 잘 배합했던 한편, 조직 내부에 존재하는 모난 돌멩이는 제거했다"고 할 수 있다.

청 제국의 멸망(1898~1911)

1898　6월 11일~9월 21일 광서제의 무술변법이 백일천하로 끝나다.

1900　6월 13일 의화단원이 베이징에 입성하다.

　　　6월 21일~8월 14일 의화단원이 베이징 외국 공사관을 점령하다.

1911　10월 10일 신군의 봉기로 혁명군이 우한 장악에 성공하다.

민국 초기(1912~27)

1912　1월 1일 난징에서 쑨원이 중화민국 건국을 선언하다.

　　　2월 12일 마지막 황제 푸이가 폐위되다. 청 제국이 멸망하다.

　　　2월 15일 공화국 총통직에서 물러난 쑨원을 대신하여 위안스카이가 당선되다.

1915　6월 6일 위안스카이가 급작스럽게 사망하다.

1919　4월 30일 베르사유 회담에서 산둥 반도에 대한 독일의 권한을 일본에 양도
　　　하기로 결정하다.

　　　5월 4일 1,500여 명의 학생들이 베르사유 회담 결정과 친일본 내각 형성에
　　　반대하는 시위를 벌이다.

1921　7월 1일 상하이에서 중국공산당이 창립되다.

1924　1월 20일 광저우에서 국민당 재건회의가 개최되다.

1925　3월 12일 베이징에서 쑨원이 서거하다.

　　　5월 30일 상하이에서 5·30운동이 일어나다.

1926　3월 20일 광저우에서 장제스가 쿠데타를 일으키다.

7월 27일 북벌이 시작되다.

1927 3월 21일 상하이 중국 관할 지역에서 노동자들의 세 번째 시위가 성공하다.

4월 12일 장제스가 공산주의자들과 상하이 노동조합원들을 대규모로 학살하다.

7월 15일 우한 정부와 공산당이 결별하다.

8월 1일 난창 공산주의자들의 봉기가 일어나다(홍군 탄생).

국민당 정부(1928~49년)

1928 10월 10일 장제스와 국민당이 중국을 재통일하다.

1931 9월 18일 '만주사변' 발발로 일본군이 만주 지역을 침략하다.

11월 7일 마오쩌둥을 우두머리로 장시 성 루이진(瑞金)에서 소비에트 정부를 수립하다.

1932 1월 28일~3월 '상하이 전쟁'. 일본군이 상하이 중국 관할 지역을 공격하다.

3월 9일 만주국이 세워져 푸이가 황제로 취임하다.

1934 여름 국민당이 장시 성 공산당 제5차 토벌 작전에 성공하다.

10월 15일 대장정이 시작되다.

1935 1월 쭌이 회의. 마오쩌둥이 공산당 주석으로 선출되다.

1936 12월 7~11일 장제스가 시안에서 장쉐량 등에게 체포된 시안 사건이 일어나다.

1937 2월 10일 내전 종식을 위한 국민당과 공산당 사이의 비밀협정이 체결되다.

7월 7일 루거우차오 사건이 일어나다(중일전쟁의 서막).

12월 13일~1938년 2월 말 난징 대학살 사건이 일어나다.

1938 10월 우한과 광저우가 함락되다. 국민당 정부가 쓰촨으로 피신, 충칭에 전시 수도를 마련하다.

1940 3월 20일 왕징웨이가 '순수 민족주의' 정부를 난징에 수립하다.

1941 1월 공산당 신사군 내부의 국민당 군대에 의해 안후이 사건이 일어나다.

12월 7~8일 일본군이 진주만을 공격하다. 일본이 미국, 영국과 전쟁을 시작하다.

1942 2~6월 옌안에서 정풍 운동이 전개되다.

1944 4~12월 중부 중국에서 일본군 이치고 부대가 전격적인 승리를 거두다.

1945 4~6월 옌안에서 중국공산당 제7차 전국대표대회가 개최되다.

8월 15일 일본이 항복하다.

8월 28일, 10월 10일 충칭에서 마오쩌둥과 장제스가 협상하다.

1946 7월 내전이 확대되다. 인민해방군이 창설되다.

1948 3월 마오쩌둥이 "지금부터 우리의 활동 중심을 농촌에서 도시로 전환한다"고 선언하다.

9~12월 선양에서 국민당 군이 패배하다.

11월~1949년 1월 화이하이(淮海) 전투에서 국민당 군이 패배하다.

마오쩌둥 시대의 중국(1949~78)

1949 10월 1일 톈안먼 광장에서 중화인민공화국 수립을 선언하다.

1950 2월 14일 모스크바에서 30년 유효의 중소우호조약이 체결되다.

6월 25일 한국전쟁이 일어나다.

6월 30일 농지개혁법을 시행하다.

10월 26일 중국 의용군이 한국전쟁에 참전하다.

1951 2월 21일 중국의 적색 테러.

12월 삼반(三反) 운동이 확산되다. 오반(五反) 운동이 시작되다.

1954 2월 10일 당 중앙위원회에서 가오강과 라오수스 사건을 의결하다.

1955 7월 5~30일 전국인민대표회의 제2기 회의에서 리푸춘이 제1차 경제개발 계획을 보고하다.

7월 31일 마오쩌둥이 농촌의 협동농장 발전에 대해 연설하다.

1956 1월 도시의 사회주의체제로의 변화가 완성되다.

9월 15~27일 중국공산당 제8차 전국대표대회 제1기 회의가 열리다.

1957 2월 27일 마오쩌둥이 《인민 속에서 모순의 정확한 해결책을 찾다》를 발표하다.

3월 12일 마오쩌둥이 백화제방 운동을 시작하다.

6월 8일 《인민일보》 사설에서 '유해 사상'을 고발하다. 이 사설을 계기로 백화제방 운동이 종식되고, 반우파 운동이 시작되다.

11월 14~16일 모스크바에서 64개 공산당 회의가 열리다.

1958   5월 5~23일 중국공산당 제8차 전국대표대회 제2기 회의가 열리다. 류사오치가 대약진 운동을 시작하다.

        8월 17~30일 베이다이허 회의에서 확대된 정치국에서 인민공사를 전면적으로 실시하기로 결정하다.

1959   3월 17~23일 라싸에서 소요 사태가 발생하다.

        8월 2~16일 루산 회의가 열리다. 대약진 운동을 비판한 펑더화이에게 마오쩌둥이 강하게 반발하다. 기근이 확산되다.

1960   4월 소책자《레닌주의 만세》가 베이징에서 발간되다.

        7월 16일 소련이 중국에 체류 중인 1,300여 명의 기술자를 본국으로 소환하다.

        11월 10일~12월 3일 모스크바에서 81개 공산당 회의가 열리다.

1962   1월 7,000인 대회가 개최되다. 류사오치가 대약진 운동을 비판하다.

        2월 21~22일 류사오치가 주재한 정치국 회의에서 삼자일보 체제를 채택하다. 탈집단화 정책이 시작되다.

        9월 24~27일 중국공산당 제8차 중앙위원회 제10차 총회에서 마오쩌둥이 "동지들이여! 계급투쟁을 결코 잊어서는 안 된다"라고 발언하다.

        10월 20일~11월 21일 히말라야 지역에서 중국과 인도의 전쟁이 일어나다.

1964   10월 16일 중국이 원자폭탄 실험을 하다.

1965   9월 2일 린뱌오의 〈인민들의 승리로 끝난 전쟁 만세〉라는 제목의 기사가 발표되다.

        9월 30일 인도네시아 공산당이 해체되다.

        11월 10일 우한의《해서파관》이라는 작품을 비판한 야오원위안의 기사가 10월 30일《인민일보》에 재등장하다.

1966   7~12월 1,600만 명의 홍위병이 농촌으로 이동하다.

1969   3월 우수리 강 유역에서 중국과 소련의 국경 전쟁이 일어나다.

        4월 1~24일 중국공산당 제9차 전국대표대회에서 린뱌오를 마오쩌둥의 후계자로 결정하다.

1971   9월 12일 린뱌오와 그의 측근들이 내몽골 운두 칸(Undu Khan)에서 사망하다.

        10월 25일 중국이 유엔에 재가입하다.

1972   2월 21~28일 닉슨이 중국을 방문하다. 상하이 공동성명에 서명하다.

1973   8월 24~28일 중국공산당 제10차 전국대표대회에서 덩샤오핑을 중앙위원으로 재선출하다.

1975   1월 13~17일 제4차 전국인민대표회의가 열리다. 이 자리에서 저우언라이가 4개 부문 현대화 계획을 발표하다.

1976   1월 8일 저우언라이가 사망하다. 1월 15일 이후 덩샤오핑이 대중 앞에 더 이상 모습을 드러내지 않다.
        2월 7일 화궈펑이 임시 수상으로 취임하다.
        4월 4~5일 베이징에서 민중 시위가 일어나다.
        4월 7일 덩샤오핑이 실각하다. 화궈펑이 수상 겸 중국공산당 제1부주석이 되다.
        9월 9일 마오쩌둥이 서거하다.
        10월 6일 사인방이 체포되다.
        10월 7일 화궈펑이 중앙위원회 의장이 되다.

1977   8월 12~18일 중국공산당 제11차 전국대표대회가 열리다. 덩샤오핑이 폐회사를 하다.

1978   12월 베이징에 '민주주의 벽'이 등장하다. 최초의 벽보가 등장하다.
        12월 5일 과거 홍위병이었던 웨이징성이 〈제5의 근대화는 바로 민주주의이다〉라는 벽보를 게재하다.
        12월 12~18일 중앙위원회. 덩샤오핑이 화궈펑에게 정치적으로 승리하다.

덩샤오핑 시대의 중국(1979~2005)

1979   3월 29일 웨이징성을 포함한 몇몇 시위자가 체포되다.
        3월 30일 덩샤오핑이 4대 원칙을 철저히 준수할 것을 요구하다.

1980   9월 7일 자오쯔양이 수상에 등극하다.
        11월 20일 베이징에서 사인방과 린뱌오 음모 가담자에 대한 공판이 개정되다.

1981   6월 27~29일 제11차 중앙위원회 6기 회의가 개최되다. '중화인민공화국 창립 이래 당사(黨史) 문제에 관한 결의안'을 채택하다. 화궈펑이 축출되고 후

야오방이 당주석으로 취임하다.

1982 9월 1~12일 중국공산당 제12차 전국대표대회가 열리다. 당 서기에 오른 후 야오방의 보고◆.

1986 12월 9~31일 상하이에서 학생 시위가 일어나다. 이어 베이징에서도 학생 시위가 발생하다.

1987 1월 5일 덩샤오핑이 학생 시위자들을 비난하다.

1월 16일 후야오방이 축출되다.

10월 25~31일 중국공산당 제13차 전국대표대회가 열리다. 자오쯔양이 당 서기로 부임하다.

11월 4일 리펑이 수상에 취임하다.

1989 3월 5~7일 라싸에서 소요 사태가 발생하다. 계엄령이 선포되다.

4월 15일 후야오방이 급작스럽게 서거하다.

4월 25일 후야오방의 추모를 위해 베이징 학생들이 시위를 벌이다.

4월 26일 《인민일보》사설을 통해 덩샤오핑이 학생 시위를 소요 사태라고 비난하다.

6월 4일 인민해방군이 베이징에 진입하여 톈안먼 광장 민주화 운동 시위를 진압하다.

6월 23~24일 중국공산당 제13차 전국대표대회 제4기 회의가 열리다. 축출된 자오쯔양 대신 장쩌민이 등극하다.

1992 1월 15일~2월 21일 덩샤오핑이 남순(南巡)하다(우한, 선전, 주하이, 상하이).

10월 12~18일 중국공산당 제14차 전국대표대회가 열리다.

1996 3월 18~25일 타이완해협 위기 사태가 일어나다.

1997 2월 19일 덩샤오핑이 서거하다.

7월 1일 홍콩이 반환되다.

9월 12~18일 중국공산당 제15차 전국대표대회가 열리다. 장쩌민이 최고 권력자로 부상하다.

◆ 사회주의 건설의 새로운 국면을 창조하기 위한 강령과 방침을 보고한 것으로서, 중국 현대화 추진과 문화 대혁명의 과오를 언급했다.

1998 3월 16~17일 전국인민대표회의가 개최되다. 주룽지 수상이 취임하다. 리펑 인민대표회의 의장이 취임하다.

1999 4월 25일 톈안먼 광장 부근에서 1만여 명의 파룬궁 신도들이 시위를 벌이다. 5월 8일 미국이 발사한 미사일이 베오그라드 중국 대사관에 떨어져 세 명의 외교관이 사망하다. 베이징, 상하이, 청두(成都)에서 반미 시위가 전개되다.

2001 12월 11일 중국이 세계무역기구에 가입하다.

2002 11월 14일 중국공산당 제16차 전국대표대회가 열리다. 후진타오가 1인자로 등극하다.

2003 10월 중국이 우주선 발사에 성공하다.

2005 10월 15일 2007년 개통 예정인 베이징-라싸 간 철로 공사가 완공되다. 11월 15일 후진타오와 중국공산당이 후야오방 탄생을 기념하다. 1989년 톈 안먼 민주화 운동 시위자들이 그의 복권을 요구하다.

덩샤오핑(鄧小平, 1904~97)

쓰촨 성 대지주 집안 출신. 1920년부터 26년까지 유학했던 프랑스에서 공산주의에 입문했다. 매우 일찍부터 조직가로 활동한 그는 1932~34년 장시에서 곤경에 처했던 마오쩌둥을 지지했으며, 이어 내전 당시 홍군 총정치부비서장을 지냈다. 1954년 가오강-라오수스 사건 발생 이후 승진하여 56년 중국공산당 당 서기가 되었다. 1957년 이후의 그의 삶은 곧 중국공산당의 역사이다.

류사오치(劉少奇, 1898~1969)

후난 성 출신. 1921년 모스크바의 동양노동자공산주의대학에서 수학했으며, 그곳에서 중국공산당에 가입했다. 이어 그는 안위안(安源)과 상하이에서 열렬한 혁명노동조합 운동을 했으며, 1927년부터 32년까지 만주와 상하이에서 공산당 비밀 활동을 했다. 1927년 당중앙위원회 위원이 되었다. 1932년 장시 성으로 피신한 그는 대장정 기간 동안 백색 지대로 숨어들어 갔으며, 1934년부터 37년까지 톈진에서 비밀활동을 했다. 1942년 옌안에 들른 이후, 신사군 정치위원이 되었다. 그는 정풍 운동 당시 마오쩌둥을 지지했으며 마오쩌둥이 발전시킨 '마르크시즘의 중국화'라는 개념을 창안했다. 1945년 중국공산당 제7차 전국대표대회에서 2인자로 부상했다. 그러나 대약진 운동 실패 이후 마오쩌둥과 대립, 문화 혁명의 가장 주요한 희생자가 되었다. 카이펑의 감옥에서 모진 고문을 당하다가 1969년 11월 12일 사망했다. 1980년 복권되었다.

리펑(李鵬, 1928~)

청두 출생. 공산 혁명으로 식구 두 명이 죽은 가정에서 태어난 그를 저우언라이의 부인인 덩잉차오(鄧穎超)가 입양하여, 소련에서 공학 공부를 하게 했다. 1945년 이후 공산당에 입당한 그는 여러 부서의 책임자를 거치며 경력을 쌓았다. 1982년 중앙위원회 위원이 된 그는 85년 정치국에 들어갔으며, 87년 정치국 상임위원이 되었다. 88년 경제 체제 개혁위원회 책임을 맡은 그는 싼샤 댐 공사를 기안한 인물이었다. 1987년 11월 24일 수상이 되어 98년까지 그 직책에 있었다. 시장경제에 유보적이었던 반면 정통 계획경제 주의자였던 그는 강경 노선의 대표자로서 1989년 6월 톈안먼 시위자들을 학살하기에 이르렀으며, 결국 그에 대한 주요한 책임을 지게 되었다. 매우 인기가 없었던 그는 1998년 봄부터 전국인민대표회의 의장직을 맡았으며, 이는 일종의 은퇴를 가장한 것으로 생각되었다. 그러나 그는 정치국 상임위원직을 그대로 유지했으며, 공식적으로 당시 중국 체제의 2인자였다. 그러한 자격으로 여러 차례 외국을 방문했다.

린뱌오(林彪, 1907~71)

후베이 성 출신. 황푸군관학교를 졸업한 그는 젊은 장교 시절이었던 1927년 공산당에 가입했다. 1927년 8월 1일 난창 봉기에 참여했으며, 28년 4월 주더와 함께 징강산의 공산당 은닉 지역에 가담했다. 마오쩌둥이 창안한 게릴라 전술에서 마오쩌둥과 가장 근접해 있었던 인물이었다. 대장정 동안 전위부대 지휘를 맡았던 그는 공산당의 주요 전투 지휘관 가운데 한 사람이었다. 1948년 선양 전투 당시, 신사군의 전위부대였던 만주 지역 총사령관이었다. 1955년 그는 중국 원수(元帥) 가운데 하나였다. 1945년 이후 중앙위원회 위원이었던 그는 1959년 8월 루산에서 열린 전국 공산당 대표대회에서 펑더화이를 대신하게 되었다. 1959년 국방장관이 되었다. 마오쩌둥의 배후에서 항상 모든 일에 개입하고 있었지만, 자신의 운명이 문화 혁명의 역사와 한데 뒤섞이는 모습을 지켜봐야 했다. 문화 혁명의 주역 중 한 사람이었으며, 이후 엄청난 사건의 희생양이 되었다.

마오쩌둥(毛澤東, 1893~1976)

후난 성 사오산(韶山)에서 부농의 아들로 출생. 창사(長沙) 제1사범학교에서 수학. 공산당 창립 멤버의 일원. 수년 동안 고향에서 급진적인 노동조합 운동을 벌이는 한편 정치 저널리즘에 입문한 그는 1942년 국민당이 마련한 농민운동간부 양성소의 주요 책임자 중 한 사람이 되었다. 그는 장기간에 걸쳐 전개될 혁명 과정에서 농민들의 혁명 역량과 홍군의 주요한 역할을 확신했다. 그러나 이러한 '농민을 위주로 한 혁명 전략'은 자신이 1931년 장시에서 창설한 중국 소비에트 공화국을 위험에 빠뜨렸다.

그는 대장정 당시인 1935년 1월 중국공산당을 장악했다. 패배자로 출발했던 그는 패배로부터 승리자가 되어 탈출했다. 이후 중국공산당의 1인자가 되었다. 1949년 승리와 함께 도입한 소련 모델이 난관에 봉착한 이후, 공산당 체제의 관료화에 따른 위험성을 누구보다 잘 알고 있었던 그는 자신에 대한 숭배를 강화하는 한편, 특별한 위험 없이도 당 간부와 행정 기관을 거부하는 체제 불만을 고양하기 위해 중국 전역에 대한 감시를 강화했다.

마오쩌둥이 대중, 그리고 특히 젊은이들을 철저하고도 시니컬하게 조종할 수 있었던 덕분에, 역설적으로 덩샤오핑의 개혁을 전적으로 받아들여 낡은 사회주의 국가로부터 벗어나려는 실용적 기술 관료 세대가 새롭게 탄생할 수 있었다. 이리하여 마오쩌둥은 대약진 운동 당시 중국이 겪었던 기근이 잘 보여주는 것처럼, 죽음을 초래한 유토피아 사상이라는 업적보다는, 개선해야 했던 스스로의 잘못으로 더 위대한 인물이 되었다.

쑨원(孫文, 1866~1925)

광저우 부근의 샹산(香山)에서 빈농의 아들로 출생. 하와이에서 일가를 이룬 형에게로 갔다. 기독교로 개종한 후, 홍콩에서 의학을 전공한 뒤 잠시 동안 홍콩과 마카오에서 개업했다. 1894년부터 직업적인 반만주 혁명가로 변신한 그는 유랑 생활을 하면서 기금을 모으고 열정적인 강연을 하기도 했다. 이런 와중에 그는 삼합회, 특히 일본인을 필두로 한 야심가들, 그리고 중국 전역을 염탐하는 세력가들의 하수인들과 인연을 맺게 되었다. 그로서는 만주 왕조를 쫓아낼 수 있는 세력을 규합하기 위한 그 모든 것이 훌륭한 자산이었다.

그는 삼민주의를 완성했으며, 삼민주의 이론을 독자적으로 만들었다는 이유 때문에 지식인들이 자신의 이론을 경멸했던 어려움을 극복하고, 자신의 반 만주 경향을 1905년 일본에서 창립된 동맹회 속에 결합시켰다.

위안스카이(袁世凱, 1859~1916)

허난 성 관료 가문에서 출생. 엄격한 고전 교육을 받은 후, 1880년 직업군인 이 되었다. 자신의 경력 덕분에 조선에 부임해 12년 동안 머물렀다. 중국이 일본에 패한 후, 신군의 최초 부대 조직 책임을 맡았으며, 이후 이 부대는 베 이양 군벌이 되었다. 만주 조정의 지지 하에 그는 1898년 개혁 당시 캉유웨 이를 지지하지 않았다. 산둥 순무가 된 후 의화단 운동을 탄압했으며, 1900~01년 사건과 거리를 두었다. 1901년 이홍장 사망 후, 즈리 총독으로 부 임한 그는 베이양군을 발전시켰지만, 1908년 서태후 사망과 함께 권좌에서 물러났다. 1911년 신해혁명이 발발하자, 일선에 복귀했다. 궁지에 몰린 청 왕조의 부름을 받았지만, 그는 스스로 독차지하려 했던 공화국의 승리에 기 여하는 결과를 가져왔다.

장제스(蔣介石, 1887~1975)

107쪽 참조.

장쩌민(江澤民, 1926~)

장쑤 성 양저우(揚州) 출생. 장쩌민은 1946년 자신이 공산당에 가입했던 상 하이 교통대학에서 전기를 전공했다. 1955년부터 56년까지 모스크바의 한 자동차 공장에서 엔지니어로 있었던 그는 영어와 러시아어, 루마니아어를 구사할 수 있으며, 프랑스어와 일본어도 어느 정도 가능하다. 공장 책임자 를 거쳐, 1982년 중앙위원회 위원이 되었다. 1983년 상하이 시장으로 부임 하면서 정치적 이력이 상승했다. 그는 1986년 12월과 89년 5월의 학생 위기 당시, 잔혹한 탄압을 하지 않고도 어려움을 잘 극복했으며, 이 일을 계기로 1989년 6월 24일 중국공산당 당 서기로 선출될 수 있었다. 이후 제14차와 제 15차 전국대표대회를 통해 당 장악력을 강화했으며, 그 외에도 당 군사위원회 의장과 국가 주석을 겸했다.

장칭(江靑, 1913~91)

산둥 출생. 연예계 생활을 하면서 어렵게 지냈던 산둥 시기에, 반일 활동을 토대로 1933년 공산당에 가입하게 되었으며, 37년 7월 옌안을 방문했다. 마오쩌둥의 눈에 들어 1938년 이후 마오쩌둥의 동반자가 되었지만, 그녀의 상반된 모습을 볼 수 있었던 문화 혁명 발발 이전에는 그 어떤 정치적 역할도 하지 않았다. 1981년 사형 집행유예를 받은 그녀는 91년 5월 14일 감옥에서 자살했다.

저우언라이(周恩來, 1898~1975)

장쑤 성 북쪽 화이안(淮安)의 고위 관료 가문에서 출생. 톈진의 난카이(南開) 대학 시절 저우언라이는 1919년 5·4운동에 참여한 후, 프랑스로 건너가 학업과 노동을 병행했다. 1921년 공상당에 가입한 그는 재능 있는 논객으로 유명했다. 1924년 여름 중국으로 돌아와, 황푸군관학교 정치위원이 되었다. 1927년 3월 발생한 상하이 폭동에서 결정적인 역할을 했다. 상하이 공산당 비밀활동 요원이었던 그는 1932년 장시 소비에트에 합류했으며, 국제 공산당파를 도와 마오쩌둥의 패배에 기여했다. 그러나 1935년 1월 쭌이에서 마오쩌둥 측에 가담, 양측이 세력 균형을 이루게 되었다. 이후 확고한 마오쩌둥파가 되어 모든 전투마다 마오쩌둥을 수행했다. 그가 얻은 사후의 명성 대부분은 문화 혁명 기간 동안 그가 최악의 사태를 방지했다는 그릇된 인식에서 비롯되었다. 저우언라이는 오랫동안 자신의 주인을 찾으려 애썼으며, 마침내 마오쩌둥이라는 주인을 만난 훌륭한 참모로서의 면모를 보여주었다.

주룽지(周鎔基, 1928~)

후난 성 창사 출신. 칭화 대학에서 전기동력을 전공했다. 1949년 공산당에 가입하여 조정 능력 덕분에 일찍부터 주목을 받았다. 1957년에 이어 문화 혁명 기간 동안에도 우파라는 비난을 받았다. 1978년부터 다시 지위가 급속히 상승했다. 국가계획위원회 부의장을 지낸 후, 88년 2월 상하이 시장에 임명되어 푸둥에 새로운 상하이 건설 계획을 추진했다. 1991년 부수상, 93년 에는 정치국 상임위원이 된 그는 인플레를 안정시켰으며, 농민들에게 피해 를 준 곡물 구매 담당 공무원의 독직을 일소하여 농촌 상황을 쇄신했다. 1997년 9월 중국공산당 제15차 전국대표대회에서 그는 당 서열 3위라는 지 위를 그대로 유지할 수 있었다. 1998년 3월 17일 정식 수상이 되었다.

신중하고도 영리한 기술 관료인 주룽지는 일부 사람들이 생각하는 것과는 달리 국영기업을 대량으로 사유화하는 데 반대했던 인물이다. 그는 합리적 인 국가주의자였지만, 경제에 대한 개입 수단을 제거하거나 통제 불가능한 사회적 불만이 발생하는 것 모두를 바라지 않았다.

천윈(陳雲, 1900~95)

상하이 출신. 중국 지도자들 가운데는 드물게 노동자 출신으로 식자공이었 다. 1924년 공산당에 가입한 뒤 초기에는 노동조합 운동에 참여했다. 1933 년 이후 장시 소비에트로 피신하여 정치국에 가입했다. 옌안 시절 중국공산 당의 경제학자 가운데 한 사람이 되었다. 신중하면서도 합리적으로 마오쩌 둥에 반대했던 그는 1957년 이후 거의 축출된 상태였다. 1978년 이후 덩샤 오핑을 지지했으며, 보수 반대파의 주요 인물 가운데 한 사람이었다.

화궈펑(華國峰, 1921~2008)

1949년 바로 직전 공산당 근거지의 무장투쟁에 참여했던 그는 후난 성 간부 가 되었다. 후난 성에서 문화 혁명 덕분에 승진한 그는 특히 홍위병에 대한 가혹한 탄압으로 이름을 떨쳤다. 갑작스럽게 저우언라이의 후계자로 부상 했지만, 군부의 지지를 얻지 못한 그는 마오쩌둥을 이어 마오쩌둥주의를 구 현할 수 있는 사람으로 간주되지 못했다. 1978년 덩샤오핑에게 정치적으로 패한 그는 1982년 결국 자신의 지위를 박탈당했다.

후야오방(胡耀邦, 1915~89)

가난한 농민의 아들이었다. 후난 성 출신. 일찍부터 공산당에 가입하여 대 장정에 참여했다. 1949년 이후 공산당 청년연합회의 책임을 맡았다. 그는 국제 공산주의 운동에 대해 해박했으며, 1957년에는 자유주의적 성향에 얼마간 관심을 보이기도 했다. 후야오방은 문화 혁명의 최초 희생자 가운데 한 사람이었지만, 특히 당 중앙학교 교장으로서 그의 역할을 인정한 덩샤오핑 덕분에 1978년 이후 빠르게 승진했다. 1982년부터 공산당 당 서기를 지냈으며, 정치 개혁을 진작시키기 위한 다양한 연구 그룹을 발전시켰지만, 그 때문에 1987년 권력에서 멀어졌다.

후진타오(胡錦濤, 1942~)

1942년 안후이 성 지시(績溪) 태생. 베이징 칭화 대학을 우수한 성적으로 졸업했으며, 수리전력 분야의 학위를 받았다. 공산당 청년단의 일원이었던 그는 1964년 공산당에 가입했다. 쑹핑(宋平)에 의해 간쑤 성 공산당 정치위원으로 승진한 그는 당 내에서 '보수주의적' 성향의 인물로 간주되었다. 1982년 베이징으로 파견되어 당 중앙학교에서 잠시 수학한 뒤, 당시 교장이었던 후야오방의 눈에 띄었다. 대리 위원으로 중앙위원회 위원이 되었다. 당시 39세로 최연소 위원이었다. 1985년 구이저우 성 당 서기, 88년 말 티베트 당 서기를 역임한 그는 덩샤오핑의 부름을 받아 바로 정치국 상임위원으로 승진했다. 전격적인 승진은 덩샤오핑이 후진타오를 장쩌민의 후계자로 선택했음을 보여주었다. 1993년 이후 인사관리 담당과 당 중앙학교 책임자를 역임한 그는 북서 지역 공산당 활동도 지휘했다. 여러 차례의 해외 체류 덕분에 세계 각국의 영향력 있는 지도자들을 알게 되었다. 2002년 10월 중국공산당 제16차 전국대표대회에서 당 서기로 임명되었으며 이어 중국 주석이되었다. 2004년 9월 이후 당 군사강화위원회를 주재하게 되었다.

후한민(胡漢民, 1879~1936)

광둥성 관료 집안 출생으로 고전을 습득했다. 쑨원의 초기 동조자 가운데 한 사람이며, 가장 적극적인 반만주 혁명가 가운데 한 사람이다. 1924년 이후, 국민당 주요 지도자 가운데 한 사람이 되었다. 우파에 속했지만, 장제스와 내내 관계를 유지했으며 1931년 체포되었다. 석방된 후 광둥 성 분리 활동을 지휘했지만, 1936년 사망했다.

이들 같은 운명을 겪은 가문도 흔치 않을 것이다.

아버지 찰리 쑹(Charlie Soong, 宋嘉樹)

하이난다오(海南島)에서 가난한 집의 장남으로 태어난 그는 보스턴에 밀입국했다. 자식이 없는 삼촌에게 입양된 그는 비단과 차를 파는 가게에서 견습 사원 노릇을 하다가, 해안 감시선 승조원이 되기 위해 그곳을 도망쳐 나왔으며, 이번에는 그 배의 선장이 그를 양자로 입양했다. 독실한 감리교 신자였던 그 선장은 그에게 윌밍턴(Wilmington)의 교회에 같이 다니자고 권유했으며, 1880년 11월 7일 그는 그곳에서 세례를 받았다.

찰리 쑹은 더럼(Durham)의 부유한 자본가인 줄리언 카(Julian Carr)의 도움으로 내슈빌(Nashville)의 밴더빌트(Vanderbilt) 대학에서 1882년부터 85년까지 신학을 공부했다. 사제 서품을 받은 후, 그는 중국 선교 회의(China Mission Conference)에 의해 중국에 파견되어, 쑤저우 부근에서 선교 활동을 했다.

1887년 그는 기독교로 개종한 최초 중국인의 후손과 결혼함으로써, 중국 기독교계에서 그의 권위가 상승하는 계기가 되었다. 그러나 선교 활동에 따른 수입이 예상보다 지나치게 적었기 때문에, 그의 선교 열정은 급속하게 식어 버렸다.

그래서 그는 신교도 선교사들과의 개인적인 친분을 이용해 사업 쪽으로 눈을 돌렸다. 소규모 인쇄소를 매입한 그는 미국 성경 협회(American Bible Society)를 대신하여 저렴한 가격의 중국어판 성경을 출간했다. 1893~94년 이후 사업이 번창했다. 앵글로색슨 계의 사업 수완을 발휘하여 중국의 자본가 중 한 사람이 된 그는 상하이의 푸펑 제분소를 매입하여 딸을 미국 최고의 대학에 유학 보냈다.

한편 찰리 쑹은 1894년부터 쑨원과 알고 지내며 동맹회 창립 당시부터 그의 활동을 재정적으로 지원했다.

그의 이력도 범상치는 않지만, 그 자식들의 일생은 정말 놀랄 만한 역사이다.

찰리 쑹의 자식들

쑨원의 비서였던 첫째 딸 쑹아이링(宋靄齡, 1890~1973)은 쑨원과 결혼하고 싶어했다. 곧 이혼할 것이라는 소문이 자자하여 찰리 쑹은 그 결혼에 반대했다. 1년 후, 쑹아이링은 젊은 은행가인 쿵샹시(孔祥熙)와 결혼했다. 쿵샹시는 진정한 유가의 후예였지만, 피도 눈물도 없는 투기가였다. 그가 장제스 체제의 주요 후원자 중 하나였다는 사실은 최상인 동시에 최악이었다.

쑹칭링(宋慶齡, 1893~1981) 역시 쑨원의 비서였으며, 가족의 반대를 무릅쓰고 1915년 10월 쑨원과 결혼했다. 뒷날 홀로된 그녀는 좌파를 지지했으며, 중국공산당 곁에서 나름의 역할을 했다. 그녀는 죽을 때까지 중화인민공화국 부주석직에 있었다. 그녀는 중국의 위대한 여인이었다.

쑹메이링(宋美齡, 1897~2003)은 막내딸로서, 전통 있고 비용이 많이 드는 웰

1940년 쑹씨 집안의 세 자매가 충칭의 한 모임에 참석해서 함께 찍은 사진이다. 왼쪽부터 쑹메이링, 쑹아이링, 쑹칭링.

슬리(Wellesley) 대학에 진학했다. 기독교로 개종한 후, 그녀는 1927년 사랑 없이 장제스와 결혼하여 그 곁에서 중요한 역할을 했지만, 결과는 파멸적이 었다. 그녀는 특히 중국과 미국 사이의 관계에 많은 관심을 기울였다. 그녀 역시 타이완의 위대한 여인이었다.

쑹쯔원(宋子文, 1894~1971)은 찰리 쑹의 첫아들이다. 하버드 비즈니스 스쿨 에서 학위를 받은 그는 국민당 정부에서 여러 차례 재정장관을 역임했다. 서구 세계에서는 친자본주의 성향의 근대적 자유주의자라는 평가 때문에, 마약 밀매단이나 비밀결사와 밀접한 관련을 맺고 있었던 그의 불순한 개인 적 이력은 은폐되었다.

| 인명사전 |

W. Bartke, *Who's Who in the people's Republic of China*, Institute of Asian Affairs, 1987.

L. Bianco et Y. Chevrier(dir.), *Dictionnaire biographique du mouvement ouvrier international: la Chine*, Éditions ouvrières, 1985.

H. L. Boorman, *Biographical Dictionary of Republican China*, Columbia University Press, 4 vol., 1968.

J. Goldfiem, *Personnalités chinoises d'aujourd'hui*, L'Harmattan, 1989.

D. Klein et A. Clark, *Biographic Dictionary of Chinese Communism, 1921~1949*, Harvard University Press, 2 vol., 1971.

| 연구서 |

다음 저서들은 제1장의 내용을 포함한 20세기의 중국을 좀 더 잘 이해하기 위해 읽을 수 있는 것들이다. 영어나 프랑스어로 된 저서를 우선적으로 골랐다.

1. Cl. Aubert, Y. Chevrier, J.-L. Domenach, Hua Changming, R. Lew et W. Zafanolli, *La Société chinoise après Mao: entre autorité et modernité*, Fayard, 1986.

2. J.-Ph. Béja et P. Trolliet, *L'Empire du milliard*, Armand Colin, 1986.

3. M.-C. Bergère. L. Bianco et J. Domes, *La Chine au XXᵉ siècle*, Fayard, 2 tomes, 1989~1990.

   T. I : *D'une révolution à l'autre*, 1895~1949.

   T. II : *De 1949 à aujourd'hui*.

4. M.-C. Bergère, *L'Âge D'or de la bourgeoisie chinoise, 1911~1937*, Flammarion, 1986.

5. M.-C. Bergère, *Sun Yat-sen*, Fayard, 1994.

6. M. C. Bergère, *La République populaire de Chine de 1949 à nos jours*, Armand Colin, 1987.

7. L. Bianco, *Les Origines de la Révolution chinoise, 1915~1949*, Gallimard, coll. "Folio", 1997.

8. L. Bianco, *Jacqueries et révolution dans la Chine de XXᵉ siècle*, Paris, La Martinière, 2005.

9. M. Bonnin, *Génération perdue: le mouvement d'envoi des jeunes instruits à la campagne en Chine, 1968~1980*, Paris EHESS, 2004.

10. J.-P. Cabestan, *Le Système politique de la Chine populaire*, PUF, 1994.

11. J. Chesneaux, *Le Mouvement ouvrier chinois de 1919 à 1927*, mouton, 1962, réimpression EHESS, 1998.

12. J. Chesneaux(dir.), *Histoire de la Chine*, Hatier, 3 tomes, 1969~1975.

T. I: *Des guerres de l'opium à la guerre franco-chinoise(1840~1885)*.

T. II: *De la guerre france-chinoise à la fondation du parti communiste chinois(1885~1921)*.

T. III: *La Marche à la révolution(1921~1949)*.

13. Y. Chevrier, *La Chine moderne*, PUF, coll. "Que sais-je?", 1992.

14. Y. Chevrier, *Mao et la Révolution chinoise*, Casterman-Giunti, 1993.

15. J.-L. Domenach et Ph. Riché, *La Chine: 1949~1985*, Imprimerie nationale, 1987.

16. J.-L. Domenach, *Chine, l'archipel oublié*, Fayard, 1992.

17. J.-L. Domenach, *L'Asie en danger*, Fayard, 1998.

18. J.-K. Fairbank, *La Grande Révolution chinoise 1800~1989*, Flammarion, 1989.

19. J.-K. Fairbank(dir.), *The Cambridge History of China*, Cambridge University Press, 1983 et 1986.

Vol. 12: *Republican China, 1912~1949*. Part I

Vol. 13: *Republican China, 1912~1949*. Part II

20. J.-K. Fairbank(dir.), *The Cambridge History of China*, Cambridge University Press, 1987~1991.

Vol. 14: *The people's Republic. The Emergency of Revolutionary China, 1949~1965*.

Vol. 15: *Revolution Within the Chinese Revolution, 1966~1982*.

21. P. Gentelle(dir.), *L'État de la Chine*, La Découverte, 1989.

22. P. Gentelle(dir.), "Chine, le nouvean fait l'histoire", *Historiens et Géographes*, n. 340, mai-juin 1993.

23. J. Gernet, *Le Monde chinois*, Armand Colin, 1972; rééd.: 2005.

24. F. Godement, *La Renaissance de l'Asie*, Odile Jacob, 1996.

25. J. Guillermaz, *Histoire du parti communiste chinois 1921~1949*, Payot,1975.

26. J. Guillermaz, *Le Parti communiste chinois au pouvoir*, Payot, 1979.

27. W. Hinton, Fanshen, plon, coll. "Terre Humaine", 1971.

28. F. Joyaux, *La Tentation impériale : politique extérieure de la Chine depuis 1949*, Imprimerie nationale, 1994.

29. A.Roux, *Grèves et politique à Shanghai(1927~1932): les désillusions*, EHESS, 1995.

30. A. Roux et C. Henriot, *Shanghai, années trente : plaisirs et violences*, Autrement, 1998.

31. S. Schram, *Mao parle au peuple, 1956~1971*, PUF, 1977.

32. Ph. Short, *Mao Zedong*, Paris, Fayard, 2005.

33. J. Spence, *Mao Zedong*, Montréal, Fidés, 2001.

34. I. Thireau et Hua Linshan, *Enquête sociologique sur la Chine, 1911~1949*, PUF, 1996.

35. I. Thireau et Wang Hansheng, *Disputes au village chinois*, Paris, Éditions de la Maison des Sciences de l'Homme, 2001.

36. Xiaohong Xiao-Planes, *Éducation et politique en Chine: le rôle des élites du Jiangsu, 1905~1914*, Paris, EHESS, 2001.

제1장

C. Blunden, M. Elvin, P.-E. Will, *Atlas de la Chine*, Nathan, 1986. 이 지도는 중국의 공간과 경관을 조망하고 인간에 의해 변형된 모습을 살펴보기에 적절하다.
A. Cheng, *Histoire de la pensée chinoise*, Le Seuil, 1998. 철학이 그리스어로 말을 하는 것이라면, 중국 사상은 바로 중국어라고 생각할 수 있을 것이다. 중국 전체를 요약해서 설명하고 있는 또 다른 중요한 책으로는 자크 제르네의 *Le Monde chinois*가 있다.
A. Cheng, *Entretiens*(Lunyu) de Confucius, Le Seuil, coll. "Points",1971.

J. Spence, A. Chin, *Le Siècle chinois*, Arthaud, 1996. 이 책에 담겨 있는 사진들은 아직 출간되지 않은 것들도 있지만, 여전히 훌륭하다. 이 책을 통해 20세기의 중국을 직접 눈으로 볼 수 있다.

제2장

M. Bastid, "L' évolution de la société chinoise à la fin de la dynastie des Qing, 1973~1911", *Cahiers du Centre Chine*, n. 1, EHESS, 1979. 1911년 전야의 중국의 특권층, 일반 대중, 그리고 역동적인 변화에 초점을 맞춘 훌륭한 글이다.
Kang Youwei, *Manifeste à l'empereur adressé par les candidats au doctorat*. Édition You-Feng, 1966. 이 책을 통해 개혁적 성향을 가진 한 유학자의 정치적 견해를 확인할 수 있다.

제3장

C. Henriot, *Belles de Shanghai: prostitution et sexualité en Chine aux XIXe et XXe siècles*, CNRS, 1997. 상하이 창녀를 자세히 다루고 있는 유일한 프랑스어 책이다.
Lu Xun(Hsun), *La Véritable Histoire de Ab Q*, Université Paris-VII/Éditions orientalistes, 1975. 1911년 신해혁명이 일어난 사실도 모른 채 혁명에 가담했다가 본보기로 처형된 한 부랑자의 삶을 그리고 있다. 혁명의 실패에 대한 신랄한 우화이다.
Shen Congwen, *Le Petit Soldat du Hunan*, Albin Michel, 1992. 중국의 가장 위대한 작가 중 한 사람이 여러 군벌들의 전쟁에 참여한 한 젊은이의 이야기를 그린 자서전.
Yao Xueyin, *La Longue Nuit*, Flammarion, 1984. 1924년 허난 성의 도적들에게 납치되어 그들과 강제로 6개월을 함께 살았던 열네 살 소년의 고난을 기록한 자전적 이야기.

제4장

M.-C. Bergère, *Sun Yat-sen*, Fayard, 1994. 타이완과 중국에서 모두 추앙받는 최초의 프랑스어판 전기. 이 책의 제10장 "쑨원의 삼민주의"는 그의 정치사상을 이해하는 데 특히 긴요하다.
M.-C. Bergère, *L'Âge d'or de la bourgeoisie chinoise(1911~1937)*, Flammarion, 1986. 민국시대 도시 사회의 중요한 변화상을 이해하기 위한 필독서.

P. Broué, *La Question chinoise dans l'Internationale communiste*, Études et documentations internationales, 1976. 1925~27년 중국 혁명과 그 실패를 두고 트로츠키와 스탈린 사이에 벌어진 유명한 논쟁의 주요 원문을 훌륭하게 소개한 책.

H. Isaacs, *La Tragédie de la révolution chinoise*, Gallimard, 1967. 한 저널리스트의 이야기이자 중국 혁명에 대한 고전적인 저서. 초판은 1938년에 출간되었으며 트로츠키가 서문을 썼다.

A. Roux, *Grèves et politique à Shanghai: les désillusions(1927~1932)*, EHESS, 1995. 1933년 앙드레 말로(Andre Marlaux)의 소설 《인간의 조건 *Condition humaine*》에 영향을 준 "도시의 환상"이라는 틀 안에서, 상하이 노동자들의 세계, 즉 근대사회의 또 다른 세력이 지닌 한계를 묘사한 책.

S. Schram, *Mao Tsé-toung*, Armand Colin, coll. "U", 1963. 특히 이 책 219~32쪽 마오쩌둥의 〈후난농민운동시찰보고서〉 참조. 마오쩌둥의 정치사상을 이해하기 위한 기본적인 자료가 들어 있다. 이 책은 소련 이론가들이 《마오쩌둥선집》을 재편집할 때 삭제한 부분을 복원했다.

제5장

앞의 연구서 가운데 8. 뤼시앵 비앙코의 책 참조. 이 책은 중국 혁명의 핵심적인 문제를 가장 잘 다루고 있다.

Hu Chi-Hsi, *L'Armée rouge et l'Ascension de Mao*, EHESS, 1982. 마오쩌둥주의의 군사적 측면과 쭌이 회의에서 마오쩌둥의 당 권력 장악 과정을 이해하기 위한 필독서.

C. Henriot, A. Roux, *Shanghai, années trente: plaisirs et violences*, Autrement, 1998. 상하이에서 바라본 난징 정부 10년의 명암을 조망한 책.

C. Hudelot, *La Longue Marche*, Julliard, coll. "Archives", 1971. 중대한 사건임에도 불구하고 참고할 만한 자료가 거의 없는 대장정을 이해하기 위한 필독서.

A. Roux, *Le Shanghai ouvrier des années trente: coolies, gangsters et syndicalistes*, L' Harmattan, 1993. 상하이의 또 다른 측면, 즉 청방과의 긴밀한 협조 하에 국민당 관료가 가혹하게 탄압했던 진정한 노동조합의 발전을 시도한 사람들과 상하이의 가난한 사람들을 언급한 책.

Wang Xiaoling et A. Roux, *Qu Qiubai(1899~1935). Des mots de trop*. Paris-Louvain, Peeters, 2005. 중국공산당의 한 지성인에 대한 신랄한 자서전.

제6장

G. Fabre, *Genèse du pouvoir et de l'opposition en Chine*, L'Harmattan, 1990. 마오쩌둥주의자들이 출현하기 시작한 중국에서 그들과 부합하지 못해, 최초로 희생된 '왕스웨이 사건'을 조명한 책.

A. Johnson Chalmers, *Nationalisme paysan et pouvoir communiste*, Payot, 1969. 중국공산당의 승리를 단순히 민족주의로 해석하는 방법은 이제 낡은 것이 되었지만, 여전히 주요한 시사점을 던져준다. 뤼시앵 비앙코는 그의 저서 *Les Origines de la révolution chinoise 1915~1949*, Gallimard, 1987, 239~65쪽에서 찰머스 존슨의 견해를 예리하게 비판했다.

Hua Linshan, I. Thireau, *Enquête sociologique sur la Chine, 1911~1949*, PUF, 1996. 광둥 성 마이 가문 주민들이 모여 사는 11개 촌락 농민들의 사고방식을 현장조사를 토대로 훌륭하게 서술하고 있는 책. 민국 시대 남중국 농민들을 이해하기 위한 필독서.

H. Hinton, *Fanshen, la révolution communiste dans un village chinois*, Plon, coll. "Terre humaine", 1971. 산시 성의 한 촌락에서 공산당 권력이 정착되기까지의 어려움에 대한 명석하고도 지적인 증언을 미국의 전문가가 편견 없이 써내려간 책.

E. Snow, *Étoile rouge sur la Chine*, Stock, 1964. 대장정이 끝난 직후 마오쩌둥을 비롯한 공산당 지도자들과 인터뷰한 내용을 기록한 책. 이 책을 통해 저자는 중국 공산주의에 대한 찬란한 전설의 시작을 예고했다.

제7장

A. Dirlik, *Marxism in the Chinese Revolution*, Lanham(N. C.),2005.

J.-L. Domenach, *Chine, l'archipel oublié*, Fayard, 1992. 중국의 굴락이라고 할 수 있는 라오가이 문제를 역사가가 다룬 유일한 저서. 해리 우(Harry Wu)나 파스쿠아리니(Pasqualini)의 소중한 증언을 읽을 수 있는 필독서.

F. Gipouloux, *Les Cent Fleurs à l'usine: agitation ouvrière et crise du modèle soviétique en Chine, 1956~1957*, EHESS, 1986. 이 시대 연구에서 이용 가능한 자료를 토대로, 백화제방 시기 노동자와 노동조합 운동가들의 반응을 분석한 개척적인 연구서.

A. Siwitt, *Les Cent Fleure*, Flammarion, 1973. 이 소책자에는 백화제방 당시 베이징 대학에서 출간된 주요 자료들이 포함되어 있다.

제8장

J. Becker, *La Grande famine de mao*, Ed. Dagorno, 1998. 신문기자인 저자가 현장 조사를 토대로 저술한 책으로, 그 증언 내용은 끔찍하다. 따라서 역사 자료가 항상 정확한 것은 아니라는 사실을 보여준다. 아울러 앞의 연구서 9. M. Bonnin 저서 참조. 이 책은 평균 6년 동안 가혹한 재교육을 받기 위해 농촌으로 추방되었던 거의 1,700만 명에 달하는 중고등학교 학생들의 당시의 잔인한 운명을 훌륭하게 분석하고 있다.

M. Frolic, *Le peuple de Mao, scènes de la vie en Chine révolutionaire*, Gallimard, 1982. 홍콩으로 피신한 중국인들의 증언을 꼼꼼하게 편집했다. 이 책은 오칠간교에 대한 때때로 유머러스하고도 놀랄 만한 증언과 함께, 문화 혁명 당시 상하이 지역 위원회 기능을 수집했다.

Hua Linshan, *Les Années rouges*, PUF, 1987. 광시 성 홍위병 운동의 한 주역이었던 홍위병이 남긴 훌륭한 증언이 담겨 있다.

Jung Chang, *Les Cygnes sauvages*, Plon, 1992. 쓰촨 성 고위 공산당 간부 가족의 훌륭한 자전적 이야기.

Yang Jiang, *Le Bain*, 1983, *Six Récits de l'école des cadres*, 1988. Sombres Nuées, 1992. 첸중수(錢鍾書,《위성圍城》의 저자)의 부인이자 세르반테스 전문가였던 중국의 한 위대한 여성 지식인이 반우파운동, 홍위병의 처형, 오칠간교의 재교육 등을 증언한 것.

제9장

J.-P. Cabestan, *L'Administration chinoise après Mao, les réformes de l'ère Deng Xiaoping et leurs limites*, Éd. du CNRS, 1992. 현대 중국 정치 제도에 대한 개설서.

Y. Chen, *L'Éveil de la Chine*, L'Aube, 2002. 현재 진행되는 개혁에 직면한 중국 지식인들의 명쾌한 언급.

C. Eyraud, *L'Entreprise d'État chinoise*, Paris, L'Harmattan, 1999.

F. Gipouloux, *La Chine vers l'économie de marché?*, Nathan, 1993. 개혁이 중국 사회와 지역에 미친 영향을 명쾌하게 설명하고 있는 책으로서, 시장경제를 지향하는 중국 경제와 중국의 변화에 비판적인 시각으로 접근하고 있다.

F. Lemoine, *La Nouvelle Économie chinoise*, La Découverte, 1994. 발전 지향적인 중국의 여정, 중국 산업의 현실과 그 한계를 명확하게 분석하고 있는 책. 이 책은 또한 경제 통계를 이용해 중국을 연구할 수 있는 유형을 제공한다.

J.-L. Rocca, *L'Empire et son milieu: la criminalité en Chine polulaire*, Plon, 1991. 현재 중국의 신문과 라디오를 이용하여 서술한 매우 유용한 책.

I. Thireau et W. Hansheng, *Disputes au village chinois*, Paris, Éditions de la Maison des Sciences de l'Homme, 2001. 현대화와 충돌했던 중국 촌락에 대한 현장조사 연구.

Zhang Liang, *Les Archives de Tiananmen*, Éditions du Félin, Paris, 2004. 이 책은 1989년 4월 15일~6월 말까지 공산당 비서가 접수한 여러 가지 문건, 경찰 보고서, 고위 책임자들의 회의에서 만들어진 조서, 전보 등을 모은 것이다. 이러한 자료는 모두 진짜이지만, 일부 자료는 윤색되었을 가능성을 배제할 수 없다. 중앙 기구와의 공모를 통해 유출된 그러한 자료들은 장쩌민에게 치명적인 것이었다. 중국 당국자들은 이 책의 모든 자료들을 위조된 것이라고 생각하고 있다.

제10장

I. Attané(dir.), "La Chine au seuil du XXIe siècle: questions de population, questions de société", *Les cahiers de l'INED*, 2002. 중국의 사회적 문제를 자세하고 분명하게 제시한 책.

I. Attané, *Une Chine sans femmes?*, Paris, Perrin, 2005. 개혁이 한창인 중국에서 현재 여성의 지위가 후퇴하고 있다는 중국 인구 전문가의 생생한 조사.

J.-P. Béja, *À la recherche d'une ombre chinoise: le mouvement par la démocratie en Chine, 1919~2004*, Paris, Le Seuil, 2004. 1989년 이후 민주화 운동 속에서 진행 중인 변화를 분석하고 있는 점이 특히 흥미롭다.

J.-P. Cabestan, *Taiwan-Chine populaire. L'impossible réunification*, Dunod, Institut des relations internationales, 1995. 가까운 미래에 대한 여러 문제 가운데 하나를 조망한 책.

J.-L. Domenach, *Où va la Chine?*, Fayard, 2002. 중국의 변화를 추적할 수 있으며, 중국의 미래에 대한 예측을 제시하고 있다.

E. Izraelewicz, *Quand la Chine change le Monde*, Paris, Grasset, 2005. 신문에 게재된 기사를 토대로 서술된 책.

T. Sanjuan, *La Chine, territoire et société*, Paris, Hachette, 2000. 한 지리학자가 쓴 중국의 지형 변화.

1 Pascal, *Les Pensées*, Frangments 822~593[포르-루아알(Port-Royal)판].

2 《논어》, 〈자로子路〉 제3장.

3 이 책 13쪽 참조.

4 이 점에서 레닌이 외쳤던 "사회주의는 소비에트에 전기를 더한 것이다" 라는 유명한 구호를 떠올릴 수 있다. 반면, 동일한 맥락에서 두 명의 부시 대통령 주변에 있었던 석유 압력단체도 떠올릴 수 있을 것이다.

5 '국경 없는 기자회' 에 의하면, 베이징에 있던 중국 주재 《뉴욕 타임스》 특파원을 포함한 32명의 기자들이 2005년 5월 중국에서 투옥되었다. 가장 마지막으로 체포된 사람은 한 싱가포르 신문의 베이징 주재 특파원 칭청(Ching Cheong)이었다. 그는 1989년 6월부터 가택연금 상태에 있었던 자오쯔양과 그의 기공 선생 사이에 오갔던 최근 10년 동안의 논의를 출간할 예정이었다. 그는 간첩과 외국 통화 유포 혐의로 기소되었다.

6 모든 중국인들은 공자의 판단을 알고 있다. 공자는 "군자는 의를 알며, 소인은 이익을 탐한다" 고 말했다.

7 1,000여 명의 노동자를 고용하여 라이터와 부엌 환기장치를 제조하는 저장의 가족 기업 소유자인 마오리샹의 여러 글에 그러한 견해가 분명하게 드러나 있다. 애국주의자이며 가부장적인 그는 총 1억 위안의 매출을 달성하고 있으며, 1991년에는 공산당에 가입했고, "자신의 주요한 수입이 그 기업에서 나오기" 때문에, 자신의 기업은 "인간을 중시해야 한다" 고 믿고 있다.

8 중국 공산당의 주도적 역할, 사회주의 경로, 인민의 민주주의 독재, 그리고 마오쩌둥의 마르크스-레닌 사상.

9 기원전 4세기 중엽에 편찬된 《좌전》은 기원전 722~464년의 역사적 사건과 일화들을 매우 자세히 다루는 책으로, 유가 경전에 등장하는 내용이 같이 들어 있다. 공자 사망과 맹자 탄생 사이의 인물인 묵자는 유가를 격렬하게 비판했다.

10 1992년 당시 중국의 정치범 수감자 수는 2만여 명으로 알려져 있지만, 중국 당국은 3,651명뿐이라고 주장했다. 1999년 4월 25일 톈안먼 광장에서 파룬궁(法輪功) 신도 1만 명이 시위를 벌인 후, 그들에 대한 가혹한 탄압이 진행된 사실을 감안하면, 중국 당국의 수치는 그러한 사실을 반영하지 않은 고정된 수치이다.

11 이 60년대의 베이비붐 현상은 많은 인명 손실이 있었던 대약진 운동 이후의 출생률 회

복에 기인한 것이며, 문화 혁명 초기 성해방 풍조에 의해 지속되었다.

12 2003년 중국 당국은 중국에 모두 80여만 명의 에이즈 감염자가 있으며, 8만여 명의 환자가 입원 중이라고 인정했다.

13 참고문헌의 뤼시앵 비앙코(Lucien Bianco)의 저서 참조.

14 Isabell Thireau, Wang Hansheng, et autres, *Disputes au village chinois: formes du juste et recompositions locales des espaces normatifs*, Paris, Éditions de la Maison des Sceicnes de l'Homme, 2001.

15 중국 광산을 주제로 한 리양 감독의 《맹정盲井》과 왕차오(王超) 감독의 《일일야야日日夜夜》를 통해 중국 광산의 비참한 상황을 알 수 있다.

16 중국의 통계는 면밀하게 살펴봐야 하며, 현실을 제대로 반영한 수치라기보다는 크기순이라는 점을 염두에 둘 필요가 있다.

17 영화감독 왕빙(王兵)은 아홉 시간으로 구성된 놀랄 만한 다큐멘터리 영화 〈톄시취鐵西區〉를 통해 중국의 로렌(Lorraine, 프랑스 서부의 유명한 철강공업 지역)이라 할 수 있는 선양(瀋陽)의 거대한 산업 지역의 고통을 그렸다.

18 경제 개방 비율은 국내총생산액 가운데 수출입 총액의 절반을 계산하여 산출한 것이다.

19 Marie-Claire Bergère, *Le mandarin et le compradore: les enjeux de la crise en Asie orientale*, Paris, Hachette Littérature, 1998.

20세기 중국사
제국의 몰락에서 강대국의 탄생까지

1판 1쇄 2010년 11월 30일
1판 3쇄 2015년 3월 10일

지은이 | 알랭 루
옮긴이 | 정철웅

편집 | 천현주, 박진경
마케팅 | 김연일, 이혜지, 노효선

디자인 | 석운디자인
종이 | 세종페이퍼

펴낸곳 | (주)도서출판 책과함께
주소 | (121-896) 서울시 마포구 월드컵로 50 덕화빌딩 5층
전화 | 02-335-1982~3 팩스 | 02-335-1316
전자우편 | prpub@hanmail.net 블로그 | blog.naver.com/prpub
등록 | 2003년 4월 3일 제25100-2003-392호

ISBN 978-89-91221-72-7 (03910)

이 도서의 국립중앙도서관 출판시도서목록(CIP)은
서지정보유통지원시스템 홈페이지 (http://seoji.nl.go.kr)와
국가자료공동목록시스템(http://www.nl.go.kr/kolisnet)에서 이용하실 수 있습니다.
(CIP제어번호: CIP 2010004080)